Anja Tigges

Geschlecht und digitale Medien

Anja Tigges

Geschlecht und digitale Medien

Entwicklung und Nutzung
digitaler Medien
im hochschulischen
Lehr-/Lernkontext

Bibliografische Information Der Deutschen Nationalbibliothek
Die Deutsche Nationalbibliothek verzeichnet diese Publikation in der
Deutschen Nationalbibliografie; detaillierte bibliografische Daten sind im Internet über
<http://dnb.d-nb.de> abrufbar.

Zugl.: Diss. Univ. Dortmund, 2007

Alle Rechte an Markennamen und Markenbegriffen, der von der Autorin in den Erhebungsinstrumenten genannten Namen und Begriffen, liegen bei den jeweiligen MarkeninhaberInnen.

1. Auflage 2008

Alle Rechte vorbehalten
© VS Verlag für Sozialwissenschaften | GWV Fachverlage GmbH, Wiesbaden 2008

Lektorat: Monika Mülhausen / Tanja Köhler

Der VS Verlag für Sozialwissenschaften ist ein Unternehmen von Springer Science+Business Media.
www.vs-verlag.de

Das Werk einschließlich aller seiner Teile ist urheberrechtlich geschützt. Jede Verwertung außerhalb der engen Grenzen des Urheberrechtsgesetzes ist ohne Zustimmung des Verlags unzulässig und strafbar. Das gilt insbesondere für Vervielfältigungen, Übersetzungen, Mikroverfilmungen und die Einspeicherung und Verarbeitung in elektronischen Systemen.

Die Wiedergabe von Gebrauchsnamen, Handelsnamen, Warenbezeichnungen usw. in diesem Werk berechtigt auch ohne besondere Kennzeichnung nicht zu der Annahme, dass solche Namen im Sinne der Warenzeichen- und Markenschutz-Gesetzgebung als frei zu betrachten wären und daher von jedermann benutzt werden dürften.

Umschlaggestaltung: KünkelLopka Medienentwicklung, Heidelberg
Druck und buchbinderische Verarbeitung: Krips b.v., Meppel
Gedruckt auf säurefreiem und chlorfrei gebleichtem Papier
Printed in the Netherlands

ISBN 978-3-531-15707-8

In Erinnerung an meine geliebten Großeltern:

Martha Tigges, die so herzlich lachen konnte, und
Albert Tigges, dem tapfersten Menschen, den ich kenne.

Inhalt

1 **Erkenntnisinteresse und Aufbau der Arbeit** 11
  1.1 Erkenntnisinteresse und Eingrenzung der Problemstellung 11
  1.2 Aufbau der Arbeit 17

2 **Technik und Geschlecht(-erverhältnis)** **19**
  2.1 Die Einschreibung des Geschlechterverhältnisses in die Technik 19
    2.1.1 Die soziale Konstruktion von Technik 19
    2.1.2 Die Rolle des Geschlechts bei der sozialen Konstruktion von Technik 21
      2.1.2.1 Die Geschlechtersegregation in der Technikentwicklung 22
      2.1.2.2 Die Auswirkung der Geschlechtersegregation in der Technikentwicklung: die Vergeschlechtlichung von Technik 26
  2.2 Die (Re-)Stabilisierung des Geschlechterverhältnisses durch Technik 31
    2.2.1 Die soziale Konstruktion von Geschlecht 32
    2.2.2 Die Rolle der Technik bei der sozialen Konstruktion von Geschlecht 37
      2.2.2.1 Geschlechterstereotype im Bereich Technik als Stabilisatoren des Geschlechterverhältnisses 41
      2.2.2.2 Geschlechterstereotype als Ursachen für Geschlechterdifferenzen in den Einstellungen zu und in der Nutzung von digitalen Medien 43
  2.3 Bedeutung für die vorliegende Arbeit 50

3 **Geschlecht und Einstellung zu und Nutzung von Computern und digitalen Lehr- und Lernmedien** **57**
  3.1 Geschlecht und Einstellungen gegenüber Computern 57
    3.1.1 Das computerspezifische Selbstkonzept eigener Begabung 57
    3.1.2 Wertzuschreibungen an den Computer 63
    3.1.3 Computerspezifische Erfolgserwartungen 69
  3.2 Geschlecht und Nutzung von Computern und digitalen Lehr-/Lernmedien 70

3.2.1 Häusliche Computer- und Internetressourcen 71
3.2.2 Intensität, Wahl und Persistenz der Nutzung von Computern und digitalen Lehr-/Lernmedien 72
3.3 Bedeutung der Befunde für die vorliegende Arbeit 77

4 Methoden und Durchführung der Untersuchung 85
4.1 Auswahl des Untersuchungsgegenstands 85
4.2 Das Erhebungs-, Aufbereitungs- und Auswertungs-Design 88
   4.2.1 Erste Felderkundungen 89
   4.2.2 Analyse der Medien 89
   4.2.3 Befragung der Entwickelnden 91
   4.2.4 Befragung der Nutzenden 93
      4.2.4.1 Die teilnehmende Beobachtung 94
      4.2.4.2 Die Fragebogenerhebungen 95
      4.2.4.3 Die Gruppendiskussionen 97
      4.2.4.4 Diskussion der Methodentriangulation 99

5 Studie 1: Studentische Einstellung und Verhalten gegenüber Computern und E-Learning 101
5.1 Das Erhebungsdesign und die Stichprobe 101
5.2 Einstellungen gegenüber Computern und E-Learning-Angeboten 104
   5.2.1 Das computerspezifische Selbstkonzept eigener Begabung 104
   5.2.2 Wertzuschreibungen an den Computer und an E-Learning-Angebote 109
   5.2.3 Computerspezifische Erfolgserwartung 119
5.3 Verhalten gegenüber Computern und E-Learning-Angeboten 121
   5.3.1 Häusliche Computer- und Internetressourcen 121
   5.3.2 Intensität, Wahl und Persistenz der Nutzung von Computern und E-Learning-Angeboten 123
5.4 Zusammenfassung und Diskussion der Ergebnisse 127

6 Studie 2: Entwicklung und Nutzung des grafischen Editors „DAVE" des Projekts MuSofT 135
6.1 Der grafische Editor DAVE 135
6.2 Die Entwicklung des Editors DAVE 139
   6.2.1 Das Erhebungsdesign 139
   6.2.2 Das Projekt MuSofT als Entwicklungskontext 139
   6.2.3 Der soziale Akteur der Entwicklung des Editors 142
   6.2.4 Der Entwicklungsprozess: Technik- vs. Nutzendenzentrierung .. 142

6.2.5 Die Vergeschlechtlichung des Editors als Ergebnis der Entwicklung? 146
6.3 Die studentische Nutzung des Editors 147
 6.3.1 Das Erhebungsdesign 148
 6.3.2 Ergebnisse der Vorstudien 148
 6.3.3 Ergebnisse der Befragung der Grundgesamtheit 149
  6.3.3.1 Die MuSofT-Grundgesamtheit 149
  6.3.3.2 Die Vorerfahrungen mit Editoren 150
  6.3.3.3 Die Einstellungen gegenüber dem Editor DAVE .. 150
  6.3.3.4 Die Nutzung des Editors 151
  6.3.3.5 Die Bewertung des Editors 154
6.4 Zusammenfassung und Diskussion der Ergebnisse 159

7 Studie 3: Entwicklung und Nutzung des Lernmoduls „Computergenerierte Farbe" des Projekts SIMBA 163
7.1 Das Lernmodul „Computergenerierte Farbe" 163
7.2 Die Entwicklung des Lernmoduls „Computergenerierte Farbe" 165
 7.2.1 Das Erhebungsdesign 165
 7.2.2 Das Projekt SIMBA als Entwicklungskontext 166
 7.2.3 Die sozialen AkteurInnen der Entwicklung des Lernmoduls 168
 7.2.4 Der Entwicklungsprozess: Technik- vs. Nutzendenzentrierung .. 172
 7.2.5 Die Vergeschlechtlichung des Lernmoduls als Ergebnis der Entwicklung? 174
7.3 Die studentische Nutzung des Lernmoduls „Computergenerierte Farbe" 176
 7.3.1 Das Erhebungsdesign 177
 7.3.2 Die SIMBA-Grundgesamtheit 177
 7.3.3 Die Vorerfahrung mit Lernmodulen 178
 7.3.4 Die Einstellungen gegenüber Lernmodulen 179
 7.3.5 Die Nutzung des Lernmoduls „Computergenerierte Farbe" 180
 7.3.6 Die Bewertung des Lernmoduls 184
7.4 Zusammenfassung und Diskussion der Ergebnisse 185

8 Studie 4: Entwicklung und Nutzung des Lernmoduls „Wellen" des Projekts physik multimedial 187
8.1 Das Lernmodul „Wellen" 187
8.2 Die Entwicklung des Lernmoduls „Wellen" 190
 8.2.1 Das Erhebungsdesign 190
 8.2.2 Das Projekt physik multimedial als Entwicklungskontext 190
 8.2.3 Die sozialen AkteurInnen der Entwicklung des Lernmoduls 193

8.2.4 Der Entwicklungsprozess: Technik vs. Nutzendenzentrierung 195
8.2.5 Die Vergeschlechtlichung des Lernmoduls als Ergebnis der Entwicklung? 199
8.3 Die studentische Nutzung des Lernmoduls „Wellen" 201
8.3.1 Das Erhebungsdesign 201
8.3.2 Die physik multimedial-Grundgesamtheit 201
8.3.3 Die Vorerfahrungen mit Lernmodulen 202
8.3.4 Die Einstellungen gegenüber dem Lernmodul „Wellen" 202
8.3.5 Die Nutzung des Lernmoduls 204
8.3.6 Die Bewertung des Lernmoduls 206
8.4 Zusammenfassung und Diskussion der Ergebnisse 211

9 Studie 5: Entwicklung der Lernumgebung und Nutzung eines hybriden Seminars des Projekts Vings 213
9.1 Das Seminar und seine Lernumgebung 213
9.1.1 Das hybride Seminar „Kriege, Konflikte, Sicherheit und Frieden in den internationalen Beziehungen" 213
9.1.2 Die Lernumgebung des Seminars 214
9.2 Die Entwicklung der Lernumgebung des Vings-Seminars 216
9.2.1 Das Erhebungsdesign 216
9.2.2 Das Projekt Vings als Entwicklungskontext 216
9.2.3 Der Entwicklungsprozess: Technik- vs. Nutzendenzentrierung .. 220
9.2.4 Die Vergeschlechtlichung des Seminars als Ergebnis der Entwicklung? 223
9.3 Die studentische Nutzung des Vings-Seminars 225
9.3.1 Das Erhebungsdesign 225
9.3.2 Die Vings-Grundgesamtheit 225
9.3.3 Die Vorerfahrungen mit hybriden Seminaren 226
9.3.4 Die Einstellungen gegenüber dem Vings-Seminar 227
9.3.5 Die Nutzung des Seminars 229
9.3.6 Die Bewertung des Seminars 231
9.4 Zusammenfassung und Diskussion der Ergebnisse 233

10 Zusammenfassung und Diskussion der Ergebnisse 237

Tabellenverzeichnis 249

Abbildungsverzeichnis 251

Literatur 252

1 Erkenntnisinteresse und Aufbau der Arbeit

1.1 Erkenntnisinteresse und Eingrenzung der Problemstellung

Mit dem Wandel von der Informations- zur Wissensgesellschaft[1] gewinnen nicht nur Bildung und Wissen eine zunehmende Bedeutung. Auch Informations- und Kommunikationstechnologien spielen als Motor für technische und gesellschaftliche Innovationen (BMBF 2000a, 1997; Schelhowe 2005) eine wachsende Rolle und verändern durch ihre Ausbreitung gesellschaftliche Infrastrukturen, Wirtschaftssysteme und Lebensgewohnheiten radikal (BMBF 1997).

Diese Entwicklung hat inzwischen auch deutsche Hochschulen erreicht, an denen der vermehrte Einsatz digitaler Medien[2] zu einer Veränderung des hochschulischen Lehrens und Lernens auf struktureller, organisatorischer und inhaltlicher Ebene führt (Winkler/ Mandl 2002; Kerres 2002b). Dabei wird diese Veränderung von politischen wie wissenschaftlichen AkteurInnen nicht nur als notwendig angesehen - wie Mitglieder des Wissenschaftsrates und der Bund-Länder-Kommission für Bildungsplanung und Forschungsförderung verlauten ließen, sei ein Strukturwandel im Hochschulbereich dringend angezeigt (BLK 2000; Wissenschaftsrat 1998) -, sie wird auch deshalb als unerlässlich erachtet, da digitale Lehr-/Lernmedien eine notwendige Voraussetzung dafür seien, die

---

[1] Seit der zweiten Hälfte der 1990er Jahre wird in Politik und Wissenschaft vermehrt von der „Wissensgesellschaft" gesprochen, die die Informations- bzw. Industriegesellschaft ablöse. Dieses Gesellschaftskonzept ist bisher weder paradigmatisch entwickelt worden (Rammert 2000) noch empirisch abgesichert (Riegraf/ Zimmermann 2005). Dennoch kann m. E. heute von einer Wissensgesellschaft gesprochen werden, wenn das Konzept auf folgende Charakteristika reduziert wird: darauf, dass Wissen zunehmend bedeutend wird für soziale, wirtschaftliche und politische Entscheidungsprozesse, sodass die „Produktion, Verteilung und Reproduktion von Wissen (...) eine führende strategische Rolle erlangt" (Rammert 2000: 190) und sich der Stellenwert der Bildung ändert.

[2] Der Computer tritt heute als ein Medium auf, das der Speicherung, Vermittlung und Präsentation von Information und Kommunikation dient (vgl. Schelhowe 2003: 3). Digitale Medien wiederum sind in ihrem Kern computergestützte Medien, die Arbeitsprozesse wie auch Informations- und Kommunikationsverhältnisse umstrukturieren und dabei primär durch Interaktivität charakterisiert sind: „Das Spezifikum des Digitalen Mediums ist, dass es Inhalte nicht unverändert lässt, sondern mit generiert, dass es - unabhängig vom Verhalten und in Reaktion jeweils auf die Eingaben der Nutzer/innen - unterschiedlichste Ausgaben erzeugen kann, bis dahin, dass der Eindruck entsteht, dass die Nutzer/innen mit dem Medium selbst ‚interagieren', kommunizieren" (Schelhowe 2005: 149).

internationale Wettbewerbsfähigkeit der deutschen Hochschullehre zu erhöhen (vgl. BMBF 2000a: 6). Um das Leistungs- und Angebotsspektrum der Hochschullehre auszubauen, gelte es, diese Medien zu entwickeln, standortübergreifend einzusetzen sowie die technische Infrastruktur der Hochschulen auszubauen. Wenn dies gelänge - so die ExpertInnenmeinung -, sei es möglich, mit der Informations- und Kommunikationstechnologie einen wesentlichen Beitrag zur Qualitätssteigerung des hochschulischen Lehrens und Lernens zu leisten (vgl. Zentel et al. 2002: 224). Was die Hochschullehrenden anginge, so würden die Medien vor allem eine erhebliche Entlastung darstellen: Nicht nur könnte der Aufwand für organisatorische Aspekte der Hochschullehre durch die Verwendung von Lernplattformen[3] o. Ä. (Schulmeister 2003) weitgehend reduziert werden, auch die inhaltliche Vorbereitung der Vorlesungen und Seminare könne erleichtert werden. Als Beispiel seien hier internetbasierte Selbstlerneinheiten bzw. Lernmodule genannt, die von den Lehrenden entweder als vollständiges, externes Produkt für ihre Veranstaltungen verwendet werden könnten oder ohne große Umstände zu adaptieren seien, sodass sie den individuellen Vorstellungen der Lehrenden sowie dem konkreten Lehrinhalt genügten (Bett/ Wedekind 2003). Für die Studierenden wiederum würde eine Anreicherung des hochschulischen Lehrens und Lernens durch digitale Medien, das E-Teaching und E-Learning[4] insofern immense Vorteile mit sich bringen, als der gesamte Lernprozess erleichtert werde. So würden die z. T. internetbasierten Medien ein orts- und zeitunabhängigeres sowie selbstreguliertes Lernen ermöglichen (Ziegler/ Hofmann/ Astleitner 2003) und das Verständnis der Inhalte u. a. durch zahlreiche (multimediale) Visualisierungsmöglichkeiten erleichtern. Da die Adaptierbarkeit der Inhalte an individuelle Wissensstände, Interessen und Lerngeschwindigkeiten möglich sei, werde ein Ausmaß der Individualisierung von Lernwegen möglich, wie es die traditionelle Lehre nicht bieten könne (Klein/ Weber 2002; Rinn/ Bett 2002), und somit der Lernerfolg gesteigert (kritisch dazu: Kerres 2002a, 1999). Auch die Motivation der Studierenden könne erhöht werden, z. B. durch interaktive Elemente und eine interdisziplinäre, anwendungs- wie praxisbezogene Aufarbeitung der Inhalte (kritisch dazu: Reinmann-Rothmeier/ Mandl 2001; Kerres 2002a). Zudem würden quasi „nebenbei" Schlüsselkompetenzen vermittelt: Medienkompetenz durch die Internet-/ Computernutzung und soziale Kompetenz durch die unterschiedlichen medialen

---

3   Lernplattformen sind Softwareumgebungen, die für die virtuelle Lehre und das virtuelle Lernen genutzt werden (vgl. Schulmeister 2003: 1).
4   E-Learning ist ein „übergeordneter Begriff für softwareunterstütztes Lernen" (Baumgartner/ Häfele/ Häfele 2002: 2). Mit E-Teaching ist die softwareunterstützte Lehre gemeint.

Kommunikations-, Kooperations- sowie Kollaborationsmöglichkeiten (Friedrich/ Hron 2002; Kerres 2002b).

Diese Gründe lassen es verständlich erscheinen, dass in den letzten Jahren Bund und Länder zahlreiche Programme mit erheblichen finanziellen Mitteln gefördert haben, die zum Ausbau der computergestützten Lehre an deutschen Hochschulen beitragen sollten.

Eines dieser Programme bot den Anlass zu der vorliegenden Arbeit und den Rahmen der in diesem Kontext durchgeführten empirischen Studien: das Förderprogramm des Bundesministeriums für Bildung und Forschung (BMBF) „Neue Medien in der Bildung - Förderbereich Hochschule".[5] Das mit 185 Millionen Euro geförderte Programm wurde im Jahr 2000 ausgeschrieben und sollte dazu beitragen, gemeinsam mit Wissenschaft, Wirtschaft, Ländern und Kommunen „Deutschland bis zum Jahr 2005 eine weltweite Spitzenposition bei der Nutzung von Bildungssoftware" (BMBF 2000b: 1f.) zu verschaffen. Konkret bedeutete dies, dass im Rahmen des Programms 100 Verbundprojekte[6] an deutschen Hochschulen, die sich in 541 Teilprojekte differenzierten, mit der Aufgabe betraut wurden, innovative und alltagstaugliche digitale Medien für den Einsatz im hochschulischen Lehren und Lernen zu entwickeln, zu erproben und einzuführen.

Das vom BMBF benannte Förderkriterium, dass bei der Entwicklung der Medien „die spezifischen Lerninteressen von Frauen angemessen zu berücksichtigen" seien (BMBF 2000b: 3; vgl. zur Problematik dieser Formulierung Metz-Göckel et al. 2002b), und die damit verbundene Annahme, E-Learning und E-Teaching würden über die oben genannten vermeintlichen Mehrwerte hinausgehend auch zu geschlechterbezogenen Effekten führen, ließen mein Forschungsinteresse entstehen. Verstärkt wurde dieses durch die aus dem Förderkriterium resultierende breite Ratlosigkeit der Mitarbeitenden der Hochschulprojekte hinsichtlich der Frage, wie das Kriterium in der Praxis umzusetzen sei:

„Alle Beteiligten bei der Förderung standen vor dem Problem, dass zwar Gender Mainstreaming bzw. eine Frauenförderung Bestandteil der Projektanträge sein sollte, aber niemandem war genau klar, was dies für die alltägliche Praxis in den Projekten bedeuten sollte" (Jelitto 2004b: 2).

---

5 Näheres zu dem Förderprogramm siehe Kapitel 4 sowie das Internetportal des Projektträgers „Neue Medien in der Bildung + Fachinformation": http://www.medien-bildung.net/.
6 Für ein Verbundprojekt ist charakteristisch, dass es sich in mehrere Teilprojekte differenziert, die an unterschiedlichen Standorten (Lehrstühle, Hochschulen, Städte o. Ä.) angesiedelt und von unterschiedlichen Personen geleitet werden, die aber dennoch an einer gemeinsamen Thematik arbeiten und somit auf einer Meta-Ebene einen Zusammenhang bilden.

Um dieser Ratlosigkeit konstruktiv zu begegnen, wurde vom BMBF ein Begleitprojekt „Gender Mainstreaming"[7] - im Folgenden GM-Medial-Projekt[8] genannt - ins Leben gerufen. Dieses sollte die 100 Verbundprojekte hinsichtlich der geschlechtersensiblen Gestaltung der digitalen Lehr-/Lernmedien beratend unterstützen. Die mit der Entwicklung und Gestaltung der digitalen Lehr-/Lernmedien betrauten Projektmitarbeitenden hatten auf diese Weise die Möglichkeit, vielfältige, das Geschlecht betreffende, Fragen zu klären und Informationen darüber zu gewinnen, welche Rolle das Geschlecht bei der Entwicklung der Medien innehat, wie Medien geschlechtergerecht gestaltet werden können und ob es Geschlechterdifferenzen bei der Nutzung der Medien gibt, d. h., ob es passieren kann, durch einen unreflektierten Einsatz der Medien in der hochschulischen Lehre dazu beizutragen, ein Geschlecht zu benachteiligen.

Infolgedessen sahen sich die Mitarbeiterinnen des GM-Medial-Projekts, zu denen auch ich gehörte, in der misslichen Lage, Antworten auf Fragen geben zu sollen, die wissenschaftlich fundiert zu beantworten der damalige Stand der empirischen Forschung zum Thema Geschlecht im Kontext der Entwicklung und Nutzung digitaler Lehr-/Lernmedien nicht zuließ: Da die diesbezügliche Forschung noch in den Kinderschuhen steckte, gab es nur wenige Ergebnisse empirischer Studien, auf die man sich hätte beziehen können und auf deren Grundlage man umfangreiche Kriterien einer geschlechtergerechten Technikentwicklung und eines ebensolchen Einsatzes der digitalen Medien im hochschulischen Kontext hätte erarbeiten können.[9] Das GM-Medial-Projekt konnte zwar im Laufe der Förderungsdauer die Forschungslücke dadurch kompensieren, dass es in intensiven Dialog mit den Projekten trat und anhand der Evaluationen zahlreicher digitaler Lehr-/Lernmedien kontextbezogene Erkenntnisse gewann[10], der große Bedarf an gesicherten empirischen Ergebnissen auf diesem

---

7   Zur Definition des Begriffs Gender Mainstreaming: „Gender Mainstreaming besteht in der (Re)Organisation, Verbesserung, Entwicklung und Evaluierung der Entscheidungsprozesse, mit dem Ziel, dass die an politischer Gestaltung beteiligten AkteurInnen den Blickwinkel der Gleichstellung zwischen Frauen und Männern in allen Bereichen und auf allen Ebenen einnehmen" (Mückenberger/ Tondorf 2001: 5).
8   Das GM-Medial-Projekt war ein Kooperationsprojekt der Universitäten Dortmund und Bremen und wurde von Sigrid Metz-Göckel und Heidi Schelhowe geleitet. Gefördert wurde es durch das BMBF vom 01.01.2002 – 31.12.2002 und vom 01.04.2003 – 31.12.2003. Für weitere Informationen zum Projekt siehe Metz-Göckel et al. 2002b.
9   Die wenigen Erkenntnisse auf diesem Gebiet konnten vor allem aus den damaligen Veröffentlichungen von Schinzel (1993) und Schinzel und Ruiz Ben (2002) gewonnen werden, die u. a. Kriterien einer geschlechtersensitiven Mediendidaktik enthalten.
10 Diese Erkenntnisse sind in einem Guideline und einem Leitfaden für die geschlechtergerechte Entwicklung und Gestaltung digitaler Lehr-/Lernmedien (Wiesner et al. 2003, 2004a) veröffentlicht worden. Beide wurden innerhalb der Projektlaufzeit des GM-Medial-Projekts in Zusammenarbeit mit den 100 Verbundprojekten erstellt und sukzessive verfeinert. Darüber hinaus sind die Erkenntnisse in verschiedene Kriterienlisten für eine genderbewusste Gestaltung

Gebiet blieb jedoch bestehen und war Anlass der im Rahmen dieser Arbeit durchgeführten Untersuchungen. Den von mir im Folgenden vorgestellten empirischen Studien liegt die Frage zugrunde, inwiefern der Einsatz digitaler Lehr-/Lernmedien an Hochschulen dazu beiträgt, Geschlechterunterschiede zu produzieren, zu verstärken oder aufzulösen. Auf theoretischer Ebene bedeutet dieses Erkenntnisinteresse, sowohl Geschlecht als auch Technik als soziale Konstruktionen zu begreifen (*doing gender* and *technology*)[11], die im wechselseitigen Verhältnis zueinander stehen. Das heißt, es wird erstens davon ausgegangen, dass Technik[12] durch die Gesellschaft und somit auch durch das hierarchische Geschlechterverhältnis[13] beeinflusst ist, sodass technische Artefakte als vergeschlechtlicht und i. d. R. männlich konnotiert charakterisiert werden müssen und vermutet werden kann, dass dies zu einer Benachteiligung von Nutzerinnen führt (vgl. Kapitel 2.1). Zweitens wird davon ausgegangen, dass die vergeschlechtlichte Technik wiederum einen Einfluss auf die (Re-)Stabilisierung der Geschlechterverhältnisse hat, indem sie eine wesentliche Rolle bei der Herstellung von Geschlecht spielt. Dabei wird angenommen, dass vor allem technikbezogene Geschlechterstereotype einen wesentlichen Beitrag leisten, u. a. indem sie dazu führen, dass es Geschlechterunterschiede in den Einstellungen zur Technik und im Umgang mit ihr gibt (vgl. Kapitel 2.2).

Aufgrund dieser theoretischen Überlegungen ist davon auszugehen, dass erstens die im Rahmen des Förderprogramms entwickelten digitalen Lehr-/Lernmedien vergeschlechtlicht sind und zweitens, dass sich bei den studentischen Nutzenden in den Einstellungen zu den Medien und somit auch in der Motivation, mit diesen Medien zu arbeiten und zu lernen, und damit in der Nut-

---

digitaler Medien (Jelitto 2004a) sowie für Lernmodule (Wiesner et al. 2004b, Metz-Göckel et al. 2004: 32ff.) eingeflossen.

11 Der Ansatz der sozialen Konstruktion von Geschlecht wurde 1978 zum ersten Mal publiziert (Kessler/ Mc Kenna 1978) und ist später zum Konzept des *doing gender* (West/ Zimmerman 1991) weiterentwickelt worden. Geschlecht wird hier verstanden „als ein durch Handeln in sozialen Situationen erworbenes Merkmal" (Gildemeister/ Wetterer 1992: 236; vgl. auch Kapitel 2.2.1).
Der Ansatz der sozialen Konstruktion von Technik wurde 1984 von Pinch und Bijker der Fachöffentlichkeit vorgestellt (vgl. Wajcman 2002: 273) und beruht primär auf der Annahme, dass technische Entwicklungen das Werk kollektiver sozialer AkteurInnen sind, sodass sich gesellschaftliche und kulturelle Aspekte in der Technik und dem technischen Wandel wiederfinden (vgl. Kapitel 2.1).

12 Unter „Technik" werden allgemein drei Bereiche verstanden: a) technisches Know-how, b) technikbezogene Tätigkeiten, also Praktiken und Handlungen, und c) materielle Objekte (vgl. Wajcman 1994: 30f.; Rammert 2000: 42). In dieser Arbeit wird der Begriff „Technik" jedoch ausschließlich für materielle Objekte verwendet.

13 Das Geschlechterverhältnis meint die überindividuelle, relationale Beziehung zwischen Frauen und Männern (siehe Kapitel 2.1.2.1).

zung, Geschlechterdifferenzen zeigen. Wenn diese Hypothese sich als wahr herausstellen sollte, so meine Annahme, würde das E-Learning und E-Teaching dazu führen, dass sich bestehende Geschlechterdifferenzen verfestigen und verstärken: Die Studentinnen könnten nicht im selben Maße wie ihre Kommilitonen von den E-Learning-Angeboten profitieren, d. h. sich die für eine aktive Teilnahme an der Wissensgesellschaft, die gleichberechtigte Teilhabe am Arbeitsmarkt und für das lebenslange Lernen notwendigen Medien- und Technikkompetenzen aneignen. Dementsprechend würde der Einsatz digitaler Lehr-/Lernmedien an Hochschulen dazu führen, dass sich das Geschlechterverhältnis, z. B. durch die Zementierung der Geschlechtersegregation auf dem Arbeitsmarkt, als hierarchisches Verhältnis zwischen Ungleichen (vgl. Kapitel 2.1.2) reproduziert.

Unter Zugrundelegung dieser theoretischen Annahmen wird in den im Rahmen der Arbeit durchgeführten empirischen Studien die Entwicklung von digitalen Lehr-/Lernmedien und die Einstellungen zu diesen Medien sowie deren Nutzung durch Studierende aus einem geschlechtersensiblen Blickwinkel beforscht.

Der Blick gilt dabei erstens den sozialen AkteurInnen der Medienentwicklung und den Medien selbst und in diesem Sinne dem Einfluss des Geschlechterverhältnisses auf den Prozess der *Entwicklung* der Medien sowie auf die Produkte. In diesem Kontext ist u. a. von Interesse, inwiefern das Geschlecht bei ihrer Entwicklung eine Rolle spielt und ob die EntwicklerInnen durch die von ihnen evtl. internalisierten Geschlechterstereotype einen Beitrag dazu leisten, den von ihnen entwickelten Lehr-/Lernmedien einen „Geschlechterstempel" aufzudrücken, d. h. sie zu vergeschlechtlichen. Unter diesem Fokus wurden in den Erhebungen sowohl Entwicklerinnen als auch Entwickler nach ihrer Entwicklungsarbeit und den Annahmen über die Bedeutung von Geschlecht im Rahmen der Entwicklung und studentischen Nutzung digitaler Lehr-/Lernmedien befragt. Ebenfalls wurden die von diesen Personen entwickelten Medien aus einer geschlechtersensiblen Perspektive analysiert.

Zugleich wird zweitens der Frage nachgegangen, inwiefern das Geschlecht bei den studentischen Einstellungen gegenüber und der *Nutzung* von Computern allgemein sowie digitalen Lehr-/Lernmedien im Besonderen eine Rolle spielt. Unter dieser Fragestellung wurden Studierende zunächst nach ihren Einstellungen zu und Nutzungsgewohnheiten von Computern und ihren Erfahrungen mit und ihrer Akzeptanz des E-Learning befragt. Darüber hinaus wurde die studentische Nutzung derjenigen Medien erhoben, deren Entwicklung im Vorfeld mittels Interviews mit den Entwickelnden beforscht worden war und die aus einer geschlechtersensiblen Perspektive analysiert worden waren. Das Erkenntnisinteresse bestand dabei in der Frage, ob die Nutzung der digitalen Lehr- und Lernmedien sowie ihre Bewertung vergeschlechtlicht ist.

1.2 Aufbau der Arbeit

Am Anfang der Arbeit (*Kapitel 2*) werden die für das Erkenntnisinteresse bedeutsamen theoretischen Ansätze dargelegt, die der Techniksoziologie, der Psychologie und der Geschlechterforschung entstammen: Dies sind sozialkonstruktivistische Perspektiven auf Geschlecht und Technik, macht- und herrschaftstheoretische Überlegungen zum Geschlechterverhältnis sowie soziologische wie motivationspsychologische Ansätze, die den Einfluss von Geschlechterverhältnissen und -stereotypen auf die Einstellungen zu und die Nutzung von Computern und digitalen Lehr-/Lernmedien beleuchten. Abschließend wird die Bedeutung der Überlegungen für diese Arbeit dargelegt.

Im *Kapitel 3* wird der aktuelle Forschungsstand zu der Beziehung zwischen Geschlecht und den Einstellungen gegenüber Computern und der Nutzung von Computern und digitalen Lehr-/Lernmedien dargestellt. Anschließend wird auf der Grundlage dieser Ergebnisse die Relevanz der eigenen empirischen Studien begründet.

Einen Überblick über die im Rahmen dieser Arbeit durchgeführten empirischen Studien enthält das *Kapitel 4*. Hier wird die Wahl des Untersuchungsgegenstandes begründet und dieser, wie auch die jeweiligen Forschungsfelder und Stichproben, skizziert. Zudem werden an dieser Stelle die Forschungsmethoden und Erhebungsinstrumentarien beschrieben und diskutiert.

Das *Kapitel 5* beinhaltet die Durchführung sowie die Ergebnisse der ersten Studie, mittels derer unter einer geschlechtersensiblen Perspektive die computer- und E-Learning-bezogenen Einstellungen und die entsprechende Nutzung von Studierenden erhoben wurden.

In den *Kapiteln 6 bis 9* werden, ebenfalls unter einer geschlechtersensiblen Perspektive, vier Studien vorgestellt, in denen ich folgenden Themenkomplexen nachging: a) die Rolle des Geschlechts bei der Entwicklung eines digitalen Lehr-/Lernmediums, b) die Einschreibung des Geschlechterverhältnisses in die digitalen Lehr-/Lernmedien, d. h. ihre Vergeschlechtlichung und c) die Rolle des Geschlechts bei der studentischen Nutzung und Bewertung der Lehr-/Lernmedien. Diese Aspekte werden exemplarisch anhand von vier unterschiedlichen digitalen Lehr-/Lernmedien verdeutlicht, die während des Forschungszeitraums von unterschiedlichen Personen entwickelt, in verschiedenen hochschulischen Lehr-/Lernkontexten eingesetzt und dort von differenten Studierendengruppen genutzt wurden.

Das *Kapitel 10* enthält die Zusammenfassung und Diskussion der in den verschiedenen Studien gewonnenen Ergebnisse.

2 Technik und Geschlecht(-erverhältnis)

„An emerging technofeminism conceives of a mutually shaping relationship between gender and technology, in which technology is both a source and a consequence of gender relations. In other words, gender relations can be thought of as materialized in technology, and masculinity and femininity in turn acquire their meaning and character through their enrolment and embeddedness in working machines" (Wajcman 2004: 107).

Spielen bei der Entwicklung und Nutzung von technischen Produkten, zu denen auch digitale Lehr-/Lernmedien gehören, Geschlecht oder das Geschlechterverhältnis eine Rolle? Wenn ja, inwiefern? - In diesem Kapitel wird mit Bezug auf Theorien der Geschlechterforschung, der Techniksoziologie sowie der Motivationspsychologie Antwort auf diese Fragen gegeben. Zunächst wird erläutert, dass Technik ein soziales Konstrukt ist, in das Gesellschaftsverhältnisse eingehen, und es wird beleuchtet, inwiefern Geschlechterverhältnisse bei der Konstruktion von Bedeutung sind und zur Vergeschlechtlichung von Technik beitragen. Danach wird aufgezeigt, inwiefern die Technik wiederum Einfluss auf die Gesellschaftsverhältnisse nimmt. Dabei wird erörtert, welche Rolle die Technik allgemein und digitale Lehr-/Lernmedien im Besonderen bei der sozialen Konstruktion von Geschlecht und der (Re-)Stabilisierung des Geschlechterverhältnisses einnehmen, wobei u. a. dargelegt wird, welchen Beitrag technikbezogene Geschlechterstereotype dazu leisten, dass sich Geschlechterdifferenzen in den Einstellungen zu und der Nutzung von Computern herausbilden und stabilisieren.

2.1 Die Einschreibung des Geschlechterverhältnisses in die Technik

2.1.1 Die soziale Konstruktion von Technik

Eine für diese Arbeit zentrale Erkenntnis der Techniksoziologie ist die, dass in den Prozess der Technikentwicklung und -produktion soziale Aspekte einfließen, Technik also sozial konstruiert wird (Pinch/ Bijker 1984; MacKenzie/ Wajcman 1985). Unter der theoretischen Perspektive der „social construction of technology" (SCOT-Ansatz) bzw. der „social shaping of technologie" (vgl. Wajcman 2002: 273) haben TechniksoziologInnen herausgearbeitet, dass sich gesellschaftliche und kulturelle Aspekte insofern in der Technik und dem technischen Wandel wiederfinden, als „soziale Konstellationen (gesellschaftliche Akteure, kulturelle Muster, Leitbilder, wirtschaftliche, militärische und staatliche Interessen) in den Prozeß der Technikentwicklung und -produktion einfließen und die Entscheidung für oder gegen eine Technologie entscheidend mitbedingen" (Collmer 1999: 56). Das heißt, die Entwicklung von Technik wird aus dieser Perspektive als ein sozialer Prozess verstanden (Collmer 1997; Holtgrewe 1998), dessen Produkt, eben die Technik, gesellschaftlich konstruiert (Rammert 2000; Schelhowe 2000), „sozial geformt" (Aulenbacher 1993: 19) bzw. „vergesellschaftet" (Schinzel 2005: 343) ist.

Unter dieser Perspektive setzt sich die Techniksoziologie kritisch mit der Annahme auseinander, dass Technik neutral und aus einer inhärenten Begründung heraus so sei, wie sie ist. Diese Alltagswahrnehmung ist nach Schelhowe (2005: 151) darauf zurückzuführen, dass die soziale Konstruktion von Technik unsichtbar verläuft, sodass den Gesellschaftsmitgliedern zwar die technischen Artefakte in den Blick geraten, das Soziale in der Technik jedoch i. d. R. nicht wahrgenommen wird. Erst die Analyse der Prozesse der sozialen Konstruktion von Technik lässt erkennen, inwiefern historische oder kulturelle Bedingungen sowie gesellschaftliche Macht- und Herrschaftsverhältnisse die Technikentwicklung und die Gestaltung technischer Produkte beeinflussen.

Die Gesellschaftsverhältnisse sind deshalb von entscheidender Bedeutung für die Entwicklung von Technik, da an dieser i. d. R. nicht einzelne „große Männer", sondern verschiedene Gruppen von AkteurInnen aus Wirtschaft, Politik und Wissenschaft beteiligt sind (vgl. Rammert 2000: 8). Da diese über unterschiedliche Machtressourcen und differente Möglichkeiten verfügen, ihre divergierenden und zum Teil konkurrierenden Interessen bei der Technikentwicklung zu vertreten (vgl. MacKenzie/ Wajcman 1995), bestimmen Gesellschaftsverhältnisse, konkret die Verteilung von Macht und Kapital innerhalb einer Gesellschaft, wie Technik entwickelt wird und auch, welche Technik sich durchsetzt und welche wiederum zurückgehalten wird (vgl. Rammert 2000: 50; Wajcman 1994: 41; 64). Versteht man unter Macht „jede Chance innerhalb einer sozialen Beziehung, den eigenen Willen auch gegen Widerstreben durchzusetzen, gleichviel worauf diese Chance beruht" (Weber 1972, zit. nach Claessens 1993: 113), so können vor allem diejenigen, die in politischen und wirtschaftlichen Zusammenhängen über große Macht verfügen, entscheiden, welche technologischen Entwicklungen ermöglicht und gefördert und welche verhindert werden (vgl. Rammert 2000, 1993). Schlussfolgernd lässt sich behaupten, dass die durch ungleiche Machtverteilungen charakterisierten Gesellschaftsverhältnisse bestimmen, wie Technik entwickelt und wie technische Produkte konstruiert werden (vgl. Wajcman 1994: 41), wie sie auch bestimmen, was als technisches Problem angesehen und was als technische Problemlösung anerkannt wird. Es bedeutet zudem, dass die technischen Produkte durch die ökonomischen Interessen der AkteurInnen der Technikentwicklung so beeinflusst sind, dass sie die Spuren „dieser Menschen und des gesellschaftlichen Zusammenhangs, in dem sie entwickelt wurden" (Wajcman 1994: 40f.) in sich tragen. Über die ökonomischen Interessen hinaus werden jedoch auch kulturelle Werthaltungen und soziale Vorstellungen der AkteurInnen in die Technik eingeschrieben, wie religiöse Weltbilder, bestimmte Menschenbilder, differente „Visionen, Interessen und Intentionen" (Rammert 2000: 64) und die Bilder, die die Entwickelnden von den Nutzenden haben: „DesignerInnen definieren die potenziellen AkteurInnen oder NutzerInnen in verschiedenartiger Weise und schreiben diese Vision der Welt in den technischen Gehalt des neuen Objekts ein" (Wajcman 2002: 274).

Im Folgenden wird erläutert, inwiefern Geschlecht in diesen Prozessen der sozialen Konstruktion von Technik eine Rolle spielt. Im Gegensatz zu Publikationen der „allgemeinen" Techniksoziologie, die bei der Thematisierung von sozialen AkteurInnen, Gesellschafts- und Machtverhältnissen das Thema Geschlecht und den Blick auf das Verhältnis der Geschlechter weitgehend ausklammern[14], wird aufgezeigt, dass dem Geschlechterverhältnis bei der sozialen Konstruktion von Technik eine hohe Bedeutung zukommt.

2.1.2 Die Rolle des Geschlechts bei der sozialen Konstruktion von Technik

Das Verständnis der Techniksoziologie von Technik als sozialer Konstruktion basiert, wie oben dargelegt, auf der Annahme, dass Gesellschaftsverhältnisse auf verschiedenen Ebenen ihren Ausdruck in der Technikentwicklung finden, sodass das Soziale in die Technik einfließt. Dabei kommen mit dem Fokus auf kollektive soziale AkteurInnen gesellschaftliche Macht- und Herrschaftsverhältnisse in den Blick, welche die Technikentwicklung zentral beeinflussen. Im Folgenden wird dargelegt, dass das Verhältnis der Geschlechter eines der Verhältnisse zwischen sozialen AkteurInnengruppen ist, welches sich fundamental auf die Entwicklung von Technik auswirkt.

---

14 So fragt Rammert (2000) z. B. im Kontext seiner Argumentation, dass an der Technikentwicklung jeweils mehrere AkteurInnen beteiligt seien: „Hatten die Erfindungen nicht viele Väter und Vorläufer? Und waren daran nicht häufig viele Helfer beteiligt?" (ebd.: 62), ohne zu problematisieren, dass an der Entwicklung und Durchsetzung von Technologien vor allem Männer beteiligt waren und sind.

2.1.2.1 Die Geschlechtersegregation in der Technikentwicklung

Um zu verstehen, inwiefern das Geschlecht im Bereich der Technikentwicklung eine Rolle spielt, wird im Folgenden zunächst das Verhältnis der Geschlechter als Ungleichheitsverhältnis charakterisiert. In einem zweiten Schritt wird aufgezeigt, dass sich dieses Ungleichheitsverhältnis in einer Geschlechtersegregation in der Technikentwicklung spiegelt, und es wird drittens erörtert, welche Konsequenzen diese Geschlechterschiefe auf technische Produkte hat.

Das Geschlechterverhältnis bezeichnet das überindividuelle, relationale Verhältnis zwischen Frauen und Männern und ist insofern eine Struktur, die alle gesellschaftlichen Bereiche (wie den Staat, die Politik, die Erwerbsarbeit und die Familie) und soziale Verhältnisse (wie die privaten Beziehungen der Geschlechter) prägt (vgl. Gottschall 2000: 14). Dieses Verhältnis war noch vor einigen Jahrzehnten kontextübergreifend als hierarchisches Verhältnis zwischen Ungleichen zu beschreiben: Durch die ungleiche Verteilung von Macht, Herrschaft und Gewalt[15] war das eine Geschlecht dem anderen in allen o. g. Bereichen übergeordnet. Die sozialen Wandlungsprozesse der letzten Jahrzehnte[16] haben jedoch dazu geführt, dass das Geschlechterverhältnis in Unordnung geraten (Heintz 2001a) und zurzeit von „Widersprüchen, Brüchen und Ungleichzeitigkeiten gekennzeichnet" ist (Wetterer 2003: 288) bzw. von einer „Doppelheit von Persistenz und Wandel" (Gildemeister 2005: 74), sodass, was die Ungleichheit der Geschlechter angeht, heute Folgendes zu verzeichnen ist:

> „Es gibt Bereiche, in denen die Geschlechterungleichheit nahezu unverändert fortbesteht (…), andere, in denen die Unterschiede zwischen den Geschlechtern praktisch verschwunden sind (…), und dritte schließlich, in denen die Ungleichheit konditional ist, d. h. anhängig von spezifischen Bedingungskonstellationen" (Heintz 2001a: 9).

Dennoch ist, wie ich im Folgenden begründet aufzeige, m. E. das Geschlechterverhältnis immer noch als ein Verhältnis zwischen Ungleichen zu charakterisieren. Obwohl Angleichungsprozesse dazu führten, dass sich die Differenz zwischen den Geschlechtern heute in einigen Kontexten auflöst, sind immer noch

---

15 Max Weber (1972) definiert Herrschaft in Abgrenzung zur Macht: „'Herrschaft' soll definitionsgemäß (...) die Chance heißen, für spezifische (oder: für alle) Befehle bei einer angebbaren Gruppe von Menschen Gehorsam zu finden. Nicht also jede Art von Chance, 'Macht' und 'Einfluß' auf andere Menschen auszuüben" (ebd.: 122). Herrschaft ist dabei als legitimierte, auf Dauerhaftigkeit angelegte Macht zu verstehen. Gewalt hingegen „liegt dann vor, wenn Menschen so beeinflußt werden, daß ihre aktuelle somatische und geistige Verwirklichung geringer ist als ihre potentielle Verwirklichung" (Galtung 1975, zit. nach Engels 1996: 74).

16 Die Bildungsbeteiligung von Frauen hat sich der der Männer angeglichen, ihre Beteiligung auf dem Arbeitsmarkt ist gestiegen, familiale Lebensformen haben sich verändert etc. (vgl. Beck 1986 und zur Kritik an Beck: Burkart 1997).

„Muster der Persistenz" (Heintz 2001a: 9) zu verzeichnen, sodass die Geschlechter noch immer über „differente Zugangschancen zu allgemein verfügbaren und erstrebenswerten sozialen Gütern und Positionen" verfügen, „die zugleich mit ungleichen Macht-, Anerkennungs- und Interaktionsmöglichkeiten einhergehen" (Gottschall 2000: 23).

Dass die Geschlechter trotz ihres modernisierten, auf Egalität, Gleichberechtigung und PartnerInnenschaft setzenden „alltagsweltlichen Differenzwissens"[17] (Wetterer 2003: 290) noch immer in einem hierarchischen Verhältnis zueinander stehen, ist darauf zurückzuführen, dass die Ungleichheit in die gesellschaftlichen Strukturen eingelassen und institutionell verankert ist. Die Institutionen, und dabei vor allem der Arbeitsmarkt spielen dabei eine große Rolle. Insbesondere die Arbeitsteilung der Geschlechter, die einerseits durch die primäre Zuweisung der unentgeltlichen Reproduktionsarbeit an Frauen und der bezahlten Produktionsarbeit an Männer gekennzeichnet ist und sich andererseits in einer horizontalen und vertikalen Segregation des Arbeitsmarktes ausdrückt (Wetterer 2002), führt dazu, dass sich die Ungleichheit der Geschlechter laufend (re-)stabilisiert und neu formiert (Gildemeister 2005, 2001; Wetterer 2003; Heintz/ Nadai 1998, zit. nach Metz-Göckel 1999: 67).[18] D. h., durch die geschlechtersegregierte Erwerbs- und Familienarbeit werden Männern und Frauen nach wie vor unterschiedliche Plätze in der Gesellschaft zugewiesen (vgl. Ridgeway 2001: 251; Metz-Göckel 1999: 62) und das Geschlecht wird „rethematisiert" (Pasero 1995: 62) bzw. überhaupt erst konstruiert, weshalb Wetterer auch von einer „geschlechtskonstituierenden Arbeitsteilung" (Wetterer 2002: 20) spricht.

Aufgrund der geschlechterdifferenzierten und -differenzierenden Arbeitsteilung, die als wichtige Ressource der Differenz und Hierarchie der Geschlechter gilt, ist das Geschlechterverhältnis nach wie vor als Ungleichheitsverhältnis zu charakterisieren. Im Folgenden wird aufgezeigt, wie sich dies in der Technik-

---

17 Wetterer (2003) bezeichnet als „zeitgenössisches Differenzwissen" das Alltagswissen, das die „'normalen' Gesellschaftsmitglieder über die Unterschiedlichkeit der Geschlechter und die Kompetenzen, Zuständigkeiten und Obligationen von Frauen und Männern haben" (ebd.: 291).
18 Mit ihrer These der „De-Institutionalisierung" von Geschlecht verweisen Heintz und Nadai jedoch darauf, dass sich die Mechanismen geändert haben, die zu einer Reproduktion der Geschlechterungleichheit führen, und dass die „Aufrechterhaltung der Geschlechterungleichheit in zunehmendem Maße von kontextspezifischen Bedingungen abhängig und entsprechend instabil" (Heintz 2001a: 15f.) ist. Auch Wetterer weist darauf hin, das Geschlechterarrangement sei inzwischen „ein Stück weit optional geworden" (Wetterer 2003: 315), und Gottschall (2000) meint, dass sich inzwischen die Strukturen sozialer Ungleichheit differenzieren und gleichzeitig Öffnungs- und Schließungsprozesse bestehen, die sich zum Teil überlagern und die zu einer stärkeren Differenzierung innerhalb der Genus-Gruppen führen würden (vgl. ebd.: 32).

entwicklung äußert, d. h. inwiefern Männer und Frauen in unterschiedlichem Ausmaß ihre Interessen bei der Technikentwicklung durchsetzen können.

Die Arbeitsteilung zwischen den Geschlechtern, die oben skizziert wurde, entstand erst im Laufe des 19. Jahrhunderts, als das uns heute bekannte Ehe- und Familienmodell etabliert wurde und es zu einer Trennung in eine öffentliche und eine private Sphäre der Arbeit kam (Beer 2004). Bis zu dieser Zeit gab es keine rigide Arbeitsteilung der Geschlechter, was sich auch im Bereich der Technikentwicklung verzeichnen lässt: Frauen haben sich vor der Etablierung der Arbeitsteilung selbstverständlich mit technologischen Problemen befasst und dementsprechend Technologien entwickelt, die ihnen bei ihrer Arbeit halfen. So kann angenommen werden, dass es Frauen waren, die Grabstöcke, Trageschlaufen und -taschen, Erntemesser und Sichel, Hacken, Spaten u. Ä. erfunden haben (vgl. Cockburn 1988: 28f.; Wajcman 1994: 33; Wächter 2000b: 16).

Mit der Entstehung der geschlechtsspezifischen Arbeitsteilung waren jedoch Prozesse verbunden, die für die Rolle, die Frauen in der Technikentwicklung einnehmen, sehr ungünstig waren. Nicht nur, dass Männer durch die Zuweisung der öffentlichen Sphäre Zugang zu Politik, Wirtschaft, Wissenschaft und Bildung (vgl. Wobbe 2005: 50) und somit die für die Entwicklung von Technik notwendige Macht erhielten (Weber 1972), Frauen wurden zudem durch Schließungsprozesse (Beer 2004) ausgegrenzt. Sie wurden vom Arbeitsmarkt ausgeschlossen oder auf Arbeitsbereiche verwiesen, die für die männlichen Lohnarbeiter nicht von Interesse waren, während Männer sich als kollektive Akteure die prestigeträchtigen und ertragreichen Berufe und Berufsbereiche als Männerdomänen erschufen und verteidigten. Diese Mechanismen sind auch in den techniknahen Berufsfeldern zu verzeichnen: Als spezialisierte Handwerke und Gewerbezweige entstanden und somit technische Qualifikationen an Bedeutung gewannen, d. h. Professionalisierungsprozesse (vgl. dazu Wetterer 2002) zu verzeichnen waren, durch die sich der Status techniknaher Arbeitsbereiche erhöhte, sicherten sich Männer als kollektive Akteure diese privilegierten Arbeitsfelder (Cockburn 1988). Den Arbeiterinnen wurde „das Werkzeug buchstäblich aus den Händen genommen und zu Maschinen zusammengesetzt" (Wajcman 1994: 38), während sich die Männer das Monopol über die durch die Einführung der Maschinen neu entstandenen Fertigkeiten sichern. Mittels sozialer Schließungsprozesse sichern sie sich nicht nur die neu entstehenden Arbeitsbereiche, sondern auch den Zugang zu technischen Qualifikationen: Frauen wurden aus Gewerkschaften ausgeschlossen und zu Ausbildungen nicht zugelassen, in denen diejenigen Qualifikationen vermittelt wurden, die in den nun professionellen technischen Berufen vonnöten waren (Wajcman 1994). So wurde ihnen die Möglichkeit einer theoretischen Grundausbildung in Mathematik und Mechanik verwehrt, indem sie in Gewerbe- und Ingenieurschulen sowie den Technischen Hochschulen nicht aufgenommen wurden. Dementsprechend konnten sie sich die Kenntnisse nicht aneignen, die die Basis der „großen" Erfindungen der industriellen Revolution waren (vgl. Wajcman 1994: 33).[19] Die geschlechtsspezifische Arbeitsteilung in techniknahen Berufsfeldern wurde so etabliert und dauerhaft abgesichert: Während Männern die Rolle der Entwickelnden, Technikbeherrschenden und -instandhaltenden zugewiesen wurde (Cockburn 1988), wurden Frauen zu Bedienerinnen der Maschinen, zu passiven Konsumentinnen oder Anwenderinnen (vgl. Wächter 2000a: 15).[20]

> „Frauen finden sich zuhauf in der Maschinenbedienung. (…) Die Konstrukteure und Entwickler der neuen Systeme, diejenigen, die die Anlagen vermarkten und verkaufen, installieren, verwalten und warten, sind, mit nur wenigen Ausnahmen, Männer. Frauen dürfen zwar die Knöpfe drücken, in den Geräten aber haben sie nichts zu suchen" (Cockburn 1988: 21).

Die Entwicklung, Wartung und Reparatur der Maschinen, genauso wie Entscheidungen über den Einsatz von technischen Geräten und Systemen, gerieten auf diese Weise in Männerhand.

Diese Geschlechtersegregation in techniknahen Arbeitsfeldern, die als Ergebnis eines „umfassenden Prozesses der kultur-historischen Ausgrenzung und Abschottung gegen Frauen" (Collmer 1997: 42) zu werten ist, findet sich noch heute: Der Frauenanteil in den informationstechnischen Ausbildungsberufen beträgt zurzeit 14% (Winker 2002: 72), und nur 17% der Computerfachleute sind weiblich (Schinzel 2001: 10). Eine Studie von Schinzel (2005: 6) weist zudem nach, dass sich die Geschlechterschiefe auch unter den Computerfachleuten fortschreibt: Weibliche SoftwareentwicklerInnen arbeiten oftmals in Gebieten, die als sozialorientiert gelten, wie dem Projekt- und Qualitätsmanagement, während die techniknahen Bereiche eher männlichen Kollegen vorbehalten sind.[21]

---

19 Frauen konnten auch deshalb während der industriellen Epoche nicht erfinden, da sie nicht über das dafür notwendige Kapital verfügten. Zu diesem Zeitpunkt verfügten die Frauen in den USA nicht über ein eigenes Kapital (vgl. Wajcman 1994: 33).
20 Natürlich gab es einzelne Frauen, die Technik entwickelt haben oder maßgeblich an der Entwicklung beteiligt waren. Mittlerweile konnten Frauen z. B. als Erfinderinnen bzw. Mit-Erfinderinnen der Baumwollentkernmaschine, der Nähmaschine, der Jacquard-Webmaschine, des McCormick-Mähbinders und des kleinen Elektromotors nachgewiesen werden (Wajcman 1994: 32). Die „historischen" weiblichen Größen auf diesem Gebiet jedoch zu nennen, fällt auch heute noch sogar StudentInnen der Technikwissenschaften schwer (vgl. Engler/ Faulstich-Wieland 1995: 74ff.) - sie sind aus dem öffentlichen Diskurs über die Technikentwicklung offensichtlich ausgeblendet.
21 Dieser Befund zeigte sich auch in den BMBF-Programm „Neue Medien in der Bildung - Förderbereich Hochschule". Hier äußerten sich viele Projektmitarbeiterinnen dem GM-Medial-Projekt gegenüber als erstaunt oder bestürzt darüber, dass sie als Frauen qua Geschlecht das

Im Kapitel 2.2.2.1 wird erläutert, worauf der verschwindend geringe Frauenanteil unter InformatikerInnen, TechnikerInnen und SoftwareentwicklerInnen zurückzuführen ist.[22] Hier soll jedoch zunächst zusammenfassend festgehalten werden, dass der Frauenanteil unter den Technikentwickelnden sehr gering ist und dass zudem diejenigen Frauen, die in der Technikentwicklung arbeiten, häufig in wenig techniknahen Arbeitsbereichen tätig sind, sodass Frauen unter den sozialen AkteurInnen der Technikentwicklung und somit in den Prozessen der sozialen Konstruktion von Technik eine gegenüber Männern untergeordnete Rolle spielen. Im Folgenden geht es um die Konsequenzen dieser geschlechtersegregierten Arbeitsteilung für die Technikentwicklung, und dabei primär für die soziale Konstruktion von Technik.

2.1.2.2 Die Auswirkung der Geschlechtersegregation in der Technikentwicklung: die Vergeschlechtlichung von Technik

„Technik erscheint so neutral, so beliebig einsetzbar und nutzbar, so abstrakt, so sehr ihren eigenen immanenten Gesetzmäßigkeiten folgend und damit verschlossen gegenüber dem Sozialen, dass Geschlecht in ihrer Konstruktion und Anwendung keinen Platz haben kann" (Schelhowe 2005: 150).

Es wurde dargelegt, dass Technik sozial konstruiert ist, sodass sich die Gesellschaftsverhältnisse wie auch die Interessen und Wertvorstellungen der an der Technikentwicklung beteiligten AkteurInnen in die Technik einschreiben. Nun wird erörtert, welche Bedeutung dem Geschlecht bzw. der Geschlechtersegregation unter den Entwickelnden bei diesen Konstruktionsprozessen zukommt.

Eine zentrale Annahme feministischer oder für Geschlechterfragen sensibler Techniksoziologinnen ist folgende: Dass Technik vor allem durch Männer entwickelt werde, während der Beitrag von Frauen zur Technikentwicklung eher gering sei, beeinflusse nicht nur die Richtung und das Tempo des technischen Wandels (vgl. Wajcman 1994: 64), sondern trage auch zur Vergeschlechtlichung von Technik bei. Vergeschlechtlicht werde die Technik dadurch, dass sie allein oder zumindest maßgeblich von den Interessen und Erfahrungen männlicher Entwickler beeinflusst werde, die in sie eingehen würden, während die

---

    Amt der „Geschlechterbeauftragten" übertragen bekommen hatten, während dafür Männer anscheinend seitens der Projektleitung nicht in Betracht kamen.

22   Neben Schließungs- und Professionalisierungsprozessen auf dem Arbeitsmarkt spielen dafür Schließungsprozesse im schulischen wie hochschulischen Ausbildungssektor eine wesentliche Rolle wie auch Prozesse der sozialen Herstellung von Geschlecht und somit die männliche Konnotation von Technikkompetenz und -interesse.

Interessen und Erfahrungen von Frauen nicht integriert würden (Wächter 2000a; Greif 2000; Wender 2000; Cockburn 1988).

> „Frauen kommen als handelnde Personen im technischen Kontext kaum vor. Damit einhergehend findet die Wirklichkeit von Frauen, ihre sozialen, kulturellen, biologischen Erfahrungen, ihre Bedürfnisse, ihre Interessen, ihr Wissen und ihre Werte keinen Niederschlag in einer Technikentwicklung und Technikgestaltung, die primär auf männlich geprägtes, von Männern erzeugtes Hintergrundwissen rekurriert" (Wächter 2000a: 7).

Diese Techniksoziologinnen sind der Ansicht, dass der geringe Frauenanteil unter den EntwicklerInnen und GestalterInnen von Technik dementsprechend dazu führe, dass die Produkte aufgrund ihrer männlichen Handschrift (Wender 2000) Nutzerinnen benachteiligen würden, da diese ihre Interessen in den Produkten nicht wieder fänden. Diese Annahme basiert auf zwei theoretischen Prämissen der feministischen Technikkritik:

1. Da es weder eine wertneutrale und durch strikte Sachbezogenheit gekennzeichnete Wissenschaft, noch eine objektive, wertfreie und geschlechtsneutrale Technik gibt (vgl. Neusel 2005: 83; Greif 2000: 31), sondern alles Denken und Handeln von subjektiven Erfahrungshintergründen geprägt ist, fließen diese Erfahrungshintergründe in wissenschaftliche Fragestellungen, Methoden und Wege des Technikentwicklungsprozesses und schließlich in die technischen Produkte ein.
2. Die subjektiven Erfahrungshintergründe von Männern und Frauen unterscheiden sich durch die verschiedene Sozialisation, psychosexuelle Entwicklung, Lebenssituation und differenten Lebensbereiche (vgl. Greif 2000: 32).

Ich möchte mich der ersten Prämisse insofern anschließen, als ich davon ausgehe, dass die Erfahrungen, Interessen, Werte u. Ä. der Entwickelnden in die Produkte einfließen, sodass die Technik vergesellschaftet ist. Als so pauschal unzutreffend sehe ich dagegen die zweite Prämisse an, die von der Annahme der Bipolarität der Geschlechter ausgeht - einer theoretischen Position, die nach aktuellen Erkenntnissen der Geschlechterforschung nicht haltbar ist, da theoretisch von einer Vielfalt von Geschlechtern ausgegangen werden muss, die mit den bipolaren Kategorien „Mann"-„Frau" oder „männlich"-„weiblich" nicht ausreichend erfasst werden kann (Metz-Göckel 2000, 1999; Lorber 1999). Dementsprechend sollte auch die These der „männlichen" Handschrift der Technik näher beleuchtet werden: Meines Ermessens ist sie aufgrund verschiedener Aspekte pauschal so nicht haltbar, sondern muss dahingehend differenziert werden, dass sie entgeneralisiert wird, da es erstens nicht alle Männer sind, die Technik entwickeln und gestalten, sondern eine bestimmte Auswahl von Männern, vor allem diejenigen, die einer bestimmten Bildungsschicht angehören sowie eine bestimmte Techniksozialisation durchlaufen haben und sich durch eine gewisse Technikfaszination auszeichnen (vgl. Connell 1999; Margolis/ Fisher 2003; Schelhowe 1997b). Dementsprechend dürften sich in den Produkten auch nicht die Interessen *aller* Männer wiederfinden, sondern eher die Interessen der Männer (und der Frauen), die gleiche oder ähnliche Interessen haben wie die Entwickelnden. Aus dieser Perspektive stellt die Rede von Technik als einem Männerprojekt eine „Engführung" dar (vgl. Wajcman 2002: 276). Dies ändert jedoch nichts daran, dass es *hauptsächlich* Männer sind, die technische Produkte entwickeln. Frauen kommen nicht nur als Handelnde in der Technikgestaltung in deutlich geringerem Maße vor, es ist auch zu vermuten, dass sie, wenn sie denn an der Entwicklung beteiligt sind, eher in weniger techniknahen Bereichen wie der Didaktik arbeiten (Schinzel 2005; Metz-Göckel et al. 2004; Kleinn/ Schinzel 2001), und dies zudem oftmals auf einer mit weniger Macht, Entscheidungsgewalt sowie finanziellen Möglichkeiten ausgestatteten Hierarchieebene (Wetterer 2002; Teubner 2004), sodass sie geringere Einflussmöglichkeiten auf die Technikentwicklung haben.

Darüber jedoch, welche Auswirkungen diese Geschlechterschiefe auf die technischen Produkte hat, d. h., ob sie sich wirklich darin auswirkt, dass die Produkte „biologische, soziale und kulturelle Erfahrungen von Frauen, ihre Bedürfnisse, ihre Interessen, ihr Wissen und ihre Werte" (Wächter 2000b: 16) ignorieren, sodass folglich von einer „Frauendistanz der Technik" (Collmer 1997: 71) gesprochen werden könnte, kann m. E. mangels gesicherter empirischer Befunde keine generalisierende Aussage getroffen werden. Empirische Befunde liegen vor allem zu der Entwicklungsarbeit selbst vor, die sich anscheinend durch Differenzen wie Ähnlichkeiten der Geschlechter auszeichnet. Geschlechterdifferenzen wurden einerseits beim Programmierstil aufgezeigt: Turkle (1994) fand heraus, dass Mädchen einen eher weichen, Jungen einen eher harten Programmierstil haben (vgl. ebd.: 133).[23] Andererseits schlägt sich das Geschlecht im Fokus der Entwicklungsarbeit nieder. Den Ergebnissen einer qualitativen Befragung von Softwareentwickelnden (Kleinn und Schinzel 2001)[24] folgend, weisen die Technikentwicklungen von Männern und Frauen

---

23 Diese Ergebnisse wurden jedoch in der Befragung von EDV-Profis von Collmer (1997) nicht bestätigt (vgl. ebd.: 194f.).
24 Im Rahmen der qualitativen empirischen Untersuchung „Neue Berufspotentiale für Frauen in der Softwareentwicklung", die vom Ministerium für Wissenschaft, Forschung und Kunst Baden-Württemberg gefördert wurde und in deren Kontext zehn SoftwareentwicklerInnen befragt wurden, gingen Kleinn und Schinzel (2001) der Frage nach, ob „Softwareentwicklerinnen eine anwendungsorientiertere und sozialkritischere Perspektive auf den Gegenstand ihrer Arbeit

hinsichtlich des Anspruchs der Beteiligung der Technik-Nutzenden, der Berücksichtigung ihrer technischen und sozialen Kompetenzen in der Entwicklung sowie der Realisierung einer nutzendenfreundlichen Bedienung der Technik, Gemeinsamkeiten auf. Andere Studien verweisen jedoch auch auf Differenzen: So berücksichtigen anscheinend Softwareentwicklerinnen eher die Anwendungsseite und versuchen dementsprechend stärker, den Bezug zu den Nutzenden zu wahren, sie stärker in die Entwicklung einzubeziehen und ihre Bedürfnisse, Anforderungen und Probleme ernster zu nehmen, während Entwickler ihre Arbeit stärker an technischen Aspekten orientieren und mehr an der technischen Ausreizbarkeit interessiert sind (vgl. Schinzel 2005: 357; Kleinn/ Schinzel 2001: 21; Schade 1997, zit. nach Greif 2001: 127). Dabei treten diese Geschlechterdifferenzen nicht nur bei der Analyse des Datenmaterials durch ForscherInnen zu Tage, sondern werden von den Entwickelnden selber wahrgenommen und in Interviews verbalisiert.[25] So beschrieben die von Erb (1996, 1994) interviewten Informatikerinnen ihre technische Vorgehensweise als abweichend gegenüber der ihrer Kollegen. Die Kollegen seien mehr an der Ausreizung des technisch Machbaren interessiert, während bei ihnen die Benutzendeninteressen mehr im Vordergrund stünden. Ihre Herangehensweise charakterisierten sie als pragmatischer und durch eine kritische Distanz geprägt. Sie würden weniger ausprobieren und weniger sinnlos drauflos programmieren als ihre Kollegen, sich weniger von technischen Überlegungen gefangen nehmen lassen und nicht den Drang haben, ins Innere der Maschine vorzudringen (vgl. Erb 1994: 161; 201f.).[26]

Was jedoch die Auswirkungen dieser Geschlechterdifferenzen auf die technischen Produkte angeht, so lassen, wie bereits erwähnt, fehlende empirische Befunde auf diesem Gebiet keine generalisierenden Aussagen zu. Wohl aber

---

haben, und ob (...) Softwareentwicklerinnen einen kommunikativeren Arbeitsstil haben als Softwareentwickler" (ebd.: 20).

25 Dies steht konträr zu der Annahme Schinzels (1994), Informatikerinnen könnten Geschlechterunterschiede nicht erkennen, da sie in einer männlich geprägten Fachkultur dazu genötigt seien, sich dem männlich geprägten Umfeld anzupassen, um nicht als Außenseiterin qua Geschlecht aufzufallen. Sie wären hin und her gerissen zwischen diesem Anpassungsdruck und ihrer Identifikation als Frau, was ihnen den Weg dazu verstelle, Geschlechterdifferenzen wahrzunehmen: „Um die divergierenden Identifikationen zusammenzubringen, beruht (…) das Selbstbild der meisten Informatikerinnen, Naturwissenschaftlerinnen und Technikerinnen auf einer Elimination der Geschlechterdifferenz" (Schinzel 1994: 6).

26 Dass die Entwickler sich mehr an der technischen Machbarkeit orientieren, begründen die Informatikerinnen damit, dass in der Kultur der Informatik technische Kriterien mit mehr Prestige verbunden seien als soziale und didaktische Überlegungen. Erb (1994) deutet dies hingegen dahingehend, dass sich in den Widersprüchlichkeiten die Internalisierung von Geschlechtsstereotypen zeigt, die das Verhältnis der Interaktionspartnerinnen zur Technik beeinflussen: der Mythos der männlichen Technikkompetenz und der weiblichen Technikdistanz (vgl. ebd.: 196).

lassen sich m. E. folgende Annahmen gerechtfertigt treffen: Erstens, dass Softwareentwickelnde in der Regel davon ausgehen, dass naturwissenschaftliche und technische Forschung objektiv und nicht interessengeleitet ist, und dass sie den Konstruktionsprozess der Technik nicht wahrnehmen, was dazu führt, dass Technik als geschlechtsneutral angesehen wird[27] (vgl. Schinzel 1994: 4). Und zweitens, dass sich die Sichtweisen, Interessen und Erfahrungen der Entwickelnden in der Technik niederschlagen, indem die InformatikerInnen Verhältnisse interpretieren und diese dann in die Technik einschreiben (vgl. Schinzel 2005: 344). Beides in Kombination miteinander kann dann dazu führen, dass Geschlechterstereotype und -verhältnisse in die Technik einfließen. Ob der Technik dann generell „weibliche" Anteile dadurch fehlen, dass sie an den Interessen und Lebensmodellen von Männern orientiert ist, sei dahingestellt. Winker (2002, 1999) zufolge ist dies bei einigen internetbasierte Suchmaschinen und Homepages der Fall, wie z. B. städtischen Informationsseiten und Katalogen, die inhaltlich auf „Männerinteressen"[28] zugeschnitten seien und „Fraueninteressen" nicht gerecht würden. Auch die Technisierung des Haushaltes verfehlt ihr zufolge die wahren Interessen vieler Frauen, nämlich die Zeitersparnis in der reproduktiven Arbeit: „Hier wird die Struktur einer männlich geprägten Technikentwicklung sichtbar, bei der Arbeitsreduzierungsmöglichkeiten nicht forciert werden, da die Haushaltstätigkeit unbezahlte Frauenarbeit darstellt" (Winker 1999: 10). Diese Erkenntnisse werden jedoch deshalb von mir hinterfragt, da den Studien eine dualistische Perspektive von Geschlecht zugrunde lag. Dagegen kann m. E. jedoch ein Fehlen diversifizierter Anteile mit großer Wahrscheinlichkeit bei vielen technischen Produkten angenommen werden, da sich die Entwickelnden bei der Gestaltung von Technik primär „an ihresgleichen orientieren, an den Werken oder an den Handbüchern der anderen" (Rammert 1993: 37), sie also vielmals selbstbezüglich vorgehen.

Zu vermuten ist zudem, dass die Unsichtbarkeit des sozialen Konstruktionsprozesses von Technik und die Annahme, Technik sei geschlechtsneutral, vielen Entwickelnden den Blick auf die Erkenntnis versperrt, dass es Sinn macht, Technik geschlechtergerecht[29] zu entwickeln. Für eine solche Entwicklung wäre

---

27 Engler und Faulstich-Wieland (1995) haben in einer empirischen Studie herausgefunden, dass Technikstudierende und IngenieurInnen wie TechnikerInnen häufig von einer Neutralität der Technik ausgehen. Technik wird von ihnen nicht als ein gesellschaftliches Verhältnis verstanden, sondern als etwas, was neutral „an sich" bestünde (vgl. ebd.: 60ff.).
28 Aus der Perspektive der Geschlechterforschung gibt es keine Männer- und Fraueninteressen. Die Begriffe sind deshalb in Anführungszeichen gesetzt und geben Auskunft über eine Geschlechterschiefe, jedoch nicht in der mit dem Begriff konnotierten Ausschließlichkeit.
29 Unter einer geschlechtergerechten Technikentwicklung verstehe ich eine solche, die die Interessen und Kompetenzen von Nutzerinnen wie Nutzern gleichermaßen berücksichtigt. Sie ba-

es dagegen, so kann aus den dargelegten Überlegungen abgeleitet werden, wichtig, die Technikentwicklung als einen sozialen Prozess zu begreifen, an dem sowohl die Entwickelnden, als auch Nutzenden partizipieren (vgl. Ebach 1994: 29). Denn durch die Einbeziehung von Wünschen der Nutzenden könnte die (potentielle) Einseitigkeit der Entwicklung von Technik reduziert werden: Je weniger die Endnutzenden dagegen einbezogen werden, desto größer sollte die Selbstbezüglichkeit in der Entwicklung sein wie auch die Rolle der stereotypen Bilder, die die EntwicklerInnen von den Nutzenden haben (vgl. dazu auch Schinzel 2005). Je mehr jedoch verschiedene Nutzendengruppen einbezogen werden, desto eher sollten sich die Produkte durch eine Diversität auszeichnen (vgl. zur geschlechtergerechten Technikentwicklung Kapitel 3.3).

Deutlich wurde, dass Technik dadurch gesellschaftlich geformt ist, dass die an der Entwicklung beteiligten AkteurInnen soziale wie kulturelle Aspekte in die Technik einschreiben. Es wurde beleuchtet, welche Rolle das Geschlechterverhältnis bei der Entwicklung von Technik einnimmt und inwiefern es sich in den technischen Produkten spiegelt. Im Folgenden wird aufgezeigt, welche Rolle die sozial konstruierte Technik wiederum für die (Re-)Stabilisierung des Geschlechterverhältnisses als Ungleichheitsverhältnis spielt.

2.2 Die (Re-)Stabilisierung des Geschlechterverhältnisses durch Technik

„Die Informationstechnik ist Teil und Ergebnis sozialer Prozesse; sie wird von der herrschenden Geschlechterhierarchie beeinflusst und wirkt auf diese zurück" (Winker 2002: 70).

Im Kapitel 2.1 wurde erläutert, dass Technik sozial konstruiert ist, d. h., dass sie geprägt ist durch Gesellschafts- und somit u. a. durch Geschlechterverhältnisse, sodass sie z. T. als vergeschlechtlicht zu charakterisieren ist. Im Folgenden wird aufgezeigt, dass dieser Konstruktionsprozess nicht einseitig vonstatten geht, sondern es sich vielmehr um ein wechselseitiges Beziehungsverhältnis handelt: Die Technologien haben ihrerseits einen prägenden Einfluss auf die Gesellschafts- und Geschlechterverhältnisse (vgl. Wächter 2003: 33; 2000b; Winker 2002: 70; Dorer 2000; Schinzel 2000a: 17; Cockburn/ Omrod 1997: 17; Aulenbacher 1993: 22). Dabei wird primär erörtert, welche Rolle die Technik dabei spielt, das Geschlechterverhältnis, das im Kapitel 2.1.2.1 bereits als hierarchisches Verhältnis zwischen Ungleichen charakterisiert wurde, zu (re-)produzieren. Um verstehen zu können, inwiefern die Technik einen Beitrag

---

siert aufgrund dessen vor allem auf geschlechtersensibel durchgeführten Evaluationen, die Aufschluss über die Bedürfnisse der Nutzenden erlauben.

dazu leisten kann, das Geschlechterverhältnis zu (re-)produzieren, wird im Folgenden zunächst mit Bezug auf verschiedene theoretische Ansätze der Geschlechterforschung erläutert, wie Geschlecht konstruiert wird und wie Differenzen zwischen den Geschlechtern entstehen und aufrecht erhalten werden. In einem zweiten Schritt wird beleuchtet, welche Bedeutung dabei der Technik zukommt.

2.2.1 Die soziale Konstruktion von Geschlecht

In einem Gesellschaftssystem wie dem der BRD, welches zweigeschlechtlich strukturiert (Gildemeister 2004: 136) und infolgedessen als „kulturelles System der Zweigeschlechtlichkeit" (Hagemann-White 1984) zu charakterisieren ist, werden alle Gesellschaftsmitglieder schon bei der Geburt einem Geschlecht zugeordnet: dem männlichen oder dem weiblichen. Aufgrund dieser frühen Zuordnung erscheint es den in dieser Gesellschaft sozialisierten Personen i. d. R. als „natürlich, normal und selbstverständlich" (Wetterer 2004: 123), dass es genau zwei Geschlechter gibt und jeder Mensch entweder dem weiblichen oder dem männlichen Geschlecht angehört. In ihrer Alltagswahrnehmung erscheint den Individuen die Geschlechtszugehörigkeit als „biologisch, binär, inklusiv, irreversibel, lebenslänglich und askriptiv qua Geburt festgelegt" (Gottschall 2000: 24; vgl. auch Kessler/ McKenna 1978). Ebenfalls erscheint es als natürlich, alle Personen in jeglichen Situationen und ihr Leben lang in zwei Kategorien zu unterscheiden (vgl. Hirschauer 1996: 242f.) und dabei Frauen und Männer oftmals als grundlegend verschieden wahrzunehmen.

Die Geschlechterforschung hat mit konstruktivistischen Perspektiven von Geschlecht[30] - konkret: mit theoretischen Ansätzen der „social construction of gender" (ursprünglich: Kessler und McKenna 1978: XI und 19) - jedoch herausgearbeitet, dass diese Zweigeschlechtlichkeit, und somit die Differenz zwischen

---

30 Es gibt nicht die eine konstruktivistische Perspektive von Geschlecht. Im Gegenteil: Unter dem Begriff „konstruktivistisch" werden verschiedene und z. T. widersprüchliche Konzepte und Theorien der Geschlechterkonstruktion subsumiert, sodass von einer einheitlichen Theorie der Geschlechterkonstruktion nicht gesprochen werden kann (vgl. Villa 2004, Lemmermöhle et al. 2001, Gildemeister 2001, Gottschall 2000), sondern von verschiedenen „Spielarten des Konstruktivismus" (Knorr-Cetina 1989) die Rede sein muss. Unter dem Label „konstruktivistisch" finden sich sozialkonstruktivistische, wissenssoziologische, diskurstheoretische und dekonstruktivistische Ansätze, welche sich z. T. innerhalb der „Schulen" je nach Fachdisziplin bzw. Forschungsgegenstand noch weiter ausdifferenzieren (vgl. Wetterer 2004: 125). Alle Spielarten haben jedoch einen gemeinsamen, erkenntnistheoretisch begründeten Ausgangspunkt, nämlich „dass sie die Unterscheidung von Natur und Kultur rsp. von Sex und Gender nicht ihrerseits fortschreiben, sondern als Bestandteil einer reflexiven sozialen Praxis begreifen, die beides zugleich hervorbringt" (Wetterer 2004: 122).

den Geschlechtern, entgegen dem oben beschriebenen Alltagsverständnis der Gesellschaftsmitglieder nicht durch die Biologie vorgeschrieben (Hagemann-White 1984), sondern auf „verschiedene kulturelle Konstruktionen von Geschlecht" (Hagemann-White 1988: 230, zit. nach Gildemeister/ Wetterer 1992: 211) zurückzuführen ist.[31]

In dieser konstruktivistischen Perspektive wird Geschlecht - und dabei sowohl das biologische Geschlecht (*sex*), als auch dessen soziale und kulturelle Überformung, das soziale Geschlecht (*gender*) - als „ein durch Handeln in sozialen Situationen erworbenes Merkmal" (Gildemeister/ Wetterer 1992: 236) verstanden (vgl. auch Butler 1991). Das heißt, das Geschlecht wird innerhalb sozialer Prozesse „als sozial folgenreiche Unterscheidung hervorgebracht und reproduziert" (Gildemeister 2004: 132): Die Individuen selbst stellen in Interaktionen ihr Geschlecht aktiv her, sie konstruieren ihr Geschlecht, und dies i. d. R. ohne sich dessen bewusst zu sein, dass „sie selbst daran beteiligt sind hervorzubringen, was sie immer schon und vor jedem Tun zu haben meinen" (Wetterer 2004: 123; vgl. dazu auch Gildemeister 2001: 71). Diese aktive Konstruktion von Geschlecht in sozialen Interaktionsprozessen wird in der Geschlechterforschung als *doing gender* (West/ Zimmerman 1991)[32] bezeichnet. *Doing gender* bedeutet, dass ein Individuum sich in einer sozialen Situation als Mädchen/Frau oder Junge/Mann darstellt und damit Geschlecht produziert, die InteraktionspartnerInnen jedoch das produzierte Geschlecht auch permanent bestätigen müssen:

> „In one sense, of course, it is individuals who ‚do' gender. But it is a situated doing, carried out in the virtual or real presence of others who are presumed to be oriented to its production. Rather than as a property of individuals, we conceive of gender as an emergent feature of social situations: as both an outcome of and a rationale for various social arrangements and as a means of legitimating one of the most fundamental divisions of society" (West/ Zimmerman 1991: 14).

Aufgrund dessen ist Geschlecht das Ergebnis von permanenten wechselseitigen Zuschreibungs-, Wahrnehmungs- und Darstellungspraxen (vgl. Gildemeister 2001: 74; Gottschall 2000: 125). Diese Praxen sind jedoch wiederum nur deshalb möglich, da die soziale Umwelt sie abstützt. Das heißt: Die Herstellung

---

31 Diese Erkenntnis basiert ursprünglich auf den beiden empirischen ethnomethodologischen Studien über Transsexuelle von Garfinkel (1967) und Kessler und McKenna (1978), in denen auf der mikrosoziologischen Ebene untersucht wurde, wie Menschen nach einem Geschlechterwechsel im Alltag ihre neue Geschlechtszugehörigkeit produzieren, d. h. herstellen.

32 Das Konzept des *doing gender* wurde von Fenstermaker und West (2001) zu einem Konzept des *doing difference* weiterentwickelt. Dieses Konzept fragt nach der Hervorbringung von klassen-, ethnischen und geschlechtsspezifischen Unterschieden in Interaktionen, wobei die Relevanz der drei Ordnungsmuster je nach Interaktionskontext variieren könne.

von Geschlecht in Interaktionen ist mit der Gesellschaftsstruktur verwoben in dem Sinne, dass die Gesellschaftsstruktur, in die die Geschlechterdifferenz eingeschrieben ist (Gildemeister 2004: 136), und die interaktive Konstruktion von Geschlecht sich gegenseitig stützen und legitimieren: „Die vergeschlechtlichte Mikrostruktur und die vergeschlechtlichte Makrostruktur reproduzieren und verstärken einander wechselseitig" (Lorber 1999: 47). Eine wesentliche Rolle spielen dabei gesellschaftliche Institutionen wie die geschlechterdifferenzierte Arbeitsteilung, die Familie oder die Politik.[33] Diese legen durch ihre zweigeschlechtliche Strukturierung das *doing gender* nicht nur nahe, sondern strukturieren es auch vor und stützen es ab, indem sie interaktive Situationen fördern, in denen sich Männer und Frauen „ihre angeblich unterschiedliche ‚Natur' gegenseitig wirkungsvoll vorexerzieren" (Goffman 1994: 143) können. In diesem Sinne ist die vergeschlechtlichte Gesellschaftsstruktur „Mittel zur Anerkennung, wenn nicht gar zur Erschaffung des Unterschieds" (ebd.: 134) zwischen den Geschlechtern.

Auf der anderen Seite wird die zweigeschlechtlich strukturierte Gesellschaft jedoch auch durch das *doing gender* (re-)produziert:

> „Die soziale Reproduktion von gender in Individuen reproduziert auch die vergeschlechtlichte Gesellschaftsstruktur, konstruieren die Individuen doch, indem sie gender-Normen und -Erwartungen in der direkten Interaktion in Handeln umsetzen, die vergeschlechtlichten Herrschafts- und Machtsysteme" (Lorber 1999: 47).[34]

Lorber verweist explizit auf Geschlechterstereotype, die in Prozessen des *doing gender* relevant sind und in diesem Sinne zur (Re-)Stabilisierung der Geschlechterhierarchie beitragen. Geschlechterstereotype sind erstens kollektive, sozial geteilte Vorstellungen über die charakteristischen Merkmale von Männern und Frauen, also darüber, wie Frauen und Männer sind, und zweitens Annahmen darüber, wie Frauen und Männer sein sollten, d. h. Verhaltenserwartungen (vgl. Eckes 2004: 165). Sie sind in einer zweigeschlechtlich strukturierten Gesellschaft i. d. R. allen Gesellschaftsmitgliedern bekannt, denn die Individuen erlernen und internalisieren sie im Laufe ihrer Sozialisation[35] dadurch, dass sie sich

---

33 Goffman (1994) nennt die geschlechtsspezifische Arbeitsteilung, Geschwister als SozialisationsagentInnen, geschlechtergetrennte öffentliche Toiletten, das Aussehen, die Arbeitsplatzvergabe und das Identifikationssystem als Merkmale der sozialen Umwelt, die zu einer Verfestigung des hierarchischen Geschlechterverhältnisses führen (vgl. ebd.: 139).
34 Dementsprechend versteht Lorber (1999) *gender* als „Prozeß der sozialen Konstruktion, System der sozialen Schichtung und als eine Institution, (…) die dank ihrer Verankerung in Familie, Arbeitsplatz und Staat wie auch Sexualität, Sprache und Kultur alle Aspekte unseres Lebens strukturiert" (ebd.: 46).
35 Im Sozialisationsprozess entstehen Individuen und entwickeln sich in ständiger Auseinandersetzung mit äußeren Lebensbedingungen weiter (vgl. Hurrelmann 1993: 14). Die äußeren Le-

infolge ihrer ständigen Auseinandersetzung mit den äußeren Lebensbedingungen (Hurrelmann 1993: 14) das System der Zweigeschlechtlichkeit aneignen. Auf der Grundlage der Geschlechterstereotype verfügen die Gesellschaftsmitglieder über ein gemeinsames Wissen über Geschlechtszugehörigkeit und Geschlechtsidentitäten, über die oben bereits skizzierte „unbewusste Alltagstheorie des Geschlechts" (Hagemann White 1995: 184f.). Auf diese miteinander geteilten Annahmen sind die InteraktionspartnerInnen im *doing gender* angewiesen, da sie ihnen Anhaltspunkte bieten, die ihnen vorgeben, wie sie ihr Geschlecht innerhalb sozialer Interaktionsprozesse konstruieren können, und ihnen Hilfestellung dabei bieten, wie die/ der InteraktionspartnerIn wahrgenommen, beurteilt und bewertet werden kann (vgl. Eckes 2004: 168, 172; Pasero 1995: 55)[36], d. h. wie auf ihre/ seine Darstellung von Geschlecht reagiert werden sollte. Die „Zuweisung und Darstellung von Geschlechtszugehörigkeit und Geschlechtsidentität ist insofern Voraussetzung *und* Ergebnis jeder Interaktion" (Gildemeister 2001: 74). Dabei tragen die Geschlechterstereotype dadurch, dass sie zur Orientierung in der prozessualen Herstellung von Geschlecht (vgl. Gottschall 2000: 292)[37] dienen, dazu bei, dass das hierarchische Geschlechterverhältnis fortlaufend sozial reproduziert, d. h. aufrechterhalten und stabilisiert wird[38] (vgl. Wetterer 2004: 122; Eckes 2004).

Im Folgenden möchte ich zunächst begründet aufzeigen, dass sich an diesen Mechanismen trotz des sozialen Wandels der letzten Jahrzehnte nicht viel geändert hat. Im Kapitel 2.2.2 wird anschließend erläutert, welche Rolle Technik und im Besonderen technikbezogene Geschlechterstereotype dabei spielen, das Geschlechterverhältnis zu reproduzieren.

Aufgrund des sozialen Wandels der letzten Jahrzehnte verlieren Geschlechterstereotype zunehmend den Charakter von verbindlich für alle geltenden Geschlechternormierungen. Die sozialen Erwartungen an die männliche und weib-

---

bensbedingungen liefern dabei den Rahmen, innerhalb dessen sich die Entwicklung der Individuen vollzieht. Innerhalb eines zweigeschlechtlich strukturierten Gesellschaftssystems bedeutet dies, dass Jungen und Mädchen im Laufe des Sozialisationsprozesses „ein Regelsystem übernehmen, mit dessen Hilfe sie lernen, sich in den vielfältigen Interaktionen und sozialen Situationen als Junge oder Mädchen darzustellen und voneinander abzugrenzen, sodass sie ‚eindeutig' geschlechtlich identifiziert werden können und die entsprechende soziale Anerkennung finden" (Metz-Göckel 2000: 108).

36 Eckes weist insgesamt auf fünf Bereiche hin, bei denen Geschlechterstereotype von Nutzen sind: 1) Maximierung von Informationsgehalt bei Minimierung des kognitiven Aufwandes, 2) Reduktion von Unsicherheit, 3) vereinfachte Kommunikation, 4) Selbstkategorisierung, 5) Bewertung der eigenen Geschlechtergruppe (Eckes 2004: 168).
37 Gottschall (2000: 292) spricht von Geschlecht als einer „Prozesskategorie".
38 Natürlich ist es zunächst Ergebnis historischer Entwicklungsprozesse, ohne fortlaufende Reproduktion hätte es sich als hierarchisches Verhältnis zwischen den Geschlechtern so wohl nicht halten können.

liche Geschlechtsrolle überlappen sich inzwischen und sind hochdifferenziert (vgl. Metz-Göckel 1999: 58), die Geschlechterrollen werden brüchig (Bilden 1991; Gildemeister 1992) bzw. „unscharf (...), mit fließenden Übergängen zumindest an ihren Rändern" (Metz-Göckel 2000: 109), nivelliert und differenziert. Auch das Geschlecht wird „ent-dramatisiert" (Horstkemper/ Zimmerman 1998), was bedeutet, dass es nebeneinander „alte und neue Muster, Orientierungen und Geschlechterbilder" (Metz-Göckel 2000: 111) gibt und die Ausgestaltung von Männlichkeit und Weiblichkeit individueller, die Überschneidungsbereiche zwischen männlichem und weiblichen Verhalten immer größer und gleichzeitig die Geschlechtergruppen immer homogener werden (vgl. Horstkemper/ Zimmerman 1998: 13). Jedoch hat sich an den Entstehungsbedingungen von Geschlechterungleichheit nichts Grundlegendes geändert. Dies liegt primär daran, dass die Herstellung von Geschlecht in Interaktionen mit der geschlechterdifferenten Gesellschaftsstruktur und damit mit den gesellschaftlichen Institutionen verwoben ist, die wiederum noch die alten, traditionellen Strukturen der binären und komplimentären Geschlechtlichkeit in sich tragen. Dementsprechend ist die Differenzierung zwischen den Geschlechtern nach wie vor eine mächtige soziale Wirklichkeit und sehr wirksam (Gildemeister 2001) und aufgrund ihrer „chamäleongleichen Anpassungs- und Verwandlungsfähigkeit" (Wetterer 2002: 41) finden nach wie vor Geschlechterkonstruktionen statt. Das heißt, den Mitgliedern der Gesellschaft ist es nach wie vor nicht möglich, das Geschlecht nicht zu konstruieren bzw. es zwar zu konstruieren, jedoch nach eigenem Belieben. Auch die Geschlechterstereotype sind immer noch sozial wirksam, sodass sie in ihrer Funktion als Sanktionsmechanismen nach wie vor als Ideologie einen wesentlichen Beitrag bei der Herstellung von Geschlechterdifferenzen und Geschlechterungleichheit und zur Aufrechterhaltung und Stabilisierung des hierarchischen Geschlechterverhältnisses leisten (vgl. Eckes 2004; Wetterer 2002; Goffman 1991).

Dennoch ist die von Goffman (1991) noch als bruchlos dargestellte interaktive Herstellung von Geschlecht im Sinne von binären und komplementären, auf Geschlechterstereotypen beruhenden Zuschreibungen so nicht mehr zu beobachten (vgl. Pasero 1995). Vielmehr kommt die Struktur der binären Unterscheidung in Interaktionsprozessen inzwischen hochflexibel zur Anwendung (vgl. Gildemeister/ Wetterer 1992; Wetterer 2002). Es ist also davon auszugehen, dass das Geschlecht zwar nach wie vor in allen Interaktionsprozessen präsent ist, aber das *doing gender* nicht in allen Kontexten das Gleiche bedeutet und gleich wichtig ist (vgl. Wetterer 2002: 208f.). Geschlecht *kann* in Interaktionen sogar in den Hintergrund treten und somit neutralisiert werden, sodass Geschlechterdifferenzen verschwinden. Dieses *undoing gender*[39] basiert Hirschauer (2001, 1994) zufolge darauf, dass das Geschlecht von den InteraktionspartnerInnen nicht beachtet, d. h. ignoriert und somit aus der Interaktion ausgeklammert und zum Verschwinden gebracht wird. Es ist dementsprechend davon auszugehen, dass es in Interaktionen wie auf institutioneller Ebene sowohl Prozesse der Aktualisierung wie der Neutralisierung von Geschlecht gibt.

> „Dass die Geschlechterdifferenz kein Reservat kennt, sondern omnipräsent ist und unberechenbar überall relevant gemacht werden kann, bedeutet nicht, dass dies auch in jeder Situation geschieht. Und dass man seine Geschlechtszugehörigkeit in der Regel lebenslang hat, bedeutet nicht, dass Geschlechtsneutralität ausgeschlossen ist" (Hirschauer 2001: 215).

Es gibt demnach ein Nebeneinander von *doing* und *undoing gender*-Prozessen (vgl. Gottschall 2000: 335; Gildemeister 2005: 71). Ob und inwiefern in einer Situation das *doing* oder das *undoing gender* überwiegt, d. h., inwiefern das Geschlecht in den Vorder- oder Hintergrund tritt, hängt entscheidend von den InteraktionspartnerInnen und der jeweiligen Situation ab (vgl. Metz-Göckel 1999: 65). Dennoch: Obwohl die Geschlechtszugehörigkeit in den Hintergrund treten *kann*, ist sie in jeder Interaktion latent vorhanden und somit immer aktualisierbar. Gildemeister (2005) spricht deshalb von einer Omnipräsenz von Geschlecht: „Ob und wie diese dann relevant *gemacht* wird, kann situativ und kontextuell differieren" (ebd.: 74).[40]

Im Folgenden wird erläutert, welche Bedeutung der Technik beim *doing* bzw. *undoing gender* zukommt und inwiefern technikbezogene Geschlechterstereotype einen Beitrag dazu leisten, das Geschlechterverhältnis zu reproduzieren.

2.2.2 Die Rolle der Technik bei der sozialen Konstruktion von Geschlecht

> „Technologie gehört insbesondere in Deutschland bis heute zu den Bezugspunkten, an denen sich das Geschlechterverhältnis entwickelt, wo Geschlecht konstruiert wird im Sinne eines Doing Gender" (Schelhowe 2005: 150).

Im Kapitel 2.2.1 wurde erläutert, dass Geschlecht, und somit auch die Differenz zwischen den Geschlechtern, sozial produziert wird. Das Geschlecht wird dabei

---

39 Hirschauer nennt als Beispiele des *undoing gender* Versuche von Menschen in geschlechtsuntypischen Berufen, ihre Geschlechtszugehörigkeit unwichtig zu machen, aber auch z. B. ein Abschlagen von Flirtversuchen. Zudem weist er darauf hin, dass in Interaktionen andere Kategorien wie Alter oder der Status wichtiger sein könnten als die Kategorie Geschlecht.
40 Im Gegensatz zu West und Zimmerman (1991), denen zufolge die Herstellung von Geschlecht „unvoidable" (ebd.: 24) ist, da *gender* in allen Situationen präsent und relevant sei, geht Gildemeister zwar von der Omnipräsenz, nicht jedoch von der Omnirelevanz von Geschlecht aus.

in Prozessen des *doing gender* von den Mitgliedern der Gesellschaft aktiv hergestellt und bestätigt, wobei dies deshalb möglich ist, da erstens die an den Interaktionen teilnehmenden Personen über ein gemeinsames Wissen von Geschlecht verfügen, d. h. Geschlechterstereotype internalisiert haben, und da zweitens das *doing gender* durch die zweigeschlechtlichte Gesellschaftsstruktur abgesichert bzw. sogar hervorgerufen wird.

In diesem Teilkapitel wird erläutert, dass und warum Technik sich für die Produktion von Geschlecht geradezu anbietet und dass die technikbezogenen Geschlechterstereotype eine zentrale Rolle dabei spielen, die Geschlechter als different zu konstruieren. Ich vertrete dabei die These, dass in technikbezogenen Kontexten dem *doing gender* gegenüber dem *undoing gender* deutlich mehr Gewicht zukommt. Das heißt, ich gehe davon aus, dass Technik einen wesentlichen Beitrag dazu leistet, dass das Geschlecht eben nicht in den Hintergrund tritt und die Geschlechterdifferenz nicht an Realitätsgehalt verliert. Die Legitimität dieser These werde ich im Folgenden exemplarisch am Beispiel des *doing gender* in techniknahen Arbeitsgebieten und mit Verweis auf die Aktualität technikbezogener Geschlechterstereotype belegen. Dabei gehe ich von der, aus der Techniksoziologie und der Geschlechterforschung stammenden, Prämisse aus, dass Technik und das Soziale miteinander verwoben sind, in dem Sinne, dass sowohl Technik wie auch das Geschlecht sozial konstruiert sind und sich gegenseitig beeinflussen. Ferner gehe ich von der Prämisse aus, dass die Entwicklung neuer Technologien prinzipiell zur Veränderung bestehender gesellschaftlicher Arrangements wie das der Geschlechter führen *kann* (vgl. Aulenbacher 1993: 18, 46) und dass neue Technologien dadurch, dass sie an sich zunächst geschlechtsneutral sind und erst später vergesellschaftet werden, sogar dazu beitragen *können*, das Geschlechterverhältnis zu egalisieren (vgl. dazu Wajcman 2002; Bath 2000) und Geschlecht zu rekonstruieren[41] (Neverla 1998: 148) oder ein *undoing gender* (Hirschauer 1994) zu ermöglichen. Ich werde jedoch aufzeigen, dass diese Möglichkeit i. d. R. nicht genutzt wird, sondern dass auch neue Technologien oftmals einen gegenteiligen Effekt haben.

Wie bereits erläutert, ist das *doing gender* nur möglich, da die zweigeschlechtlichte Gesellschaftsstruktur den Rahmen dafür bietet. In einer solchen Gesellschaftsstruktur ist die Zweigeschlechtlichkeit jedoch nicht nur den Institutionen inhärent, sondern auch vielen Objekten wird ein Geschlecht zugewiesen. Bei technischen Produkten wie z. B. dem Computer bzw. digitalen Medien handelt es sich um solche sexuierten (Hirschauer 2001) bzw. vergeschlechtlichten Objekte (Winker 1999), d. h. um Objekte, die eine „soziale, geschlechtlich geprägte Identität" (Cockburn/ Omrod 1997: 22), einen „geschlechtsspezifi-

---

41 Neverla spricht von Dekonstruktion, meint jedoch m. E. Rekonstruktion.

schen Stempel" (Cockburn 1988: 172) haben. Jedoch tragen nicht allein technische Artefakte, sondern auch technologisches Wissen und Fertigkeiten i. d. R. den Stempel des männlichen Geschlechts (vgl. Schinzel 2000a: 14)[42]: Die gesamte „symbolische Repräsentation von Technik ist eindeutig vergeschlechtlicht" (Wajcman 2002: 278) und dabei männlich konnotiert, sodass von einer „historischen und kulturellen Konstruktion von Technik als männlichem Bereich" (Schinzel o.J: 16) gesprochen werden kann.

Diese Vergeschlechtlichung von Technik spielt in Prozessen des *doing gender* eine herausragende Rolle, denn Technik als sexuiertes Objekt und technische Kompetenzen als männlich konnotierte Gebiete sind als Teil der zweigeschlechtlichten gesellschaftlichen Struktur geradezu prädestiniert, den Individuen Anhaltspunkte dafür zu bieten, sich in sozialen Interaktionen ihre unterschiedliche Geschlechtlichkeit vorzuexerzieren (Goffman 1991). D. h. Technik ist zwar einerseits selbst sozial konstruiert (Rammert 2000) und insofern vergeschlechtlicht, leistet aber als soziales Konstrukt wiederum einen wesentlichen Beitrag für die Konstruktion von Geschlecht. Im Folgenden wird am Beispiel der geschlechterdifferenzierten und -differenzierenden Arbeitsteilung beleuchtet, welche Rolle die Technik bei der Herstellung des Geschlechts spielt. Dieses Beispiel wurde gewählt, da der Arbeitsteilung eine große Bedeutung zukommt,

---

42 Die männliche Konnotation von technischen Artefakten wurde durch empirische Studien bestätigt. So fanden Wender (2000) und Walter (1998) heraus, dass Technik mit Eigenschaften attribuiert wird, die zum Teil identisch mit Merkmalen des klassischen Stereotyps von Männlichkeit sind: aggressiv, dominant, sachlich, rational, formal-logisch, experimentell-spielerisch (vgl. Wender 2000: 58f.) bzw. nüchtern, kühl, geordnet, klar, hart, streng, aktiv, stark, ernst, robust (vgl. Walter 1998: 146). Auch Engler und Faulstich-Wieland (1995) stellten in ihrer Befragung von Studierenden der Technikwissenschaften fest, dass diese Studierende geschlechterstereotype Zuschreibungen von Technik verinnerlicht hatten: Studentinnen wie Studierende verknüpften Männlichkeit und Technik, so wurde Technik mit Elementen wie „hart", „dominant" und „männlich" konnotiert (vgl. ebd.: 65f.).
Nicht allen technischen Produkten wird jedoch dasselbe (männliche) Geschlecht zugeschrieben. Im Gegenteil ist die Zuschreibung tief verwoben mit dem Geschlechterverhältnis und dabei vor allem mit der geschlechtsspezifischen Arbeitsteilung. So werden z. B. Mikrowellen eher als weiblich konnotiert wahrgenommen (Cockburn/ Omrod 1997), während das Internet eine eher männliche Domäne zu sein scheint (Winker 2002; Dorer 2000), genauso wie Computer männlich konnotiert sind (Collmer 1997). Die Zuschreibungen sind demnach an die jeweiligen Kontexte gebunden. Die männliche Konnotation des Internets bezieht sich z. B. primär auf das Alltagsverständnis bzw. den Alltags-Diskurs, in dem das Internet vielfach mit männlich konnotierten Themen wie Pornografie und Kriminalität in Verbindung gebracht und für solche Zwecke auch oftmals ge- bzw. missbraucht wird. Als universelles Kommunikationsmedium dürfte es diese Konnotation in geringerem Ausmaße besitzen. Dasselbe gilt für den Computer je nach Nutzungsart. Während er in Bezug auf das Programmieren durchaus männlich konnotiert sein dürfte, gilt das, wenn es um das Schreiben von Texten geht, sicherlich nicht mehr (vgl. Winker 2005).

was die Reproduktion und Stabilisierung der Geschlechterhierarchie angeht (vgl. Kapitel 2.1.2.2).

Bei dem *doing gender* im Bereich der intra- und inter-beruflichen Arbeitsteilung geht es nicht um die personelle Herstellung von Geschlecht, sondern um die Arbeitsteilung zwischen den Geschlechtern als „Modus und Medium der Geschlechterkonstruktion" (Wetterer 2002: 9). Das heißt, der Arbeitsteilung kommt die Funktion zu, das Geschlecht zu konstituieren und somit die Differenz und Hierarchie im Verhältnis der Geschlechter herzustellen und zu stabilisieren:

> „Die Arbeitsteilung macht die Geschlechter zu Verschiedenen und bringt auf diese Weise auch *Gender*, auch die Differenz der Geschlechter, auch die Zweigeschlechtlichkeit mit hervor. Kurz: Die Arbeitsteilung ist ein zentraler, möglicherweise sogar der zentrale Modus der sozialen Konstruktion von Geschlecht" (Wetterer 2002: 26, Hervorhebung im Original).

Die Arbeitsteilung betont Unterschiede zwischen den Geschlechtern, macht sie sichtbar und wichtig, weist ihnen eine soziale Bedeutung zu und trägt dazu bei, „dass Männer und Frauen in dem Maße, in dem sie nahezu durchweg Unterschiedliches tun, auch wirklich zu Verschiedenen und voneinander unterscheidbaren Gesellschaftsmitgliedern werden" (Wetterer 2002: 26; vgl. zur Konstruktion von Geschlechterdifferenz in der Berufsarbeit auch Teubner 2004 und Heintz et al. 1997). In diesem Prozess spielt Technik eine wesentliche Rolle (Wajcman 1994): Obwohl der technische Wandel dazu hätte führen können, Geschlechterdifferenzen in der Berufsarbeit durch eine durchgreifende Umstrukturierung zu reduzieren, hat er hingegen dazu geführt, dass die Geschlechtertrennung und -hierarchie des Arbeitsmarktes erhalten, sogar z. T. dramatisiert wurde. Als vergeschlechtlichte Produkte haben Technologien zur Reproduktion der geschlechterdifferenzierten Arbeitsteilung beigetragen (vgl. Schinzel o. J.: 9; Wächter 2000b: 21). Heutzutage ist der „vergeschlechtlichte Charakter der technischen Aufteilung und Hierarchie der Arbeit auffallend" (Wajcman 1994: 64). Nicht nur ist der Frauenanteil in techniknahen Arbeitsbereichen gering, da Frauen durch soziale Schließungs- und Professionalisierungsprozesse aus techniknahen Arbeitsgebieten verdrängt bzw. zu neu entstandenen Gebieten nicht zugelassen waren und werden (vgl. Kapitel 2.1.2.1; Schinzel 2005: 6), sie werden auch mit Verweis auf technische Möglichkeiten in die Telearbeit gedrängt (Winker 1999).

Technik leistet auf der Ebene der Berufsarbeit demnach einen Beitrag dazu, das Geschlechterverhältnis als hierarchisch und die Geschlechter als unterschiedlich zu konstruieren. Nicht nur ist ein „Unvermögen der Technik, die Geschlechtertrennung aufzubrechen" (Wajcman 1994: 64), zu verzeichnen, es muss davon ausgegangen werden, dass Technik die Rolle eines Mediums zur

Reproduktion der Geschlechterhierarchie einnimmt (vgl. Wächter 2003: 49) und in diesem Sinne „als Mittel der Trennung und Hierarchisierung der Geschlechter" (Roloff 1993: 59) fungiert: Technik produziert Differenzen zwischen den Geschlechtern und trägt dazu bei, dass sich Machtverhältnisse zwischen den Geschlechtern - und zwar ggf. auch quer zur Hierarchie (vgl. Schelhowe 2005: 159) - perpetuieren. Und Beer (2004) vermutet sogar, dass „unter dem Einfluss neuer Techniken und neuer Technologien die berufliche Benachteiligung von Frauen ganz neue Formen annehmen wird" (ebd.: 59), d. h. sich das Ungleichheitsverhältnis der Geschlechter mittels Technik noch dramatisieren könnte.

Im Folgenden wird erläutert, dass in diesen Prozessen technikbezogenen Geschlechterstereotypen eine herausragende Bedeutung zukommt.

2.2.2.1 Geschlechterstereotype im Bereich Technik als Stabilisatoren des Geschlechterverhältnisses

Geschlechterstereotype spielen, wie bereits im Kapitel 2.2.1 aufgezeigt wurde, beim *doing gender* eine bedeutende Rolle, dadurch, dass sie den Gesellschaftsmitgliedern Anhaltspunkte dafür bieten, wie sie ihre Mitmenschen zu bewerten, zu beurteilen und zu behandeln haben. Von den Individuen internalisiert und auf der Annahme basierend, dass die Geschlechter qua Biologie komplementär und kontrastierend konzipiert sind (vgl. Gildemeister 2005: 71), führen sie dazu, dass den Individuen je nach zugeschriebenem Geschlecht divergierende Interessen, Kompetenzen u. Ä. unterstellt und diese aufgrund dessen als für unterschiedliche Bereiche begabt und kompetent angesehen werden, sodass für Frauen und Männer daraus resultierend unterschiedliche Tätigkeiten als angemessen wahrgenommen und sie in differenten Gebieten gefördert werden. In diesem Sinne tragen Geschlechterstereotype zur Erschaffung, Stabilisierung und Legitimierung der Geschlechterungleichheit bei. Als „kulturell-ideologische Rekrutierungsmuster" (Beer 2004: 59; vgl. auch Dorer 2000: 41; Schelhowe 1997c: 7) dienen sie dabei vor allem der „Sicherung der rechtlichen Privilegierung der Männer" (Hausen 1980: 167), indem sie diese zu verteidigen und exklusive Ansprüche zu bewahren helfen (vgl. Wetterer 2000: 210).

Welche Rolle spielen Geschlechterstereotype im Bereich der Technik und inwiefern tragen technikbezogene Annahmen über die Geschlechter dazu bei, dass das Ungleichverhältnis der Geschlechter zementiert wird?

Die wesentlichen Geschlechterstereotypen im Bereich der Technik sind in den Annahmen zu verorten, Jungen und Männer seien qua Geschlecht stärker an Technik interessiert und verfügten über eine deutlich höhere Technikkompetenz als Mädchen und Frauen. Gleichzeitig sei ihr Verhalten Technik gegenüber durch ein hohes Maß an Affinität gekennzeichnet, während Frauen ihr gegenüber deutlich distanzierter eingestellt seien. Obwohl m. E. zu erwarten wäre, dass diese Stereotype in den letzten Jahrzehnten, genauso wie Geschlechterrollen, ent-dramatisiert wurden, stellen sie sich im Gegenteil nach wie vor als sozial bedeutsam heraus. So hat z. B. die aktuelle DFG-Studie „Professionalisierung der Informatik - Chance oder Hindernis für die Beteiligung von Frauen" aufgezeigt, dass die o. g. Geschlechterstereotype und Rollenbilder noch heute „in der alltäglichen Interaktion zwischen den Mitgliedern der Softwarefirma produziert und reproduziert werden" (Schinzel 2005: 6) und zur Aufrechterhaltung einer geschlechterdifferenten Arbeitsteilung in der Softwareentwicklung führen:

> „Unsere Ergebnisse zeigen trotz meist expliziter Leugnung klare Indizien dafür, dass bestimmte Teilgebiete der noch nicht abgegrenzten Profession Softwareentwicklung stereotypisiert, d. h. mit Technik und Männlichkeit konnotiert, werden und dadurch Frauen schwerer zugänglich sind, während andere Bereiche der Softwareentwicklung eher als >sozialorientiert< und damit als >geeigneter für Frauen< gelten" (Schinzel 2005: 356).

Vor allem der Zuschreibung von Technikkompetenz an Männer - bei gleichzeitigem Absprechen einer solchen bei Frauen - kommt eine wesentliche Rolle dabei zu, innerhalb der Berufsarbeit die Macht der Männer zu sichern (vgl. Wajcman 1994: 58), führt sie doch dazu, dass viele Männer in techniknahen Arbeitsbereichen in statushohen und finanziell lukrativen Gebieten arbeiten, während Frauen bei ihrem Bemühen um beruflichen Aufstieg oftmals an eine gläserne Decke stoßen (vgl. Wetterer 2002). Das heißt, Technik - und ich denke auch digitale Medien im Besonderen - spielen auf dem Arbeitsmarkt eine entscheidende Rolle dabei, Geschlecht und somit eine hierarchische Geschlechterdifferenz herzustellen. Als männlich konnotierter Bereich bieten technische Vorgänge und digitale Medien die Legitimierung dafür, eine Arbeit oder einen Arbeitsbereich als männlich zu definieren. Dabei scheinen sie sogar dazu beizutragen, Geschlechterrollen zu verstärken: In einer Gesellschaft, die durch eine gewisse Zerrüttung traditioneller Gewissheiten gekennzeichnet ist (Beck 1986) und in der Geschlechterrollen brüchig geworden sind (Metz-Göckel 1999), erscheint Technik als „eines der letzten Refugien (…), in denen Männer sich ihrer Männlichkeit vergewissern und gleichzeitig die soziale Nachrangigkeit von Frauen signalisieren" (Rudolph 1997: 11f., zit. nach Koch/ Winker 2003: 33) können.

Im Folgenden wird erläutert, dass, und inwiefern technikbezogene Geschlechterstereotype zudem dazu beitragen, dass sich Geschlechterdifferenzen in den Einstellungen zu und der Nutzung von digitalen Medien herausbilden.

2.2.2.2 Geschlechterstereotype als Ursachen für Geschlechterdifferenzen in den Einstellungen zu und in der Nutzung von digitalen Medien

„Geschlechterstereotype gerade in Verbindung mit Technikkompetenz und Computerbildung haben die tiefere Bedeutung, *Mädchen und Frauen auf Distanz zu halten*. Sie sind selbst Ausdruck eines Machtgefälles zwischen den Geschlechtern, das zur Zeit sehr eindeutig über die „Technik" vermittelt wird" (Metz-Göckel 1990: 151, Hervorhebung im Original).

Im Folgenden wird aufgezeigt, dass es Geschlechterstereotypen zuzuschreiben ist, dass sich die Geschlechter *durchschnittlich*[43] in ihren Einstellungen zu und ihrem Umgang mit Technik und digitalen Medien unterscheiden. Dabei gehe ich mit Bezug auf die Latenz-Hypothese von Metz-Göckel (1990) und Roloff (1993)[44] von der Prämisse aus, dass die Geschlechter im Bereich der Technik und der digitalen Medien über grundsätzlich gleiche Anlagen, Entwicklungspotentiale, Zugänge und Fähigkeiten verfügen, diese jedoch aufgrund strukturierender Vorgaben und Interaktionseffekte in ungleicher Weise realisiert werden (vgl. Metz-Göckel 1990: 139; Roloff 1993: 58).[45] In dieser Perspektive tragen

---

43 Da Geschlechterdifferenzen zunehmend abhängig sind von spezifischen Kontextbedingungen und gleichzeitig an Stabilität verlieren (vgl. Eckes 2004: 172; Heintz/ Nadai 1998: 78, zit. nach Metz-Göckel 1999: 68) und eine Dramatisierung der Differenzen innerhalb der Genus-Gruppen als auch eine Ent-Dramatisierung der Differenzen zwischen Frauen und Männern zu verzeichnen ist (vgl. Koch/ Winker 2003: 37), können und dürfen keine generalisierten Aussagen über Geschlechterdifferenzen gemacht werden. Unter der Annahme, dass es „Kontinua auf der Achse der Unterscheidungen zwischen Individuen" (Pasero 1995: 55) gibt, sich Geschlecht durch eine Pluralität, Komplexität und Vielfalt auszeichnet, und es dementsprechend eine immense Übereinstimmung zwischen Frauen und Männern, eine Vielfältigkeit im Anderssein von Frauen und Männern sowie die Unterschiedlichkeit von Personen des einen wie des anderen Geschlechts gibt (Metz-Göckel 2000), möchte ich an dieser Stelle darauf hinweisen, dass die folgenden Aussagen über Geschlechterdifferenzen nicht alle Individuen qua Geschlecht betreffen, sondern dass diese Tendenzen aufzeigen. Ebenso möchte ich darauf aufmerksam machen, dass die Differenzen in anderen kulturellen Kontexten anders aussähen.
44 Das Konzept der Latenz weiblicher Fähigkeitspotentiale wurde als Latenz-Hypothese im Jahr 1990 von Metz-Göckel vorgestellt und ist im Jahr 1993 von Roloff aufgegriffen worden.
45 Mit dem Latenz-Ansatz, d. h. der Perspektive auf soziale Ursachen von Geschlechterdifferenzen, wie auch einer differenzierungstheoretischen Perspektive auf Geschlecht, grenze ich mich auf theoretischer Ebene entschieden von defizit- und differenztheoretischen Ansätzen ab. Beide Ansätze beruhen auf der Annahme, dass sich der Umgang mit und Zugang zur Technik qua Geschlecht unterscheidet, wobei die Geschlechter als bipolare, komplementäre Kategorien konzipiert wurden. Die Differenzen zwischen den Geschlechtern wurden u. a. naturalisiert, sodass die sozialen Komponenten der Entstehung der Ursachen m. E. unzureichend beleuchtet wurden.
Die *defizitorientierten Ansätze* der 1970er und frühen 1980er Jahre schrieben Frauen qua Biologie einen - gegenüber Männern - distanzierteren Zugang zur Technik sowie geringere Technikkompetenzen zu, d. h. Frauen wurde in diesen Bereichen ein Defizit zugesprochen (vgl. Schründer-Lenzen 2004: 565). Diese Ansätze wurden im Laufe der 1980er Jahre durch *differenzorientierte Ansätze* abgelöst. Jedoch wurden auch hier „Männlichkeit" und „Weiblichkeit"

primär Geschlechterstereotype, vor allem diejenigen, die Aussagen über Technik- und Computerkompetenzen beinhalten, dazu bei, dass sich Differenzen zwischen den Geschlechtern herausbilden. Dabei führen computer- und technikbezogene Geschlechterstereotype vor allem dazu, dass Mädchen und Frauen in dem Sinne beeinflusst werden, dass sie ihre Entwicklungspotentiale nicht verwirklichen können. Indem sie dazu beitragen, dass Mädchen und Frauen auf Distanz zu Computern und Technik gehalten werden (vgl. Metz-Göckel 1990: 151), geht von ihnen demnach direkte Gewalt gegen Frauen und Mädchen aus (vgl. Galtung 1975; Knapp 1989: 197).

Dass Geschlechterstereotypen diese Funktion zukommt, lässt sich an Befunden der geschlechtersensiblen Schul- und Hochschulforschung verdeutlichen. In diesem Kontext wurde vielfach aufgezeigt, dass die Zuschreibung von Technikkompetenzen an Jungen und Männer und die auf dieser Zuschreibung basierende männliche Technikkultur in der Schule wie der Hochschule dazu führt, dass Mädchen und Frauen aus informatischen Kontexten ausgeschlossen werden, indem diese entmutigt das Fach abwählen[46] (Schelhowe 2005, 1999, 1998; Neusel 2005; Margolis/ Fisher 2003; Kleinn/ Schinzel 2001; Greif 2001; Erb 1996, 1994) und sich folglich die für eine aktive Teilhabe an der Wissensgesellschaft notwendigen Technik- und Medienkompetenzen nicht in demselben Umfang aneignen können wie Jungen und Männer.

Die Funktion von Geschlechterstereotypen bei der Entstehung von Geschlechterdifferenzen in den Einstellungen zum Computer und im Umgang mit ihm soll im Folgenden näher beleuchtet werden. Mit Bezug auf das motivationspsychologische Erwartung-Wert-Modell von Dickhäuser (2001) wird erläutert, wie Geschlechterstereotype dazu führen, dass geschlechterdifferente Einstellungen zu digitalen Medien entstehen, die dann wiederum zu einer geschlechterdifferenten Nutzung dieser Medien führen.

Das Erwartung-Wert-Modell von Dickhäuser (2001)[47] dient dazu, Geschlechterdifferenzen in der Einstellung zu und im Umgang mit Computern zu

---

    als duale Positionen konzeptioniert und der männliche Umgang mit Technik dem weiblichen als konträr gegenübergestellt. Der „weibliche" Umgang mit Technik sei zwar dem der Männer überlegen (vgl. Mies 1985; Böttger 1985), jedoch würden Frauen der Technik distanzierter gegenüberstehen: Frauen befänden sich aufgrund ihrer weiblichen Geschlechtsidentität, deren integraler Bestandteil die Technikdistanz sei (vgl. Wächter 2000b: 19; Wajcman 2002: 278; 1994: 58, 192f.), „außerhalb des magischen Kreises der Anziehungskraft von Technologie" (Cockburn/ Omrod 1997: 4).

46 Wajcman (1994) weist darüber hinaus darauf hin, dass die Informatikkultur von einigen Frauen als unvereinbar mit ihrer Weiblichkeit empfunden wird. Wenn Frauen in die technikorientierte Welt eintreten und ihre Sprache lernen wollten, müssten sie zuerst ihre Weiblichkeit aufgeben (vgl. ebd.: 37).

47 Dickhäuser entwickelte das Modell in Anlehnung an das model of achievement-related choices von Eccles et al. (1984) sowie Meece et al. (1982).

erklären. Dabei beruht es auf der Prämisse, dass für Frauen wie Männer dieselben motivationalen Bezüge gelten, sodass eventuelle geschlechterdifferente Einstellungen zu digitalen Medien wie auch ebensolche im Umgang mit diesen Medien dem sozialen Umfeld zuzuschreiben sind. Dabei ist von folgender Kausalkette auszugehen: Zunächst bilden die Individuen dadurch, dass sie die Einstellungen, Erwartungshaltungen sowie Verhaltensweisen von Sozialisationspersonen aus privatem, familialem sowie schulischem Umfeld wahrnehmen und interpretieren und auf der Grundlage, dass sie im Laufe der Sozialisation bestimmte Erfahrungen mit Computern machen und aufgrund dessen ein bestimmtes Maß an Computerkompetenz erwerben, ein generelles wie auch computerbezogenes Selbstkonzept heraus.

> Unter dem *Selbstkonzept* von Individuen versteht Dickhäuser (2001) in Anlehnung an Helmke (1992) „das strukturierte Gesamt ihres selbstbezogenen Wissens (deklaratives Selbstkonzept) sowie die Bewertung dieses Wissens (affektiv-evaluatives Selbstkonzept)" (Dickhäuser 2001: 43). Das computerspezifische Selbstkonzept wird dementsprechend definiert als „die Beurteilung einer Person ihrer eigenen computerbezogenen Fähigkeiten" (ebd.).

Dieses Selbstkonzept hat nun Einfluss auf 1) das, was eine Person über sich denkt, was sie von sich selbst erwartet und welche Ziele sie sich setzt, 2) die Erfolgserwartungen und 3) die Perzeption des Wertes bestimmter Aktivitäten (vgl. Dickhäuser 2001: 43). Das heißt, von dem Selbstkonzept hängt es ab, welchen Wert und welches Maß an Nützlichkeit das Individuum dem Computer zuschreibt und mit welcher Erfolgs- oder Misserfolgserwartung es an die Arbeit mit dem Computer herangeht. Dickhäuser geht dabei von der Hypothese aus, dass, je höher das computerspezifische Selbstkonzept eines Individuums ist, also je höhere eigene Fähigkeiten das Individuum für das Arbeiten am Computer zu haben annimmt, desto höher der Wert ist, den diese Person dem Computer zuschreibt.

> Der *Wert* einer Aufgabe oder Aktivität kann nach Dickhäuser (2001) verstanden werden als „die aufgaben- oder aktivitätsinhärente Eigenschaft, bestimmte Bedürfnisse eines Individuums zumindest potentiell zu befriedigen" (ebd.: 41).[48]

---

48 Dabei differenziert er den Wert in die drei Kategorien a) Nützlichkeit, b) intrinsischer Wert sowie c) Zielerreichungswert, die er folgendermaßen definiert: *Nützlichkeit* bezeichnet „den Wert, den eine bestimmte Aufgabe dadurch besitzt, dass ihre Bewältigung das Individuum

Dasselbe gilt für die computerspezifische Erfolgserwartung: Je höher das computerspezifische Selbstkonzept eines Individuums ist, desto höher ist Dickhäuser zufolge die computerspezifische Erfolgserwartung dieses Menschen.

> Die computerspezifische *Erfolgserwartung* definiert Dickhäuser (2001) als „die Überzeugung einer Person (…), bei der Nutzung von Computern als Medium oder Werkzeug erfolgreich zu sein" (ebd.: 41), wobei er darauf hinweist, dass Erfolgserwartungen sowohl kontextuell begrenzt, d. h. auf eine bestimmte Situation bezogen sein können, als auch eine relativ dauerhafte situationsübergreifende personale Disposition darstellen können.

Diese beiden Variablen, also erstens der Wert, den das Individuum dem Computer zuschreibt, also sein Interesse am Computer und dessen wahrgenommene Nützlichkeit, und zweitens die Erfolgserwartung des Individuums beim Arbeiten mit dem Computer bestimmen dem Erwartung-Wert-Modell zufolge nun wiederum das individuelle Verhalten am Computer. Dabei differenziert Dickhäuser das Verhalten am Computer in erstens die Intensität der Computernutzung, zweitens die Wahl des Computers als Medium und drittens die Persistenz, also die Neigung einer Person, trotz Misserfolgs weiterhin zu versuchen, eine Aufgabe mittels des Computers zu lösen.

Was den Kausalbezug zwischen dem Wert, der Erfolgserwartung und der Computernutzung angeht, so geht Dickhäuser von folgenden beiden Annahmen aus: *Erstens*: Je höher die computerspezifische Erfolgserwartung einer Person ist, desto wahrscheinlicher ist es, dass Personen den Computer als Medium zum Bewältigen einer Aufgabe wählen. Je niedriger dagegen die Erfolgserwartung ist, desto weniger intensiv ist die Computernutzung, desto weniger zuwendend die Wahl und desto weniger persistent ist das Verhalten am Computer. *Zweitens*: Je mehr Wert ein Individuum dem Computer zuschreibt, desto intensiver ist die Computernutzung, desto eher liegen ein zuwendendes Wahlverhalten

---

kurz- oder langfristigen Zielen näher bringt" (ebd.: 41). So kann z. B. die Arbeit mit dem Computer als nützlich empfunden werden hinsichtlich der Aneignung berufsrelevanter Kenntnisse. Unter dem *intrinsischen Wert einer Aufgabe* versteht Dickhäuser die „Eigenschaft, den Tätigkeitsvollzug der Aufgabe selbst der Person als angenehm oder befriedigend erscheinen zu lassen" (ebd.: 41). So ist z. B. eine Aufgabe dann von hohem intrinsischem Wert, wenn sie als spannend angesehen wird. Unter dem *Zielerreichungswert* versteht Dickhäuser dagegen „die wahrgenommene Wichtigkeit von Erfolg bei dieser Aufgabe für die Selbstsicht einer Person" (ebd.: 41) – so könne der Zielerreichungswert z. B. deshalb hoch sein, weil es der Person wichtig ist, ein Problem mit Hilfe des Computers zu lösen. Dickhäuser weist zwar darauf hin, dass die drei Kategorien inhaltlich nicht scharf zu trennen sind, differenziert im Folgenden jedoch dennoch zwischen ihnen.

sowie eine hohe Persistenz vor. Die folgende Grafik veranschaulicht die Bezüge zwischen den einzelnen Variablen:

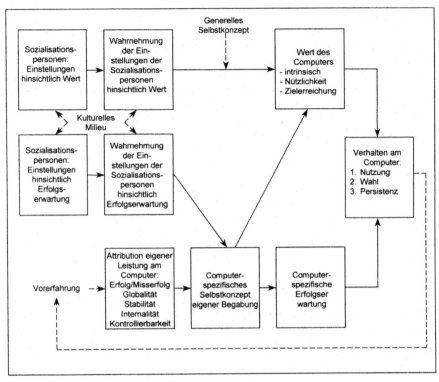

Abbildung 1: Das Erwartung-Wert-Modell
(Quelle: Dickhäuser 2001: 49)

Was nun bedeuten diese Erkenntnisse für die Beziehung zwischen Geschlecht und Computernutzung? Auf der Grundlage des Erwartung-Wert-Modells würde sich ein geschlechterdifferentes Verhalten darin äußern, dass sich Frauen und Männer dahingehend unterscheiden, dass sie den Computer in einem unterschiedlichen Umfang nutzen, sie ein differentes Wahlverhalten und eine ebensolche Persistenz zeigen. Zurückzuführen wären die Differenzen darauf, dass sich die Geschlechter bei den Variablen „computerspezifisches Selbstkonzept eigener Begabung", „Wertzuschreibungen an den Computer" und „computerbezogene Erfolgserwartung" unterscheiden.

Ich teile die Ansicht Dickhäusers, es könne begründet davon ausgegangen werden, dass es Geschlechterdifferenzen im Verhalten gibt in dem Sinne, dass Frauen eine weniger intensive Computernutzung, ein weniger zuwendendes Wahlverhalten sowie weniger Persistenz am Computer zeigen als Männer (vgl. Dickhäuser 2001: 40). Dies bedeutet wiederum, dass ich annehme, dass sich Frauen gegenüber Männern durch ein niedrigeres computerspezifisches Selbstkonzept eigener Begabung, über eine geringere Wertzuschreibung an den Computer sowie eine niedrigere Erfolgserwartung auszeichnen. Diese Annahmen möchte ich im Folgenden auf der Grundlage einiger theoretischer Überlegungen begründen.

Wie oben dargelegt, ist das computerspezifische Selbstkonzept eigener Begabung auf die Wahrnehmung und Interpretation einerseits der Einstellungen, Erwartungshaltungen sowie Verhaltensweisen von Sozialisationspersonen und andererseits der eigenen Computererfahrungen und Computerkompetenzen zurückzuführen. Hier nun kommen m. E. Geschlechterstereotype ins Spiel, in dem Sinne, dass Sozialisationspersonen in Familie, Schule und Hochschule den Geschlechtern unterschiedliche Erwartungshaltungen im Umgang mit dem Computer entgegenbringen, sie in differentem Ausmaß dazu ermutigen, sich mit dem Computer zu beschäftigen und Erfahrungen mit dem Computer zu sammeln sowie darin fördern, sich Computerkompetenzen anzueignen.

Dass die Sozialisationspersonen den Individuen qua Geschlecht unterschiedliche Erwartungshaltungen entgegenbringen, wurde empirisch vielfältig nachgewiesen. So wurde z. B. in Studien von Shashaani (1993, 1997) aufgezeigt, dass Mädchen in sehr viel geringerem Ausmaß das Gefühl haben, von ihren Sozialisationspersonen oder dem sozialen Umfeld für kompetent im Umgang mit Computern gehalten zu werden, als das bei Jungen der Fall ist, die öfter das Gefühl haben, dass ihnen entsprechende Fähigkeiten zugeschrieben werden. Dass Mädchen eher Misstrauen statt Zuspruch hinsichtlich ihrer technischen Kenntnisse und Kompetenzen entgegenschlägt und sie wenig unterstützt, gefördert und ermutigt werden, sich mit Computern auseinanderzusetzen, wurde sowohl für den familialen, schulischen wie hochschulischen Kontext in zahlreichen Studien empirisch nachgewiesen (Schinzel 2005, 1993; Margolis/ Fisher 2003; Wächter 2000b; Schelhowe 1999; Schründer-Lenzen 1995; Erb 1994; Roloff 1993; Schulz-Zander 1990; Faulstich-Wieland/ Dick 1989, zit. nach Ebach 1994: 21): Mädchen und Frauen wird sowohl von Lehrenden wie auch Mitschülern oder Kommilitonen suggeriert, sie seien gegenüber ihren Mitschülern bzw. Kommilitonen weniger technik- und computerbegabt.[49] Diese Zu-

---

49 In informatischen Fachbereichen sind es vor allem Hacker bzw. „Geeks", denen seitens Lehrenden und Studierenden Computerkompetenzen zugeschrieben werden und denen gegenüber sich die meisten Studentinnen als technisch weniger begabt halten (Schinzel 2005, 1993; Mar-

schreibungen führen dazu, dass sich nach und nach geschlechterdifferente Begabungsüberzeugungen materialisieren. Dadurch, dass Schülerinnen und Studentinnen sich durch diese Annahmen der Nicht- oder Minderbegabung wie auch durch die fehlende Anerkennung für ein ausgeprägtes Technikinteresse (Hannover 2002) und eine intensive Computernutzung (Petzold/ Romahn/ Schikorra 1996; Famula et al. 1992) ein gewisses Maß an Technikdistanz aneignen (Roloff 1993; Metz-Göckel 1990) und daran be- bzw. gehindert werden, positive Erfahrungen am Computer zu sammeln und Computerkompetenzen zu erwerben (Schelhowe 1999), werden sie davon abgehalten, sich ein ebenso hohes computerspezifisches Selbstkonzept eigener Begabung anzueignen (Wolffam/ Winker 2005; Ebach 1994) und eine ebenso positive Einstellung zum Computer zu erwerben (Hannover/ Bettge 1993) wie ihre Mitschüler und Kommilitonen.[50] Bezogen auf den hochschulischen Kontext weisen Schelhowe (1999; 1997d) und Schinzel (o. J.) darüber hinaus darauf hin, dass es oftmals die Studenten selber sind, die durch ihre Kommunikation über Computer und Technik, durch einen „extrem ausgeprägten Jargon, in dem mit sehr unklaren Bedeutungen und wirren Begrifflichkeiten operiert wird" (Schelhowe 1997d: 149) den Kommilitoninnen das Gefühl vermitteln, keine oder nur geringe Computerkompetenzen zu besitzen. Mit Frauen wird offensichtlich kein gleichberechtigter Technik- und Computerdiskurs geführt; im Gegenteil werden Computerkenntnisse als In-Group-Wissen gehandelt und innerhalb der young-boys-networks weitergegeben (vgl. ebd).[51]

Es ist m. E. gesellschaftlichen Ursachen, dabei vor allem der Ausgrenzung und der Nicht-Förderung von Frauen, der Anwendung von Geschlechterstereotypen in interaktiven Prozessen des *doing gender* und der damit einhergehenden asymmetrischen wechselseitigen Spiegelung von Kompetenzsteigerung und Kompetenzeinschränkung (vgl. Pasero 1995: 58), zuzuschreiben, dass sich Geschlechterdifferenzen in den computerbezogenen Einstellungen zum Computer herausbilden. Den theoretischen Überlegungen folgend, äußern sich diese da-

---

golis/ Fisher 2003; Schelhowe 1999; Erb 1994; Margolis/ Fisher/ Miller o.J.b, o.J.c.; Fisher/ Margolis/ Miller o.J.).

50 Ebach (1994) weist darauf hin, dass das computerspezifische Selbstkonzept eigener Begabung mit positiven Erfahrungen am Computer positiv korreliert. Laut Hannover und Bettge (1993) gilt dasselbe für den Zusammenhang zwischen positiven emotionalen Erfahrungen mit Computern und der emotionalen Einstellung zu Computern. Wolfram und Winker (2005) zufolge korrelieren Computererfahrungen allgemein positiv mit der Zuschreibung von Computerkompetenzen.

51 Schelhowe (2000) weist darauf hin, dass die männliche technische Kommunikationskultur auch deshalb problematisch sei, da es sich oftmals um ein Erfahrungswissen handle, das eben nicht aus Büchern erworben werden könne. Frauen sei so ein wesentlicher Zugang zum Bestandteil des Informatikstudiums entzogen, dem Zugang zum „learning by doing and asking" (ebd.: 97).

hingehend, dass Frauen über ein geringeres computerspezifisches Selbstkonzept eigener Begabung, über eine geringere Wertzuschreibung an den Computer sowie über eine niedrigere Erfolgserwartung beim Arbeiten mit dem Computer verfügen. Dem Erwartung-Wert-Modell zufolge, führen diese Differenzen nun wieder zu einem geschlechterdifferenten Umgang mit Computern, also dazu, dass Frauen ihn im geringeren Umfang nutzen, ihn seltener als Medium zum Arbeiten wählen sowie bei Problemen eher das Arbeiten mit dem Medium abbrechen.[52] Somit tragen die Geschlechterstereotype zur (Re-)Stabilisierung des hierarchischen Geschlechterverhältnisses bei, da sie Mädchen und Frauen daran hindern, in gleichem Ausmaß wie Jungen und Männer eine positive Einstellung zum Computer zu erlangen, sich Computerkompetenzen anzueignen sowie den Computer als Hilfs- und Arbeitsmedium zu nutzen.

Ob sich dieser Gedankengang empirisch bestätigen lässt, wird im Kapitel 3 beleuchtet, in dem Befunde verschiedener Studien über Geschlecht und Einstellungen gegenüber und der Nutzung von Computern dargestellt werden. Zunächst jedoch möchte ich auf die Bedeutung der in diesem Kapitel angestellten theoretischen Überlegungen für diese Arbeit eingehen, die die Fragestellung betreffen, inwieweit der Einsatz digitaler Lehr-/Lernmedien an Hochschulen dazu beitragen könnte, das Geschlechterverhältnis als hierarchisches zu (re-)produzieren oder zu egalisieren.

2.3 Bedeutung für die vorliegende Arbeit

In diesem Kapitel wurden theoretische Ansätze der Techniksoziologie, der Geschlechterforschung sowie der Motivationspsychologie dargelegt, die das wechselseitige Verhältnis zwischen Technik und Geschlechterverhältnis betreffen. Zunächst wurde mit Bezug auf den Ansatz der „social construction of technology" (Pinch/ Bijker 1984; MacKenzie/ Wajcman 1985; Wajcman 2002) herausgearbeitet, dass sich in der Technik dadurch, dass sie von kollektiven sozialen AkteurInnen produziert wird, gesellschaftliche Verhältnisse spiegeln, d. h. dass sich Macht-, Herrschaft- und Gewaltverhältnisse in die technischen Produkte einschreiben. Es ist erläutert worden, dass in diesem Kontext den Geschlechter-

---

52 Von anderen AutorInnen wird vermutet, dass die intensivere Computernutzung von Jungen und Männern darauf zurückzuführen ist, dass sie von ihnen leichter mit ihrer Geschlechtsrolle vereinbart werden könnte (vgl. Schinzel 2001: 3f.), oder damit zusammenhängt, dass sie für Jungen und Männer, gerade da die Geschlechterrollen brüchig werden, eine zunehmende Rolle spielt dadurch, dass der Computer als „Sinngeber und Kompaß, der Unsicherheit und Orientierungslosigkeit aufzuheben vermag" (Collmer 1997: 97), fungiert und damit als Stabilisator der männlichen Geschlechtsidentität (vgl. dazu auch Noller/ Paul/ Ritter 1988).

verhältnissen dadurch eine entscheidende Bedeutung zukommt, dass Frauen und Männer aufgrund ihrer differenten Machtressourcen und aufgrund von Ausgrenzungsmechanismen auf dem Bildungs- wie Arbeitsmarkt in unterschiedlichem Ausmaß an der Technikentwicklung partizipieren. Die dadurch vergeschlechtlichten Zusammenhänge führen dazu, dass die Technik selbst vergeschlechtlicht wird, da sie von der herrschenden Geschlechterordnung geprägt und primär dadurch gekennzeichnet ist, dass sich die Werte, Interessen, Ein- und Vorstellungen der - zumeist männlichen - Entwickler in ihr niederschlagen. Es wurde in diesem Zusammenhang die Überlegung angestellt, dass, wenn ein technischer Entwicklungsprozess dadurch gekennzeichnet ist, dass sich der Entwickler an seinesgleichen orientiert und dabei die Nutzenden, primär aber die Nutzerinnen nicht in die Überlegungen einbezieht, dies dazu führen könnte, dass das technische Produkt durch die (geschlechter-)stereotypen Vorstellungen des Entwicklers geprägt ist und (primär) Nutzerinnen benachteiligt.

Es ist ferner dargelegt worden, dass Technik ihrerseits einen Einfluss auf das Geschlechterverhältnis hat. Dabei wurde mit Bezug auf verschiedene in der Geschlechterforschung entwickelte theoretische Ansätze der „social construction of gender" (u. a. Wetterer 2004, 2002; Gildemeister 2004, 2001; Lorber 1999; Goffman 1994; West/ Zimmerman 1991; Hagemann-White 1988; Kessler und McKenna 1978) herausgearbeitet, dass es sich beim Geschlecht um ein soziales Konstrukt handelt, welches - wie auch das Geschlechterverhältnis als hierarchisches Verhältnis zwischen Ungleichen - sozial produziert wird. Es wurde darauf hingewiesen, dass bei der prozessualen Herstellung von Geschlecht Geschlechterstereotypen eine immense Bedeutung zukommt. Im Bereich Computer führen die Geschlechterstereotype, vor allem diejenigen, die Technikkompetenz mit Männlichkeit und Technikdistanz mit Weiblichkeit verbinden, dazu, die Fähigkeitspotentiale von Mädchen und Frauen in der Latenz zu halten (Metz-Göckel 1990; Roloff 1993). Sie hindern Mädchen und Frauen daran, in der Familie, Schule und Hochschule im selben Ausmaß wie Jungen und Männer positive Erfahrungen mit Computern zu sammeln und computerbezogene Kompetenzen zu erwerben. Unter Zugrundelegung des motivationspsychologischen Erwartung-Wert-Modells von Dickhäuser (2001) wurde herausgearbeitet, dass die Einstellungen von Mädchen und Frauen zu Computern daraus resultierend vermutlich negativer sind als diejenigen von Jungen und Männern und sich auch das Verhalten gegenüber Computern unterscheidet. Mädchen und Frauen, so ist aufgrund der angestellten theoretischen Überlegungen zu vermuten, verfügen über ein negativeres computerspezifisches Selbstkonzept eigener Begabung, über eine geringere Erfolgserwartung und schreiben dem Computer weniger Wert zu. Aufgrund dessen dürften sie den Computer weniger intensiv nutzen, ihn weniger oft als Arbeitsmedium wählen und bei Problemen schneller das Arbeiten mit ihm abbrechen.

Für die Arbeit sind diese theoretischen Überlegungen von zentraler Bedeutung. Wie im Kapitel 1.1 erläutert, liegt ihr die erkenntnisleitende Fragestellung zugrunde, inwiefern der Einsatz digitaler Lehr-/Lernmedien an Hochschulen dazu beiträgt, Geschlechterunterschiede zu produzieren, zu verstärken oder aufzulösen. Aufgrund dessen werden in den empirischen Erhebungen beide o. g. Ebenen der wechselseitigen Konstruktion von Technik und Geschlecht in den Blick genommen: Einerseits wird beleuchtet, inwiefern Geschlecht in digitalen Lehr-/Lernmedien zum Ausdruck kommt, d. h. inwiefern sie vergeschlechtlicht sind und aufgrund dessen ggf. Nutzerinnen benachteiligen, andererseits wird analysiert, inwiefern sich in den studentischen Einstellungen zu Computern allgemein und zum E-Learning wie auch der Nutzung konkreter digitaler Lehr-/ Lernmedien im Besonderen Geschlechterdifferenzen wie -gemeinsamkeiten zeigen. Dabei gehe ich von der Hypothese aus, dass sich geschlechterdifferente Einstellungen zu und Nutzungen von digitalen Lehr-/Lernmedien ggf. in einer (Re-)Stabilisierung des hierarchischen Geschlechterverhältnisses ausdrücken dürften, da Studentinnen aufgrund ihrer negativeren Einstellungen im geringeren Ausmaß als ihre Kommilitonen geneigt sein dürften, E-Learning-Angebote zu nutzen und die Nutzung fortzuführen, wenn es kleinere computerbezogene Probleme gibt. Dementsprechend dürften Studentinnen nicht im selben Ausmaß von dem Angebot computerunterstützter Lehre profitieren und sich die für die aktive Teilhabe an der Wissensgesellschaft und für das lebenslange Lernen notwendigen Medien- und Technikkompetenzen weniger aneignen, was sich, wie erwähnt, letztlich in der (Re-)Stabilisierung der geschlechterdifferenten Arbeitsteilung ausdrücken sollte.

Mit dem Blick auf beide Ebenen der wechselseitigen Konstruktion von Technik und Geschlecht werden in den empirischen Studien aus einer technikgenetischen Perspektive einzelne digitale Lehr-/Lernmedien von der Idee der Erfinderin/ des Erfinders bis zum von Studierenden im hochschulischen Lehr- und Lernkontext genutzten Produkt in die Erhebungen einbezogen. Mit diesem mehrperspektivischen Blick wird ein Beitrag dazu geleistet, eine als gravierend einzustufende Forschungslücke zu schließen. Denn bisherige empirische Studien galten vor allem dem Erkenntnisinteresse, wie Technologie das Geschlechterverhältnis beeinflusst, die wenigsten fragten danach, wie „gender-Relationen das Design der Technologie formen" (Wajcman 2002: 53), und keine (mir bekannte) Studie nahm beide Ebenen der Konstruktion in den Blick. Konkret wurde das mehrperspektivische Erkenntnisinteresse in folgendem Erhebungsdesign umgesetzt:

Um den *Einfluss von Geschlechterverhältnissen auf Technik* zu ermitteln, wurde, von der Annahme der anfänglichen Offenheit der technischen Entwicklung ausgehend, die lokale Konstruktion (Entwicklung) digitaler Lehr-/Lernmedien aus einer Mikroperspektive erhoben (vgl. Rammert 2000: 57).[53] Dabei wurden sowohl die Entwickelnden verschiedener Lehr-/Lernmedien in qualitativen Interviews befragt, als auch die Medien selber unter geschlechtersensiblen Gesichtspunkten analysiert (nähere Informationen über das methodische Vorgehen: siehe Kapitel 4). Gefragt wurde einerseits danach, an welchen Kriterien sich die Entwicklung primär orientiert, ob z. B. eher technische oder eher didaktische[54], nutzendenorientierte Kriterien im Vordergrund stehen. Hierbei kam das gesamte Umfeld, d. h. die Kultur, in der die Technik entwickelt wurde, in den Fokus. Beleuchtet wurde auch, welche Rolle das Geschlecht bei der Entwicklung spielt. Dabei galt das primäre Interesse der Frage, über welche geschlechterbezogenen Einstellungen und Ansichten im Bereich der Nutzung digitaler Lehr-/Lernmedien die EntwicklerInnen während des Entwicklungsprozesses verfügten und inwiefern diese in die Technik eingeflossen sind. Gefragt wurde andererseits auch danach, inwiefern die digitalen Lehr-/Lernmedien so gestaltet wurden, dass sie beiden Geschlechtern gleichermaßen eine komfortable und motivierende Nutzung ermöglichen.

Der *Einfluss der digitalen Lehr-/Lernmedien auf Geschlechterverhältnisse* wurde in der empirischen Erhebung auf einem vergleichsweise indirekten Weg ermittelt. Zunächst sind die Studierenden nach ihren Einstellungen zum Computer befragt worden, wobei, angelehnt an das Erwartung-Wert-Modell von Dickhäuser (2001), die Variablen a) computerspezifisches Selbstkonzept, b) computerspezifische Erfolgserwartung sowie c) Wert des Computers als individuelle motivationale Einflüsse auf das computerbezogene Verhalten erhoben wurden. Es wird erwartet, dass bei allen drei Variablen Geschlechterdifferenzen festzustellen sind, d. h. dass die Studentinnen über ein niedrigeres computerspezifisches Selbstkonzept eigener Begabung und eine niedrigere computerspezifische Erfolgserwartung verfügen sowie dem Computer einen geringeren Wert zuschreiben als ihre Kommilitonen. Darüber hinaus wurden die Einstellungen der Studierenden zum E-Learning erhoben. Ich denke, daraus ableiten zu können, inwiefern die Studentinnen und Studenten ggf. bereit sein werden, digitale Me-

---

53 Rammert nennt als eine weitere technikgenetische Perspektive die Makroperspektive, in der die soziokulturelle Evolution technischer Systeme beobachtet wird (vgl. Rammert 2000: 57).
54 Die Didaktik ist eine pädagogische Teildisziplin, die sich mit der Theorie und Praxis des Lehrens und Lernens beschäftigt: „Zu den Aufgaben der Didaktik gehört es, Ziele, Inhalte, Strategien und Methoden des Lehrens und Lernens zu beschreiben, aber auch normativ vorzugeben, sie zu analysieren, zu erforschen und für konkrete Bildungssituationen zu planen und zu evaluieren" (Reinmann-Rothmeier 2002: 2).

dien zum Lernen zu verwenden. Darüber hinaus wurden die studentischen Einstellungen zu und die Nutzung der digitalen Lehr-/Lernmedien genauso wie die Bewertung der Medien durch die Studierenden erhoben. Hierbei gehe ich von der Hypothese aus, dass sich die Nutzung nicht wesentlich qua Geschlecht unterscheiden sollte, denn die Studentinnen werden in meinen Erhebungen nicht vor die Wahl gestellt, die Medien zu nutzen, sondern diese sind als verpflichtender Teil der hochschulischen Veranstaltungen eingesetzt worden. Ich vermute aber, dass sich in den Bewertungen Geschlechterdifferenzen zeigen werden.

In den Erhebungen wird demnach untersucht, inwieweit Geschlecht eine Rolle im Bereich der Entwicklung und Nutzung digitaler Lehr-/Lernmedien spielt und es werden mögliche Auswirkungen auf das Geschlechterverhältnis reflektiert. Aufgrund dieses Erkenntnisinteresses werden in den empirischen Studien (siehe Kapitel 5-9) die Geschlechter verglichen. Die Auswertung der Daten anhand der Kategorie *sex* dient der Zielrichtung, sowohl Unterschiede als auch Gemeinsamkeiten der Geschlechter herauszufiltern. Während diese Methode der Geschlechterdifferenzierung vielleicht mancher oder manchem als „Ethno-Methode" erscheint und somit als „alternativloser kultureller ‚backlash', der die Geschlechterunterscheidung ununterbrochen restauriert" (Hirschauer 2001: 213), gehe ich dagegen davon aus, dass es eine wichtige Methode ist, um sich empirisch einem Feld zu nähern, von dem angenommen werden kann, dass es ein hochgradig sexuiertes, d. h. vergeschlechtlichtes Gebiet ist und das immense Auswirkungen auf das Geschlechterverhältnis hat. Ein „Denkverbot" der Geschlechterdifferenz bzw. eine „Problemlösung durch Verschwindenlassen" (Rendtdorff 2000: 55) erscheint mir als nicht angebracht.[55] Als wichtig erachte ich es hingegen, mir während des Forschungs- und Auswertungsprozesses immer wieder zu vergegenwärtigen, dass sich die theoretische und empirische Rekonstruktion sozialer Konstruktionsprozesse von Geschlecht „unabsichtlich und hinterrücks an der sozialen Konstruktion von Geschlecht beteiligen [kann], statt sie aufzuschlüsseln" (vgl. Wetterer 2002: 39, 206ff.). Ich muss sowohl davon ausgehen, dass ich in Interaktionsprozessen als Frau erkennbar bin und dass dementsprechend auf mich reagiert wird, als auch, dass meine eigene geschlechtsspezifische Sozialisation dazu beitragen könnte, dass mein Geschlecht bei meinen Auswertungen und Interpretationen eine Rolle spielt. Eine wichtige

---

55 Auch unter Geschlechterforscherinnen ist inzwischen der Gedanke von Gleichheit und Gleichberechtigung verbreitet, sodass die Gefahr besteht, faktisch vorhandene Ungleichheit nicht mehr erkennen und kritisieren zu können (vgl. Wetterer 2003: 314). Rendtdorff (2000) spricht in diesem Zusammenhang sogar von einem „Denkverbot" der Geschlechterdifferenz und einer „Problemlösung durch Verschwindenlassen" (ebd.: 55). Dies ist deshalb sehr bedrohlich, da es heute mehr Anstrengung bedarf, Konstruktionsprozesse von Geschlecht aufzuspüren, da die Reproduktionsweisen der Geschlechterungleichheit „indirekter und subkutaner geworden und weniger leicht zu entdecken" (Wetterer 2003: 311) sind.

Aufgabe wird es daher sein, meine eigenen, oft unbewussten, Annahmen über Differenzen zwischen den Geschlechtern zu kontrollieren und zu reflektieren (vgl. dazu auch Gildemeister 2004; Hagemann-White 1995). Ebenso halte ich es für erforderlich, in den empirischen Untersuchungen eine differenzierungstheoretische Perspektive auf Geschlecht einzunehmen. Die Geschlechter werden aus dieser Perspektive nicht als bipolare, komplementäre Kategorien aufgefasst, sondern es wird von „Kontinua auf der Achse der Unterscheidungen zwischen Individuen" (Pasero 1995: 55) und damit von einer Pluralität, Komplexität und Vielfalt von Geschlecht ausgegangen. Diese Perspektive einzunehmen bedeutet, dass in den Studien der Blick sowohl den Differenzen als auch den Gemeinsamkeiten der Geschlechter gilt und Möglichkeiten zu reflektieren sind, eventuelle Differenzen abzubauen. Auch gilt es, mit dem Blick auf Konstruktionsprozesse von Geschlecht und Technik sowohl Prozesse des *doing* als auch des *undoing gender* und *technology* zu berücksichtigen. Für die Wahrnehmung letzteres erscheint es mir als notwendig, sprachliche Diskurse von anderen Handlungspraxen analytisch zu trennen. Denn

> „es scheint derzeit so, dass in sprachlichen Diskursen die Vergeschlechtlichung von Körpern mit Verweis auf technisierte Artefakte weiter wiederholt wird, während zeitgleich in konkreten Handlungspraxen Geschlechterdifferenzen entdramatisiert werden, da Artefakte dort ihr High-Tech-Image bereits verloren haben" (Winker 2005: 166).

Nach diesen theoretischen und forschungsmethodischen Überlegungen wird im folgenden Kapitel der Forschungsstand zu Geschlecht und Einstellung zum bzw. Umgang mit Computern und digitalen Lehr-/Lernmedien dargelegt.

3 Geschlecht und Einstellung zu und Nutzung von Computern und digitalen Lehr- und Lernmedien

In diesem Kapitel wird der aktuelle Forschungsstand zu der Bedeutung von Geschlecht bei den Einstellungen zu und der Nutzung von Computern allgemein und digitalen Lehr- und Lernmedien im Besonderen dargelegt. Dabei werden im Kapitel 3.1 zunächst unter der Geschlechterperspektive die Einstellungen zu Computern beleuchtet. Danach werden im Kapitel 3.2 einige geschlechterrelevante Aspekte der Nutzung von Computern und des Internets erläutert, die für das E-Learning von Bedeutung sind: a) die Computer- und Internetressourcen, über die zuhause verfügt wird, b) der zeitliche Umfang der Computernutzung sowie der Nutzung digitaler Lehr- und Lernmedien und c) die Art des Umgangs mit diesen Medien. Anschließend werden die Befunde im Kapitel 3.3 detailliert auf das Erkenntnisinteresse dieser Arbeit bezogen und ihre Relevanz für die eigenen empirischen Studien wird herausgestellt.

3.1 Geschlecht und Einstellungen gegenüber Computern

In diesem Teilkapitel wird der Frage nachgegangen, ob es nach aktuellem Forschungsstand Geschlechterdifferenzen in den Einstellungen gegenüber Computern gibt und, wenn ja, worin diese bestehen. Dabei werden die Einstellungen in Anlehnung an das Erwartung-Wert-Modell von Dickhäuser (2001) in folgende Kriterien differenziert: a) die Selbstzuschreibungen computerspezifischer Begabungen und Kompetenzen, b) computerspezifische Wertzuschreibungen und c) computerspezifische Erfolgserwartungen.

3.1.1 Das computerspezifische Selbstkonzept eigener Begabung

Die im Kapitel 2 angestellten theoretischen Überlegungen lassen erwarten, dass sich die Geschlechter aufgrund sozialer wie kultureller Einflüsse, vor allem resultierend aus der unterschiedlichen Förderung im Erwerb positiver Erfahrungen mit Computern sowie von Computerkompetenz und den qua Geschlecht differierenden Kompetenzerwartungen der Sozialisationspersonen, in ihren computerspezifischen Begabungsüberzeugungen unterscheiden. Im Folgenden wird anhand der Ergebnisse unterschiedlicher Studien aufgezeigt, dass dies realita der Fall ist.

An Schulen durchgeführte, z. T. repräsentative, Untersuchungen zu computerspezifischen Begabungsüberzeugungen zeigen, dass sich Schüler durchweg höhere Computerkompetenzen zusprechen, als dies Schülerinnen tun. So zeigten die in der PISA-Studie 2003 befragten Jungen ihren Mitschülerinnen gegenüber „ein sehr viel ausgeprägteres Selbstvertrauen" (OECD 2006: 52) im Umgang mit dem Computer[56], wobei der Unterschied größer wurde, je anspruchsvoller die Aufgabe war: Deutliche Geschlechterdifferenzen zeigten sich zwar auch bei den Routineaufgaben und dem Umgang mit dem Internet, die größten jedoch bei komplexeren Aufgaben.[57] Dass Schüler ihre computerbezogenen Fähigkeiten durchweg signifikant höher einschätzen als Schülerinnen, ist auch das Ergebnis der KIM-Studie 2005 (Mpfs 2006) und diverser SchülerInnenbefragungen, die im Rahmen der Studien zu „Schulen ans Netz", „SelMa" und „e-nitiative.nrw" durchgeführt wurden.[58] Ihnen zufolge halten sich Mädchen für weniger begabt für Arbeiten am Computer und meinen, weniger gute Leistungen beim Arbeiten mit dem Computer zu erbringen (vgl. Schulz-Zander/ Riegas-Staackmann 2004: 322; Schulz-Zander 2002b: 258). Sie schreiben sich, der SchülerInnenbefragung zur Evaluation „e-nitiative.nrw" zufolge, bei allen Bereichen außer dem Schreiben von Texten geringere Anwendungskenntnisse zu als Jungen, z. B. bei der Erstellung von Internetseiten, beim Installieren von Programmen und Computerspielen, aber auch im Hardware-Bereich wie dem Einbauen und Reparieren von Computerteilen (vgl. Schulz-Zander/ Riegas-Staackmann 2004: 322; vgl. zur Installation von Computerprogrammen auch Mpfs 2006: 49).

Diese Befunde sind, wie die Ergebnisse anderer Studien verdeutlichen, auf Erwachsene durchaus übertragbar: Sie sprechen einheitlich dafür, dass Frauen über ein niedrigeres computerspezifisches Selbstkonzept eigener Begabung verfügen als Männer. Dies zeigt zum Beispiel die Meta-Analyse von Whitley (1997), in die 82 Studien zu Geschlechtsunterschieden im computerbezogenen Verhalten mit insgesamt 18904 weiblichen und 21587 männlichen Personen

---

56 Wobei bemerkenswert ist, dass Deutschland im Vergleich zu den anderen in die Untersuchung einbezogenen Ländern hierbei „mit die größten geschlechtsspezifischen Unterschiede zu Gunsten von Jungen auf[weist]" (OECD o.J.: 3).
57 Routineaufgaben bestanden z. B. in dem Erstellen, Öffnen und Sichern einer Datei. Die Internetaufgaben umfassten u. a. das Online-Gehen und das Schreiben und Verschicken von E-Mails. Komplexere Aufgaben bestanden z. B. darin, eine Power Point-Präsentation oder eine Webseite zu erstellen, eine Virensoftware zu benutzen oder mit einem Tabellenkalkulationsprogramm ein Diagramm zu erstellen.
58 Diese Studien wurden vom Institut für Schulentwicklungsforschung der Universität Dortmund ausgewertet.

einbezogen wurden. Den Daten zufolge schreiben sich Frauen und Mädchen deutlich geringere computerbezogene Begabungen zu als Männer und Jungen. Was konkret Studierende angeht, so ermittelten Shashaani (1997) und Dickhäuser (2001) in ihren Studien, dass (die von ihnen befragten) Studentinnen ein signifikant niedrigeres computerspezifisches Selbstkonzept eigener Begabung aufwiesen als die Studenten. Auch eine Befragung von ErstsemesterInnen der Ingenieurwissenschaften und Informatik durch Wolffram und Winker (2005) zeigte bedeutsame Geschlechterunterschiede in den computer- und technikspezifischen Kompetenzüberzeugungen, in dem Sinne, dass Studenten sich die höheren Kompetenzen/Fähigkeiten zuschreiben.[59] Ebenfalls zeigten sich in Studien bei den Selbstzuschreibungen konkreter Anwendungskenntnisse Differenzen zwischen Studentinnen und Studenten. Repräsentative Erhebungen dieser studentischen Anwendungskenntnisse liegen mit der im Jahr 2000 durchgeführten 16. Sozialerhebung des Deutschen Studentenwerks (Middendorff 2002), der im Jahr 2003 durchgeführten 17. Sozialerhebung des Deutschen Studentenwerks (Isserstedt et al. 2004) sowie der im Jahr 2004 durchgeführten Online-Befragung von HISBUS[60] (Kleimann/ Weber/ Willige 2005) vor.[61] Deren Befunde sind erwartungskonform: Die Studenten sprechen sich eine wesentlich größere Kompetenz im Umgang mit dem Computer zu als ihre Kommilitoninnen, die ihre Vertrautheit mit verschiedenen Computeranwendungen kritischer betrachten. Insgesamt waren, bezogen auf die 16. Sozialerhebung, die Studenten 3,5 Mal so häufig der Gruppe „Universalkompetenz[62]" zuzuordnen (29% vs. 8%), Studentinnen dagegen doppelt so oft der „Basiskompetenz" (43% vs. 21%)

---

59 Wolffram und Winker (2005) haben im Wintersemester 2003/04 1188 ErstsemesterInnen - davon 17,4% Frauen - ingenieurwissenschaftlicher und Informatik-Fachbereiche dreier Hamburger Hochschulen zu ihren Technikeinstellungen und ihrem Technikinteresse befragt. Sie fanden heraus, dass die Selbsteinschätzung der eigenen computer- und technikbezogenen Kompetenz sich qua Geschlecht unterscheidet, jedoch darüber hinaus und quer dazu auch qua Fachkultur (siehe unten).

60 Die Erhebung erfolgte in Zusammenarbeit mit dem DLR Projektträger Neue Medien in der Bildung und Fachinformation.

61 Leider wurde das Geschlecht bei der Auswertung detailliert nur von Middendorff berücksichtigt. In der Publikation von Kleimann, Weber und Willige (2005) z. B., die eigentlich die spannendste wäre, da sie sowohl die aktuellste ist, als auch die drei Studien (16. und 17. Sozial- und Online-Erhebung) miteinander in einen inhaltlichen Zusammenhang bringt, d. h. Entwicklungen aufzeigt, wird das Geschlecht so gut wie nicht thematisiert.

62 Middendorff (2002) differenzierte die Studierenden, bezogen auf ihre Computerkompetenzen, in drei Gruppen. Diejenigen mit „Basiskompetenzen" verfügen demnach über Kompetenzen in den Bereichen E-Mail und Textverarbeitung sowie im allgemeinen Umgang mit Computern und Internet. „Spezialkompetenzen" bedeuten darüber hinausgehende Kompetenzen mit Tabellenkalkulation, Multimedia- und Grafikanwendungen. „Universalkompetenzen" haben diejenigen Studierenden, die darüber hinaus über Kompetenzen im Bezug auf Statistiksoftware, Website-Gestaltung bzw. einer Programmiersprache verfügen (vgl. ebd.: 5f.).

(vgl. Middendorff 2002: 37).[63] Die AutorInnen der HISBUS-Befragung (Kleimann/ Weber/ Willige 2005), bei der ebenfalls Geschlechterdifferenzen in der Einschätzung der eigenen Computerkenntnisse zutage traten, bezeichnen die Differenz als „auffällig": Bezogen auf E-Mail und Internetkenntnisse seien die Angaben zwar noch annähernd gleich, bei allen übrigen Items schätzten die Frauen ihre Anwendungskenntnisse jedoch deutlich geringer ein[64], wobei die größte Differenz bei den Programmiersprachen zutage trat. Dabei bestanden die Unterschiede zwischen den Geschlechtern auch jeweils innerhalb eines Studiengangs, wenn auch hier z. T. etwas verringert (vgl. ebd.: 30).

Die oben genannten Studien zeichnen demnach ein einheitliches Bild: Sowohl Jungen als auch Männer schreiben sich in deutlich höherem Umfang computerspezifische Begabungen und Kompetenzen zu als Mädchen und Frauen. Bei der Interpretation dieser Befunde sind m. E. jedoch zweierlei Dinge im Auge zu behalten:

Erstens, dass es sich hier um Selbstzuschreibungen, nicht jedoch um faktisch vorhandene Kompetenzen wie Begabungen handelt. Wie im Kapitel 2.2.2.2 erläutert wurde, hängen computerspezifische Begabungsüberzeugen mit den positiven Erfahrungen mit Computern zusammen. Da diese jedoch von Schülern und Studenten im wesentlich größeren Umfang gemacht wurden, und dabei vor allem ohne einen direkten Schul- oder Studienbezug (vgl. dazu Kapitel 3.2.2), neigen die Studenten offenbar dazu, ihre eigenen Fähigkeiten überzubewerten:

> „Im Zusammenhang mit den umfangreicheren Computererfahrungen männlicher Studierender außerhalb eines direkten Studienbezuges werden Fähigkeiten erworben, die im Rahmen des Studiums nicht vollständig anwendbar sind. Dieser Kompetenz-„Überschuss" veranlasst Studenten tendenziell, (...) die eigenen Fähigkeiten überzubewerten" (Middendorff 2002: 47).

Aufgrund ihrer größeren Erfahrungen mit dem Computer sind Studenten demnach anscheinend in Bezug auf ihre Computerkompetenzen oftmals übermäßig selbstsicher, während die Studentinnen ihre Fähigkeiten eher unterschätzen (vgl.

---

63 In einzelnen Fächergruppen ist der Geschlechterunterschied noch deutlicher. In der Fächergruppe Pädagogik, deren Studierende insgesamt durch unterdurchschnittliche PC-Kenntnisse gekennzeichnet sind, schreiben sich Studenten viermal so häufig als ihre Kommilitoninnen eine Universalkompetenz (17% vs. 4%) zu und nur halb so oft eine Basiskompetenz (27% vs. 53%).

64 Eine Ausnahme waren Statistikprogramme, bei denen sich Frauen höhere Kompetenzen zuschrieben. Dies sei jedoch nur der unterschiedlichen Studienfachwahl zuzuschreiben. Innerhalb der einzelnen Fachrichtungen schrieben sich auch hier die Männer die besseren Kenntnisse zu (vgl. Kleimann/ Weber/ Willige 2005: 30).

Margolis/ Fisher/ Miller o.J.c).[65] Wie eine Studie aus Neuseeland (Mc Sporran und Young o.J.; Young/ McSporran o.J.) über hybride Seminare aufzeigt, ist dieses übermäßige Selbstvertrauen der Studenten durchaus kritisch zu betrachten. Vor allem junge Männer scheinen dazu zu neigen, aufgrund ihrer Überschätzung und der Überwertung der Relevanz von Computerkompetenzen für die Online-Lehre, andere für das erfolgreiche Absolvieren eines hybriden Seminars notwendige Kompetenzen (z. B. selbstreguliertes Lernen, Zeitmanagement) zu vernachlässigen. Dieses führte in der benannten Studie dazu, dass die ängstlicheren, aber aufgrund dessen disziplinierteren und engagierteren Frauen die Erfolgreicheren im Seminar waren:

> „We found that women and older students succeed on our course; they seem to be motivated, better at communicating online and at scheduling their learning. In contrast, male students and younger participants need the discipline that classroom sessions provide. Our young males appear to be over-confident of their abilities, and lack the basic skills of time management and self-regulation necessary für successful online study" (Young/ McSporran o.J.: 3).

Es ist dementsprechend zu verzeichnen, dass (viele) Frauen durchaus kompetent mit Computern umgehen und in einigen Bereichen über ein größeres Maß an den für die erfolgreiche Teilhabe am E-Learning notwendigen Schlüsselkompetenzen verfügen als Männer, obwohl sie sich für wenig begabt halten. Dies zeigt eine Studie von Schaumburg und Issing (2002) auf: Die AutorInnen stellten in ihrer Untersuchung, in der sie in der Sekundarstufe I eines Gymnasiums über einen Zeitraum von drei Jahren die Effekte des Einsatzes von Laptops im schulischen Unterricht hinsichtlich der Förderung von Computerkompetenz erforschten, fest, dass die subjektive Selbsteinschätzung der befragten Schülerinnen nicht mit ihrem tatsächlichen Wissen übereinstimmte. Obwohl die Schülerinnen der Laptop-Klassen, im Vergleich zu denen der Nicht-Laptop-Klassen, im Verlauf des Forschungszeitraums deutlich an Medienkompetenz gewonnen hatten, schätzten sie ihre computer- und internetbezogene Selbstwirksamkeit genauso hoch ein wie die Mädchen der Nicht-Laptop-Klassen. Dabei bewerteten sich in beiden Gruppen die Mädchen schlechter als die Jungen (vgl. ebd.: 143f.). Zum selben Ergebnis kamen Fauser und Schreiber (1989) in ihrer Studie. Sie zeigten auf, dass die von ihnen befragten Mädchen selbst dann geringere Programmier-

---

65 Dieser Befund ist auf die Kompetenzzuschreibungen im mathematisch-naturwissenschaftlichen Bereich zu übertragen, in dem Mädchen tendenziell dazu neigen, ihre Fähigkeiten zu unterschätzen, Jungen dazu, sie zu überschätzen (Wender 2005; Fauser/ Schreiber 1989). Die TIMMS-Studien haben detailliert aufgezeigt, dass dies selbst für in diesem Bereich sehr leistungsstarke Schülerinnen gilt (Baumert et al. 1997, zit. nach Wender 2005: 43).

kenntnisse zu haben glaubten, wenn sie über mit denen der Jungen vergleichbare Programmiererfahrungen verfügten.

Zweitens sollte im Auge behalten werden, dass die differenten Begabungsüberzeugungen allein soziale wie kulturelle Ursachen haben (vgl. Kapitel 2.2.2.2). So wird ein hohes Maß an Technik- wie Computerkompetenz von Mädchen und Frauen anscheinend als Selbstzuschreibung abgelehnt und vermieden, da eine hohe Technik- und Computerbeherrschung mit dem Bild eines technikzentrierten, einsam tage- und nächtelang am Computer sitzenden, ‚Computerfreaks' assoziiert wird (vgl. Erb 1996: 203)[66] und sie darüber hinaus mit der weiblichen Geschlechtsrolle in Konflikt steht (vgl. Erb 1994: 204ff.). Collmer (1999), Famula et al. (1992) und Schulz-Zander (1990) zufolge befürchten Mädchen und Frauen bei einer computerkompetenten Selbstdarstellung zudem negative Sanktionen und soziale Isolation. Aufgrund ihrer Befürchtungen von Ablehnung durch die weibliche Bezugsgruppe sehen sie sich genötigt, sich als Nicht-Expertinnen zu definieren und die eigenen Kompetenzen abzuwerten. Nach einer Studie von Kessels (2002) sind die Geschlechterdifferenzen in den Begabungsüberzeugungen zudem u. a. koedukativen Lernkontexten zuzuschreiben. Dementsprechend könnten sie evtl. dadurch nivelliert oder zumindest reduziert werden, dass die Geschlechter in monoedukativen Kontexten mit dem Computer arbeiten, da dort Mädchen das für die Ausbildung eines positiven computerspezifischen Selbstkonzepts eigener Begabung relevante maskuline Selbstwissen eher zugänglich ist als in koedukativen Lernkonstellationen.[67]

---

66 Erb (1996, 1994) stellte in ihrer Befragung promovierter und habilitierter Informatikerinnen fest, dass diese „Technikkompetenzen immer anderen, aber nicht sich selbst zuordnen" (Erb 1996: 154), selbst wenn sie beruflich mit der Entwicklung, Implementierung und Handhabung technischer Systeme beschäftigt waren. Erb schlussfolgert: „In jedem Falle ist von der fehlenden Selbstzuschreibung von Technikkompetenz nicht auf tatsächlich fehlende Technikkompetenz dieser Frauen zu schließen, sondern vielmehr auf eine bestimmte Interpretation ihrer Beziehung zu Technik" (Erb 1994: 34). Die befragten Frauen bewunderten zwar einerseits Technikkompetenzen, lehnten diese für sich selbst jedoch andererseits aufgrund ihrer Konnotation mit ‚Technikfreaks' ab.

67 Kessels fand in einer Untersuchung von physikbezogenen Selbstkonzepten von GesamtschülerInnen, deren Entwicklung sie über ein halbes Jahr verfolgte, heraus, dass die Organisationsform des Lernens und Lehrens in Form von Koedukation vs. Monoedukation bei der Entwicklung von Begabungsüberzeugungen eine immense Rolle spielt: „Es zeigte sich erwartungsgemäß, dass die Überzeugung, für Physik allgemein begabt zu sein, in Abhängigkeit von Geschlecht und der Gruppenkonstellation variierte: In koedukativen Gruppen unterschieden sich die Begabungsüberzeugungen von Jungen und Mädchen. Wurden Jungen und Mädchen dagegen getrennt unterrichtet, verschwanden diese geschlechtsspezifischen Unterschiede; Mädchen aus Mädchengruppen schätzten ihre Physikbegabung nicht anders ein als Jungen und deutlich besser als die Mädchen aus den gemischten Gruppen. Auch die Vermutung, dass gemischte oder getrennte Unterrichtung bei Jungen keine Auswirkung darauf hat, für wie begabt sie sich halten, wurde bestätigt" (Kessels 2002: 159). Sie erklärt diesen Befund damit, dass bei Mädchen eine relativ maskuline chronische Geschlechtsrollenorientierung mit einem besseren

Zusammenfassend kann festgehalten werden, dass die Befunde verschiedener empirischer Studien deutlich aufzeigen, dass sich die Geschlechter aufgrund verschiedener Effekte der geschlechtsspezifischen Sozialisation in der Regel in ihren computerbezogenen Begabungsüberzeugungen unterscheiden. Dies war aufgrund der theoretischen Überlegungen durchaus zu erwarten. Wird das Erwartung-Wert-Modell Dickhäusers (2001) zugrunde gelegt, sollte dies darüber hinaus ebenfalls der Fall sein bei den Wertzuschreibungen an den Computern sowie den computerbezogenen Erfolgserwartungen. Aufgrund dessen wird in den folgenden beiden Teilkapiteln der Forschungsstand zu diesen beiden Variablen dargelegt.

3.1.2 Wertzuschreibungen an den Computer

Der Frage, ob es Geschlechterunterschiede in der Wertzuschreibung und dabei primär im Interesse am Computer gibt, wurde seit den 1990er Jahren in vielfältigen Studien nachgegangen. Im Folgenden werden die Ergebnisse der m. E. aussagekräftigsten Erhebungen dargelegt.

Äquivalent zu den oben dargelegten Befunden zum computerspezifischen Selbstkonzept eigener Begabung zeigt sich auch hier, dass sich Geschlechterdifferenzen in den computerspezifischen Wertzuschreibungen erst im Laufe der Sozialisation in einem Wechselwirkungsprozess zwischen Individuum und Gesellschaft entwickeln, sodass sie als gesellschaftlich produziert und sozial geformt zu charakterisieren sind. So weist z. B. Schulz-Zander (1990) auf empirische Befunde hin, denen zufolge sich Mädchen und Jungen in der Vor- und Grundschulzeit hinsichtlich ihres Computerinteresses so gut wie nicht unterscheiden. Die Unterschiede zwischen den Geschlechtern zeigen sich vielmehr erst mit zunehmendem Alter und verstärken sich in der Pubertät. Bereits in der späteren Schulzeit zeichnen sich jedoch deutliche Geschlechterdifferenzen ab, was das Interesse am Computer und die affektive Nähe zum Computer angeht. So zeigte sich in der KIM-Studie 2005 (Mpfs 2006), dass Jungen gegenüber Mädchen den Computer lieber in ihrer Freizeit nutzen[68] und den Computer,

---

Selbstkonzept in Physik einhergeht, jedoch das Selbstkonzept auch umso höher ist, je zugänglicher ihnen das maskuline Selbstwissen und je weniger zugänglich ihnen das feminine Selbstwissen ist. Dies jedoch ist in monoedukativen Lernkonstellationen der Fall, da hier Jungen wie Mädchen maskulines wie feminines Selbstwissen jeweils ähnlich zugänglich ist, während in koedukativen Gruppen das zur eigenen Geschlechtsgruppe zugehörige Wissen zugänglicher als das dem anderen Geschlecht zugeschriebenen Wissen ist (vgl. ebd.: 219).

68 Die Jungen nannten den Computer doppelt so häufig als liebste Freizeitaktivität als die Mädchen (20% vs. 10%). Mädchen zeigten dagegen ein größeres Freizeitinteresse für Musik, Musikstars und Bands, Mode und Lesen (vgl. Mpfs 2006: 9f.).

Technik und das Internet als bedeutsamer erachten.[69] Nicht nur halten deutlich mehr Jungen als Mädchen den Computer für unverzichtbar, finden ihn häufiger generell „einfach toll" und wünschten sich häufiger, öfter am PC zu sitzen[70], auch im Sprechen über den Computer wird ein stärkerer Bezug der Jungen zum Computer deutlich: Jungen reden häufiger über alles, was den Computer tangiert (vgl. ebd.: 53). Dieses deutlich stärkere Interesse der Jungen am Computer zeigte sich auch in anderen repräsentativen Studien wie der PISA-Studie 2000 (vgl. OECD 2001: 136) und der JIM-Studie (Feierabend/ Klingler 2000), in der sich die Jungen deutlich interessierter am Internet und an neuen Entwicklungen im Computerbereich, sowohl was Computerspiele als auch was Soft- und Hardware angeht, zeigten.[71]

Dieser Geschlechter-Bias in dem Computerinteresse tritt auch an Hochschulen auf, und zwar nicht nur in dem geringen Frauenanteil unter den Informatikstudierenden, der in der West-BRD im Wintersemester 2003/04 bei 16% lag (Moog 2005), sondern primär in einem stärkeren affektiven Bezug einiger Männer zu Computern:

> „They [Males] describe a magnetic attraction between themselves and the computer, with the computer becoming an object of fascinating and allure. Males describe falling in love with the computer, having epiphany moments, knowing that computing is what they want to do for the rest of their lives" (Margolis/ Fisher/ Miller o.J.a: 1).

Diese „Liebe" der Studenten zum Computer, ihre Computerfaszination, die Margolis, Fisher und Miller als Ergebnis einer Befragung von ca. 120 Informatikstudierenden der Carnegie Mellon University, Pittsburg, aufzeigten, betrifft natürlich nicht alle Männer, genauso wenig wie sich die Studentinnen einheitlich durch eine stärkere Computerdistanz und ein geringeres Interesse am Computer auszeichnen. Im Gegenteil ist davon auszugehen, dass gerade in der informatischen hochschulischen Fachkultur diese Computerfaszination und das starke Computerinteresse den Männern qua Stereotyp zugeschrieben werden und dementsprechend als männlich gelten (Margolis/ Fisher 2003), dass dies

---

69 Die prozentuale Vereilung war folgende: Computer (22% m vs. 9% w), Technik (23% m vs. 3% w) und das Internet (20% m vs. 12% w) (vgl. Mpfs 2006: 9f.).
70 Prozentual bedeutet das, dass 17% der Jungen, aber nur 6% der Mädchen den Computer für unverzichtbar hielten und 68% der Jungen gegenüber 54% der Mädchen meinten, dass Computer generell „einfach toll" sind. Ebenfalls wünschten sich 25% der Jungen, aber nur 17% der Mädchen, öfter am PC zu sitzen (vgl. Mpfs 2006: 30).
71 Schründer-Lenzen (1995) kam in einer „kleineren" Befragung von SchülerInnen zu einem ähnlichen Ergebnis: Sie rechnete 71,5% der befragten Jungen, aber nur 28,6% der Mädchen den „positiven" Typen des Computerzugangs (Freaks, BefürworterInnen und PragmatikerInnen) zu, und nur 15,5% der Jungen, aber 54,3% der Mädchen den „negativen" Typformen (GegnerInnen, KritikerInnen und Desinteressierte) (vgl. Schründer-Lenzen 1995: 200).

jedoch in der Realität so pauschalisierend nicht gilt. So haben unter einer differenzierungstheoretischen Perspektive auf Geschlecht durchgeführte Studien dokumentiert, dass von einer generellen Computer- und Technikdistanz oder einem „Nicht-Verhältnis der Frauen zur Technologie" (Cockburn 1988: 168) nicht gesprochen werden kann, sondern eher von einem distanzierten Verhältnis *vieler* Frauen und *einiger* Männer zu Computern und Technik. „Von einer geschlechtsspezifischen Technikfeindlichkeit der Frauen zu sprechen, wäre also völlig verfehlt" (Rammert et al. 2001: 178). Auch Engler und Faulstich-Wieland (1995) weisen dezidiert auf die Notwendigkeit der Differenzierung interessensbezogener Aussagen hin:

> „Da sich bei dieser allgemeinen Frage nach dem Technikinteresse große Unterschiede zwischen Frauen aufzeigen lassen[72], wird deutlich, daß es wenig Sinn macht, generell von „den Frauen" und ebenso generell von dem distanzierten Verhältnis von Frauen und Technik auszugehen. Gleiches gilt umgekehrt: Nicht alle Männer interessieren sich für Technik. So zeigen die angestellten Vergleiche, daß je nachdem, wer mit wem verglichen wird, Differenzen zwischen den Geschlechtern und Differenzen zwischen Frauen mal mehr und mal weniger stark hervortreten" (Engler/ Faulstich-Wieland 1995: 57).

Die beiden Autorinnen konnten mit ihrer Befragung von Studierenden der Technikwissenschaften[73] belegen, dass sich die in die Erhebung einbezogenen Studentinnen und Studenten primär durch Gemeinsamkeiten hinsichtlich ihres Technikinteresses auszeichneten und sich Unterschiede nur in den Extrempolen zeigten, d. h. in dem sehr starken und dem eher schwachen Interesse an Technik, nicht jedoch in dem „ziemlich starken" Interesse (vgl. ebd.: 55f.).[74]

Insgesamt scheint das Interesse am Computer primär von kontextuellen Faktoren abzuhängen. So spielen die Sozialisationspersonen eine große Rolle

---

72 Engler und Faulstich-Wieland beziehen sich hier auf den Vergleich der Ergebnisse ihrer eigenen Befragung von Technikstudierenden mit den Ergebnissen der Untersuchung „Frauen-Welten", die von der Frauenzeitschrift freundin durchgeführt wurde. Hier zeigt sich, dass das Technikinteresse der Technikstudierenden deutlich ausgeprägter war.
73 Die Befragung fand im Wintersemester 1992/93 statt. Ausgewertet wurden Fragebögen von 1590 Studierenden, davon 200 Studentinnen und 1390 Studenten. An der TUHH waren es Studierende der Studiendekanate Elektrotechnik, Maschinenbau, Verfahrenstechnik und Bauingenieurswesen/Umwelttechnik, an der FHH der Studiengänge Elektrotechnik, technische Informatik, Maschinenbau, Verfahrenstechnik, Chemieingenieurwesen und Bauingenieurwesen.
74 Auf die Frage „Wie stark interessieren Sie sich für Technik und technische Fragen?" konnten die Studierenden mit „sehr stark", „weniger stark", „etwas" und „kaum und gar nicht" antworten. Es zeigte sich, dass eine große Gruppe von Studenten (61,5%) und eine nahezu ebenso große Gruppe von Studentinnen (60,2%) angab, sich „ziemlich stark" dafür zu interessieren. Über ein „sehr starkes" Interesse zu verfügen, gaben dagegen mehr Studenten als Studentinnen an (28,4% vs. 9%), während häufiger Studentinnen als Studenten angaben, über „etwas" Interesse an Technik und technischen Fragen zu verfügen (29,9% vs. 9,5%) (vgl. Engler/ Faulstich-Wieland 1995: 55f.).

bei der Entwicklung des Computerinteresses, und dabei vor allem die Wahrnehmung der Beziehung des Vaters zum Computer (vgl. Engler/ Faulstich-Wieland 1995: 57). Die familiale Förderung der Beschäftigung mit dem Computer ist einigen Studien zufolge zentral für das Herausbilden eines diesbezüglichen Interesses und Kompetenzerlebens[75] (vgl. Wender 2005: 48; Lander 1995: 47).

Darüber hinaus hängt das Computerinteresse auch stark mit der Bildung zusammen: Ein hohes Bildungsniveau korreliert bei weiblichen Jugendlichen und Frauen mit einem hohen Interesse an Computern. So belegt Schründer-Lenzen, dass weibliche Jugendliche mit niedrigem Bildungsniveau tendenziell auch distanziertere Einstellungsmuster zur Computerkultur haben als Mädchen anderer Bildungsmilieus (vgl. Schründer-Lenzen 2004: 567; 1995: 238).

Auch weisen Studien darauf hin, dass die Einstellungen von Mädchen und Frauen zum Computer mit dem Maß zusammenhängt, in dem die Mädchen und Frauen traditionell weibliche Geschlechtsrollen als für sie relevante Orientierungsmuster annehmen. So zeigte eine Befragung von Schülerinnen durch Schründer-Lenzen (1995)[76], dass sich ein Mehr an traditionellem Rollenverständnis in der Organisation des Selbstkonzepts in einer verminderten Akzeptanz von Computern äußert (vgl. ebd.: 240).[77] Diejenigen der von ihr befragten Mädchen, die den Computer befürworten, gingen von einer Ähnlichkeit der Geschlechter aus. Sie zeichneten sich durch eine „leistungsbezogene Sachorientierung" und in hohem Maße als leistungs- und aufstiegsorientiert aus (vgl. ebd.: 239, 243). Im Gegensatz dazu schienen diejenigen, die den Computer ablehnten, „traditionell weibliche Rollenbestandteile in ihre Selbstdarstellung aufzunehmen wie Beziehungs- und Helferorientierung, die sich teilweise noch in einer familienorientierten Lebensplanung konkretisiert bzw. in einer „beziehungsorientier-

---

75 Die von Wolffram und Winker (2005) befragten Studierenden nannten vor allem die Beschäftigung mit technischen Reparaturen und Basteleien sowie den Umgang mit technischen Geräten und Maschinen als bedeutungsvoll für die Entwicklung eines Technikinteresses, und das Internet, Computerspiele und Musik für die Entwicklung eines Computerinteresses (vgl. ebd.: 47f.).
76 Schründer-Lenzen untersuchte den Einfluss der subjektiven Interpretation des weiblichen Selbstkonzepts auf den Computerzugang von Mädchen. Sie bezog in ihre Untersuchung Schülerinnen und Schüler der zehnten Klasse an Realschulen und Gymnasien ein.
77 Schründer-Lenzen differenzierte die befragten Mädchen in solche mit einem weiblichen und solche mit einem neutralen Selbstkonzept. Das weibliche Selbstkonzept ist definiert durch eine Beziehungs-, HelferInnen- und Familienorientierung, d. h. durch eine „care-Haltung", während das neutrale Selbstkonzept durch eine Berufs-, Aufstiegs- und Ausbildungsorientierung gekennzeichnet ist. Ein männliches Selbstkonzept gibt es nach Schründer-Lenzen nicht, da sich Männlichkeit als Strukturbestandteil jugendlicher Selbstkonzepte verflüchtigt habe bzw. von den Mädchen soweit eingeholt worden sei, dass traditionelle Merkmale dieser Chiffre nur noch als geschlechtsneutrale Indikatoren auftreten (vgl. Schründer-Lenzen 1995: 149).

ten" Berufswahl" (ebd: 212). Diese Mädchen nehmen den Computer eher als Teil einer männlichen Kultur wahr und akzeptieren die „Vorurteilsstruktur (…), daß Computer eben nichts für Mädchen sind" (ebd.: 239). Ein ähnlicher Befund zeigte sich in einer Befragung von Psychologiestudentinnen durch Mauch und Thußbaß (2000). Die Forscherinnen kamen zu dem Ergebnis, dass Frauen mit „chronisch femininem Geschlechtsrollenschema" eine „signifikant negativere Computereinstellung" aufweisen „als Frauen mit chronisch maskulinem, androgynem oder undifferenziertem Geschlechtsrollenschema" (ebd.: 129).[78]

Andere Studien weisen zudem nach, dass die Einstellungen von Studierenden zu Computern und Technik entscheidend von den Fachkulturen abhängen. So hebt Walter (1998) als Ergebnis einer Befragung von Studierenden der Natur- und Ingenieurwissenschaften, der Sozialarbeit/Sozialpädagogik und des Fachs „Verwaltung" hervor, dass sich die Fachkulturen bezüglich der Technikbewertung hochsignifikant unterscheiden. Dabei stellte sich die Fachkultur in ihrer Untersuchung als einzige relevante Größe heraus, das Geschlecht spielte hingegen keine Rolle bei den Einstellungen, d. h., es zeigten sich nur tendenzielle Geschlechterunterschiede.[79] Walter resümiert:

> „Statt einer generellen subjektiven Technikdistanz zeigt sich in meiner Untersuchung, daß die befragten Frauen Technik zwar ich-ferner als Männer in ihrem Selbstkonzept ansiedeln,

---

[78] In die Studie von Mauch und Thußbas (2000) wurden 60 Psychologiestudentinnen der TU Berlin einbezogen. In einer experimentellen Untersuchung wurde dabei der Frage nachgegangen, inwiefern das Geschlechtsrollenschema, ein „Teil des Selbstkonzepts - einer vielfältigen Gedächtnisstruktur, in der Wissen über die eigene Person repräsentiert ist" (ebd.: 122), die Einstellungen zum Computer beeinflusst. Das chronische Geschlechtsrollenschema wurde mittels des Sex Role Inventory (BSRI) ermittelt. Der Befragung lagen zwei Skalen zugrunde, eine Feminitätsskala und eine Maskulinitätsskala, die mittels mehrerer Items erhoben wurden - welche leider nicht mitpubliziert wurden. - Die Studentinnen wurden dazu in vier Gruppen eingeteilt: a) Personen mit femininem, b) Personen mit maskulinem, c) Personen mit androgynem und d) Personen mit undifferenziertem Geschlechtsrollenschema. Die Zuordnung der Personen zu Gruppen erfolge folgendermaßen: Personen mit femininem Geschlechtsrollenschema zeichneten sich durch hohe Werte auf der Feminitätsskala und niedrige Werte auf der Maskulinitätsskala aus, während für das maskuline Geschlechtsrollenschema das umgekehrte galt. Personen mit androgynem Geschlechtsrollenschema hatten hohe Werte auf beiden Skalen, während sich Personen mit undifferenziertem Geschlechtsrollenschema durch niedrige Werte auf beiden Skalen auszeichneten (vgl. Mauch/Tußbas 2000: 126). Worin ein chronisch feminines Geschlechtsrollenschema besteht, darüber machen die Autorinnen leider keine differenzierten Aussagen, verweisen jedoch darauf, dass sie in Anlehnung an Schründer-Lenzen davon ausgehen, dass ein solches sich durch eine Beziehungs- und Personenorientierung auszeichnet: „Demnach sind kommunikative Fähigkeiten, d. h. Kompetenzen, mit Personen in Kontakt zu treten und Beziehungen zu pflegen, wesentlicher Bestandteil der Selbstdefinition von Frauen mit traditionell femininen Rollenbestandteilen im Selbstkonzept" (Mauch/Tußbas 2000: 123).

[79] Insgesamt bewerteten die Studenten der Natur- und Ingenieurwissenschaften Technik am positivsten, Studentinnen aus den Sozialwissenschaften am negativsten (vgl. Walter 1998: 117).

daß sie aber - soweit es Ingenieurstudentinnen betrifft - an Technik interessierter als ihre männlichen Kommilitonen zu sein scheinen. Technikbewertung und Komplexibilität des Technikbegriffs differieren dagegen statistisch nicht signifikant zwischen den Geschlechtern. Bei diesen Dimensionen des subjektiven Technikbezugs zeigen sich nur Unterschiede zwischen den Fachkulturen" (Walter 1998: 182f.).

Dass die Einstellungen zu Computer und Technik qua Fachkultur variiert, stellten auch Wolffram und Winker (2005) in ihrer bereits angesprochenen Befragung von ErstsemesterInnen in ingenieurwissenschaftlichen und Informatik-Fachbereichen fest. Sie fanden heraus, dass sich die Studentinnen fachübergreifend zwar insgesamt durch eine geringere Technik- und Computerbegeisterung auszeichneten[80], dass es aber vor allem Studentinnen aus interdisziplinären Studiengängen waren, die diese geringere Begeisterung äußerten (63% w; 27% m), während sich in den technikzentrierten Studiengängen keinerlei Geschlechterdifferenzen zeigten (vgl. ebd.: 29f.; 70f.). Dies lässt offensichtlich den Schluss zu, dass diejenigen Frauen, die sich trotz diverser Hürden für techniknahe Studiengänge entschieden haben, in gleichem Maße von Computern und Technik „begeistert" sind wie ihre Kommilitonen (vgl. dazu auch Winker/ Wolffram 2005).

Zusammenfassend kann festgestellt werden, dass von einem generellen Desinteresse von Frauen und von einer Affinität aller Männer zu Computern nicht ausgegangen werden kann. Zwar zeigen sich diesbezüglich Tendenzen, jedoch hängt die Einstellung deutlich von kontextuellen Bezügen wie der familialen und schulischen Förderung und dem Bildungsstand ab und variiert zudem nach den Geschlechtsrollenschemata der Frauen und Männer. Darüber hinaus zeigen die Befunde, dass die Einstellungen zum Computer an Hochschulen qua Fachkultur variieren: In Informatikfachbereichen ist davon auszugehen, dass sich die Wertzuschreibungen der Studentinnen und Studenten gleichen, während sich in technikferneren Fachbereichen eher geschlechterdifferenzierte Einstellungen zeigen dürften.

Im Folgenden wird der Forschungsstand zu den computerbezogenen Erfolgserwartungen dargelegt.

---

80 42% der Frauen gegenüber 15% der Männer äußerten eine geringe Technik- und Computerbegeisterung, während 32% der Männer und nur 9,4% der Frauen eine hohe Begeisterung äußerten.

3.1.3 Computerspezifische Erfolgserwartungen

Die im Kapitel 2.2.2.2 in Anlehnung an das Erwartung-Wert-Modell von Dickhäuser (2001) angestellten theoretischen Überlegungen lassen erwarten, dass die Erfolgserwartung beim Arbeiten mit dem Computer qua Geschlecht differiert. Unterstützt wird diese Hypothese durch die Befunde von Hannover und Bettge (1993), denen zufolge Mädchen und Frauen die Beschäftigung mit männlich konnotierten Aufgaben weniger positiv erleben als Jungen. Mädchen und Frauen sind ihnen zufolge in diesem Kontext weniger erfolgszuversichtlich und haben mehr Angst vor Misserfolg. Unter der Annahme, dass viele Mädchen und Frauen den Computer als männlich konnotiertes technisches Artefakt empfinden (Schründer-Lenzen 1995) und zudem über ein niedrigeres computerbezogenes Selbstkonzept eigener Begabung verfügen (vgl. Kapitel 3.1.1), ist davon auszugehen, dass sie eine geringere Erfolgszuversicht aufweisen.

Die Ergebnisse verschiedener empirischer Studien bestätigen diese Hypothese. So fand Dickhäuser (2001) in einer Befragung von Studierenden heraus, dass die Studentinnen sich durch eine niedrigere computerspezifische Erfolgserwartung auszeichneten als ihre Kommilitonen (vgl. ebd.: 87). Bannert und Arbinger (1994) kamen in ihrer Untersuchung an Schulen zum selben Ergebnis: Die Jungen wiesen eine höhere computerbezogene Erfolgserwartung und eine niedrigere Misserfolgserwartung auf als die Mädchen, wobei sich diese Differenz mit fortschreitendem Alter der Kinder verstärkte. In anderen Studien zeigte sich, dass auch die Begründungen der Erfolge bzw. Misserfolge nach Geschlecht differieren. So stellte u. a. Campell (1980) fest, dass Schüler Erfolge eher auf die eigenen Fähigkeiten zurückführen, während Schülerinnen ihre Erfolge häufiger mit Umweltfaktoren, Misserfolge dagegen mit dem Mangel eigener Begabung attribuieren. Mädchen schreiben sich Misserfolge, die bei der Arbeit am Computer auftreten, also häufig selbst zu (vgl. Heppner et al. 1990). D´Amico et al. (1995) deuten diese Attribuierungsmuster und Kontrollüberzeugungen von Mädchen als Hinweis auf eine „erlernte Hilflosigkeit", da die Misserfolge auf global-stabile sowie internale Ursachen zurückgeführt würden und das Ergebnis als unkontrollierbar wahrgenommen werde. Diese Befunde wurden in einer Studie von Dickhäuser und Stiensmeier-Pelsters (2002) im Wesentlichen bestätigt. Hier zeigte sich, dass die befragten Studentinnen eine niedrigere Erfolgserwartung zeigen als die Studenten und ihre Erfolge tendenziell weniger stark auf globale und stabile Ursachen zurückführen (vgl. ebd.: 48).[81] Frauen

---

81 Die Autoren stellten jedoch - entgegen ihren Erwartungen - fest, dass die befragten Studentinnen ihre Misserfolge stärker auf instabile, internale sowie kontrollierbare Ursachen zurückführten als Studenten (vgl. ebd.: 48). Erklärbar wird das Ergebnis, sieht man sich das Item an, mittels dessen die Misserfolgserklärung erhoben wurde: „Stellen Sie sich vor, eine von Ihnen

verfügen - so das Resümee der Autoren - über „ungünstigere computerbezogene Emotionen und weniger hohe Erfolgserwartungen" (ebd.: 52). Zudem würden sich für Frauen bei Misserfolgen auch eher Schamgefühle[82] ergeben, die sich eventuell in einer weniger intensiven Computernutzung äußern könnten.

Zusammenfassend zeigen die in diesem Kapitel dargelegten Befunde empirischer Studien, dass es Gemeinsamkeiten, jedoch auch erhebliche Differenzen der Geschlechter gibt, was ihre computerbezogenen Begabungsüberzeugungen, die Wertzuschreibungen an den Computer sowie die Erfolgserwartungen beim Arbeiten am Computer angeht. Wird das Erwartung-Wert-Modell von Dickhäuser zugrunde gelegt, ist zu erwarten, dass Mädchen und Frauen aufgrund ihrer negativeren Einstellungen den Computer und digitale Lehr-/Lernmedien weniger intensiv nutzen, sie diese weniger häufig als Arbeitsmedium wählen sowie ein weniger persistentes Verhalten beim Arbeiten mit dem Computer und den Medien zeigen (vgl. Kapitel 2.2.2.2). Aufgrund dessen werden im Folgenden verschiedene Aspekte der Computernutzung wie auch der Nutzung digitaler Lehr-/Lernmedien beleuchtet.

3.2 Geschlecht und Nutzung von Computern und digitalen Lehr-/Lernmedien

In diesem Teilkapitel soll der Forschungsstand dargelegt werden, der die Frage betrifft, ob, und wenn ja, welche Gemeinsamkeiten und Unterschiede der Geschlechter es im computerbezogenen Verhalten allgemein und der Nutzung digitaler Lehr-/Lernmedien im Besonderen gibt.

Bevor ich jedoch auf Geschlechteraspekte der Nutzung von Computern und digitalen Lehr- und Lernmedien eingehe, wird zunächst erläutert, über welche Computer- und Internetressourcen die Studierenden zu Hause verfügen. Dies ist deshalb entscheidend, da motivationspsychologische Überlegungen zur Nutzung ad absurdum geführt werden, wenn die Studierenden nicht über die technische Möglichkeit verfügen, die Medien überhaupt, geschweige denn komfortabel nutzen zu können. Theoretische Überlegungen spielen hier jedoch auch eine Rolle, und zwar insofern, als ich davon ausgehe, dass die Studierenden aufgrund

---

auf eine Diskette gespeicherte Datei lässt sich nicht wieder öffnen". - Die größte Gruppe der Studentinnen gab als Ursache mangelnde Kenntnisse an, während die größte Gruppe der Studenten als Ursache eine fehlerhafte Diskette nannten. Zwar ist eine fehlerhafte Diskette ein stabiler Ursachenfaktor, während mangelnde Kenntnisse einen instabilen Faktor darstellt, aber eine Diskette auszutauschen, erfordert wesentlich weniger Zeit und Mühe, als sich Kenntnisse anzueignen.

82 Zum Zusammenhang von Scham und der Reproduktion sozialer Ungleichheit vgl. Neckel 1991.

ihrer geschlechterdifferenten Einstellungen zu Computern wie auch der unterschiedlichen Förderung des Computerinteresses und der Computerkompetenz durch Sozialisationspersonen, je nach Geschlecht in unterschiedlichem Umfang über die für eine komfortable Nutzung von E-Learning-Angeboten notwendigen technischen Ressourcen verfügen.

3.2.1 Häusliche Computer- und Internetressourcen

Die oben vorgestellte Hypothese, dass Mädchen und Frauen im geringeren Umfang über häusliche Computer- und Internetressourcen verfügen als Männer, wird durch verschiedene repräsentative Studien bestätigt: So verdeutlichen die JIM-Studie 2000 (Feierabend/ Klingler 2000), die PISA-Studie 2003 (OECD o.J.) und die KIM-Studie 2005 (Mpfs 2006), dass Jungen in deutlich größerem Ausmaß zu Hause Zugang zu einem Computer und dem Internet haben, als dies bei Mädchen der Fall ist.[83] Weitere Studien belegen, dass diese Befunde sich - wenn auch in abgeschwächter Form - auf Studierende übertragen lassen: So ergab die im Jahr 2000 durchgeführte 16. Sozialerhebung des Deutschen Studentenwerks (Middendorff 2002), dass 84% der Studierenden einen eigenen Computer besitzen, dabei jedoch etwas mehr Studenten als Studentinnen (88% m, 80% w). Diese Ungleichverteilung der Geschlechter betrifft alle Fachrichtungen und bedeutet je nach Fach einen bis zu 20%igen Unterschied zu Gunsten der Studenten, wobei sich die Differenzen erstaunlicherweise als „umso größer erwiesen, je mehr Computeranwendungen im Studium und in mit dem Studium verbundenen Berufsfeldern eine Rolle spielen dürfte" (Middendorff 2002: 19 & 21): In der Biologie, Chemie, Mathematik und Informatik war der Unterschied mit bis zu 20% sehr hoch, während er in der Pädagogik mit 2% nur sehr gering war.[84] Worauf dies zurückzuführen ist, kann jedoch leider anhand der Daten der Studie nicht erklärt werden. Auch die aktuelleren repräsentativen Studierendenbefragungen durch HIS 2003 (Isserstedt et al. 2004) und durch HISBUS 2004

---

83 Laut der JIM-Studie besaßen im Jahr 2000 55% der Jungen, aber nur 37% der Mädchen einen eigenen Computer. Der KIM-Studie zufolge können zur Zeit 91% der Jungen gegenüber 62% der Mädchen zuhause auf einen Computer oder Laptop und 86% der Jungen aber nur 46% der Mädchen auf einen Internetzugang zugreifen. Laut PISA 2003 weist Deutschland hierbei im Vergleich zu den anderen in die Untersuchung einbezogenen Ländern mit die größten geschlechtsspezifischen Unterschiede auf (vgl. OECD o.J.: 2).

84 In der Fächergruppe „Biologie und Chemie" verfügten 87% der Studenten, aber nur 67% der Studentinnen über einen eigenen PC, und in der Gruppe „Mathematik und Informatik" hatten immerhin 94% der Studenten, jedoch nur 82% der Studentinnen einen eigenen PC - in der Pädagogik zeigte sich jedoch dieses Ausmaß der Differenz nicht. Hier verfügten 88% der Studenten und 86% der Studentinnen über einen eigenen Computer.

(Kleimann/ Weber/ Willige 2005) lassen bedauerlicherweise keinerlei Aussagen über Geschlechteraspekte bezüglich der häuslichen Computer zu.

Was den Internetzugang der Studierenden angeht, so hat sich dieser in den letzten Jahren verbessert: Während im Jahr 2000 nur 55% der Studierenden über einen eigenen Internetanschluss verfügten, taten dies 2003 bereits gut 80% und 2004 bereits rund 90%.[85] Dabei haben die Studentinnen jedoch jeweils in einem etwas geringerem Umfang einen eigenen Internetanschluss: Im Jahr 2003 besaßen 78% der Studentinnen und 81% der Studenten einen Internetzugang, im Jahr 2004 galt dies für 92% der Studenten und 87% der Studentinnen. Dabei konnten im Jahr 2004 51% der Studierenden auf eine Breitbandverbindung zurückgreifen - wobei dies wesentlich häufiger für Studenten zutraf als für Studentinnen (57% vs. 45%). 17% der Studierenden nutzten einen ISDN-Anschluss und 31% ein analoges Modem[86] (vgl. Kleimann/ Weber/ Willige 2005: 26f.).

Zusammenfassend ist den Studien zu entnehmen, dass Studentinnen, je nach Fachbereich mehr oder weniger ausgeprägt, im geringeren Umfang über einen eigenen Computer sowie über einen häuslichen Internetanschluss verfügen. Zudem haben sie anscheinend die deutlich unkomfortableren Internetzugänge, sodass ihre Ausgangsbedingungen, internetgestützte Lehr-/Lernangebote zu nutzen, gegenüber ihren Kommilitonen als schlechter zu bezeichnen sind. Dies dürfte sich m. E. neben den oben aufgezeigten Differenzen in den Einstellungen dahingehend auswirken, dass Studentinnen deutlich weniger geneigt sein werden, den Computer und digitale Lehr-/Lernmedien ebenso intensiv zu nutzen und im selben Umfang als Arbeitsmedium zu wählen wie ihre Kommilitonen. Im Folgenden werden diesbezügliche Ergebnisse empirischer Studien dargelegt.

3.2.2 *Intensität, Wahl und Persistenz der Nutzung von Computern und digitalen Lehr-/Lernmedien*

Unter Zugrundelegung des Erwartung-Wert-Modells von Dickhäuser (2001) ist anzunehmen, dass sich die computerbezogenen Einstellungsunterschiede in einer unterschiedlichen Computernutzung äußern. In verschiedenen Erhebungen wurde nachgewiesen, dass und warum dies der Fall ist: So scheinen Mädchen

---

85 Da, im Gegensatz zu den HIS-Erhebungen in den Jahren 2000 und 2003, nur die HISBUS-Befragung des Jahres 2004 online durchgeführt wurde, ist zu hinterfragen, ob sie leichte Verzerrungen aufweist hinsichtlich einer besseren Computer- und Internetausstattung und stärkeren Computeraffinität der teilnehmenden Studierenden.

86 Leider wurden, bezogen auf ISDN- und Modem-Zugänge, keine geschlechterdifferenzierten Daten veröffentlicht. Es kann m. E. jedoch davon ausgegangen werden, dass die Studentinnen im geringeren Umfang über ISDN-Anschlüsse, jedoch öfter über einen Zugang per Modem verfügen, sodass sie insgesamt einen deutlich weniger komfortablen Internetzugang haben.

und Frauen aufgrund ihrer geringeren Begabungsüberzeugungen und Erfolgszuversicht im Umgang mit dem Computer und dem Internet weniger sicher zu sein, dafür jedoch deutlich mehr Angst zu haben, bei der computer- und internetbasierten Arbeit etwas kaputtzumachen (Fußangel/ Schulz-Zander/ Kemna 2006; Löchel 1994; Metz-Göckel/ Kauermann-Walter 1992; Rammert et al. 1991), was sich darin äußert, dass sie weniger experimentierfreudig sind. Diese „Zugriffshemmung" (Löchel 1994: 53) führt letztlich zu einem instrumentellen bzw. pragmatischen Umgang mit dem Computer und Internet.

Der unterschiedliche Umgang mit den Medien zeigt sich in unterschiedlichen Kontexten: Jungen und Männer scheinen sich eher als Mädchen und Frauen Computerkenntnisse autodidaktisch anzueignen (Feierabend/ Klingler 2000), den Computer spielerischer zu erschließen und zu nutzen (Middendorff 2002; Collmer 1997) und dabei mehr nach trial and error vorzugehen (BLK 2002; Margolis/ Fisher/ Miller o.J.a). Mädchen und Frauen hingegen nutzen den Computer verschiedenen Studien zufolge pragmatischer, aufgabenorientierter (vgl. Middendorff 2002: 29; Schründer-Lenzen 1995: 215), funktionsorientierter (Collmer 1997) und zweckbezogener (Margolis/ Fisher/ Miller o.J.a). Das bedeutet, dass sie den Computer nicht um seiner selbst willen, sondern aus einem konkreten Anliegen heraus nutzen (vgl. Winker 2000: 4) und dabei z. T. logischer und skeptischer sind. Insgesamt ist der computerbezogene Umgang von Mädchen und Frauen als „instrumentell" (vgl. Metz-Göckel/ Kauermann-Walter 1992: 78f.) zu bezeichnen. Dies gilt Schründer-Lenzen (1995) zufolge sogar für Mädchen, die über eine hohe Computerkompetenz verfügen: Auch sie gehen pragmatisch mit dem Computer um, in dem Sinne, dass sie den Umgang mit Computern auf das Maß reduzieren, das in ihrer konkreten Ausbildungs- bzw. Berufssituation notwendig ist. „Sie treten nicht in eine projektive Objektbeziehung zum Computer, wie es für die männlichen Freaks typisch ist" (Schründer-Lenzen 1995: 215).[87]

Es erstaunt daher m. E. wenig, dass verschiedene Studien ergaben, dass Jungen und Männer deutlich mehr Zeit am Computer verbringen als Mädchen

---

87 In Bezug auf die instrumentelle Computerhaltung von Frauen zeigen sich in der Fachliteratur einige Widersprüche. Einerseits wird davon gesprochen, Frauen würden den Computer ausschließlich als Arbeitsgerät ansehen (vgl. Rammert et al. 1991: 179), andererseits ist die Rede davon, Frauen würden Computer eben nicht abstrakt als Instrument definieren, sondern ihre gesellschaftliche Bedeutung und Auswirkungen betonen: „Frauen sehen die Technik eher in die gesellschaftliche Praxis eingebettet, Männer charakterisieren dagegen Technik überwiegend in ihren instrumentellen, funktionalen Bezügen, als Mittel" (Walter 1998: 143). Rammert et al. (1991) stellten in ihrer Befragung von Computernutzenden darüber hinaus fest, dass auch viele Männer gebrauchswertorientiert mit dem Computer umgehen, d. h. ihn primär für die Qualifikation für die Berufsarbeit einsetzten. Die AutorInnen sprechen aufgrund dessen von der Gebrauchswertorientierung als dem bindenden Glied zwischen den Geschlechtern (vgl. ebd.: 179).

und Frauen (Whitney 1997[88]), dass dieser Unterschied jedoch einzig aus der intensiveren privaten Beschäftigung der Jungen und Männer mit dem Computer resultiert, während beide Geschlechter dieselbe Zeit beim Arbeiten mit dem Computer verbringen. So zeigte die KIM-Studie 2005 (Mpfs 2006), dass Jungen mehr Zeit am Computer verbringen als Mädchen (43 Min. vs. 30 Min. pro Tag). Die 16. Sozialerhebung des Deutschen Studentenwerks (Middendorff 2002) wies dies auch für Studierende nach: Die befragten Studenten verbringen deutlich mehr Zeit am Computer als ihre Kommilitoninnen (16,4 vs. 11,2 Stunden pro Woche), wobei diese Zeitdifferenz, wie erwähnt, jedoch auf die intensivere private Nutzung des Computers durch Jungen und Männer zurückzuführen ist, z. B. auf das Computerspielen (vgl. auch OECD 2006: 46; Mpfs 2006: 29; BLK 2002: 33f.): Studenten verbringen der Sozialerhebung zufolge durchschnittlich vier Stunden mehr pro Woche für private Zwecke am Computer als ihre Kommilitoninnen, wobei dieser private Mehraufwand Fächergruppen-übergreifend zu verzeichnen war. Was jedoch die Nutzung des Computers für die Schule oder das Studium angeht, so unterscheiden sich die Geschlechter kaum: Laut der KIM-Studie 2005 unterscheiden sich Jungen und Mädchen bezüglich der allgemeinen schulischen Nutzung des Computers gar nicht und hinsichtlich der Nutzung von Lernprogrammen, dem Internet und dem Schreiben von Texten nur geringfügig.[89] Auch Studierende differieren in der studienbezogenen Nutzung des Computers kaum nach Geschlecht: Studenten verbringen für studienbezogene Zwecke wöchentlich durchschnittlich nur eine Stunde länger am Computer als ihre Kommilitoninnen (8,1 vs. 7,1 Stunden pro Woche), wobei sie in einigen Fächergruppen sogar von den Studentinnen übertroffen werden.[90] Insgesamt arbeiten Studenten 50% der am Computer verbrachten Zeit für ihr Studium, Studentinnen jedoch 63% der Zeit (vgl. Middendorff 2002: 27ff.). Daraus kann geschlussfolgert werden, dass Studentinnen, gemäß ihrem pragmatischeren und aufgabenorientierteren Umgang mit Computern, ihre Arbeit am Computer deutlich stärker auf das Studium ausrichten als Studenten. Sie scheinen den Computer zwar weniger stark zu nutzen, ihn jedoch im selben Umfang wie ihre Kom-

---

88 Whitney (1997) stellte in seiner Meta-Analyse, in die 82 Studien zu Geschlechtsunterschieden im computerbezogenen Verhalten und die Daten von 18904 weiblichen und 21587 männlichen Personen einbezogen wurden, fest, dass die durchschnittliche wöchentliche Computernutzung von Jungen und Männern höher ist als die von Mädchen und Frauen, was für eine intensivere Computernutzung von Jungen bzw. Männern spricht.
89 Die schulische Nutzung ist gleich (Mädchen und Jungen 49%), bei der Nutzung von Lernprogrammen (45% m, 44% w) und Internet (41% m, 40% w) unterscheiden sich die Geschlechter kaum, dasselbe gilt für das Schreiben von Texten (36% w, 34% m) (vgl. Mpfs. 2006: 29).
90 Dies betrifft die Fächergruppen Elektro-Technik, Architektur/ Bauwesen, Kunst/ Kunstwissenschaften, Sozialwissenschaften/ Sozialwesen, Pädagogik und Agrarwissenschaften mit jeweils einer Stunde Mehraufwand, in der E-Technik sogar mit vier Stunden.

militonen als Arbeitsmedium zu verwenden. Was bedeutet dies nun aber konkret für das E-Learning?

Wie im Kapitel 1.1 erwähnt, gibt es zurzeit noch so gut wie keine Studien über Geschlechteraspekte der Nutzung des E-Learnings. Repräsentative Studien darüber liegen allein in der HIS-Befragung 2000 und der HISBUS-Befragung 2004 vor. Die Befunde beider Befragungen differieren jedoch, was ihre Ergebnisse bezüglich der geschlechterdifferenten Nutzung des E-Learnings angeht: Während die Resultate der HIS-Studie 2000 darin bestanden, dass a) den wenigsten Studierenden bekannt war, dass an der Hochschule computerunterstützte Lehre angeboten wird, und dementsprechend nur wenige Studierende die E-Learning-Angebote auch nutzten und dass b) weniger Studentinnen als Studenten über die Angebote informiert waren (40% m; 30% w)[91] und sie nutzten (29% m, 21% w), zeigt sich dieses Bild in der aktuelleren HISBUS-Befragung 2004 so nicht mehr. Dieser Erhebung zufolge sind den Studierenden E-Learning-Angebote zunehmend bekannt. Dabei sind es jedoch vor allem lehrveranstaltungsbegleitende Materialien, die von den Studierenden genutzt werden (85% der Studierenden kannten sie und 83% nutzen sie auch). Daneben kannte und nutzte etwa ein Viertel der befragten Studierenden interaktive Selbstlernangebote. Andere Formen des E-Learning wie virtuelle Seminare und Tutorien, Televorlesungen und virtuelle Praktika und Labore waren dagegen nur sehr wenigen Studierenden bekannt (zwischen 4 und 8% der Studierenden) und wurden nur im geringen Umfang genutzt (ca. 3%) (Kleimann/ Weber/ Willige 2005: 4).[92] Dabei zeigte sich jedoch, äquivalent zu der 16. Sozialerhebung, dass sowohl lehrveranstaltungsbegleitende Materialen wie auch interaktive Selbstlernangebote häufiger von Studenten als von Studentinnen genutzt wurden: Die Materialien wurden von 83% der Studenten gegenüber 79% der Studentinnen genutzt, die interaktiven Selbstlernangebote von 24% der Studenten und 18% der Studentinnen.

Die Befunde deuten demnach darauf hin, dass es hinsichtlich der Bekanntheit und der Nutzung von E-Learning-Angeboten einen Unterschied zwischen Studentinnen und Studenten gibt, dass es jedoch jeweils nur geringfügig mehr Studenten als Studentinnen sind, denen die Angebote bekannt sind und die diese nutzen. Wird das Erwartung-Wert-Modell von Dickhäuser (2001) zugrunde

---

91 Middendorff (2002) interpretierte dies als „unterschiedliches interessengeleitetes Informationsverhalten vom Männern und Frauen (...), welches unabhängig von der Studienrichtung besteht" (ebd.: 55).

92 Dies deckt sich mit den Aussagen des Mediendidaktikers Schulmeister (2003), der darauf verweist, das E-Learning werde sicherlich nicht die Präsenzlehre ersetzen, da es dem Bedarf der Studierenden nicht entspräche, ausschließlich online zu lernen, allerdings werde es zunehmend die Präsenzlehre ergänzen.

gelegt, ist dieser Befund zunächst erwartungswidrig, da aufgrund der differenten Einstellungen der Studierenden zum Computer davon auszugehen war, dass deutlich weniger Studentinnen als Studenten E-Learning-Angebote nutzen. Er wird jedoch verständlich, wenn in die Überlegung einbezogen wird, dass der computerbezogene Umgang von Frauen durchschnittlich aufgaben- und nutzungsorientierter ist als derjenige von Männern. Studentinnen scheinen dementsprechend, wenn sie von dem E-Learning-Angebot einen Nutzen für ihr Studium erwarten, ihre einstellungsbedingten Widerstände oftmals zu überwinden. Dass dies der Fall ist, wird durch eine, durch Gunn et al. (2003) im Jahr 1999 durchgeführte, Studie bestätigt, in die Informatikstudierende an einer englischen Hochschule einbezogen wurden. Deren Ergebnisse deuten darauf hin, dass die befragten Studentinnen zwar deutlich mehr Bedenken hatten, das Online-Material zu nutzen, und mehr Probleme beim Arbeiten mit dem Material befürchteten als die Studenten, die von einer kompetenten Nutzung und einem Zuwachs an Lernfreude ausgingen, sie sich jedoch trotz der Barrieren (fehlendes Selbstvertrauen, isoliertes Lernen, geringe technische Ressourcen zu Hause) nicht von der Online-Lehre abhalten ließen (vgl. ebd.: 23). Im Gegenteil bewirkten die Barrieren offensichtlich, dass sich die Studentinnen sehr viel intensiver auf die Online-Lehre vorbereiteten und sich während des Seminars häufiger an die Lehrenden wandten.

Diese Kompensation der ungleichen Voraussetzungen bei der Nutzung des E-Learnings scheint jedoch nicht immer zu gelingen. So weisen Wiesner et al. (2004a, 2004b) darauf hin, dass Studentinnen beim Auftreten technischer Probleme rein internetbasierte oder hybride Seminare eher abbrechen als ihre Kommilitonen. Und Schinzel (2004) berichtet in diesem Zusammenhang von einem internetbasierten juristischen Projektseminar, dessen Studentinnenzahlen innerhalb eines Semesters von 50 auf 20 Prozent abfielen. Diese Ergebnisse decken sich eher mit den Erwartungen, die aus den im Kapitel 2.2.2.2 dargelegten theoretischen Überlegungen resultieren.

Dass Studentinnen in einigen Kontexten anscheinend die Barrieren überwinden, in anderen jedoch die Nutzung von E-Learning-Angeboten verweigern bzw. diese abbrechen, ist m. E. ein Hinweis darauf, dass kontextuelle Faktoren wie z. B. das hochschulische Lehr- und Lernklima, die mediendidaktische Konzeption des E-Learnings wie auch die technischen Supportmöglichkeiten beeinflussen, ob diejenigen Studierenden, die über eine negative Einstellung zu Computern und dem E-Learning verfügen, von einer (weiteren) Nutzung des E-Learning-Angebots absehen oder eben nicht. Diese Überlegung wird im folgenden Abschnitt vertieft, in dem die Bedeutung der hier dargelegten empirischen Befunde für diese Arbeit herausgearbeitet wird.

3.3 Bedeutung der Befunde für die vorliegende Arbeit

Auf der Grundlage der im Kapitel 2 dargestellten theoretischen Überlegungen sowie der in diesem Kapitel vorgestellten Befunde unterschiedlicher empirischer Studien ist davon auszugehen, dass sich die Geschlechter, was ihre Einstellungen gegenüber und ihren Umgang mit Computern angeht, zwar in Teilbereichen durch Gemeinsamkeiten auszeichnen, sich in anderen Bereichen jedoch auch deutlich voneinander unterscheiden.

Erörtert wurde, dass Geschlechterdifferenzen in den Einstellungen zum und im Umgang mit Computern allgemein und digitalen Lehr-/Lernmedien im Besonderen ursächlich auf die geschlechtsspezifische Sozialisation zurückzuführen sind: Obwohl inzwischen die meisten Gesellschaftsmitglieder einen Anspruch auf Gleichberechtigung und Chancengleichheit aufweisen und die Sozialisationspersonen oftmals davon ausgehen, diesen auch praktisch umzusetzen, weisen empirische Befunde darauf hin, dass Jungen und Mädchen sowohl in der Schule als auch in der Familie in unterschiedlichem Ausmaß darin gefördert und ermutigt werden, sich durch praktische Auseinandersetzung mit Computern Medienkompetenzen anzueignen. Darüber hinaus werden den Geschlechtern in unterschiedlichem Ausmaß Kompetenzerwartungen entgegengebracht: Während von Jungen erwartet wird, dass sie sich für Computer interessieren und sich im Umgang mit ihnen kompetent verhalten, wird bei Mädchen tendenziell Gegenteiliges angenommen. Ihnen wird sowohl von Eltern als auch von Lehrerinnen und Lehrern und Mitschülern die Erwartungshaltung entgegengebracht, dass sie sich weder für Computer interessieren, noch eine ausgeprägte Computerkompetenz aufweisen. Aufgrund dessen internalisieren Mädchen wie Jungen im Laufe ihrer Sozialisation diese Geschlechterstereotype, genauso, wie sie erlernen, dass es sich bei Computern um vergeschlechtlichte Artefakte handelt, d. h., sie weisen diesen männliche Attribute zu. Prozesse des *doing gender* tragen dann dazu bei, dass sich geschlechterdifferente Selbstüberzeugungen im Bereich der Computerkompetenzen wie auch insgesamt differente Einstellungen dem Computer gegenüber herausbilden und laufend (re-)stabilisieren.

Bei Studierenden lassen sich infolgedessen, was computerspezifische Begabungsüberzeugungen angeht, aber auch was die Erfolgserwartung betrifft, die sie beim Arbeiten mit Computern haben, und den Wert, den sie dem Computer zuweisen, deutliche Geschlechterdifferenzen aufweisen: Studentinnen schreiben dem Computer durchschnittlich einen geringeren Wert zu, verfügen über ein niedrigeres computerspezifisches Selbstkonzept eigener Begabung und über eine niedrigere computerspezifische Erfolgserwartung. Es wurde darauf verwiesen, dass diese Befunde nicht nur nach Geschlecht, sondern auch nach Geschlechtsrollenkonzeptionen und nach Fachzugehörigkeit differieren und dass in einigen Kontexten das Geschlecht sogar eine geringere Rolle als die Fachkultur zu spielen scheint. Dennoch lassen sich in nahezu allen Studien deutliche Geschlechterdifferenzen in den Einstellungen finden, die in interaktiven Prozessen des *doing gender* (re-)produziert werden.

Dickhäuser (2001) hat mit dem Erwartung-Wert-Modell darauf hingewiesen, dass sich diese interindividuellen Einstellungsunterschiede in ebensolchen Unterschieden in der Intensität der Computernutzung spiegeln: Je geringer das computerspezifische Selbstkonzept eigener Begabung und die Erfolgserwartungen bei der Arbeit mit dem Computer sind und je geringer der Wert ist, den ein Individuum dem Computer zuschreibt, desto geringer sollte die individuelle Bereitschaft sein, sich mit dem Computer auseinander zu setzen und bei der Arbeit mit dem Computer Medienkompetenz zu erwerben. Diese Hypothese hat sich, wie Ergebnisse unterschiedlicher Studien nachweisen, als richtig erwiesen, d. h., die Geschlechter differieren deutlich im Umgang mit dem Computer. Jedoch ist auch dieser Befund nicht auf alle Kontexte übertragbar, sondern muss differenziert beleuchtet werden: So nutzen Jungen und Männer den Computer zwar durchschnittlich intensiver, dies gilt jedoch nur für den privaten Kontext (Computerspiele, Programmieren, Erstellen von Webseiten). Was schulische wie hochschulische Belange betrifft, nutzen Mädchen und Frauen den Computer dagegen im selben, wenn nicht zum Teil sogar größeren Umfang, was ihrem pragmatischen, nutzenorientierten, instrumentellen Umgang zuzuschreiben ist.

Dies hat zur Folge, dass sich Mädchen und Frauen vor allem diejenigen Anwendungskenntnisse aneignen dürften, die für die schulische wie hochschulische Arbeit am Computer notwendig sind. Dementsprechend ist auch davon auszugehen, dass sich Studentinnen in den Anwendungskontexten, die für die Nutzung digitaler Lehr-/Lernmedien bedeutsam sind, genauso kompetent erweisen wie die Studenten. Verschiedene Studien haben darauf verwiesen, dass sich diese Kompetenzen jedoch nicht in den Begabungsüberzeugungen spiegeln. Das heißt, obwohl die Studentinnen über dieselben Kompetenzen hinsichtlich der Nutzung des E-Learnings verfügen, dürften sie eher davon ausgehen, diese eben nicht zu besitzen. Aufgrund ihrer geringeren computerspezifischen Begabungsüberzeugung und ihrer geringeren Erfolgserwartung befürchten sie mehr technische Probleme bei der Nutzung des E-Learning. Die motivationalen Aspekte sind jedoch für Studentinnen nicht die einzige Barriere bei der Nutzung von E-Learning-Angeboten. Darüber hinaus haben sie auch schlechtere strukturelle Voraussetzungen: weniger leistungsfähigere Computer und weniger komfortable Internetzugänge. Das bedeutet, dass die Studentinnen, wollen sie im selben Maße von E-Learning-Angeboten profitieren wie ihre Kommilitonen, wesentlich höhere Barrieren zu überwinden haben. Anscheinend sind sie in einigen Kontexten bereit, diese Benachteiligung durch z. B. eine intensivere Beschäftigung mit technischen Aspekten des E-Learnings zu kompensieren, jedoch nicht in allen: In einigen Studien wurde nachgewiesen, dass die Studentinnen bei computerbezogenen Problemen eher vom Gebrauch der digitalen Lehr- und Lernmedien absehen, als dies bei Studenten der Fall ist.

Dementsprechend müssten im Bereich des E-Learnings Maßnahmen ergriffen werden, um die Barrieren für die Studentinnen zu minimieren, d. h. um der Benachteiligung der Studentinnen entgegenzuwirken. Eine solche Maßnahme bestände m. E. darin, digitale Lehr-/Lernmedien sowie ihre Nutzungskontexte geschlechtergerecht zu gestalten. Wie könnte eine solche Gestaltung aber aussehen?

Mit der geschlechtergerechten Gestaltung des E-Learnings haben sich bisher nur wenige WissenschaftlerInnen beschäftigt, sodass nur wenige Publikationen vorliegen, die Anhaltspunkte für eine solche Gestaltung darlegen: Ein GM[93]-Guideline (Wiesner et al. 2003) und ein GM-Leitfaden für die geschlechtergerechte Entwicklung und Gestaltung digitaler Lehr-/Lernmedien (Wiesner et al. 2004a), verschiedene Kriterienlisten für eine genderbewusste Gestaltung digitaler Medien (Jelitto 2004a) sowie für Lernmodule (Wiesner et al. 2004b, Metz-Göckel et al. 2004: 32ff.) und die von Schinzel (2005, 2004, 1993) und Schinzel und Ruiz Ben (2002) veröffentlichten Kriterien einer geschlechtersensitiven Mediendidaktik sowie benutzungsfreundlichen Gestaltung der Medien. Diese Publikationen enthalten m. E. jedoch wesentliche Kriterien einer geschlechtergerechten Gestaltung digitaler Lehr-/Lernmedien.

Ausgehend von den oben angestellten Überlegungen sollte sich eine geschlechtergerechte Gestaltung des E-Learning dadurch auszeichnen, dass die computerbasierte Lehre die Studentinnen dabei unterstützt, ihre motivations- und ressourcenbezogenen Barrieren zu überwinden. Dies könnte den Publikationen zufolge u. a. in den Bereichen Sprache, Inhalt, Interaktion/ Kommunikation/ Kooperation, Navigation und Mediendidaktik geschehen. Im Folgenden werden die wesentlichen Kriterien einer geschlechtergerechten Gestaltung kurz skizziert:

Um die Studierenden zu motivieren und vor allem den Studentinnen Scheu, Unbehagen oder Ängste beim Arbeiten mit digitalen Medien zu nehmen, sollten die Studierenden nicht nur auf der Startseite der Lernmedien begrüßt, sondern insgesamt direkt sowie persönlich angesprochen werden (Metz-Göckel et al. 2004). Auch die *Sprache* sollte generell geschlechtersensibel sein (Wiesner et al. 2004a, 2003; Jelitto 2004a), so ist das generische Maskulinum deshalb zu vermeiden, da viele Frauen sich dadurch nicht mitgemeint fühlen (Heise 2000; Stahlberg/ Sczesny 2001).

---

93 GM ist die Abkürzung für Gender Mainstreaming.

Neben der Sprache könnte auch eine geschlechtergerechte Gestaltung der *Inhalte* zur Motivation der Studentinnen beitragen. Dies bedeutet, die Thematiken jeweils aus verschiedenen Perspektiven zu beleuchten, z. B. indem ein interdisziplinärer Zugang gewählt wird (Schinzel 2004, 1993) und Ansätze der Geschlechterforschung einbezogen werden. Insgesamt wären vielfältige, lebensnahe, kontext- und anwendungsbezogene Lernangebote zu begrüßen (Jelitto 2004a; Wiesner et al. 2003). Zudem gilt es, die Inhalte für verschiedene Kontexte aufzubereiten, sodass dieselben Inhalte in unterschiedlichen Lernszenarien angeboten werden (Jelitto 2004a; Wiesner et al. 2003; Schinzel o.J.a, vgl. dazu auch Reinmann-Rothmeier/ Mandl 2001: 16 und Kerres 2002b). Die gesamte Gestaltung sollte ansprechend und die Inhalte sollten sachlich aufgearbeitet sein (vielleicht auch spannend oder witzig) und den Interessen der Nutzenden entsprechen (Metz-Göckel et al. 2004). Möglich wäre auch eine Differenzierung in ein Standard- und ein Vertiefungsangebot (Schinzel 2004). Darüber hinaus könnte die Motivation der Studierenden durch interaktive Experimentieranteile gesteigert werden (Metz-Göckel et al. 2004; Wiesner et al. 2004b), wobei unter inhaltlichen und gestalterischen Aspekten auf eine stereotypfreie Darstellung zu achten ist (Jelitto 2004a).

Ganz wesentlich für die Motivation der Studentinnen ist es auch, das E-Learning für die Studierenden kommunikations- und kooperationsförderlich zu gestalten (Schinzel/ Ruiz Ben 2002). So sollten, was die *Interaktion, Kommunikation und Kooperation angeht,* verschiedene, z. T. informelle Kommunikationsmöglichkeiten enthalten sein (Wiesner et al. 2004b, 2004a; Metz-Göckel et al. 2004). Wenn es sich um hybride Seminare handelt, könnte es zudem wichtig sein, Informationen über die Kursbetreuenden bereitzustellen (Wiesner et al. 2004a; Metz-Göckel et al. 2004), da sich Studentinnen deutlich öfter als Studenten an diese wenden. Helfen könnte es auch, in Präsenzanteilen persönliche Beziehungen zu etablieren sowie die Online-Kommunikation zu moderieren und eine lebendige Diskussion und Interaktionen zwischen Lehrenden und Studierenden und zwischen den Studierenden herzustellen (Schinzel 2004: 199).

Da zudem davon auszugehen ist, dass Studentinnen aufgrund ihrer häufigen Doppelbelastung weniger Zeit zur Verfügung haben als ihre Kommilitonen, ist ebenfalls darauf zu achten, dass die *Navigation* sehr übersichtlich und zeitsparend ist (Schinzel 2004, Wiesner et al. 2004b). Es sollten zudem vielfältige Navigationsmöglichkeiten angeboten werden, die verschiedene Lernwege (Jelitto 2004a) und eine schnelle Orientierung ermöglichen (z. B. durch flache Hierarchien) (Wiesner et al. 2003). Dementsprechend sollte die Bedienung generell intuitiv sein, jedoch dennoch auf einer Startseite erläutert werden. Die Seitengestaltung wiederum sollte übersichtlich sein, die Links kenntlich gemacht wie auch eine angemessene Schriftgröße gewählt werden (Wiesner et al. 2004a).

Empfehlenswert ist es zudem, lange Textpassagen zusammenzufassen sowie Einleitungen zu schreiben (Wiesner et al. 2003).

Als ganz wesentlich wird in den genannten Publikationen jedoch die geschlechtergerechte *didaktische Konzeption* des E-Learning dargestellt. So sollte sich die Annahme, dass Studentinnen nutzendenorientierter mit Medien umgehen, als dies auf Studenten zutritt, im E-Learning spiegeln, dadurch dass die Studierenden über die didaktische Konzeption informiert werden (Metz-Göckel et al. 2004) genauso wie darüber, welche Lernziele mit dem digitalen Medium verfolgt werden und welchen Nutzen die Studierenden von der Arbeit mit diesem Medium haben (Jelitto 2004a). Dabei ist es günstig, die Studierenden darüber zu informieren, wie lange die Arbeit an den Inhalten durchschnittlich dauert (Wiesner et al. 2004b). Da die Studentinnen durchschnittlich über geringere computerbezogene Kompetenzüberzeugungen verfügen als Studenten, ist auch dies zu berücksichtigen. Schinzel (2004) schlägt deshalb vor, den Nutzenden gegenüber klarzustellen und zu begründen, welches Maß an Medienkompetenz und Selbständigkeit im Umgang mit Hard- und Software von ihnen erwartet wird und in welchen Bereichen sie betreut werden (Schinzel 2004). Dabei sollte die Bedienung zwar alltagstauglich und leicht handhabbar sein, jedoch sollten sowohl Computer- und Internetkompetenzen als auch Hard- und Softwarevoraussetzungen nicht als gegeben angenommen werden. Im Gegenteil sind unterschiedliche technische Kenntnisstände der Nutzenden zu berücksichtigen (Wiesner et al. 2004b) und die Computer- und Internetkompetenz als Lernziel zu akzeptieren (Wiesner et al. 2003), weshalb ein umfangreicher (sozio)technischer Support angeboten werden sollte, z. B. in Form von Bedienungsanleitungen, einer kontextsensitiven Hilfe, einer FAQ, telefonischen-, E-Mail- oder persönlichen Support oder ggf. Einführungskursen (Jelitto 2004a; Wiesner et al. 2004a).

Da die weniger komfortablen technischen Ressourcen der Studentinnen berücksichtigt werden müssen, sollten zudem Systemvoraussetzungen wie Rechnerleistung, Übertragungsbandbreiten und spezielle Software nicht einfach vorausgesetzt werden (Wiesner et al. 2003). Zu empfehlen ist es hingegen, nur minimale Zugangsvoraussetzungen als Basis zu nehmen sowie eine Offline-Bearbeitung zu ermöglichen, z. B. indem Druckversionen mit einer geringen Dateigröße angeboten werden (Schinzel 2004).

Für die Motivation der Studierenden ist es zudem sinnvoll, Lernfortschrittskontrollen durchzuführen sowie Übungen einzubinden (Schinzel 2004). Zudem könnte es gerade für Studentinnen wichtig sein, dass sie die Technik als gestaltbar wahrnehmen. Um das Interesse an den Medien zu wecken bzw. zu fördern, sollte es den Nutzenden dementsprechend ermöglicht werden, die Medien mitzugestalten, z. B. durch eine durch Interaktivität konfigurierbare Einstiegsseite (Wiesner et al. 2003).

Für die Arbeit sind diese Überlegungen sowie die empirischen Befunde auf mehreren Ebenen von Belang. Im Folgenden werden die einzelnen aus ihnen resultierenden, für die Erhebungen relevanten, Fragestellungen dargelegt, bevor im Kapitel 4 das methodische Vorgehen erläutert wird:

Im Kapitel 2.3 wurde bereits erläutert, dass und warum die Entwickelnden von digitalen Medien in die Erhebungen einbezogen werden. Von Interesse sind sie, weil sie Informationen über die Entwicklung der Medien wie auch die Medien selbst liefern können. Relevant sind dabei vor allem diejenigen Informationen, die Aussagen darüber beinhalten, inwiefern die oben dargelegten Kriterien einer geschlechtergerechten Gestaltung des E-Learnings während der Entwicklung berücksichtigt wurden. Gefragt wird deshalb nach dem didaktischen Design ebenso wie nach Kriterien einer nutzendengerechten Entwicklung und nach den (z. T. geschlechterbezogenen) Annahmen, die die Entwickelnden über die Nutzenden hatten und die in die Medien eingeflossen sind. Diese Informationen werden anschließend gespiegelt mit einer geschlechtersensiblen Analyse der Medien. Das heißt, die von diesen Entwickelnden gestalteten digitalen Lehr- und Lernmedien werden anhand der oben genannten Kriterien einer geschlechtergerechten Gestaltung analysiert. Auf diesem Weg können Aspekte der Entwicklung herausgearbeitet werden, die zur Vergeschlechtlichung des Produkts führen. In diesem Kontext ist es u. a. wichtig, zu ermitteln, ob und ggf. inwiefern die Medien Barrieren für die Studierenden, und dabei primär für die Studentinnen, enthalten oder ob sie im Gegenteil die Studentinnen dabei fördern und dazu motivieren, diese Barrieren zu überwinden.

Aufgrund dessen wird es in den Erhebungen erstens darum gehen, diese Barrieren zu ermitteln. Dabei werden zunächst die Computer- und Internetressourcen erhoben, über die Studierende privat verfügen, darüber hinaus jedoch auch die studentischen Einstellungen zu Computern, d. h. das computerspezifische Selbstkonzept eigener Begabung, die computerspezifischen Wertzuschreibungen und Erfolgserwartungen wie auch die Einstellungen der Studierenden zum E-Learning sowie Aspekte der studentischen Nutzung des Computers wie des E-Learnings. Ich gehe davon aus, dass sich sowohl bezüglich der Einstellungen als auch der Nutzung von Computern und E-Learning deutliche Geschlechterdifferenzen zeigen werden. Wenn dies der Fall sein sollte, könnte es sein, dass die Studentinnen weniger als ihre Kommilitonen geneigt sind, E-Learning-Angebote zu nutzen und sich im selben Umfang Computerwissen und Medienkompetenz anzueignen. Die Institution Hochschule müsste sich dementsprechend diesen Erkenntnissen stellen und Wege finden, die es sowohl Studentinnen als auch Studenten gleichermaßen ermöglichen, an der zeitgemäßen medial gestützten Bildung in der Wissensgesellschaft sowie der Aneignung von Medienkompetenz teilzuhaben (vgl. dazu auch Schulz-Zander 2002b: 251).

Die studentischen Einstellungen zu und Nutzungen von digitalen Lehr-/Lernmedien werden darüber hinaus zweitens auch anhand spezifischer Kontexte erhoben. Dies macht m. E. deshalb Sinn, da durch eine kontextbezogene Erhebung von Geschlechteraspekten, gerade auch von Geschlechterdifferenzen, der Gefahr entgangen werden kann, Geschlechterdifferenzen durch eine Generalisierung zu reproduzieren (vgl. auch Kapitel 2.3). Mit der Erhebung von Einstellungen zu und der Nutzung von digitalen Lehr-/Lernmedien anhand konkreter Nutzungssettings kann m. E. gewährleistet werden, dass sich die Aussagen auf die Nutzung des jeweiligen Mediums und das Medium an sich beziehen, sodass generalisierende Aussagen über Geschlecht und Computer vermieden werden. Es ist aufgrund dessen auch möglich, zu ermitteln, welche Auswirkungen die evtl. geringeren computerspezifischen Begabungsüberzeugungen, Wertzuschreibungen und Erfolgserwartungen der Studentinnen auf die Nutzung eines konkreten Mediums haben. Forschungspraktisch erfordert dies folgendes Vorgehen: Die in die Forschung einbezogenen Studierenden werden im Rahmen eines Seminars oder einer Vorlesung mit jeweils einem digitalen Lehr-/Lernmedium arbeiten. Anschließend werden sie danach gefragt, welche Einstellungen sie zu dem Medium vor dem Arbeiten hatten, wie sie mit dem Medium gearbeitet haben und wo es bei dieser Arbeit ggf. Probleme gab. Sie werden auch danach gefragt, wie sie das Medium bewerten und ob sie es begrüßen würden, in Zukunft im hochschulischen Kontext weiterhin mit derartigen Medien zu arbeiten. Meine der Erhebung zugrunde liegenden Überlegungen sind dabei folgende: Wenn es so sein sollte, dass die befragten Studentinnen im Vergleich zu ihren Kommilitonen negativere Einstellungen gegenüber Computern haben und zudem über weniger komfortable technischen Nutzungsmöglichkeiten verfügen, sollte sich dies auch auf die Einstellungen zu und die Nutzung von digitalen Lehr-/Lernmedien auswirken. Die Studentinnen sollten das Medium vor und nach der Arbeit negativer bewerten, es weniger intensiv nutzen und auch eine geringere Bereitschaft aufweisen, sich in Zukunft mit derartigen Medien auseinanderzusetzen. Wenn dies der Fall sein sollte, so erwachsen daraus Konsequenzen u. a. für die didaktische Aufbereitung der Medien, für die Bereitstellung technischer Ressourcen seitens der Hochschule sowie für die Förderung der Begabungsüberzeugungen der Studentinnen.

Im folgenden Kapitel werden die Methoden, die in den empirischen Studien angewendet wurden, erläutert sowie die Durchführung der Erhebungen skizziert.

4 Methoden und Durchführung der Untersuchung

4.1 Auswahl des Untersuchungsgegenstands

Wie bereits dargelegt wurde, erwächst das Erkenntnisinteresse der Arbeit aus der Frage, inwiefern der Einsatz digitaler Lehr-/Lernmedien an Hochschulen dazu beiträgt, Geschlechterunterschiede zu produzieren, zu verstärken oder aufzulösen. Es wurde erläutert, dass aufgrund dieses Interesses der Blick den sozialen AkteurInnen der Technikentwicklung gilt mit der Zielsetzung, den Einfluss des Geschlechterverhältnisses und vor allem von Geschlechterstereotypen auf die Medienentwicklung als Prozess wie auch die digitalen Lehr-/ Lernmedien als Produkt zu erforschen. Ebenfalls wurde darauf verwiesen, dass Letzteres bedeutet, neben den Entwickelnden auch die Medien selbst aus einer geschlechtersensiblen Perspektive zu betrachten, und dass auch die Nutzenden einbezogen werden müssen, um herauszufinden, inwiefern die digitalen Lehr- und Lernmedien dazu beitragen, Geschlechterunterschiede unter den studentischen Nutzenden zu (re-)produzieren bzw. aufzulösen.

Ein diesem Erkenntnisinteresse adäquates Forschungsfeld zu eruieren, bedeutete zunächst, einen Kontext zu ermitteln, in dem während des Forschungszeitraums digitale Lehr-/Lernmedien entwickelt wurden. Dabei sollte die Entwicklung schon so weit gediehen sein, dass die Medien im Laufe der Feldphase im Hochschulbetrieb eingesetzt werden konnten. Zugleich sollte die Entwicklung jedoch noch nicht oder erst vor sehr kurzer Zeit abgeschlossen sein, um mit den Entwickelnden in einen Informationsaustausch treten zu können. Das Forschungsfeld sollte es darüber hinaus ermöglichen, detaillierten Einblick in die Medien nehmen zu können sowie an eine ausreichende Zahl studentischer Nutzender zu gelangen. Als dem Erkenntnisinteresse angemessen erschien es mir dabei, die Nutzenden zu ihren Einstellungen gegenüber und der Nutzung von solchen digitalen Medien zu befragen, die sie noch nicht kannten, sodass sie sich noch keine spezifischen Anwendungskenntnisse hatten aneignen können.

Aufgrund der Kriterien a) Aktualität der Medienentwicklung, b) Zugang zu den Entwickelnden, c) Zugang zu den Medien, d) Erstnutzungskontexte seitens der Nutzenden erschien mir im Forschungszeitraum 2003 das BMBF-Förderprogramm „Neue Medien in der Bildung - Förderbereich Hochschule"[94] als Untersuchungsfeld geradezu prädestiniert: Im Rahmen der im Kontext des Programms geförderten Projekte, die sich primär in der Mathematik, den Natur- und Ingenieurwissenschaften, aber auch in den Geistes-, Sozial- und Kulturwissenschaften ansiedelten[95], sollten digitale Lehr-/Lernmedien entwickelt, erprobt und im hochschulischen Lehren und Lernen eingesetzt werden. Auf diese Weise erschienen mir die oben genannten Kriterien erfüllt zu sein. Darüber hinaus bewertete ich das eingangs benannte Förderkriterium, bei der Entwicklung der Medien „die spezifischen Lerninteressen von Frauen angemessen zu berücksichtigen" (BMBF 2000b: 3) als bedeutsam, mussten sich die Projekte aufgrund dessen doch mit den Anforderungen einer geschlechtergerechten Gestaltung digitaler Lehr-/Lernmedien auseinandersetzen.[96]

Da ich mich aufgrund der o. g. Kriterien für das Förderprogramm als Untersuchungsgegenstand entschieden hatte, galt es nun, einige Projekte und somit einige digitale Lehr-/Lernmedien auszuwählen, deren Entwicklung und Nutzung ich erforschen konnte. Ich entschied mich auf der Grundlage meiner Forschungsfrage für folgende Kriterien, die meiner Auswahl der Teilprojekte und digitalen Lehr-/Lernmedien zugrunde lagen:

- Die Entwicklung der Medien sollte so gut wie oder gerade fertig gestellt sein.
- Einige der Medien sollten sich, meiner Analyse zufolge, durch eine geschlechtersensible Gestaltung auszeichnen, andere nicht.
- Einige der Medien sollten von Männern, einige von Frauen entwickelt worden sein.
- Die Entwickelnden sollten sich aus zwei Personengruppen zusammensetzen: a) Personen, die aufgrund ihrer fundierten theoretischen Kenntnisse in der Geschlechterforschung und ihrer Aufgeschlossenheit gegenüber dem Thema als „Gender-ExpertInnen" bezeichnet werden können[97] und b) Per-

---

[94] Die Förderung umfasste die Bereiche Schule, Hochschule und Weiterbildung, hier soll jedoch nur auf den Förderbereich Hochschule Bezug genommen werden.

[95] Zu der genauen Verteilung der Projekte auf Fachbereiche siehe: Projektträger Neue Medien in der Bildung + Fachinformation 2002: 12.

[96] Die Förderkriterien umfassten natürlich noch andere Themenbereiche. Gefördert wurden insgesamt solche Projekte, die digitale Lehr-/Lernmedien entwickelten, die direkt in den Normalbetrieb der Hochschule integriert werden und dort der digitalen Unterstützung der Präsenzlehre, dem multimedial unterstützten Selbststudium sowie der netzgestützten Fernlehre dienen sollten (vgl. BMBF 2000a: 18f.). Dabei sollten sie in Bezug auf Inhalt, Didaktik und Gestaltung der Lehr-/Lernmedien den Lernerfolg der Studierenden garantieren und eine Qualitätssicherung und Nachhaltigkeit mittels Evaluationen gewährleisten (vgl. BMBF 2000b: 2f.).

[97] Diese Aufgeschlossenheit zeigten zahlreiche Projektmitarbeiterinnen bei verschiedenen Veranstaltungen, die von dem GM-Medial-Projekt durchgeführt wurden.

sonen, die sich noch nicht mit der Genderthematik auseinandergesetzt hatten, von denen aber anzunehmen war, dass sie einen recht starken Technikbezug aufwiesen.
- Die studentischen Nutzenden der Medien sollten sich aus unterschiedlichen Fachbereichen zusammensetzen. Zwar erschienen mir die Informatikstudierenden aufgrund des techniknahen Fachinhalts besonders interessant, allerdings wollte ich auch Studiengänge einbeziehen, von denen anzunehmen war, dass die Studierenden nicht über eine besonders stark ausgeprägte Technik-Affinität oder Computerkompetenz verfügten.[98]

Auf der Grundlage dieser Kriterien wurden vier der 541 Hochschul(teil)projekte und damit jeweils ein digitales Lehr-/Lernmedium ausgesucht:[99]

1. ein Dortmunder Teilprojekt des Projekts „MuSofT - Multimedia in der Softwaretechnik", das ein im Fachbereich Informatik angesiedeltes Projekt war und einen grafischen Editor entwickelte (siehe Kapitel 6),
2. ein Paderborner Teilprojekt des Projekts „SIMBA - Schlüsselkonzepte der Informatik in verteilten multimedialen Bausteinen unter besonderer Berücksichtigung spezifischer Lerninteressen von Frauen", das ebenfalls im Fachbereich Informatik angesiedelt war und ein Lernmodul entwickelte (siehe Kapitel 7),
3. ein Bremer Teilprojekt des Projekts „physik multimedial", das im Fach Physik angesiedelt war und ebenfalls ein Lernmodul entwickelte (siehe Kapitel 8),
4. ein an der Ruhr-Universität Bochum im Fachbereich Sozialwissenschaften angebotenes hybrides Seminar[100], das im Kontext des Projekts „VINGS - Virtual International Gender Studies" stattfand (siehe Kapitel 9).

Durch diese Auswahl wurde nicht nur der Zugang zu unterschiedlichen Lehr-/Lernmaterialien ermöglicht (ein grafischer Editor, zwei internetbasierte Selbstlerneinheiten und ein hybrides Seminar), sondern auch zu unterschiedlichen NutzerInnengruppen, nämlich (hauptsächlich) Informatikstudierende, Pharmazeutikstudierende sowie Studierende der Chemie und Sozialwissenschaften.

---

98 Da die jeweiligen Grundgesamtheiten durch die BesucherInnen einer Veranstaltung, in der das zu evaluierende Medium eingesetzt werden sollte, gebildet werden sollten, war es auch deshalb sinnvoll, andere Fachbereiche einzubeziehen, um einen höheren Frauenanteil zu gewährleisten.
99 Zu näheren Informationen zu den Projekten, den digitalen Lehr-/Lernmedien sowie den Nutzendengruppen siehe Kapitel 6-9, in denen die einzelnen Studien dargestellt werden.
100 Hybride Seminare sind Seminare, die Präsenz- und Onlinelehre miteinander mischen.

Zudem konnte von einer unterschiedlichen Vorbildung bzw. Aufgeschlossenheit der ProjektmitarbeiterInnen hinsichtlich der Geschlechteraspekte im Bereich des E-Learning ausgegangen werden, was für die Untersuchung sehr fruchtbar erschien. Als besonders interessant empfand ich die beiden Projekte, die in ihrem Anspruch (und in ihrem Titel) das Geschlecht direkt zum Thema machten: Das Projekt SIMBA konzipierte die Module laut dem Projektnamen „Schlüsselkonzepte der Informatik in verteilten multimedialen Bausteinen unter besonderer Berücksichtigung spezifischer Lerninteressen von Frauen" konkret mit Blick auf das Geschlechterverhältnis der Nutzenden, während das Projekt VINGS („Virtual International Gender Studies") die Geschlechterthematik auf zwei Ebenen fokussierte: erstens im Entwicklungskontext, da GeschlechterforscherInnen an der Entwicklung beteiligt waren, und zweitens als Lehr-/Lerninhalt.

4.2 Das Erhebungs-, Aufbereitungs- und Auswertungs-Design

Die Auswahl verschiedener Teilprojekte und digitaler Lehr-/Lernmedien, unterschiedlicher Entwickelnden sowie Nutzendengruppen hatte zur Folge, dass die Erhebungen in unterschiedlichen Forschungsfeldern und zu verschiedenen Zeitpunkten durchgeführt und die Erhebungsinstrumentarien den verschiedenen Kontexten angepasst werden mussten. Aufgrund dessen differierten die Instrumente, die schließlich in den einzelnen Erhebungen eingesetzt wurden, je nach Entwicklungsteam, nach dem Medium sowie nach dem konkreten Einsatz des Mediums im hochschulischen Lehr-/Lernkontext und somit u. a. nach der studentischen Nutzendenpopulation. Das heißt, es wurden zwar i. d. R. in allen Forschungsfeldern dieselben Erhebungsschritte durchgeführt und in allen Feldern Fragebögen und Leitfäden für ExpertInnen-Interviews, für Gruppendiskussionen und für die geschlechtersensible Analyse der Medien eingesetzt. Die Instrumente waren jedoch nicht die gleichen, sondern enthielten z. T. unterschiedliche Items, Leitfragen bzw. Frage-Kategorien.

Aufgrund dessen werden im Folgenden das Vorgehen in den Forschungsfeldern, die Erhebungsinstrumentarien sowie das Aufbereitungs- und Auswertungsdesign zunächst auf einer Meta-Ebene skizziert, wobei sich die Zusammenstellung des methodischen Vorgehens an der Chronologie der Erhebung orientiert. Das konkrete Erhebungsdesign in den jeweiligen Forschungsfeldern wird nachfolgend jeweils in Zusammenhang mit den einzelnen Studien in den entsprechenden Kapiteln (Kapitel 5-9) detailliert erläutert.

4.2.1 Erste Felderkundungen

Zunächst galt es, Informationen über das jeweilige Forschungsfeld zu gewinnen, da diese die Voraussetzung für die Entwicklung der Erhebungsinstrumentarien darstellten. Um Informationen u. a. über die Teilprojekte, die digitalen Lehr-/Lernmedien, die an der Entwicklung beteiligten Personen sowie die Nutzendengruppen zu erlangen, analysierte ich anfänglich die zahlreichen offiziellen, der Öffentlichkeit zugänglichen, aber auch die internen, mir freundlicherweise zur Verfügung gestellten[101] Publikationen der Projekte bzw. Teilprojekte. Diese wertete ich kriteriengeleitet aus, wobei die Ergebnisse in Exzerpten festgehalten wurden.

4.2.2 Analyse der Medien

Weitere Informationen gewann ich in einem zweiten Schritt durch die Analyse der von mir später evaluierten digitalen Lehr-/Lernmedien. Diese Analyse erfolgte in zwei Schritten, wobei die Ergebnisse jeweils in stichwortartigen Protokollen festgehalten wurden. Um mich in die von mir befragten Studierenden hineinversetzen zu können, nahm ich zunächst die Rolle einer Studentin ein, die sich mittels des Mediums studienrelevante Inhalte erarbeiten will. Erst in einem zweiten Schritt analysierte ich die Medien aus der Perspektive einer Geschlechterforscherin nach Aspekten der Geschlechtergerechtigkeit (vgl. dazu Kapitel 3.3). Aus dieser Analyse versprach ich mir u. a. Informationen darüber, inwiefern sich evtl. Geschlechterverhältnisse in den Medien abbilden (vgl. Kapitel 2.1.2.2). Der Analyse lag dabei folgender Fragekatalog zugrunde:

---

101 Ich führte zu Beginn der Forschung zahlreiche Telefonate mit verschiedenen ProjektmitarbeiterInnen und sprach mit ihnen im Rahmen der Veranstaltungen des GM-Medial-Projekts. Viele Projektmitarbeitende zeigten sich sehr interessiert an meinem Forschungsanliegen und stellten mir gerne ihre internen Papiere zur Verfügung und/oder verwiesen mich auf Zugangsmöglichkeiten zu den öffentlichen Quellen.

Kriterien der Analyse der Medien

Sprache
direkte Begrüßung und persönliche Ansprache; geschlechtersensible Sprache (kein generisches Maskulinum)

Inhalte
mehrperspektivische Aufbereitung der Themen; interdisziplinärer Zugang; Einbezug von Ansätzen der Geschlechterforschung; vielfältige, lebensnahe, kontext- und anwendungsbezogene Lernangebote; ansprechende Gestaltung; sachliche und nutzendengerechte Aufbearbeitung der Themen; Differenzierung in ein Standard- und ein Vertiefungsangebot; interaktive Experimentieranteile; Geschlechterstereotype

Interaktion, Kommunikation und Kooperation
verschiedene, z. T. informelle Kommunikationsmöglichkeiten; Informationen über die Kursbetreuenden; Moderation der Online-Kommunikation

Navigation
übersichtliche, zeitsparende Navigation (Seitengestaltung, Links, Schriftgröße); vielfältige Navigationsmöglichkeiten, die verschiedene Lernwege ermöglichen; gute Orientierung durch flache Hierarchien und intuitive Bedienung; Erläuterung der Navigation auf der Startseite; Zusammenfassungen und Einleitungen längerer Textpassagen

Mediendidaktik
Erkennbarkeit/Offenlegung des didaktischen Konzepts; Information über durchschnittliche Bearbeitungsdauer; Erläuterung der Lernziele und des Nutzens; Information, welches Maß an Medienkompetenz und Selbstständigkeit im Umgang mit Hard- und Software erwartet wird und in welchen Bereichen die Studierenden betreut werden; Berücksichtigung unterschiedlicher technischer Kenntnisstände der Nutzenden; (sozio)technischer Support; Informationen über Systemvoraussetzungen; Offline-Bearbeitung; Druckmodus; Lernfortschrittskontrollen; Übungen; Wahrnehmung der Gestaltbarkeit der Technik

Diese Kriterien lagen der Analyse aller vier Medien zugrunde. Jedoch berücksichtigte ich bei der Analyse auch, um welche Form des E-Learnings es sich handelte, welches didaktische Design zugrunde lag und in welchem Kontext und von wem das Medium jeweils genutzt werden sollte. Die Informationen darüber gewann ich durch die Befragung der Entwickelnden (siehe Kapitel 4.2.3), sodass sich der zweite Schritt der Analyse teilweise wiederum in mehrere Schritte differenzierte: I. d. R. analysierte ich das Medium jedoch einmal vor und einmal nach der Befragung der Entwickelnden aus einer geschlechtersensiblen Perspektive und fasste die Ergebnisse anschließend zu einem Ergebnis zusammen.

4.2.3 Befragung der Entwickelnden

Um Informationen über die Entwicklung der Medien und die Medien selbst zu gewinnen, führte ich mit den an der Entwicklung beteiligten Personen qualitative Interviews. Die qualitative Befragungsmethode erschien mir für das Forschungsfeld adäquat, da ich hinsichtlich der Entwicklungszusammenhänge ein deskriptiv-exploratives Forschungsinteresse hatte, das sich auf die Offenlegung subjektiver Perspektiven und Bedeutungen (z. B. bezüglich der Geschlechterstereotype) seitens der Befragten richtete. Bei Interviews ist davon auszugehen, dass die Interviewten dieses leisten, und zwar „ehrlicher, reflektierter und offener als bei einem Fragebogen oder einer geschlossenen Umfragetechnik" (Mayring 2002: 69). Zudem bot mir das Interview die Möglichkeit, persönlicher auf die Befragten einzugehen und Nachfragen zu stellen.

Konkret handelte es sich aufgrund des befragten Personenkreises und der Zielsetzung der „Erfassung von praxisgesättigtem Expertenwissen" (Meuser/ Nagel 1997: 481) bzw. eines „spezialisiertes Sonderwissens" (Meuser/ Nagel 2004: 327) um ExpertInnen-Interviews. Die Entwickelnden der digitalen Lehr-/ Lernmedien waren zum einen deshalb ExpertInnen, da sie in Bezug auf mein Erkenntnisinteresse, also ihre Entwicklungsarbeit, über einen privilegierten Zugang zu Informationen verfügten sowie die Verantwortung für diese Arbeit und die damit einhergehenden Probleme inne hatten (vgl. Meuser/ Nagel 2004: 327). Zum anderen hatten sie „ausgehend von spezifischem Praxis- und Erfahrungswissen, das sich auf einen klar begrenzbaren Problemkreis bezieht - die Möglichkeit geschaffen (...), mit ihren Deutungen das konkrete Handlungsfeld sinnhaft und handlungsleitend zu strukturieren" (Bogner/ Menz 2002: 45, zit. nach Bührmann 2004: 2).

Den Interviews lag ein Leitfaden zugrunde. Dieses aus zweierlei Gründen: Erstens wollte ich den ExpertInnen einen Bericht über ihre Entscheidungsfindungen ermöglichen und sie dazu anregen, an „Beispielen zu erläutern, wie sie in bestimmten Situationen vorgehen" (Meuser/ Nagel 2004: 328), also ihr Sonderwissen einfangen. Zweitens musste ich dabei gewährleisten, dass die Interviews einerseits so flexibel geführt werden konnten, dass sie dem jeweiligen Projekt, den zu evaluierenden Produkten und den befragten Personen gerecht wurden, dass sie jedoch andererseits interviewübergreifende, miteinander vergleichbare Daten lieferten (vgl. zu leitfadengestützten Interviews Friebertshäuser 1997). Die Erstellung des Leitfadens, d. h. Fragen vorzuformulieren und die Interviewthemen einzugrenzen und zu erarbeiten, war mir aufgrund meines, aus den Analysen der Projektpublikationen und Medien sowie den Gesprächen mit Projektbeteiligten resultierenden, Vorverständnisses des Untersuchungsgegenstands möglich. Im Interview bot er mir die Möglichkeit, flexibel zu handeln und auf die Interviewten einzugehen bzw. Ad-hoc-Fragen zu stellen. Dabei differierte der Interview-Leitfaden zwar je nach Teilprojekt sowie digitalem Lehr-/Lernmedium, sodass es mehrere Leitfäden gab, jedoch lagen jeweils folgende Themenfelder zugrunde:

Kriterien des Leitfadens für die ExpertInnen-Interviews mit den Entwickelnden

Informationen über die Person:
personenbezogene Daten; Arbeitaufgaben und -bedingungen im Projekt; Genderkompetenz & Geschlechterstereotype

Informationen über das Projekt:
Ziel des Projekts; Aufgeschlossenheit der Projektmitarbeitenden bezüglich bzw. projektinterne Thematisierung von Geschlechteraspekten im Bereich digitaler Lehr-/Lernmedien

Informationen über das digitale Lehr-/Lernmedium:
didaktische Konzeption; AdressatInnen; Nutzungskontext; für die Nutzung notwendige inhaltliche wie computerbezogene Vorkenntnisse; Mehrwerte gegenüber traditionellen hochschulischen Lehr- und Lernformen

Informationen über die Entwicklung des Mediums:
Entwicklungsprozess; Zusammenarbeit mit DidaktikerInnen/ EvaluatorInnen; Einbeziehung von Nutzenden in die Entwicklung; generelle Annahmen über Nutzende; Berücksichtigung des Geschlechts der Nutzenden; geschlechtersensible Entwicklung und Technikgestaltung

---

Die Leitfäden umfassten jeweils ca. drei bis vier Din A4-Seiten. Die Interviews wurden, bis auf ein telefonisches, persönlich geführt und dauerten zwischen einer Dreiviertelstunde und zwei Stunden. Ingesamt wurden im Rahmen dieser Arbeit folgende leitfadengestützten ExpertInnen-Interviews durchgeführt:

An der Universität Dortmund wurden im MuSofT-Projekt der Antragsteller des Projekts, der Projektkoordinator und der Entwickler des Editors befragt sowie die beiden Leiter der Übungsgruppen, in deren Kontext der Editor eingesetzt wurde.

An der Universität Paderborn wurden die Leiterin des SIMBA-Teilprojekts[102] sowie eine an der Entwicklung des Lernmoduls maßgeblich beteiligte Projektmitarbeiterin befragt.

An der Universität Bremen wurden der für die physik multimedial-Lernplattform zuständige Informatiker und die Entwicklerin der evaluierten Selbstlerneinheit befragt.

---

102 Dieses Interview wurde nicht von mir, sondern von Prof. Dr. Sigrid Metz-Göckel und Marion Kamphans geführt, Projektleiterin und -mitarbeiterin des GM-Medial-Projekts.

An den Universitäten Bielefeld, Hagen sowie Bochum wurden folgende VINGS-MitarbeiterInnen interviewt: die Projektkoordinatorin, eine Informatikerin und zwei Informatiker, sowie eine Graphikerin, die an der Erstellung der Lernumgebung des hybriden Seminars beteiligt waren.

Die Interviews wurden anschließend vollständig transkribiert, wobei eine Übertragung ins Schriftdeutsch stattfand, d. h., Grammatikfehler verbessert und sehr „komplexe" Satzkonstruktionen bereinigt wurden, wenn dies nicht den Sinn der Inhalte veränderte. Danach wurden die Daten aufbereitet, wobei ich mich an der von Mayring (2002: 99ff.) dargestellten Methode orientierte, ein beschreibendes Kategoriesystem zu erstellen. Zur Analyse bediente ich mich des Instruments „Qualitative Inhaltsanalyse" (vgl. Mayring 2002: 114ff.; 2003: 12).[103] Diese Methode dient der systematischen Analyse schriftlich fixierter Kommunikation nach expliziten Regeln, die u. a. die intersubjektive Nachprüfbarkeit gewährleisten: Das Material wird sequentiell und methodisch kontrolliert analysiert, indem es in Einheiten zerlegt wird, die dann schrittweise nacheinander bearbeitet werden. Die Methode bot sich m. E. deshalb für die Auswertung an, als es dadurch möglich wurde, ein Kategoriesystem induktiv aus dem Material heraus zu gewinnen[104] (vgl. Mayring 2003: 75). Die Kategorien wurden in einem Verallgemeinerungsprozess direkt aus dem Material abgeleitet, ohne sich auf vorab formulierte Theoriekontexte zu beziehen. So konnte eine möglichst gegenstandsnahe Abbildung des Materials ohne Verzerrungen durch meine evtl. vorhandenen Vorannahmen ermöglicht werden.

4.2.4 Befragung der Nutzenden

Die Befragung der studentischen Nutzenden teilte sich in verschiedene Schritte und wurde mittels unterschiedlicher Erhebungsinstrumentarien durchgeführt. Im Rahmen eines Projekts wurden die Studierenden (teilnehmend) beobachtet, in allen vier Forschungsfeldern wurden eine Fragebogenerhebung sowie Gruppendiskussionen durchgeführt.

---

103 Die Auswertung von ExpertInnen-Interviews mit Hilfe einer qualitativen Inhaltsanalyse empfehlen Gläser und Laudel (2004, zit. nach Bührmann 2005), die die Methode Mayrings jedoch modifizieren, indem sie dem von ihm vorgeschlagenen Kodieren die Extraktion entgegenstellen (vgl. ebd.: 193ff.).

104 Mayring widerspricht sich hier m. E. Während er 2002 feststellt, die qualitative Inhaltsanalyse eigne sich für die systematische, theoriegeleitete Bearbeitung von Textmaterial, jedoch weniger für eine explorativ-interpretative Erschließung des Materials, stellt er 2003 die induktive Kategoriedefinition als besonders fruchtbar heraus.

4.2.4.1 Die teilnehmende Beobachtung

Im Kontext der Evaluation des MuSofT-Editors[105] wurde eine teilnehmende Beobachtung durchgeführt, d. h., einige Studierende wurden dabei beobachtet, wie sie zum ersten Mal mit Hilfe des Editors Übungsaufgaben lösten. Das Ziel dabei war, Informationen darüber zu gewinnen, wie die Studierenden auf den Editor reagieren sowie darüber, wie sie den Editor nutzen. Diese Informationen waren für die Gestaltung weiterer Erhebungsinstrumente, wie den Fragebogen, von großer Bedeutung. Die Methode der teilnehmenden Beobachtung erschien mir aufgrund des Forschungsinteresses angebracht, da sie in ihrer halbstandardisierten Form sehr gut für explorative, hypothesengenerierende Fragestellungen geeignet ist (vgl. Mayring 2002: 80ff.).

Methodisch ging ich in diesem Kontext so vor, dass ich vor der Beobachtung einen Beobachtungsleitfaden erstellte, in den ich während der Beobachtung Notizen zu den einzelnen interessanten Bereichen eintragen konnte. Dieser differenzierte sich primär in folgende Inhaltsbereiche:

Kriterienbogen für die begleitende Beobachtung

Inhaltliche Arbeit
Arbeitsverteilung; Beeinträchtigung/Förderung der inhaltlichen Arbeit durch den Editor

Arbeit mit dem Editor
Probleme beim Starten; Reaktion der Studierenden beim ersten Anblick; Nutzung einzelner Funktionen; Probleme; intuitive Bedienung

Klima während des Arbeitens mit dem Editor
Spaß beim Arbeiten; Lob des bzw. Ärgern über den Editor

An die Beobachtung anschließend wurde eine Gruppendiskussion mit den Studierenden geführt, um die Beobachtungen zu spiegeln (vgl. Kapitel 4.2.4.3). Darüber hinaus wurde auf der Basis der Feldnotizen ein Beobachtungsprotokoll erstellt. Die während der Beobachtung erfolgten Gespräche der Studierenden untereinander wurden zudem auf Tonband aufgezeichnet und anschließend transkribiert. Die Auswertung der Beobachtungsprotokolle sowie der Transkribtion erfolgte kriteriengeleitet. Vor allem die Nutzendenfreundlichkeit des Editors stand dabei im Fokus.

---

105 Aufgrund der Bedingungen in den jeweiligen Forschungsfeldern konnte diese Methode im Rahmen der anderen Produktevaluationen leider nicht durchgeführt werden.

4.2.4.2 Die Fragebogenerhebungen

Die durch die Auswertung von Projektpublikationen, die Analyse der Medien, die Interviews mit den EntwicklerInnen und die begleitende Beobachtung gewonnenen Informationen über die Forschungsfelder sowie die in den Kapiteln 2 und 3 dargelegten theoretischen und empirischen Erkenntnisse machten es mir möglich, Fragebögen zu entwickeln, die zur Befragung der, mit den jeweilgen digitalen Lehr-/Lernmedien arbeitenden, Studierenden dienten.

Für diese Erhebungsform entschied ich mich, weil sie es mir gegenüber qualitativen Forschungsmethoden ermöglichte, a) eine große Anzahl von Studierenden in die Untersuchung einzubeziehen, b) Hypothesen zu prüfen und c) auf der Grundlage von statistischen Tests Aussagen über die jeweiligen Grundgesamtheiten zu treffen.

Mittels des Fragebogens sollten folgende Themenkomplexe erhoben werden: Auf der einen Seite ging es u. a. um Einstellungen von Studierenden gegenüber Computern und E-Learning, ihren allgemeinen Umgang mit Computern und um die Computer- und Internetressourcen, über die sie zu Hause verfügen. Auf der anderen Seite sollten die konkrete Nutzung eines digitalen Lehr- und Lernmediums sowie die Erwartungshaltungen der Studierenden an das Medium vor der Nutzung, aber auch die Bewertung des Mediums nach der Nutzung erhoben werden. Diese Zweiteilung machte es erforderlich, vier verschiedene Fragebögen zu entwickeln. Dabei war der erste Themenkomplex in allen Fragebögen enthalten und wurde mittels derselben Items erhoben. Der zweite Themenkomplex, also die Erwartungen an das sowie die Nutzung und Bewertung des konkreten digitalen Lehr-/Lernmediums, variierte jeweils, da die Items an das jeweilige Medium sowie die jeweiligen Nutzungskontexte des Mediums angepasst wurden.

Themenkomplexe des Studierenden-Fragebogens[106]
Teil 1: Informationen über Einstellungen gegenüber Computern und dem E-Learning, den Umgang mit Computern und über häusliche technische Ressourcen - personenbezogene Daten - Computerbiografie - Umgang mit Computern (Zeit und Zweck) - technische Ressourcen - Anwendungskenntnisse - computerspezifisches Selbstkonzept eigener Begabung - computerspezifische Erfolgserwartungen - computerspezifische Wertperzeption - Kenntnisse von, Erfahrungen mit sowie Einstellung zu E-Learning im Hochschulkontext
Teil 2: Informationen über die Einstellungen zu, der Nutzung von und der Bewertung des digitalen Lehr-/Lernmediums - Erfahrungen mit vergleichbaren digitalen Lehr-/Lernmedien - Einstellungen zum Produkt vor der Arbeit mit diesem - Nutzungsverhalten (genutzte Bereiche, Navigation, Ort, Zeitumfang, individuelle vs. Gruppenarbeit) - Zufriedenheit mit dem Produkt - technische bzw. computerbezogene Probleme beim Arbeiten und Umgang mit Produkt - Annahmen über Vor- und Nachteile des Produkts gegenüber traditionellen Lehr-/Lernformen

Die Fragebögen wurden von den Studierenden im Rahmen von Vorlesungen, Seminaren und Übungsgruppen ausgefüllt, die an unterschiedlichen Hochschulen stattfanden.[107] Dies war aus mehreren Gründen erforderlich: Erstens wurde so eine große Rücklaufquote ermöglicht. Zweitens wurde es möglich, die Fragebogen recht umfangreich zu gestalten, da das Ausfüllen für die Studierenden keine Verkürzung ihrer Freizeit darstellte: Sie wurden deshalb für eine halbstündige Ausfüllzeit konzipiert und hatten durchschnittlich einen Umfang von 14 Din-A4-Seiten, d. h. 60 Items.[108] Drittens wurden auf diese Weise jeweils alle Studierenden einer hochschulischen Veranstaltung befragt, die mit dem jeweiligen digitalen Lehr-/Lernmedium gearbeitet hatten, sodass es vier Grundgesamtheiten gibt, die sich wiederum in Bezug auf den ersten Fragebogenteil zu einer Meta-Grundgesamtheit zusammensetzen. Diese besteht aus 269 Studierenden

---

106 Zu den Erhebungsinstrumentarien bzw. Itemformulierungen siehe die einzelnen Kapitel (6-9).
107 Näheres zu den einzelnen Forschungsfeldern entnehmen Sie bitte den Kapiteln, in denen die einzelnen Studien erläutert werden.
108 Die Antwortvorgaben waren nur zum kleinen Teil offen oder halboffen, zum Großteil geschlossen (wobei alle drei Formen geschlossener Antwortvorgaben verwendet wurden: Alternativauswahl, Mehrfachauswahl und Ratingskalen).

verschiedener Studiengänge, 90 Studentinnen (33%) und 179 Studenten (66%).[109]

Die Auswertung der Fragebögen erfolgte hypothesengeleitet. Unterstützt durch die Statistiksoftware SPSS (Versionen 11 und 12) wurden je nach Fragestellung und statistischer Möglichkeit unterschiedliche statistische Tests durchgeführt, um Verhältnisse und Zusammenhänge zu eruieren.[110]

4.2.4.3 Die Gruppendiskussionen

Um die quantitative Befragung der Studierenden um eine in die Tiefe gehende qualitative Dimension zu ergänzen, wurde ein Teil der in die Fragebogenerhebung einbezogenen Studierenden zusätzlich in Gruppendiskussionen befragt.

Das Anliegen der Gruppendiskussionen war es u. a., Prozesse des *doing* bzw. *undoing gender* zu beleuchten. Diese Prozesse sowie die Bedeutsamkeit von Geschlechtszugehörigkeit können in isolierten Befragungen nicht herausgefunden werden (vgl. Metz-Göckel 2000: 107), jedoch kommen sie in geschlechtshomogenen und -heterogenen Gruppenzusammensetzungen zum Vorschein.[111] Insgesamt sind Gruppendiskussionen dann von Vorteil, wenn es um Themenbereiche geht, von denen anzunehmen ist, dass kulturelle oder soziale Komponenten großen Einfluss auf die individuellen Einstellungen haben, d. h., diese Einstellungen so stark an soziale Zusammenhänge gebunden sind, dass sie am besten in sozialen Strukturen - also in der Gruppe - erhoben werden können. In Gruppendiskussionen können dabei Rationalisierungen durchbrochen werden, sodass die Beteiligten die Einstellungen offen legen, die auch im Alltag ihr Denken, Fühlen und Handeln bestimmen. Auf diese Weise können Einstellungen, Vorurteile und Ideologien aufgedeckt werden - wie z. B. Geschlechterste-

---

109 Die Prozentwerte sind gerundet. Näheres zur Meta-Grundgesamtheit siehe Kapitel 5.1. Ihr geringer Frauenanteil ergab sich direkt aus den Charakteristiken der Forschungsfelder, d. h. aus den vier Grundgesamtheiten, die sich jeweils aus den Studierenden einer universitären Veranstaltung zusammensetzten. Da der Fragebogen in zwei Informatikvorlesungen eingesetzt wurde, bei denen der Studentinnenanteil bei jeweils ca. 15 Prozent lag, hatte dies Auswirkungen auf den Studentinnenanteil an der Meta-Grundgesamtheit.
110 Dies betrifft auch die Mehrheit der offenen bzw. halboffenen Fragen, deren Antworten erst in dem Textverarbeitungsprogramm Word aufgelistet, anschließend, soweit möglich und sinnvoll, kategorisiert und auf diese Weise quantifizierbar in SPSS eingegeben wurden.
111 Geschlechtsheterogene sowie -homogene Gruppenzusammensetzungen habe ich bewusst gestaltet, da die Tendenz besteht, dass sich in geschlechtsheterogenen Gruppenzusammensetzungen die Aussagen eher stereotypisieren, während die Aussagen in geschlechtshomogenen Zusammenhängen eine breitere Vielfalt aufweisen, d. h., in geschlechtsheterogenen Zusammensetzungen sind die Aussagen stärker vergeschlechtlicht, spielt *gender* eine stärkere Rolle (vgl. Schründer-Lenzen 1995; Kessels 2002).

reotype -, die kollektiv geteilt werden (vgl. Mayring 2002: 78; Loos/ Schäffer 2001: 11).

Das idealtypische methodische Vorgehen während der Gruppendiskussionen besteht darin, als Forscherin bzw. Forscher einen Grundreiz zu geben, der die Befragten zu einer Diskussion anregt. Die Forscherin/ der Forscher greift erst wieder ein, wenn der Fortlauf der Diskussion einen neuen Reiz erfordert (vgl. Bohnsack 2003: 380f.). Dieses Vorgehen wurde von mir etwas variiert, indem ich der Diskussion einen kurzen, die Diskussion anregenden, Leitfaden zugrunde legte, in der Absicht, dem Gespräch durch gelegentliche Inputs eine thematische Richtung zu geben.[112] Die Fragen waren offen formuliert. Nachfragen galten vor allem den Erlebnissen und Erfahrungen der Studierenden bei der Nutzung.

Themenkomplexe des Leitfadens der Gruppendiskussionen mit Studierenden
digitales Lehr-Lernmedium   Beurteilung des Mediums; Probleme beim Arbeiten mit dem Medium; Wohlfühlen beim Arbeiten mit dem Medium; Verbesserungsvorschläge zur Weiterentwicklung des Mediums
E-Learning   Verbesserungsmöglichkeiten der Lehre im Fachbereich; Erfahrungen mit computergestützter Lehre; Einschätzung: Könnte die Hochschullehre durch Computer sinnvoll unterstützt werden? Wenn ja, wie?; Gefühle, wenn sie zukünftig damit konfrontiert sein sollten, häufiger mit digitalen Lehr- und Lernmedien zu arbeiten

Insgesamt nahmen an den Gruppendiskussionen, die in Bezug auf alle vier digitale Lehr-/Lernmedien und somit an verschiedenen Universitäten und mit unterschiedlichen Nutzendengruppen durchgeführt wurden, 40 Studierende teil: 20 Studentinnen und 20 Studenten. Dabei variierte die Gruppengröße zwischen zwei und neun Personen und es wurde sowohl in geschlechtshomogener wie -heterogener Gruppenzusammensetzung erhoben. Die Auswertung der Gruppendiskussionen erfolgte nach der gleichen Methode wie die der ExpertInnen-Interviews (vgl. Kapitel 4.2.3). Im Gegensatz zu Loos und Schäffer (2001) sowie Bohnsack (2003), die betonen, dass bei der Auswertung von Gruppendiskussionen der Fokus auf der Gruppe liegen sollte und individuelle Meinungen oder Sichtweisen nicht von Belang seien, sondern vielmehr kollektive Orientierungsmuster und -strukturen herauszuarbeiten wären (vgl. dazu auch Bohnsack/

---

112 Loos und Schäffer (2001: 13) betrachten Gruppendiskussionen als ein Verfahren, bei dem „in einer Gruppe fremdinitiiert Kommunikationsprozesse angestoßen werden, die sich in ihrem Verlauf und der Struktur zumindest phasenweise einem 'normalen' Gespräch annähern".

Pryborski 2006: 235f.), galt mein Interesse dabei neben kollektiven, gruppenbezogenen Meinungen, und dabei vor allem Geschlechterstereotypen, aufgrund meiner differenzierungstheoretischen Perspektive auch individuellen Positionierungen.

4.2.4.4 Diskussion der Methodentriangulation

Was die Befragung der Studierenden angeht, entschied ich mich demnach dazu, quantitative und qualitative Befragungsmethoden in einer Methodentriangulation miteinander zu ergänzen. Dabei versprach ich mir von den qualitativen Daten vor allem, dass sie

> „...zur Interpretation und Illustration der quantitativen Zusammenhänge [dienen, A.T.] und helfen, spekulative Interpretationen statistischer Ergebnisse zu korrigieren. (...) Durch die Verbindung quantitativer und qualitativer Methoden kann sowohl das Validitätsproblem der quantitativen, als auch das Generalisierungsproblem der qualitativen Forschung gelöst werden" (Oswald 1997: 83).

Durch die Kombination können m. E. nicht nur unterschiedliche Aspekte und Facetten des Untersuchungsgegenstandes beleuchtet werden, sodass die Darstellung und Analyse der „Komplexität des sozialen Geschehens" sowie die Gewinnung einer „differenzierteren Erkenntnis" (Engler 1997: 126) möglich werden. Auch ist es so möglich, die Schwächen der Einzelmethoden auszugleichen. Was die hier vorgestellte empirische Forschung angeht, so wurde es mir mittels der Gruppendiskussionen möglich, in die direkte Kommunikation mit den vorher quantitativ befragten Studierenden zu treten, dabei tiefer gehend zu fragen, neue Aspekte des Untersuchungsgegenstandes zu erkennen und Fragen und Widersprüche, die bei der Auswertung des Fragebogens deutlich wurden, mit den Befragten zu diskutieren.

Im Folgenden werden die einzelnen Erhebungen dargelegt. Im Kapitel 5 werden die Einstellungen der Studierenden zu und deren Nutzung von Computern und E-Learning beleuchtet. In den Kapiteln 6-9 werden jeweils die Entwicklung eines digitalen Lehr-/Lernmediums geschildert, die Ergebnisse der geschlechtersensiblen Analyse des Mediums dargestellt sowie die Nutzung und Bewertung des Mediums durch Studierende beleuchtet.

5 Studie 1: Studentische Einstellung und Verhalten gegenüber Computern und E-Learning

In diesem Kapitel werden diejenigen Ergebnisse der Studierendenbefragung dargestellt, die die Einstellungen und das Verhalten der Studierenden gegenüber Computern und dem hochschulischen E-Learning betreffen.

Die Einstellungen wurden unter Zugrundelegung des Erwartung-Wert-Modells von Dickhäuser (2001) (vgl. Kapitel 2.2.2.2) anhand der Kriterien a) computerspezifisches Selbstkonzept eigener Begabung, b) Wertzuschreibungen an den Computer und das E-Learning und c) computerspezifische Erfolgserwartung erhoben. Erwartet wurden bei allen drei Kriterien deutliche Unterschiede zwischen Studentinnen und Studenten in dem Sinne, dass die Studentinnen sich geringere Kompetenzen beim Arbeiten mit dem Computer zuschreiben, dem Computer sowie E-Learning-Angeboten einen geringeren Wert beimessen sowie eine geringere Erfolgserwartung äußern sollten. Wenn sich diese Annahme bestätigen sollte, sollte sich das Dickhäuser zufolge auf die Nutzung von Computern und von E-Learning-Angeboten auswirken. Dementsprechend wurde in der Erhebung auch Aspekten der Nutzung nachgegangen. Dabei wurden zunächst die Computer- und Internetressourcen ermittelt, über die die Studierenden privat verfügen. Anschließend wurde die Nutzung von Computern und des E-Learnings anhand der Kriterien a) Intensität, b) Wahl und c) Persistenz beleuchtet. Auch hier wurden deutliche Differenzen zwischen den Geschlechtern erwartet: Die Studentinnen sollten den Computer wie auch E-Learning-Angebote im geringeren Umfang nutzen, digitale Medien weniger häufig als Arbeitsmedium wählen und bei Problemen das Arbeiten mit den Medien eher aufgeben als Studenten.

Im Folgenden wird zunächst kurz auf das Erhebungsdesign und die Stichprobe eingegangen, bevor die Ergebnisse dargestellt und diskutiert werden.

5.1 Das Erhebungsdesign und die Stichprobe

Wie bereits angesprochen, wurden die Studierenden in vier verschiedenen Forschungsfeldern befragt, d. h., im Kontext der vier in die Erhebung einbezogenen Teilprojekte und damit der vier unterschiedlichen digitalen Lehr-/ Lernmedien.

Die einzelnen Befragungen fanden im Wintersemester 2003/04 an den Universitäten Dortmund, Düsseldorf, Paderborn und Bochum statt. Befragt wurden jeweils *alle* Studierenden derjenigen Vorlesungen, Seminare und Übungsgruppen, in deren Rahmen die vier in die Untersuchung einbezogenen digitalen Lehr-/Lernmedien eingesetzt wurden, sodass es insgesamt vier studentische Grundgesamtheiten gibt (vgl. Kapitel 6 - 9). Da derjenige Teil des Fragebogens, der die Einstellungen zu und die Nutzung von Computern und E-Learning-Angeboten betraf, in allen vier Fragebögen gleich war, setzen sich diese Grundgesamtheiten bezüglich der in diesem Kapitel vorgestellten Ergebnisse zu einer Meta-Grundgesamtheit zusammen.

Diese Meta-Grundgesamtheit besteht aus 269 Studierenden: 90 Frauen und 179 Männern.

	Gesamt	Frauen	Männer
Realzahl	269	90	179
Prozentzahl	100%	33,5%	66,5%

Tabelle 1: Die Meta-Grundgesamtheit

Die Studierenden sind zwischen 1957 und 1984 geboren worden, davon ca. 90% nach 1975. Sie befanden sich zum Evaluationszeitpunkt zwischen dem 1. und dem 26. Hochschulsemester und durchschnittlich im 5. Semester, wobei sich die Studenten signifikant häufiger in höheren Semestern befanden als die Studentinnen. Die Studierenden verteilen sich darüber hinaus auf verschiedene Studiengänge: 93% der Studierenden studierten Mathematik und Naturwissenschaften[113] (88% w; 96% m) und 7% Sozial-, Geistes- und Kulturwissenschaften (12% w; 4% m). Differenzierter betrachtet ergibt sich folgendes Bild: Drei Viertel der Studenten studierten Informatik und ein Fünftel sonstige Naturwissenschaften und Mathematik, während nur 4% Geistes-, Sozial- und Kulturwissenschaften studierten. Die Studentinnen hingegen studierten zu zwei Dritteln sonstige Naturwissenschaften und Mathematik und nur zu einem Viertel Informatik, sind aber bei den Geistes-, Sozial- und Kulturwissenschaften mit immerhin 13% vertreten.

---

113 Drei Studierende haben ihren Studiengang nicht angegeben, sodass sich diese Angaben auf 266 Studierende (88 Studentinnen und 178 Studenten) beziehen.

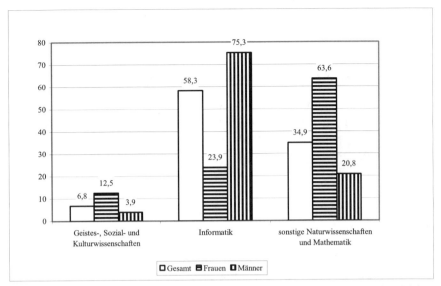

Abbildung 2: Verteilung der Studierenden der Meta-Grundgesamtheit auf Studiengänge/ Fachrichtungen, Angaben in Prozent, n = 266 (88 w, 178 m)

Was den Ablauf der Befragung angeht, so wurden die Studierenden von mir im Vorfeld der Befragung innerhalb ihrer hochschulischen Veranstaltungen, aber z. T. auch zusätzlich per E-Mail, über die anstehende Befragung informiert und um Mitarbeit gebeten. Das eigentliche Erkenntnisinteresse, Geschlechteraspekte zu erheben, wurde ihnen nicht mitgeteilt, da zu erwarten war, dass dies Einfluss auf die Ergebnisse gehabt hätte. Vielmehr wurde die Befragung dadurch begründet, dass die studentischen Aussagen dazu dienen sollten, digitale Lehr-/ Lernmedien zukünftig besser ihren Interessen, Fähigkeiten und Wünschen entsprechend gestalten zu können. Die Studierenden wurden ebenfalls darüber aufgeklärt, dass ihre Teilnahme an der Untersuchung freiwillig sei und dass ihre Aussagen in dieser Arbeit Verwendung fänden. Die Fragebogenerhebungen fanden - i. d. R. eine Woche nach dieser Vorstellung - direkt in den hochschulischen Veranstaltungen statt, d. h., die Studierenden füllten die Fragebögen in dem Hörsaal oder dem Seminarraum zu der Zeit aus, in der eigentlich Inhalte vermittelt worden wären. Ein Teil der Studierenden nahm über die Fragebogenerhebung hinaus an Gruppendiskussionen teil, die meistens einige Tage nach der Fragebogenerhebung geführt wurden. Diese 40 Studierenden (20 Studentinnen und 20 Studenten) wurden für die Diskussionen, die durchschnittlich eine Stunde dauerten, von ihren Dozierenden von der Teilnahme an den hochschulischen Veranstaltungen befreit.

5.2 Einstellungen gegenüber Computern und E-Learning-Angeboten

Im Folgenden werden die Einstellungen der befragten Studierenden gegenüber dem Computer und E-Learning-Angeboten beleuchtet, die, wie bereits erwähnt, anhand der Kriterien a) computerspezifisches Selbstkonzept eigener Begabung, b) Wertzuschreibungen an den Computer und das E-Learning und c) computerspezifische Erfolgserwartung erhoben wurden.

5.2.1 Das computerspezifische Selbstkonzept eigener Begabung

In dem Kapitel 2.2.2.2 wurde mit Bezug auf die Latenz-Hypothese von Metz-Göckel (1990) und Roloff (1993) und das Erwartung-Wert-Modell von Dickhäuser (2001) erläutert, dass Mädchen aufgrund der geschlechtsspezifischen Sozialisation gegenüber Jungen ein niedrigeres computerspezifisches Selbstkonzept eigener Begabung ausbilden. Im Kapitel 3.1.1 wurde anhand der Ergebnisse unterschiedlicher Studien dargelegt, dass dementsprechend Frauen über signifikant geringere computerspezifische Begabungsüberzeugungen verfügen als Männer und dass die Schere größer wird, je spezieller die Anwendungsbereiche werden. In diesem Teilkapitel wird nun beleuchtet, ob dies auch auf die in die Erhebung einbezogenen Studierenden zutrifft. Dabei wurde einerseits das computerspezifische Selbstkonzept eigener Begabung erhoben, und zwar mittels einer Skala von Dickhäuser (2001), die für die eigene Erhebung jedoch leicht modifiziert wurde, andererseits wurden die Studierenden nach ihrer Einschätzung verschiedener konkreter Anwendungskenntnisse befragt. Meine Hypothesen lauteten folgendermaßen: Die Studenten verfügen über ein höheres computerspezifisches Selbstkonzept eigener Begabung und schreiben sich, was spezielle Computerkenntnisse angeht, höhere Kompetenzen zu. Was jedoch Basiskompetenzen angeht, sollten sich die Studierenden qua Geschlecht nicht unterscheiden.

Um das computerspezifische Selbstkonzept eigener Begabung zu erheben, wurde eine Skala eingesetzt, die aus zwölf Items besteht. Diese Items waren zum Großteil der Skala von Dickhäuser entnommen worden, einige Items von Dickhäuser wurden jedoch, um die Zielgruppe besser anzusprechen, umformuliert oder weggelassen[114] (siehe Tabelle 2). Die verwendete Skala erwies sich als dem Forschungsanliegen adäquat: Mit einem Reliabilitätskoeffizienten Alpha = 0,9122 ist sie ausreichend reliabel.[115]

Die Auswertung zeigt, dass meine Hypothese richtig war: Das computerspezifische Selbstkonzept eigener Begabung der befragten Studierenden differiert höchst signifikant nach Geschlecht[116] in dem Sinne, dass das der Studenten deutlich höher ist als das der Studentinnen.

Item- Nr.	von Dickhäuser verwendete Items (Dickhäuser 2001: 57)	in dieser Arbeit verwendete Items	Mittelwert
Item A	gleich	Ich habe großes Selbstvertrauen, wenn es um das Arbeiten am Computer geht.	G = 1,70; F = 2,34; M = 1,39
Item B	gleich	Ich glaube, dass Andere in Sachen Computer noch manches von mir lernen können.	G = 2,35; F = 3,06; M = 2,01
Item C	gleich	Es liegt mir, mit Computern zu arbeiten.	G = 1,76; F = 2,31; M = 1,50
Item D	Es fällt mir leicht, Arbeiten mit Hilfe des Computers zu bedienen.	Es fällt mir leicht, den Computer zu bedienen.	G = 1,56; F = 2,07; M = 1,30
Item E	Ich fühle mich sicher in Bezug auf meine Fähigkeit, einen Computer zu nutzen.	Ich fühle mich sicher in Bezug auf meine Fähigkeit, einen PC zu nutzen.	G = 1,62; F = 2,14; M = 1,36
Item F	gleich	Ich traue mir zu, dass ich mich in ein neues Computerprogramm selbst einarbeiten kann.	G = 1,66; F = 2,38; M = 1,30
Item G	Um mit Computern zurecht zu kommen, muss ich mich anstrengen.	Um mit Computern zurecht zu kommen, muss ich mir viel Mühe geben.	G = 1,48; F = 1,74; M = 1,36

---

114 Folgende Items wurden nicht verwendet: „Ich bin mir sicher, dass ich fähig bin, einen Computer zu benutzen.", „Ich bin nicht der Typ, der gut mit Computern zurecht kommt.", „Ich glaube, es ist schwer für mich, einen Computer zu benutzen.", „Ich denke, ich bin klug genug, mit Computern gut zurecht zu kommen", „Was das Arbeiten mit dem Computer anbelangt, bin ich ein begabter Student/eine begabte Studentin." (vgl. Dickhäuser 2001: 57).

115 Unter der Reliabilität eines Tests wird der Grad der Genauigkeit verstanden, mit dem er ein bestimmtes Persönlichkeits- oder Verhaltensmerkmal misst, gleichgültig, ob er dieses Merkmal auch zu messen beansprucht. Reliabilitätstests werden durchgeführt, um die interne Konsistenz des Tests, d. h. der Skala zu ermitteln, also herauszufinden, inwieweit die einzelnen Items miteinander korrelieren. Der Reliabilitätskoeffizient (Alpha-Koeffizient von Cronbach) gibt, bezogen auf die Gesamtskala, an, wie genau die einzelnen Items dasselbe Merkmal messen (vgl. Lienert/ Raatz 1994: 9f.).

116 T = 8,781, df = 148,924, p = 0,000

Item H	gleich	Auch Arbeiten am Computer, die ich schon einige Male geübt habe, fallen mir schwer.	G = 1,21; F = 1,31; M = 1,16
Item I	gleich	Für das Nutzen von Computern habe ich einfach keine Begabung.	G = 1,20; F = 1,30; M = 1,15
Item J	Vielen meiner Kommilitoninnen und Kommilitonen sind - was das Lernen mit dem Computer angeht - klüger als ich.	Vielen meiner KommilitonInnen fällt es leichter, mit dem Computer zu arbeiten und zu lernen.	G = 1,79; F = 2,00; M = 1,68
Item K	Bei manchen Sachen, die ich am Computer nicht verstanden habe, weiß ich: Das kapiere ich nie.	Manche Sachen am Computer werde ich nie verstehen.	G = 1,86; F = 2,13; M = 1,73
Item L	Häufig denke ich, dass mich das Arbeiten am Computer überfordert.	Häufig denke ich, dass mich das Bedienen des Computers überfordert.	G = 1,23; F = 1,37; M = 1,16
SKALA			G = 1,62; F = 2,03; M = 1,42

Tabelle 2: Skala „Computerspezifisches Selbstkonzept eigener Begabung"[117]

Auch die auf die Anwendungskenntnisse bezogene Hypothese bestätigte sich: Die Studenten schrieben sich insgesamt höchst signifikant höhere Anwendungskenntnisse zu als ihre Kommilitoninnen[118], jedoch differenziert sich der Befund aus, wenn die einzelnen Anwendungsbereiche in den Blick geraten: Während sich die Studenten in allen spezielleren Anwendungsbereichen, die für das hochschulische Arbeiten i. d. R. nicht relevant sind (Betriebssysteme, Computerspie-

---

117 Die Antwortvorgaben waren „stimme nicht zu", „stimme weniger zu", „stimme eher zu", „stimme voll zu" und „weiß nicht". Ausgewertet wurde die Skala, indem pro Item diejenigen Fälle eliminiert wurden, die „weiß nicht" geantwortet haben. Dann wurden die Antworten so umkodiert, dass die Antworten jeweils in dieselbe Richtung wiesen: Kleine Werte bedeuteten ein hohes Selbstkonzept, große ein niedriges. Zum Verständnis der Abkürzungen: G = Gesamt, F = Frauen, M = Männer.
118 Insgesamt wurden 15 Anwendungsbereiche erhoben: „Betriebssysteme", „Textverarbeitung", „Tabellenkalkulation", „Internetrecherche", „E-Mail", „Computerspiele", „Download", „Stöbern im Netz", „Programmierung", „Lernprogramme", „Lernplattformen", „grafische Editoren", „Webdesign", „Desktop-Publishing" und „digitale Bildverarbeitung". Die Antwortvorgaben waren 1 = sehr gut, 2 = gut, 3 = ausreichend, 4 = gering, 5 = unzureichend, 6 = nicht vorhanden. Um Aussagen über die gesamten Anwendungskenntnisse treffen zu können, wurden diese Items zu einer Skala zusammengefasst, die sich mit einem Reliabilitätskoeffizienten Alpha = 0,8764 als ausreichend reliabel erwies. Die Auswertung der Gesamtskala zeigte, dass sich die Studenten insgesamt höchst signifikant höhere Anwendungskenntnisse zuschrieben als ihre Kommilitoninnen: T = 6,361, df = 265, p = 0,000. Der Skalenmittelwert der Studenten lag bei 2,58, der der Studentinnen bei 3,17.

le, Programmierung, grafische Editoren, Webdesign, Desktop-Publishing, digitale Bildverarbeitung), signifikant größere Anwendungskenntnisse zuschrieben, zeigten sich diese Differenzen bei den Basiskompetenzen nicht. Zwar schätzten die Studenten, bezogen auf die Items „Textverarbeitung", „Tabellenkalkulation" und „E-Mail", tendenziell ihre Anwendungskenntnisse höher ein, dies jedoch nicht auf signifikantem Niveau. Was diejenigen Kenntnisse angeht, die m. E. für die Nutzung von E-Learning-Angeboten von Bedeutung sind, zeigte sich sogar, dass sich die Studenten zwar signifikant höhere Kompetenzen in der Internetrecherche, dem Stöbern im Netz sowie dem Download zuschrieben, die Studentinnen jedoch größere Anwendungskenntnisse im Bereich des E-Learning angaben, konkret bei den Items „Lernplattformen" und „Lernprogramme".[119]

Was die Interpretation der Ergebnisse angeht, so ist m. E. Folgendes zu bedenken: Einerseits werden durch die Ergebnisse die im Kapitel 2 angestellten theoretischen Überlegungen bestätigt, auf deren Grundlage davon auszugehen war, dass Studenten sich für begabter im Umgang mit Computern halten als Studentinnen. Die Ergebnisse weisen darüber hinaus darauf hin, dass die Studentinnen sich evtl. aufgrund ihres pragmatischeren, nutzendenorientierteren Umgangs mit Computern mehr mit Lernprogrammen auseinandergesetzt haben könnten und sich dementsprechend höhere Kenntnisse auf diesen Gebieten zuschreiben als die Studenten, die den Computer aufgrund ihrer stärkeren Computerfaszination evtl. für breitere Anwendungsbereiche genutzt haben. Andererseits ist zu berücksichtigen, dass die Ergebnisse sich erstens auf Mittelwerte beziehen, sodass sie keine Aussagen darüber beinhalten, ob sich die Unterschiede zwischen den Geschlechtern vielleicht nur in den Extrempolen (sehr gute Kenntnisse vs. geringe oder nicht vorhandene Kenntnisse) zeigen, und dass sie zweitens z. T. auf die Merkmale der Grundgesamtheit zurückzuführen sein könnten. Denn die meisten befragten Studenten sind Studierende der Informatik, von denen anzunehmen ist, dass sie gegenüber Studierenden anderer Fachbereiche über sehr hohe Anwendungskenntnisse verfügen, während die meisten Studentinnen den Fachgebieten Biologie und Pharmazie angehören, von denen anzunehmen ist, dass der Computer keine so große Rolle spielt wie in der Informatik.

Leider erlauben die Daten keine statistische Analyse des Einflusses der Fachkultur auf die Ergebnisse: Aufgrund der extremen Ungleichverteilung der Geschlechter auf die einzelnen Fachbereiche und die z. T. sehr kleinen Fallzahlen der einzelnen Fachbereiche ist nicht zu ermitteln, ob vielleicht sogar die Fachkultur einen größeren Einfluss auf die Selbsteinschätzung haben könnte als

---

119 Bezogen auf Lernplattformen ist der Unterschied nicht signifikant, bei den Lernprogrammen ist er signifikant (p = 0,015).

das Geschlecht. Allein die Gruppendiskussionen lassen erahnen, dass die Geschlechter sich in ihren Kompetenzeinschätzungen weitgehend gleichen, dass zudem die interindividuellen Differenzen in den Kompetenzeinschätzungen nicht allein auf das Geschlecht zurückzuführen sind und sich vor allem jegliche Annahmen der Bipolarität der Geschlechter als zu vereinfacht erweisen. So zeigten sich in den Gruppendiskussionen die in der Fragebogenerhebung festgestellten Geschlechterdifferenzen so pauschal nicht. Allein in einer einzigen Gruppendiskussion zeigte sich eine Ausnahme dahingehend, dass eine Studentin sich als inkompetent darstellte: *„Ich habe von Computern keine Ahnung"* [120] (pm-Studentin 3: pm2a: 8), die anderen Studierenden - dabei beziehen sich die Aussagen nicht auf die Informatikstudierenden - schrieben sich dagegen, unabhängig vom Geschlecht, *„mittlere"*, *„ausbaufähige"*, aber für das hochschulische Arbeiten und die Freizeit, für die *„Textverarbeitung, Internet und so weiter. Ein paar Spiele spielen, Musik hören"* (pm-Student 1: pm2c: 11), durchaus *„ausreichende"* Computerkenntnisse zu (vgl.: pm2c: 11). Studentinnen wie Studenten gaben an, i. d. R. nur dann zu scheitern, wenn es um darüber hinausgehende Kompetenzen gehe, z. B. um das Programmieren. Das heißt, in den allgemeinen Anwendungsbereichen ähneln sich die Geschlechter. Geschlechterdifferenzen zeigten sich vor allem im Umgang mit Hardwareproblemen, die zu lösen seitens der Studentinnen vor allem Männern überlassen wird.

> *„Wenn bei uns zum Beispiel etwas schief geht, dann gehe ich zuallererst zu meinem Cousin, weil er Computerfachmann ist. Der hilft mir dann weiter. Oder mein Vater hat auch ganz gute Kenntnisse. Aber ich würde jetzt nie so ein Ding aufschrauben oder so"* (pm-Studentin 1: pm2c: 11f.).

Die Studentinnen äußerten sich dabei dahingehend, dass sie das täten, da sie ihre Kompetenzen als unzureichend empfänden und daraus resultierend Angst hätten, etwas kaputtzumachen, meinten aber auch, dass ihnen schlichtweg das Interesse daran fehle. Abweichend von diesen geschlechtsrollenkonformen Äußerungen zeigte sich jedoch in einzelnen Fällen, dass die Bipolarisierung der Kompetenzeinschätzungen zu kurz greift. Eine Biologie-Studentin gab z. B. an, dass sie schon mehrmals den Computer ihres Vaters auseinandergebaut, ihn repariert und wieder zusammengeschraubt habe, da ihr Vater im Gegensatz zu ihr über die dafür notwendigen Kompetenzen nicht verfüge. Und in einer anderen Gruppe, an der zwei Studenten und eine Studentin der Sozial-, Geistes- und Kulturwissenschaften teilnahmen, gaben beide Studenten an, ihre Computerkompetenzen seien eher marginal vorhanden, teilweise seien ihre *„Kompetenzprobleme"* (Vings-Student 2: 2) sogar hinderlich bei der Arbeit mit Inhalten des

---

120 Im Folgenden werden Auszüge aus den Gruppendiskussionen kursiv hervorgehoben.

von ihnen zum Erhebungszeitpunkt besuchten hybriden Seminars gewesen. So meinte einer dieser Studenten, er brauche mehr Zeit, bis er „*mit einem Programm selbstverständlich umgehen kann*" (Vings-Student 2: 3), als ihm seitens der Seminarleitenden gewährleistet worden war: „*Da war auch das Problem, da war die Einarbeitung, wir haben so eine kurze Einarbeitungsphase gemacht in Power-Point, die war mir zu kurz*" (Vings-Student 2: 3f.). Die Studentin äußerte sich dagegen dahingehend, ihre Kompetenz sei ausreichend.

Dass die Geschlechter sich, was ihre Einschätzungen der Computerkompetenzen angeht, in weiten Teilen durch Gemeinsamkeiten auszeichnen dürften und sich zudem die Differenzierung in zwei Geschlechter als zu vereinfacht ausweist, ist m. E. bei der Interpretation der Ergebnisse der Fragebogenerhebung im Auge zu behalten, die bezogen auf die Mittelwerte z. T. höchst signifikante Unterschiede zwischen den Geschlechtern bei den Selbsteinschätzungen von computerspezifischen Begabungen wie auch Anwendungskenntnissen ergab. Im Folgenden werden die Ergebnisse dargelegt, die die Wertzuschreibungen betreffen.

5.2.2 Wertzuschreibungen an den Computer und an E-Learning-Angebote

> „*Es ist einfach so eine Sache, wo sich Jungen einfach mehr interessieren. Denke ich mal. Das ist einfach von Gott gewollt*" (pm2-Student 3; pm2c: 12).

In den Kapitel 2.2.2.2 und 3.1.2 wurde mit Bezug auf verschiedene theoretische Ansätze und die Ergebnisse empirischer Studien dargelegt, dass und warum die Geschlechter dem Computer durchschnittlich einen unterschiedlichen Wert zuschreiben und sich dabei vor allem hinsichtlich ihres Interesses am Computer unterscheiden. Dabei wurde darauf hingewiesen, dass diese Interessensschiefe ggf. auf die geschlechtsspezifische Sozialisation zurückzuführen ist, sich jedoch nicht in allen Kontexten zeigt. Um zu eruieren, ob sich die befragten Studierenden qua Geschlecht in ihrer Wertzuschreibung unterscheiden, wird im Folgenden zunächst beleuchtet, wann, wo und weshalb sich die Studierenden zum ersten Mal mit dem Computer beschäftigten. In einem zweiten Schritt wird das Interesse der Studierenden am Computer erläutert wie auch daran, E-Learning-Angebote zu nutzen. Dabei lag der Erhebung die Hypothese zugrunde, dass die Studentinnen deutlich weniger am Computer interessiert sind als ihre Kommilitonen. Was jedoch das Interesse daran angeht, digitale Lehr-/Lernmedien zu nutzen, so war zu vermuten, dass auch dieses aufgrund der geringeren Kompetenzüberzeugungen bei den Studentinnen geringer sein dürfte als bei den Studenten, dass sich jedoch aufgrund des nutzendenorientierteren Umgangs der

Studentinnen mit Computern die Differenz zwischen den Geschlechtern weniger ausgeprägt zeigen sollte als bezogen auf das Interesse am Computer.

Was das Interesse am Computer angeht, so zeigte sich zunächst, dass die Studenten signifikant jünger waren als die Studentinnen, als sie sich zum ersten Mal mit dem Computer beschäftigt hatten (11,2 Jahre vs. 12,8 Jahre) und dass sie sich häufiger als die Studentinnen im privaten Kontext zum ersten Mal mit dem Computer auseinandergesetzt hatten (92% m; 77% w), während die Studentinnen öfter als ihre Kommilitonen im schulischen Kontext mit dem Computer in Berührung kamen (17% w; 4% m). Diese Schiefe lässt sich den Angaben der Studierenden zufolge primär durch das größere Interesse der Studenten am Computer erklären: Was die Gründe der ersten Beschäftigung mit dem Computer angeht, so zeigte sich zwar, dass die meisten Studierenden unabhängig vom Geschlecht den Zugang zum Computer über Computerspiele gefunden hatten (84% m; 73% w), jedoch äußerten die Studenten höchst signifikant häufiger als ihre Kommilitoninnen, ihr „persönliches Interesse an Technik" sei der Grund gewesen, sich mit Computern zu beschäftigen (65% m, 22% w). Bei den Studentinnen war es dagegen signifikant häufiger der "Informatikunterricht in der Schule", der sie zur Beschäftigung mit dem Computer brachte (30% w, 13% m). Sie äußerten zudem eine wesentlich höhere Kommunikations- und Informationsorientierung, was die Gründe ihres Zugangs zum Computer angeht. Höchst signifikant mehr Studentinnen als Studenten gaben an, das Bedürfnis nach „Kommunikation mit anderen" (29% w, 12% m) und das „Surfen im Internet" (28% w, 10% m) habe sie dazu gebracht, sich zum ersten Mal mit dem Computer zu beschäftigen (vgl. Grafik).

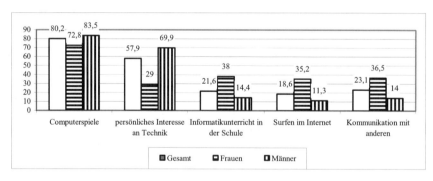

Abbildung 3: Anlass, sich zum ersten Mal mit dem Computer zu beschäftigen, Angaben in Prozent, n = unterschiedlich pro Item

Diese Ergebnisse lassen auf ein höheres Interesse der Studenten gegenüber Computern als technische Artefakte schließen. Sie scheinen zum einen eher intrinsisch motiviert gewesen zu sein, sich mit dem Computer auseinanderzusetzen, während die Studentinnen in größerem Ausmaß externer Motivation bedurften. Auch die Gründe der Beschäftigung variierten: Die Studenten scheinen sich mehr mit der Hardware auseinandergesetzt zu haben, während die Studentinnen Computer eher als Informations- und Kommunikationsmedien genutzt zu haben scheinen. - Um dies detaillierter zu beleuchten, wurde in der Erhebung die Wertzuweisung an den Computern noch eingehender ermittelt. Dabei wurde, angelehnt an die von Dickhäuser (2001) erarbeitete Skala zur Erhebung der Schülerperzeption des Kurswertes (vgl. ebd.: 120), eine eigene Skala zur Erhebung der Studierendenperzeption des Computerwertes entwickelt.[121] Diese Skala besteht aus neun Items und hat sich mit einem Reliabilitätskoeffizienten Alpha = 0,8401 als ausreichend reliabel erwiesen. Ihre Auswertung zeigte zunächst, dass meine Hypothese richtig war: Die Antworten der Studierenden besagen, dass sich die computerspezifische Wertperzeption der Studenten höchst signifikant von der der Studentinnen unterscheidet, in dem Sinne, dass die Studenten dem Computer einen deutlich höheren Wert zuschreiben als die Studentinnen.

---

121 Die hier verwendeten Items wurden für diese Arbeit neu entwickelt und zum ersten Mal eingesetzt. Der Entwicklung der Skala wurden jedoch die theoretischen Überlegungen Dickhäusers zur Perzeption des Computerwertes zugrunde gelegt. Dickhäuser definiert den Wert einer Aufgabe oder Aktivität als „die aufgaben- oder aktivitätsinhärente Eigenschaft, bestimmte Bedürfnisse eines Individuums zumindest potentiell zu befriedigen" (ebd.: 41) und differenziert ihn in die drei Kategorien a) Nützlichkeit, b) intrinsischer Wert sowie c) Zielerreichungswert. Bei der Skalenentwicklung sowie Itemformulierung war es theoretisch entscheidend, diese mit Variablen einzubeziehen. Die Skala besteht dementsprechend aus neun Items, von denen drei Items (A, B, G) die Nützlichkeit betreffen, d. h. „den Wert, den eine bestimmte Aufgabe dadurch besitzt, dass ihre Bewältigung das Individuum kurz- oder langfristigen Zielen näher bringt" (Dickhäuser 2001: 41), fünf Items (D, E, F, H, I) den intrinsische Wert, der darin besteht, dass der „Tätigkeitsvollzug der Aufgabe selbst der Person als angenehm oder befriedigend erscheint" (ebd.: 41) und zwei Items (A, B) den Zielerreichungswert, d. h. „die wahrgenommene Wichtigkeit von Erfolg bei dieser Aufgabe für die Selbstsicht einer Person" (ebd.: 41). Die Zuordnung der Items zu den drei Variablen ist dabei nicht trennscharf zu leisten, schon allein deswegen, weil das, was mit den Variablen selbst zu erfassen versucht wird, einige Überschneidungen aufweist.

Item-Nr.	Item	Mittelwert
Item A	Mit dem Computer bekomme ich schneller und bessere Arbeitsergebnisse als mit Papier und Stift.	G = 2,43; F = 2,86; M = 2,22
Item B	Ich finde, dass Computer unersetzlich sind.	G = 1,80; F = 2,01; M = 1,70
Item C	Am Computer vergesse ich allen privaten Frust.	G = 3,14; F = 3,56; M = 2,92
Item D	Schon als Jugendliche/r habe ich gerne am Computer gebastelt.	G = 2,40; F = 3,27; M = 1,98
Item E	Ich rede gerne mit meinen FreundInnen und Bekannten über Computer und Technik.	G = 2,51; F = 3,40; M = 2,07
Item F	Ich würde Computer und Internet auch als Hobby bezeichnen.	G = 2,10; F = 2,90; M = 1,71
Item G	Ein souveräner Umgang mit Computern ist eine wichtige Qualifikation für den Beruf.	G = 1,34; F = 1,45; M = 1,29
Item H	Ich sitze nur so viel am Computer, wie ich muss.	G = 1,98; F = 2,40; M = 1,77
Item I	In meiner Freizeit mache ich lieber etwas anderes, als am Computer zu sitzen.	G = 2,90; F = 3,30; M = 2,70
SKALA		G = 2,27; F = 2,76; M = 2,02

Tabelle 3: Skala „Studierendenperzeption des Computerwerts"[122]

Dabei liegt bei allen Items ein (z. T. höchst) signifikantes Ergebnis vor, d. h., die Studenten weisen dem Computer einen höheren Grad an Nützlichkeit, intrinsischem Wert sowie Zielerreichungswert zu. Für mich erstaunlich war dabei, dass die Studenten auch dem Item „Ein souveräner Umgang mit Computern ist eine wichtige Qualifikation für den Beruf" signifikant häufiger zustimmten als die Studentinnen. M. E. wäre anzunehmen gewesen, dass der pragmatische Umgang von Studentinnen mit Computern sich dahingehend geäußert hätte,

---

122 Als Antwortvorgaben wurden „stimme nicht zu", „stimme weniger zu", „stimme eher zu", „stimme voll zu" und „weiß nicht" vorgegeben. Ausgewertet wurde die Skala, indem pro Item diejenigen Fälle eliminiert wurden, die „weiß nicht" geantwortet haben. Dann wurden die Antworten so umkodiert, dass die Antworten jeweils in dieselbe Richtung wiesen: Kleine Werte bedeuteten eine hohe computerspezifische Wertperzeption, große eine niedrige.

dass sie die berufsbezogene Verwendung gleichermaßen wichtig gefunden hätten. Eventuell kann diese Differenz auf die Spezifika der Grundgesamtheit zurückgeführt werden, vor allem darauf, dass die Studentinnen annehmen, als Biologinnen, Pharmazeutinnen und Sozial-, Geistes- und Kulturwissenschaftlerinnen nicht im selben Maße beruflich mit Computern zu tun zu haben, als es die InformatikstudentInnen annehmen.

Die übrigen Ergebnisse waren m. E. jedoch erwartungskonform. Wie aufgrund der oben genannten Ergebnisse zur Technikfaszination zu vermuten war, zeigte sich, dass die Studenten sehr viel stärker als die Studentinnen am Computer als technischem Artefakt interessiert sind: Sie gaben jeweils höchst signifikant häufiger an, schon als Jugendliche/r gerne am Computer gebastelt zu haben, ihn gerne zum Gesprächsthema in der Interaktion mit FreundInnen und Bekannten zu machen und Computer und Internet als Hobby zu bezeichnen.[123]

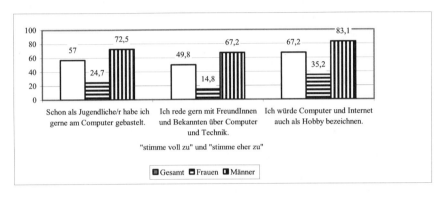

Abbildung 4: Perzeption des Computerwertes, Angaben in Prozent, n = unterschiedlich je Item

Die Studenten gaben darüber hinaus sehr viel häufiger als die Studentinnen an, den Computer als unersetzlich zu empfinden, während die Studentinnen eher nur so viel Zeit an ihm verbringen, wie sie müssen, und in ihrer Freizeit lieber etwas anderes machen. Insgesamt zeichnen die Ergebnisse deutlich das Bild einer männlichen Computerkultur, die sich dadurch auszeichnet, dass sich die Studenten in wesentlich deutlicherem Maß als die Studentinnen als vom Computer fasziniert bzw. dem Stereotyp eines männlichen Computerhackers entsprechend darstellen (vgl. dazu Erb 1996; Schelhowe 1999; Margolis/ Fisher/ Miller o.J.a). Aufgrund dessen bin ich dieser Differenz in den Gruppendiskussionen vertiefend nachgegangen. Ausgehend von der Annahme, dass das studenti-

---

123 P ist jeweils 0,000.

sche Umfeld, konkret: die Technikkultur der Hochschule, einen wesentlichen Beitrag leistet dahingehend, dass sich die Studentinnen in Prozessen des *doing gender* als desinteressiert an Technik und Computern darstellen, während Studenten ihr Technikinteresse herausheben, ging ich in diesem Kontext der Frage nach, ob sich das in den Fragebogenerhebungen seitens der Studierenden geäußerte Geschlechtergefälle in Bezug auf das Technik- und Computerinteresse auch in den studentischen Interaktionen zeigt bzw. dort (re-)produziert wird.

In den in geschlechterheterogener Zusammensetzung geführten Diskussionen zeigten sich, wie ich vermutet hatte, deutliche Hinweise auf ein *doing gender*. So stellten sowohl die Studentinnen als auch die Studenten das Basteln an der Hardware als vergeschlechtlichte, männlich konnotierte Arbeit dar. In einer Gruppendiskussion mit Studierenden der Naturwissenschaften und Mathematik z. B. gaben ohne Ausnahme alle Studenten an, öfter den Computer aufzuschrauben, um an ihm herumzubasteln: *„Ja, ich kaufe mir Einzelteile und baue sie zusammen."* (pm-Student 2: pm2c: 11), während die Studentinnen dies mit dem Hinweis verneinten, ihre Freunde/Partner oder andere Männer würden dies für sie übernehmen, wenn an ihrem Computer mal etwas zu machen wäre. Dabei schienen sowohl die Studenten als auch die Studentinnen diese geschlechterdifferenzierte Arbeitsteilung als normal anzusehen. Die Studentinnen legitimierten sie sogar mit dem Verweis auf ihr fehlendes Interesse an Computern:

Studentin 2:	*Ne! Das machen dann halt die Freunde.*
Student 1:	*Das machen dann die Kerle, das ist klar.*
Studentin 2:	*Das machen dann die Kerle.*
Student 1:	*Das ist Männerarbeit.*
Interviewerin:	*Das ist Männerarbeit! Das meinst du ernst?*
Student 1:	*Ich stelle das jetzt so in den Raum.*
Student 2:	*Das ist meistens, ne?*
Studentin 1:	Also mich interessiert es auch gar nicht, muss ich *ehrlich sagen* (pm2c: 11).

Dass Studentinnen das Interesse am Computer von sich weisen, kam auch in anderen Gruppendiskussionen zum Ausdruck. So gab in einer Gruppendiskussion eine Studentin an, schon mehrmals einen Computer zusammengebaut zu haben, machte aber sogleich deutlich, dass sie das eher widerwillig getan habe: *„Sagen wir mal so, ich habe schon mal welche zusammengebaut, aber Spaß macht mir das nicht"* (pm-Studentin 2: pm2b: 7). Die Studenten äußerten sich dagegen komplementär, wobei es aber vor allem die Informatikstudenten waren, die sich als *sehr* interessiert an Computern wie auch an der Technik darstellten: *„Technik ist halt interessant und Linux und alles, was dazu gehört."* (Simba-Student 2: 8) und angaben, aufgrund ihres Spaßes am Umgang mit dem Computer diesen nicht nur als Arbeitswerkzeug, sondern auch als Hobby zu verwenden.

„Ich arbeite nicht immer zielgerichtet. Ich sitze viel auch aus Spaß an der Freude am Rechner, ich mache viel privat mit dem Computer und daher läuft er bei mir sowieso relativ oft. Wenn ich dran arbeite, dann arbeite ich auch wirklich, aber ich mache damit auch viele private Sachen, die jetzt nicht unbedingt mit der Uni zusammenhängen. Ich mache viel mit dem Computer. Ich spiele auch ganz gerne" (Simba-Student 1: 7).

Dementsprechend würden sie sich auch sehr viel über Technik unterhalten: „*Definitiv!*" (Simba-Student 2: 10), das Thema würde sie einfach interessieren: „*Ich denke, wenn es uns nicht interessieren würde, würden wir es nicht studieren*" (Simba-Student 3: 10).[124] Ein Student der Geisteswissenschaften äußerte dagegen in einer geschlechterheterogenen Zusammensetzung, dass er Computern sehr skeptisch gegenüberstünde, er also kein Interesse am Computer habe sondern eine generelle „*Apathie*" gegenüber Computer (Vings-Student 1: 1). Dies könnte m. E. nicht nur als Hinweis auf Differenzen innerhalb der Genus-Gruppen interpretiert werden, sondern auch als Zeichen dafür, dass es innerhalb technikferner Fachkulturen Studenten eher möglich ist, sich als desinteressiert an Technik und Computern darzustellen, als es in techniknahen Fächern der Fall ist. Denn es wäre eigentlich zu erwarten gewesen, dass dieser Student sich in dem geschlechterheterogenen Zusammenhang eher stereotyp geäußert hätte (vgl. Kessels 2001; Schründer-Lenzen 1995).

Dennoch ließ sich in allen Gruppendiskussionen eine starke Tendenz vieler befragten Studierenden feststellen, sich den Geschlechterstereotypen entsprechend zu äußern. Sowohl Studentinnen als auch Studenten schienen die Geschlechterstereotype verinnerlicht zu haben und aufgrund dessen in *doing gender*-Prozessen das Geschlecht zu (re-)produzieren. Dabei wurde zudem mehr-

---

124 In diesem Kontext zeigt sich explizit die männliche Computerkultur an Informatikbereichen. Die Informatikstudentinnen gaben in einer geschlechtshomogen geführten Diskussion dagegen an, sie würden zwar auch sehr viel über Technik sprechen und auch in dem Technik-Jargon, den die Kommilitonen verwendeten, sie würden dies aber nicht tun, weil es für sie selbstverständlich gewesen wäre, sondern allein aufgrund ihrer Anpassung an die Fachkultur der Informatik. Zu Beginn des Studiums sei dieser Jargon noch sehr befremdlich gewesen „*Das ist irgendwie so, als wenn man ein Kind in China aussetzt.*" (Simba-Studentin 1: Simba 11) und habe ihnen zudem das Gefühl gegeben, weniger kompetent zu sein als die Kommilitonen: „*Ich habe zwei Stunden dagesessen und kein Wort verstanden, weil die sich nur über irgendwelche Betriebssysteme unterhalten haben und ich diese Wörter noch nie gehört hatte. Das war ganz schön furchtbar. (...) Ich habe nichts verstanden. Zwei Stunden, wo man nichts versteht! Das ist furchtbar und da denkt man auch: „Ich weiß ja nichts!*" (ebd.: 11f.). Meiner Untersuchung zufolge scheint es sich hierbei jedoch um ein Phänomen zu handeln, das ausschließlich in Informatik-Fachbereichen existiert, die Studierenden anderer Fachkulturen äußerten sich nicht derart.

fach deutlich, dass die Studenten die Geschlechterdifferenzen stärker in den Vordergrund stellten und diese der Natur zuschrieben und nicht problematisierten: „*Das ist einfach von Gott gewollt*" (pm2-Student 3; pm2c: 12).

Die Frage ist nun, inwiefern sich diese Befunde zum computerspezifischen Interesse auf das Interesse an E-Learning-Angeboten übertragen lassen. Aufgrund des geringeren computerspezifischen Selbstkonzepts eigener Begabung wäre zu vermuten, dass die Studentinnen sich deutlich geringer daran interessiert zeigen sollten, mit digitalen Lehr-/Lernmedien zu arbeiten. Andererseits könnten diese Geschlechterdifferenzen aufgrund des nutzenorientierteren Umgangs mit Computern nivelliert werden. - Die Ergebnisse weisen darauf hin, dass ersteres zutrifft: Die befragten Studenten zeigten sich gegenüber dem E-Learning deutlich positiver eingestellt als ihre Kommilitoninnen. Dies zeigt sich bei der Frage „Würden Sie es befürworten, wenn das Angebot an computerunterstützter Lehre in Ihrem Fachgebiet ausgebaut würde?", auf die 75% der Studenten, aber nur 55% der Studentinnen mit „ja" antworteten[125], genauso wie bei der anhand verschiedener Items detailliert erhobenen Einstellung zum E-Learning, die zwar insgesamt sehr positiv war, dabei jedoch bei den Studenten höchst signifikant positiver als bei den Studentinnen.[126]

---

125 20,3% der Studentinnen und 4% der Studenten antworteten mit „nein" und 34,5% der Studentinnen und 20,9% der Studenten mit „weiß nicht". Warum so viele Studierende die Antwort auf die Frage nicht wussten, kann leider auf der Datengrundlage nicht beantwortet werden. Zu vermuten ist, dass sie aufgrund ihrer geringen Erfahrung mit E-Learning unsicher über die Konsequenzen eines Ausbaus des Angebots waren.

126 Um Aussagen über die studentische Einstellung zum E-Learning machen zu können, wurden die zehn in der Tabelle unten aufgeführten Items zu einer Skala zusammengefasst. Die Antwortvorgaben waren „stimme nicht zu", „stimme weniger zu", „stimme eher zu", „stimme voll zu" und „weiß nicht". Ausgewertet wurde die Skala, indem pro Item diejenigen Fälle eliminiert wurden, die „weiß nicht" geantwortet haben. Dann wurden die Antworten so umkodiert, dass die Antworten jeweils in dieselbe Richtung wiesen: Kleine Werte bedeuteten eine positive Einstellung zum E-Learning, große eine negative. Die Skala erwies sich mit einem Reliabilitätskoeffizienten Alpha = 0,8184 als ausreichend reliabel. Mit T= 4,009, df=141,024, p= 0,000 liegt ein höchst signifikanter Unterschied zwischen den Studentinnen und den Studenten vor: Während der Durchschnittsskalenwert bei 2,29 lag, lag der Durchschnitt der Studenten bei 2,19, der der Studentinnen bei 2,49.

Item-Nr.	Item	Mittelwert
Item A	Multimedia steigert die Motivation.	G = 2,05; F = 2,22; M = 1,97
Item B	Multimedia führt zu einem besseren Verständnis der Inhalte – im Gegensatz zu einem Buch.	G = 2,29; F = 2,52; M = 2,18
Item C	In den Vorlesungen sollte mehr Multimedia verwendet werden.	G = 2,12; F = 2,29; M = 2,04
Item D	Ich fände es gut, Veranstaltungen online von zu Hause aus besuchen zu können und nicht so oft in die Uni kommen zu müssen.	G = 2,80; F = 2,92; M = 2,75
Item E	Ich fände es gut, neben der Präsenzveranstaltung mein Wissen durch Online-Lernangebote vertiefen zu können.	G = 1,81; F = 1,93; M = 1,74
Item F	Computerunterstützung verbessert die Kommunikation zwischen Studierenden und Lehrenden.	G = 2,62; F = 2,73; M = 2,57
Item G	Ich fände es o.k., wenn ich im Studium mehr mit Lernprogrammen und dem Internet arbeiten müsste.[127]	G = 2,33; F = 2,55; M = 2,22
Item H	Virtuelle Lehre macht einsam.	G = 2,74; F = 2,88; M = 2,67
Item I	Ich glaube nicht, dass mehr Multimedia und Internetnutzung ein Vorteil gegenüber der jetzigen Lehre ist.	G = 2,10; F = 2,32; M = 2,00
Item J	Virtuelle Lehre ist bestimmt mit vielen technischen Problemen verbunden, auf die ich keine Lust habe.	G = 2,00; F = 2,54; M = 1,75
SKALA		G = 2,29; F = 2,49; M = 2,19

Tabelle 4: Skala „Einstellung zum E-Learning"

Jeweils signifikant mehr Studenten als Studentinnen gaben an, in der Vorlesung sollte mehr Multimedia verwendet werden (77% m; 63% w), sie fänden es „gut", neben der Präsenzveranstaltung ihr Wissen durch Online-Lernangebote vertiefen zu können (88% m; 77% w) und „okay", wenn sie im Studium mehr mit Lernprogrammen und dem Internet arbeiten müssten (71% m; 46% w).

---

[127] Dieses Item habe ich angelehnt an das Item „Ich fände es okay, wenn ich im Studium häufiger mit Multimedia und Internet lernen und arbeiten müsste.", das Jürgen Petri, der Evaluator des Projekts physik multimedial, für einen Erhebungsbogen entwickelte, der der Erprobung von Lehr-/Lernmaterialien diente. Der Bogen ist veröffentlicht auf der Homepage des Projekts: http://www.physik-multimedial.de.

Dabei versprachen sie sich von den E-Learning-Angeboten im deutlich höheren Umfang positive Effekte: Ebenfalls signifikant mehr Studenten als Studentinnen meinten, dass Multimedia die Motivation steigere (76% m; 60% w) und im Gegensatz zu einem Buch zu einem besseren Verständnis der Inhalte führe (64% m; 42% w), während die Studentinnen signifikant häufiger angaben, ihrer Meinung nach sei Multimedia und Internetnutzung kein Vorteil gegenüber der jetzigen Lehre (39% w; 24% m), und höchst signifikant häufiger, die virtuelle Lehre sei bestimmt mit vielen technischen Problemen verbunden (54% w; 18% m).

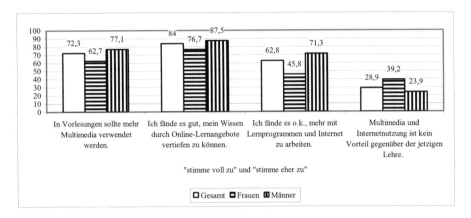

Abbildung 5: Einstellungen zum E-Learning, Angaben in Prozent, n = unterschiedlich je Item

Im Bereich des Einflusses des E-Learning auf das soziale Miteinander zeichneten sich die Geschlechter dagegen durch Gemeinsamkeiten aus: Die Studierenden unterscheiden sich qua Geschlecht nicht signifikant in ihren Einstellungen bezüglich der häuslichen Arbeit an Inhalten („Ich fände es gut, Veranstaltungen online von zu Hause aus besuchen zu können und nicht so oft in die Uni kommen zu müssen.") noch darin, dass das E-Learning die Kommunikation beeinflusse oder zur Vereinsamung der Studierenden beitrage. Meines Ermessens sind diese Ergebnisse dahingehend zu interpretieren, dass den Studierenden durchaus bewusst ist, dass die Computerunterstützung nicht zu einer Virtualisierung der Hochschule beiträgt, sondern allenfalls eine Anreicherung der Präsenzlehre darstellt, die nicht derartige Effekte auf das soziale und kommunikative Miteinander haben kann.

Zusammenfassend kann hier festgehalten werden, dass die Studenten dem Computer einen deutlich höheren Wert zuschreiben als die Studentinnen. Das größere Interesse äußert sich dann auch u. a. in einer deutlich positiveren Einstellung gegenüber dem E-Learning. Es ist demnach davon auszugehen, dass die geringeren Begabungsüberzeugungen der Studentinnen sich direkt in einer negativeren Einstellung gegenüber dem computerunterstützten Lehren und Lernen ausdrückt, und dass der pragmatischere Umgang mit Computern dies nicht ausgleichen kann. Wie nun sieht es mit den Erfolgserwartungen aus?

5.2.3 Computerspezifische Erfolgserwartung

In den Kapiteln 2.2.2.2 und 3.1.3 wurde darauf hingewiesen, dass Frauen i. d. R. weniger erfolgszuversichtlich mit dem Computer arbeiten als Männer. Dementsprechend wurde auch bezogen auf dieses Kriterium in der Erhebung danach gefragt, ob dieser Befund auch auf die befragten Studierenden zutrifft. Dabei wurde der Erhebung der Erfolgserwartung eine Skala zugrunde gelegt, die aus sechs Items besteht. Diese Items wurden von Dickhäuser (2001) übernommen, jedoch zum Teil leicht umformuliert. Mit den unten aufgeführten Itemformulierungen erwies sich die Skala mit einem Reliabilitätskoeffizienten Alpha = 0,8575 als ausreichend reliabel. Die Auswertung zeigte, dass die computerspezifischen Erfolgserwartungen der Studenten höchst signifikant günstiger sind als die der Studentinnen.[128]

---

128 Die Antwortvorgaben waren „stimme nicht zu", „stimme weniger zu", „stimme eher zu", „stimme voll zu" und „weiß nicht". Ausgewertet wurde die Skala, indem pro Item diejenigen Fälle eliminiert wurden, die „weiß nicht" geantwortet haben. Dann wurden die Antworten so umkodiert, dass die Antworten jeweils in dieselbe Richtung wiesen - kleine Werte bedeuteten eine hohe Erfolgserwartung, große eine niedrige. Mit T = 9,173, df = 264, p = 0,000 ist der Mittelwertunterschied höchst signifikant: Während der Durchschnittsskalenwert bei 1,61 lag, lag der Durchschnitt der Studenten bei 1,42, der der Studentinnen bei 2,01.

Item-Nr.	von Dickhäuser verwendete Items (Dickhäuser 2001: 59)	in dieser Arbeit verwendete Items	Mittelwert
Item A	Wenn es für die Arbeit am Computer Noten gäbe, dann bekäme ich in Zukunft gute Zensuren.	Wenn es für den Umgang mit Computern Noten gäbe, dann bekäme ich gute Noten.	G = 1,77; F = 2,37; M = 1,49
Item B	Wenn ich mit einem Problem am Computer konfrontiert werde, denke ich, dass ich das schon hinbekommen werde.	Wenn ich mit Problemen am Computer konfrontiert werde, denke ich, dass ich das schon hinbekommen werde.	G = 1,75; F = 2,32; M = 1,47
Item C	Wenn ich vor einem neuen Problem in der Arbeit mit dem Computer stehe, kommen mir meist gute Ideen, um die Fehler zu beheben.	Wenn ich vor einem neuen Problem im Umgang mit dem Computer stehe, kommen mir meist gute Ideen, um das Problem zu beheben.	G = 1,98; F = 2,60; M = 1,68
Item D	gleich	Bei vielen Dingen, die mit Computern zu tun haben, werde ich scheitern.	G = 1,56; F = 1,88; M = 1,40
Item E	gleich	Bei neuen Aufgaben, die ich mit dem Computer erledigen muss, weiß ich oft schon vorher, dass ich alles falsch machen werde.	G = 1,29; F = 1,47; M = 1,21
Item F	Wenn ich mich an die Tastatur von einem Computer setze, denke ich, dass bei mir wahrscheinlich vieles schief laufen wird.	Wenn ich mich zum Arbeiten an meinen Computer setze, denke ich, dass bei mir wahrscheinlich vieles schief laufen wird.	G = 1,30; F = 1,39; M = 1,25
SKALA			G = 1,61; F = 2,01; M = 1,42

Tabelle 5: Skala „Computerspezifische Erfolgserwartung"

Das bedeutet zusammenfassend wiederum, dass sich die Studentinnen bei allen Kriterien, mittels derer die Einstellung gegenüber Computern wie auch dem E-Learning ermittelt wurden, dadurch auszeichnen, dass sie dem Computer wie dem E-Learning gegenüber deutlich negativer eingestellt sind als ihre Kommilitonen. Sie verfügen über ein geringeres computerspezifisches Selbstkonzept eigener Begabung, schreiben dem Computer wie auch dem E-Learning einen geringeren Wert zu und zeigen weniger Erfolgszuversicht beim Arbeiten mit dem Computer. Wird das Erwartung-Wert-Modell von Dickhäuser (2001) zugrunde gelegt, ist zu erwarten, dass sich dies in einer weniger intensiven Nutzung von Computern und E-Learning-Angeboten und einer geringeren Wahl dieser Medien zum Erledigen hochschulischer Aufgaben oder zum Lernen äußern dürfte, wie darin, dass die Studentinnen bei Problemen eher das Arbeiten mit den Medien aufgeben. Ob dies, bezogen auf die befragten Studierenden, der Fall ist, wird im Folgenden gezeigt.

5.3 Verhalten gegenüber Computern und E-Learning-Angeboten

In diesem Unterkapitel wird das Verhalten der Studierenden gegenüber dem Computer und dem E-Learning beleuchtet. Erhoben wurden die Computer- und Internetressourcen, über die die Studierenden privat verfügen, sowie die Intensität, Wahl und Persistenz der Nutzung von Computern wie E-Learning-Angeboten. Erwartet werden deutliche Differenzen zwischen den Geschlechtern: Die Studentinnen sollten über geringere technische Ressourcen verfügen, den Computer wie auch E-Learning-Angebote im geringeren Umfang nutzen, digitale Medien weniger häufig als Arbeitsmedium wählen und bei Problemen das Arbeiten mit den Medien eher aufgeben.

5.3.1 Häusliche Computer- und Internetressourcen

Im Kapitel 3.2.1 wurde mit Verweis auf repräsentative Studierendenbefragungen dargelegt, dass Studentinnen gegenüber Studenten weniger häufig auf einen eigenen Computer zugreifen können und sich noch deutlichere Geschlechterdifferenzen bei den Internetzugängen zeigen; Studentinnen verfügen seltener über einen Internetzugang und, wenn ja, über deutlich unkomfortablere. Da diese technischen Ressourcen jedoch eine wesentliche Voraussetzung für die Nutzung von E-Learning-Angeboten sind, ist diesem Kriterium in der Erhebung vertiefend nachgegangen worden.

Die Ergebnisse der Erhebung sind erwartungskonform. Sie zeigen zunächst, dass die Studenten höchst signifikant häufiger einen eigenen Computer besitzen als die Studentinnen (93% m, 82% w). Mit 18% besaß zum Erhebungszeitpunkt immerhin knapp ein Fünftel der befragten Studentinnen keinen eigenen Computer, was wiederum bedeutet, dass die Studentinnen, wenn sie denn am Computer arbeiten wollen, sehr viel häufiger als ihre Kommilitonen an einem fremden Computer arbeiten müssen, z. B. an dem der Partnerin/ des Partners, der MitbewohnerInnen oder der Eltern. Es ist davon auszugehen, dass sie aufgrund dessen im zeitlichen Umfang der Computernutzung eingeschränkt sind, genauso wie sie einen geringeren Einfluss als die Studenten auf die installierte Software o. Ä. haben dürften, d. h., sie können sich ihre Arbeitsumgebung weniger gemäß ihrer eigenen Ansprüche gestalten.

Wenn die Studentinnen einen eigenen Computer besaßen, dann durchschnittlich einen im Vergleich mit denen der Studenten deutlich schlechteren und unkomfortableren. So sind die Computer der Studentinnen nicht nur durchschnittlich fast ein Jahr älter (2,72 Jahre vs. 1,91 Jahre), sondern auch weniger leistungsfähig: Die Prozessoren der Rechner der Studenten haben mit durchschnittlich 1518,70 MHz eine höhere Taktung als die der Studentinnen mit 1241,47 MHz, ihre Hauptspeichergröße ist signifikant größer als die der Computer der Studentinnen (463,89 MB m; 290,67 MB w) und auch die Festplattengröße der Rechner der Studenten ist größer als die der Studentinnen (76,77 GB vs. 47,14 GB). Darüber hinaus stellte sich heraus, dass zwar nahezu genauso viele Studenten wie Studentinnen zuhause auf das Internet zugreifen können (93,3% w; 92,7% m), dass jedoch die Studenten über die deutlich schnelleren Internetverbindungen verfügen (siehe Grafik).

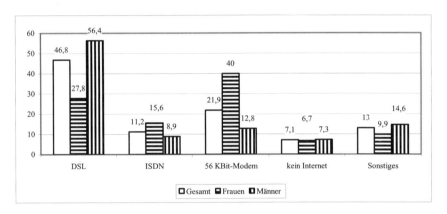

Abbildung 6: Häuslicher Internetzugang, Angaben in Prozent, n = 269

Dies ist insofern bedeutsam, als die meisten digitalen Lehr-/Lernmedien zwar dem Anspruch der Entwickelnden nach auch mit nicht ganz aktuellen Rechnern und per Modem benutzbar sein sollen, sich aber m. E. de facto die Rechnerleistung und die Geschwindigkeit der Datenübertragung deutlich auf den Komfort des Umgangs und somit auf das Ausmaß der Freude bei der Nutzung der Medien auswirken dürfte. Dementsprechend haben die befragten Studentinnen nicht nur aufgrund ihrer negativeren Einstellungen gegenüber dem Computer und dem E-Learning, sondern auch aufgrund ihrer nicht oder nur unzureichend vorhandenen technischen Ressourcen deutlich geringere Chancen als die Studenten, E-Learning-Angebote komfortabel und motivierend nutzen zu können. Exemplarisch verdeutlicht dies das folgende Zitat einer Studentin, die ihre Erfahrung bei der Arbeit mit einem Lernmodul beschreibt:

> *„Ja genau, ich habe auch einen Modemanschluss und ich habe einen Computer, der ist ungefähr 8 Jahre alt, ich habe Windows 95 drauf. Und wenn ich das [Lernmodul, A.T.] draufpacke, das wird dann auch garantiert nicht laufen. Ich habe es jetzt zu Hause gemacht, aber das dauert auch so noch zu lange. Ich habe das jetzt unter Windows xp an dem*

Computer meiner Eltern gemacht und das hat unheimlich lange gedauert, bis es sich überhaupt aufgebaut hat. Beim Lesen war ich dann immer schon, ich hätte das zwei oder drei Mal durchlesen können, bis das Bildchen erschienen ist. Wenn es überhaupt erschienen ist" (pm-Studentin 3: pm2a: 2).

Dass dies für Studentinnen sehr bedenklich ist, liegt auf der Hand. Im Folgenden wird beleuchtet, ob bzw. inwiefern sich die Differenzen in den technischen Ressourcen und den Einstellungen in einer unterschiedlichen Nutzung von Computern und E-Learning-Angeboten äußern.

5.3.2 Intensität, Wahl und Persistenz der Nutzung von Computern und E-Learning-Angeboten

Im Kapitel 3.2.2 wurde dargelegt, dass Männer im Durchschnitt deutlich mehr Zeit mit dem Computer verbringen als Frauen, wobei dieser größere Zeitumfang vor allem auf der privaten Nutzung des Computers basiert, während die Geschlechter, was das studienbezogene Arbeiten angeht, nahezu gleich viel Zeit am Computer verbringen. Darüber hinaus wurde erläutert, dass Männer bei computerbezogenen Problemen häufiger die Arbeit am Computer fortsetzen, während Frauen dadurch häufiger das Arbeiten mit dem Medium aufgeben. Als Gründe dafür wurden die Einstellungsunterschiede angeführt. Da sich diese auch bei den befragten Studierenden zeigten, ist zu erwarten, dass die befragten Studentinnen den Computer wie auch E-Learning-Angebote seltener nutzen und, wenn computerbezogene Probleme auftreten, das Arbeiten mit ihm eher abbrechen.

Was die Intensität der Nutzung angeht, so wurde der oben genannte Befund anderer Studien in meiner Erhebung nur zum Teil bestätigt: Zwar verbringen die befragten Studenten deutlich mehr Zeit mit dem Computer als die Studentinnen, dies betrifft jedoch sowohl die private wie auch die studienbezogene Nutzung.

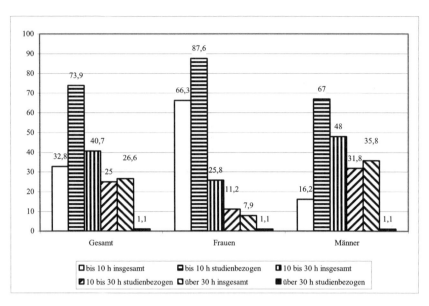

Abbildung 7: Durchschnittlich pro Woche am PC verbrachte Zeit, Angaben in Prozent, n = 268 (89 Frauen, 179 Männer)

Dass die Differenz sich auch in der studienbezogenen Nutzung zeigt, könnte m. E. zumindest zum Teil darauf zurückzuführen sein, dass die Studentinnen sich im Erhebungszeitraum gegenüber den Studenten durchschnittlich in niedrigeren Semestern befanden, in denen die Arbeit mit dem Computer noch keine so große Rolle spielt wie in höheren Semestern. Die geringere Studiendauer könnte darüber hinaus auch erklären, wieso die Erhebung deutliche Geschlechterdifferenzen in den Erfahrungen mit E-Learning-Angeboten zeigte, die die Studierenden bis zum Erhebungszeitpunkt gesammelt hatten. Jeweils mehr Studenten als Studentinnen hatten schon einmal eine multimediaunterstützte Präsenzveranstaltung besucht (68% m; 45% w)[129], rein internetbasierte Lernangebote wie z. B. Selbstlerneinheiten im hochschulischen Kontext (61% m; 51% w) bzw. zusätzlich zu Präsenzveranstaltungen interaktive Simulationen (51% m; 18% w) und Multimedia (53% m; 21% w) genutzt. Dasselbe gilt für computergestützte Kommunikationsformen: Mehr Studenten als Studentinnen hatten Foren genutzt (66% m; 35% w m), miteinander gechattet (54% m; 44% w) und Videokonferenzen (11% m; 6% w) genutzt.

---

129 Die Items beantworteten jeweils unterschiedlich viele Studierenden, sodass sich die Prozentangaben auf die jeweils antwortenden Studierenden beziehen.

Aus der häufigeren Nutzung von Computern und E-Learning durch Studenten kann - trotz der unterschiedlichen Studienphasen - m. E. jedoch dennoch auf ein weniger zuwendendes Wahlverhalten der Studentinnen geschlussfolgert werden. Denn dieses zeigte sich auch darin, dass weniger Studentinnen als Studenten sich darüber informiert hatten, welche E-Learning-Angebote an ihrem Fachbereich angeboten werden: 6,3% der Studenten und 4,7% der Studentinnen wussten ganz genau, welche E-Learning-Angebote zur Zeit der Erhebung angeboten wurden und 52% der Studenten gegenüber 45% der Studentinnen wussten es zum Teil. Allerdings sollte auch hier darauf verwiesen werden, dass dieses zuwendende Wahlverhalten natürlich nicht für alle Studenten gilt. Im Gegenteil äußerte sich ein Student in einer Gruppendiskussion dahingehend, dass er aufgrund seiner mangelnden Computerkenntnisse beinahe das hybride Seminar nicht gewählt hätte:

> „Aber so von den sonstigen Problemen, die ich auch schon vorher am Computer hatte, hat mich das eher abgeschreckt und ich habe eher gedacht: ‚Hm, das ist ein Thema, das mich sehr interessiert, deshalb habe ich trotzdem...'" (Vings-Student 1: 1).

Gleichzeitig verweist dieses Zitat jedoch auf den Zusammenhang der Kompetenzzuschreibungen mit dem Wahlverhalten, sodass aufgrund der durchschnittlich geringeren Begabungsüberzeugungen wie auch insgesamt negativeren Einstellungen der Studentinnen davon auszugehen ist, dass sie den Computer wie auch E-Learning-Angebote aufgrund dessen seltener als Medien zum Arbeiten und Lernen nutzten. Hinzu kommt die, von einigen Studentinnen in den Gruppendiskussionen geäußerte, Angst davor, etwas kaputtzumachen, die offensichtlich dazu führte, dass sie lieber traditionelle als digitale Medien zum Lernen verwendeten: „*Ich lerne das lieber alles per Text, per Bücher und nicht so trial and error, weil ich immer Angst habe, dass ich etwas kaputt mache am Rechner*" (Simba-Studentin 2: 4f.). Diese Angst äußerte keiner der Studenten.

Was die Persistenz angeht, so zeigte sich in der Erhebung entgegen den Erwartungen jedoch keine pauschale Geschlechterdifferenz. Im Gegenteil zeichnen die Daten ein differenziertes Bild, das mit geschlechtsstereotypen Vorstellungen deutlich bricht, welches im Folgenden anhand zweier jeweils in geschlechtshomogener Zusammensetzung geführten Gruppendiskussionen mit Informatikstudierenden aufgezeigt wird. Zunächst zeigte sich erwartungskonform, dass die Persistenz der Studenten sehr hoch ist: In den Gruppendiskussionen gaben nahezu alle Studenten an, sie würden spielerisch mit dem Computer umgehen und ggf. so lange mittels Versuch und Irrtum herumprobieren, bis der Computer das mache, was sie wollten: „*Ich habe in meinem Leben noch nicht viele Betriebsanleitungen gelesen. Ich klicke so lange rum, bis es irgendwann funktioniert*" (Simba-Student 1: 8). Aufgrund ihres Interesses am Computer und der Annahme, über die für dieses Vorgehen nötige Kompetenz zu verfügen, gehen sie sehr gelassen mit dem Computer um und zeigen auch bei Problemen ein hohes Durchhaltevermögen, d. h., sie lassen sich auch durch diverse Misserfolge nicht abschrecken:

> *„Mein Computer ist schon so oft abgestürzt... Wenn man die Daten nicht sichert oder so, das ist mir letztens passiert, da habe ich herumgefruckelt, da habe ich mir acht Gigabyte meiner Daten zerschossen, aber... Na gut, das waren vielleicht nur sechs. Aber jetzt habe ich es wieder soweit, dass es geht und dann fängt man eben wieder von vorne an. Das ist eben nur der Zeitaufwand, den man braucht, die tausend Programme wieder draufzuinstallieren"* (Simba-Student 2: 8f.).

Genau dasselbe Verhalten zeigte sich - geschlechterstereotypen Annahmen entgegenlaufend - jedoch auch bei einer Informatikstudentin, die sich von Problemen nicht abschrecken lässt, sondern auch dann am spielerischen Umgang mit dem PC festhält: *„Ich setze mich auch mal hin und spiele eine Runde mit einem Programm und probiere aus, was geht und was nicht* (Simba-Studentin 1: 4f.). Schon während ihrer Berufstätigkeit, der sie vor dem Studium nachging, habe sie sich *„aus reinem Spieltrieb mit dem Computer auseinandergesetzt"* und sei eine firmenbekannte Computerexpertin gewesen, die, *„wenn es da irgendwo ein Computerproblem gab, zu Rate gezogen wurde"* (ebd.: 5). - Interessant ist jedoch bei dieser Studentin, dass sie selbst ihren Zugang zum Computer als ihrem Geschlecht im Grunde nicht angemessen beschreibt. Anscheinend aufgrund der Verinnerlichung von Geschlechterstereotypen, die allein Männern einen spielerischen Zugang zu Computern zuschreiben, sagte sie, sie habe *„einen eher männlichen Zugang zu Computer. (...) Also ich habe da, glaube ich, doch eher den männlichen Spieltrieb"* (Simba-Studentin 1: 10). Das heißt, sie thematisierte das Geschlecht, ohne dass es von mir als Diskussionsleiterin angesprochen wurde, aus dem Grund heraus, dass sie ihr Verhalten als untypisch empfand. Gleichzeitig jedoch setzte sie sich kritisch damit auseinender und unterlief das *doing gender*, indem sie die Konstruktion von Geschlecht thematisierte als auch sich bewusst gegen ein geschlechterstereotypes Verhalten entschied.

Zusammenfassend kann hier festgehalten werden, dass die befragten Studenten den Computer wie auch E-Learning-Angebote durchschnittlich intensiver nutzen und ihn eher als Lernmedium wählen als die Studentinnen. Was die Persistenz angeht, so zeigte sich diese Differenz jedoch nicht. Insgesamt deuten die Ergebnisse darauf hin, dass die Nutzung sich nicht per se qua Geschlecht unterscheidet, sondern dass sich die Geschlechter erstens zum Teil gleichen und zweitens, dass es immer einzelne Frauen und Männer gibt, deren Verhalten keineswegs mit einer dualistischen Perspektive auf Geschlecht zu fassen ist. - Im Folgenden werden die Ergebnisse der ersten Studie zusammengefasst und diskutiert.

5.4 Zusammenfassung und Diskussion der Ergebnisse

„Die Beherrschung der allerneusten Technologie bedeutet, an der Gestaltung der Zukunft beteiligt zu sein, daher handelt es sich um eine hoch geschätzte und mythologisierte Aktivität" (Wajcman 2002: 278).

Insgesamt weisen die in diesem Kapitel dargelegten Ergebnisse der Studierenden-Befragung darauf hin, dass es bei der Auswertung und der Interpretation von Aussagen über die Einstellungen gegenüber und Nutzung von Computern allgemein und E-Learning-Angeboten im Besonderen sinnvoll und notwendig ist, eine differenzierungstheoretische Perspektive auf Geschlecht einzunehmen. Dadurch, dass eine solche Perspektive eingenommen wurde, konnte herausgearbeitet werden, dass sich die Genus-Gruppen durch zahlreiche Gemeinsamkeiten auszeichnen und es sowohl unter den Studenten als auch unter den Studentinnen Individuen gibt, die, was ihre Einstellungen zum und ihren Umgang mit dem Computer und E-Learning-Angeboten angeht, den Geschlechterstereotypen deutlich widersprechen. Vor allem in den Gruppendiskussionen zeigten sich vielfach Beispiele, die die These der Geschlechterforschung von einer Vielfältigkeit von Geschlecht belegen (vgl. Metz-Göckel 2000; 1999) und die zudem darauf schließen lassen, dass die Fachkulturen einen erheblichen Einfluss darauf haben, ob und inwiefern sich Geschlechterdifferenzen zeigen (oder nicht).

Obwohl sich nicht alle befragten Individuen qua Geschlecht darin unterschieden, wie sie Computern und E-Learning-Angeboten gegenüber eingestellt sind und wie sie diese nutzen, wiesen die Ergebnisse der Fragebogenerhebung dennoch z. T. höchst signifikante Unterschiede zwischen den Geschlechtern nach. So zeigten vor allem Mittelwertvergleiche, dass die Studentinnen *durchschnittlich* deutlich negativere Einstellungen dem Computer und dem computerunterstützten Lehren und Lernen gegenüber haben als die Studenten: Sie halten ihre Begabungen und Anwendungskenntnisse für weniger ausgeprägt, schreiben sowohl dem Computer als auch E-Learning-Angeboten einen geringeren Wert zu und sind beim Arbeiten mit diesen Medien weniger erfolgszuversichtlich. Auch die, auf dem Erwartung-Wert-Modell von Dickhäuser (2001) beruhende, Annahme, dass sich diese Einstellungsunterschiede in Differenzen der Nutzung, und dabei in der Intensität, Wahl und Persistenz, äußern, wurde bestätigt. Was die Persistenz angeht, so muss jedoch einschränkend betont werden, dass die diesbezüglichen Daten, da sie auf wenigen Einzelfällen beruhen, keine verallgemeinernden Aussagen auf die Grundgesamtheit zulassen. Sie lieferten jedoch Anhaltspunkte dafür, dass sich zumindest in informatischen Fachbereichen auch viele Studentinnen dadurch auszeichnen sollten, dass sie auch bei Misserfolgen das Arbeiten mit dem Medium nicht aufgeben. Auf der Grundlage anderer Studien, z. B. der von Schinzel (2004), die darauf aufmerksam machte, dass in einem hybriden Seminar der Studentinnenanteil während eines Semesters von 50 auf 20 Prozent abfiel (vgl. ebd.: 181), kann m. E. jedoch relativ gesichert davon ausgegangen werden, dass Studentinnen sich durchschnittlich weniger persistent im Verhalten gegenüber digitalen Lehr-/Lernmedien zeigen dürften. Die eigenen Daten haben zudem gezeigt, dass die befragten Studentinnen deutlich weniger geneigt sind, sich mit dem Computer und E-Learning-Angeboten auseinanderzusetzen und diese zu nutzen. So äußerten sich die Studentinnen mit immerhin 20 Prozentpunkten Differenz sehr viel verhaltener als die Studenten auf die Frage, ob sie es befürworten würden, dass das Angebot an computergestützter Lehre in ihrem Fachgebiet ausgebaut werde, und schrieben dem E-Learning zudem wesentlich geringere Mehrwerte zu, was die Motivation und das Verständnis von Inhalten angeht: Sie empfinden das E-Learning häufiger als nicht vorteilhaft gegenüber traditioneller Lehre und erwarten in diesem Zusammenhang häufiger technische Probleme, für deren selbstständige Lösung sie nicht die Kompetenzen zu haben glauben. Die Daten zeigten auch, dass die Studentinnen in wesentlich geringerem Umfang als ihre Kommilitonen über die für die Nutzung von E-Learning-Angeboten notwendigen technischen Ressourcen verfügen. Sie haben nicht nur öfter keinen eigenen Computer zur Verfügung, sodass sie sich, wenn sie denn an einem arbeiten wollen, mit den Besitzenden auseinandersetzen oder in die m. E. oftmals wenig ansprechenden und überfüllten Computerräume der Hochschulen ausweichen müssen, sie haben auch ggf. die durchschnittlich schlechteren Computer und langsameren Internetverbindungen.

Aufgrund dieser weniger komfortablen strukturellen Voraussetzungen zur Nutzung der computergestützten Hochschullehre, aber vor allem aufgrund ihrer sozialisationsbedingten negativeren Einstellungen gegenüber Computern und digitalen Lehr-/Lernmedien sind sie ihren Kommilitonen gegenüber deutlich benachteiligt, was den Profit vom hochschulischen E-Learning angeht. Unter den oben skizzierten Bedingungen ist dementsprechend zu erwarten, dass ein Geschlechter-Bias in der Nutzung des computergestützten Lehrens und Lernens be- bzw. entsteht und sich verfestigt. Ein unreflektierter Einsatz digitaler Lehr-/Lernmedien an Hochschulen würde dementsprechend dazu führen, dass ein hierarchisches Geschlechterverhältnis unter den Studierenden produziert und laufend reproduziert wird. Im Folgenden werden einige Aspekte genannt, in denen sich diese (Re-)Produktion des hierarchischen Geschlechterverhältnisses m. E. zeigen sollte:

Erstens sollte es den Studentinnen aufgrund ihrer negativeren Einstellungen weniger möglich sein, positive emotionale Erfahrungen mit digitalen Lehr-/Lernmedien zu sammeln und dementsprechend die für deren Nutzung notwendigen Begabungsüberzeugungen zu entwickeln. Dies würde m. E. zweitens dazu führen, dass sie nicht im selben Maße wie ihre Kommilitonen an dem, durch die Informations- und Kommunikationstechnologien ermöglichten bzw. unterstützten, lebenslangen Lernen teilhaben werden. Drittens ist zu befürchten, dass sie sich dann aufgrund ihrer geringeren Nutzung der Medien die für die Teilhabe an der Wissensgesellschaft notwendigen Computer-, Internet- und Medienkompetenzen[130] (vgl. Schelhowe 2005: 160) in geringerem Umfang aneignen als Studenten. Dementsprechend würden sie in ihrem weiteren Leben weniger Einflussmöglichkeiten auf die Wissensgesellschaft haben, deren technologischer Kern die Informations- und Kommunikationstechnologien sind (vgl. Kapitel 1).

> „Wer von Software nichts versteht, wird von vielen „Verkehrsformen" und von der Möglichkeit der Mitgestaltung und Einflussnahme in vielen Bereichen der Gesellschaft ausgeschlossen, dies wirkt sich besonders gravierend aus, da es in der Regel um Informations- und Kommunikationsprozesse geht" (Schelhowe 2005: 149).

Viertens gehe ich davon aus, dass sich die geringeren Begabungsüberzeugungen sowie die Geschlechterstereotype, die auch in den Gruppendiskussionen zum Vorschein kamen, unter diesen Bedingungen dahingehend auswirken sollten, dass Frauen weiterhin auf dem Arbeitsmarkt benachteiligt werden. Es ist zu vermuten, dass die geringen Begabungsüberzeugungen der Studentinnen diese davon abhalten würden, sich in Arbeitsbereichen zu bewerben, die hohe computerbezogene Kompetenzen voraussetzen, genauso wie Geschlechterstereotype auf diesem Gebiet dazu führen werden, dass Frauen durch soziale Schließungsprozesse aus Arbeitsgebieten, in denen Informations- und Kommunikationstechnologien eine herausragende Rolle spielen, ausgeschlossen werden. In diesem Sinne würde der unreflektierte vermehrte Einsatz von digitalen Lehr-/Lernmedien an Hochschulen letztendlich zu einer (Re-)Produktion der geschlechterdifferenzierten und -differenzierenden Arbeitsteilung beitragen und somit dazu, dass sich Geschlechterdifferenzen reproduzieren und ggf. sogar verstärken (vgl. dazu auch die Kapitel 2.1.2.1 und 2.2.2.1).

Um diesen Prozessen entgegenzuwirken und Studentinnen wie Studenten eine gleichberechtigte Teilhabe an der Wissensgesellschaft zu ermöglichen, sind m. E. dementsprechend die Hochschulen als Institutionen dringend zum Handeln aufgefordert, und dabei speziell zu einer „impliziten Frauenförderung".

---

130 Unter Medienkompetenz werden hier einerseits Fertigkeiten in der Handhabung neuer Technologien verstanden, aber auch ein kritisches Urteilsvermögen, das notwendig ist, um einen verantwortlichen Umgang mit den neuen Medien zu entwickeln, Medienangebote gezielt und bewusst auswählen und die neuen Medien den Aufgaben angemessen einsetzen zu können. Medienkompetenz ist ferner eine notwendige Voraussetzung, will man mit Hilfe neuer Medien Lebenswelten aneignen und diese gestalten (vgl. Schinzel 2004: 182).

Was eine derartige Frauenförderung ausmachen könnte, werde ich im Folgenden an einigen Punkten erläutern.

Wie aufgezeigt, mangelt es den Studentinnen nicht an Computerkompetenzen - im Hinblick auf die Nutzung digitaler Lehr-/Lernmedien sollten sie ggf. sogar über größere Anwendungskenntnisse verfügen als ihre Kommilitonen, da sie sich in ihrer Biografie früher und intensiver mit Lernprogrammen auseinandergesetzt haben -, sondern ihnen steht primär ihre negative Einstellung zu einer gewinnbringenden Nutzung digitaler Medien im Wege. Dementsprechend sehe ich es als von entscheidender Bedeutung an, die Einstellungen der Studentinnen positiv zu beeinflussen.

Bei meiner Annahme, dass die Einstellungen durch eine „implizite Frauenförderung" zu verändern seien, gehe ich davon aus, dass eine explizite Frauenförderung, d. h. der Bezug der Ansätze allein auf Studentinnen, wie es zum Beispiel bei geschlechtshomogenen Computerkursen für Studentinnen der Fall wäre, *nicht* dazu führen kann, dass sich die Einstellungen der Studentinnen ins Positive verändern. Denn die Befunde dieser Erhebung haben gezeigt, dass nicht nur die Studentinnen, sondern auch die Studenten in interaktiven Prozessen des *doing gender* dazu beitragen, dass sich Unterschiede in den Einstellungen zementieren und bestehende Geschlechterdifferenzen reproduzieren. Aufgrund dessen würde ein Ansatz, der sich allein auf Studentinnen bezöge, zu kurz greifen. Es ist m. E. vielmehr notwendig, an den Lehr- und Lernkontexten anzusetzen und dabei zum einen an der hochschulischen Technik- und Computerkultur und andererseits direkt an den Personen: den Entwickelnden der Medien, den Lehrenden sowie den Studierenden. Der Ansatz an beiden Geschlechtern würde dann im Endeffekt dazu führen, dass die Benachteiligung der Studentinnen ausgeglichen würde, weshalb von einer impliziten Frauenförderung die Rede war.

Bei meinem Ansatz einer impliziten Frauenförderung gehe ich darüber hinaus davon aus, dass, wenn die Intensität der Nutzung von E-Learning-Angeboten durch Studentinnen gesteigert werden soll, primär bei den Einschätzungen der computerbezogenen Kompetenzen angesetzt werden muss. Die Selbstkonzepte wiederum stehen in einer reziproken Beziehung mit den computerbezogenen Interessen (vgl. Wender 2005). Das bedeutet: Wenn die computerspezifischen Begabungsüberzeugungen der Studentinnen positiv beeinflusst werden sollen, sollten zunächst die Interessen der Studentinnen an Computern allgemein und digitalen Lehr-/Lernmedien im Besonderen geweckt und gefördert werden. Dies kann m. E. am besten dadurch geschehen, dass Studentinnen sich mit den Medien aktiv auseinandersetzen, denn „Technikinteresse wird dann entwickelt, wenn Handeln in diesem Bereich stattfindet und dies zur Erfahrung eigener Kompetenz führt" (Wender 2005: 48).

Mit der Frage, wie das Interesse von Frauen an digitalen Medien erhöht werden kann, haben sich Wissenschaftlerinnen schon seit mehreren Jahren auseinandergesetzt, sodass bereits verschiedene Konzepte entwickelt wurden. Ich möchte im Folgenden das m. E. ergiebigste Konzept vorstellen, das darin besteht, das Medieninteresse durch eine Öffnung der Technologien für das Mitgestalten und Mitentwerfen durch NutzerInnen zu wecken (vgl. z. B. Schulz-Zander 1990; Schinzel 2005; Schelhowe 2005). Dieser Ansatz sieht vor, dass Technologien wie digitale Lehr- und Lernmedien

> „nicht als ein „closed shop" für Technikexperten erscheinen, als geschlossenes „Produkt"; das Frau höchstens „bedienen", nutzen, anschauen, bewundern kann, sondern als eine Unternehmung, die in ihrer Entstehung und Entwicklung offen ist, auf verschiedenen Ebenen Möglichkeiten des eigenen Eingreifens, der eigenen Gestaltung bietet und Ergebnis einer kollektiven Tätigkeit ist" (Schelhowe 2005: 152).

Für die Entwicklung der Technik bedeutet dies, dass sie interaktiv erfolgt, also in Kooperation der TechnikexpertInnen und der potentiellen späteren NutzerInnen, dass also eine Brücke zwischen der Konstruktion von Technik und deren Nutzung geschlagen wird. Dadurch, dass die digitalen Medien infolgedessen im gegenseitigen Lernen und in der Kommunikation zwischen den Entwickelnden und den Nutzenden entstehen, wird die Technikkultur „zu einer offenen und zugänglichen Kultur" (Schelhowe 2005: 158), und die Nutzenden können die Medien als „Prozess, in seiner Entstehung und damit als veränderbar und gestaltbar erleben" (ebd.). Da den NutzerInnen Möglichkeiten des Eingreifens in den Entwicklungsprozess und des Mitgestaltens der Medien geboten werden, werden Interessen an Medien geweckt und gefördert, ebenso wie es den Nutzenden verstärkt möglich ist, sich als kompetent in der Medienentwicklung und -nutzung zu erleben.

Um den Brückenschlag zwischen der Konstruktion und der Nutzung jedoch schlagen und somit die Technikkultur beeinflussen zu können, muss der Ansatz der „impliziten Frauenförderung" direkt an den Personen ansetzen. Zunächst muss die Bereitschaft der Entwickelnden geweckt werden, die Nutzenden an der Entwicklung partizipieren zu lassen. Damit es ferner in der Interaktion zwischen den Entwickelnden und Nutzenden nicht zu Prozessen des *doing gender* kommt, d. h. auf der Grundlage von Geschlechterstereotypen Geschlechterdifferenzen reproduziert werden, müssen die Entwickelnden zudem in ihrem Verständnis von Geschlechterrollen und -stereotypen geschult werden. Es sollte ihnen ermöglicht werden, ihre Zuschreibungen und Zuweisungen, bezogen auf den Bereich Technik und Gesellschaft, neu zu entdecken und dabei vor allem ihre Vorstellungen über Geschlechterdifferenzen. Das heißt konkret, dass ihre Genderkompetenz zu schulen ist:

„Genderkompetenz ist (...) das Wissen, in Verhalten und Einstellungen von Frauen und Männern soziale Festlegungen im (privaten, beruflichen, universitären) Alltag zu erkennen und die Fähigkeit, so damit umzugehen, dass beiden Geschlechtern neue und vielfältige Entwicklungsmöglichkeiten eröffnet werden" (Metz-Göckel/ Roloff 2002: 13).

In Gendertrainings für EntwicklerInnen von digitalen Lehr-/Lernmedien sollten dementsprechend Möglichkeiten geschaffen werden, das eigene Kommunikations- und Interaktionsverhalten zu reflektieren und sich ein Grundwissen über geschlechterdifferente gesellschaftliche Strukturdaten, über den Forschungsstand zur Konstitution und Hierarchisierung des Geschlechterverhältnisses und Geschlechtertheorien anzueignen, genauso wie ein Prozess- und Verfahrenswissen im Umgang mit Menschen, mit Gruppenprozessen, mit Konflikten in Arbeitszusammenhängen u. a. m. (vgl. Metz-Göckel/ Roloff 2002: 13). Das heißt, es sollten Kurse für Entwickelnde angeboten werden, in denen genderbewusstes kontextbezogenes Detailwissen vermittelt wird, genauso wie eine genderbewusste Praxiskompetenz und eine genderbezogene Selbstkompetenz, die in der Bewusstheit im Umgang mit den Geschlechtern besteht (vgl. zu diesen Aspekten des Gendertrainings Kunert-Zier 2005: 284).[131] Denn nur, wenn die TechnikexpertInnen über Genderkompetenz verfügen, ist es ihnen in der Interaktion mit den Nutzenden möglich, ein *undoing gender* zu praktizieren und somit den Fixierungen von Geschlechterrollen kulturell entgegenzusteuern und beiden Geschlechtern eine größere Handlungsoption zu bieten. Dies hätte zudem den positiven Nebeneffekt, dass die Genderkompetenz sich auch in den Produkten selber spiegeln sollte: Diese sollten nicht (mehr) vergeschlechtlicht werden (vgl. dazu Kapitel 2.1.2.2) und durch den Einbezug vielfältiger Perspektiven zudem, was ihre Qualität angeht, verbessert werden.

Ob die dargelegte implizite Frauenförderung die von mir erwarteten Effekte hätte, nämlich durch Prozesse des *undoing gender* dazu beizutragen, dass bestehenden Geschlechterdifferenzen entgegengewirkt wird und die Entstehung und Stabilisierung von neuen Differenzen verhindert werden, kann in der vorliegenden Arbeit nicht beantwortet werden. Zu begrüßen wäre es, wenn dieser Fragestellung in einer größer angelegten Studie nachgegangen wird, in die die Technikkulturen, die Entwickelnden, Lehrenden und Studierenden einbezogen werden. Im Rahmen dieser Arbeit wird im Folgenden dagegen anhand von vier Studien (Kapitel 6-9) erläutert, ob und ggf. inwiefern die oben beschriebene Brücke zwischen Entwicklung und Nutzung zurzeit bereits praktiziert wird. Konkret wird anhand der Entwicklung von vier verschiedenen digitalen Lehr-

---

131 Kunert-Zier (2005) nennt drei Ebenen der genderbewussten Pädagogik, nämlich erstens das genderbezogene Wissen, zweitens die genderbezogene Selbstkompetenz und drittens die genderbezogene Praxiskompetenz (ebd.: 284).

und Lernmedien kontextbezogen beleuchtet, inwiefern die Entwickelnden die Nutzenden an der Technikentwicklung partizipieren lassen und welche Vorstellungen über die Nutzenden bzw. welche Geschlechterstereotype in die Technikentwicklung einfließen. Dabei wird jeweils der Entwicklungskontext beschrieben, und dabei vor allem die Kultur, innerhalb derer die Medien entwickelt wurden, aber es werden auch die Entwickelnden selbst und ihre Ansichten, didaktischen Konzeptionen sowie ihre Genderkompetenz beleuchtet. In einem zweiten Schritt wird dargelegt, ob und ggf. inwiefern sich die Aspekte der Entwicklung in den Produkten spiegeln. Um Aussagen darüber machen zu können, wurden die Medien aus einer geschlechtersensiblen Perspektive analysiert. Drittens werden die Nutzung der Medien durch Studierende sowie die studentischen Einstellungen zu und Bewertungen der Medien dargestellt.

6 Studie 2: Entwicklung und Nutzung des grafischen Editors „DAVE" des Projekts MuSofT

In diesem Kapitel wird zunächst der grafische Editor „DAVE" beschrieben. Danach werden Aspekte seiner Entwicklung und deren Auswirkungen auf den Editor beleuchtet. Zuletzt werden die Ergebnisse der Befragung der Studierenden, die ihre Einstellungen gegenüber dem Editor, dessen Nutzung und Bewertung betreffen, dargelegt.

6.1 Der grafische Editor DAVE

Die Lehre der Softwaretechnik beinhaltet die Vermittlung grafischer Modellierungssprachen wie der Unified Modeling Language (UML), welche das „diskrete Verhalten eines Systems in Form und Übergängen zwischen den Zuständen" (Pleumann 2004a: 56) beschreibt. In diesem Kontext werden in der Lehre Zustandsdiagramme besprochen, die das o.g. Verhalten auf eine sehr abstrakte Weise beschreiben. Studierende der Softwaretechnik sind aufgrund dessen während ihres Studiums mit der Situation konfrontiert, die UML-Sprache und Zustandsdiagramme erlernen und somit die komplexen Laufzeitsemantiken dieser Diagramme begreifen sowie den Formalismus einüben zu müssen.

Bei dem, im Rahmen des Projekts MuSofT entwickelten, syntaxgesteuerten grafischen Editor DAVE[132] handelt es sich um ein Werkzeug, das den Studierenden bei den o. g. Aufgaben helfen soll. Als Modellierungswerkzeug für Zustandsdiagramme ist es für den Zweck konzipiert, mit ihm diese Diagramme zu erstellen, zu visualisieren, zu simulieren und zu analysieren. Um den Editor näher zu beleuchten, werden im Folgenden die Benutzendenoberfläche sowie die Funktionen des Editors skizziert.

Den Großteil des Bildschirms nimmt der Arbeitsbereich des Editors ein, in dem das Modell erstellt wird und der folglich die grafische Darstellung des Zustandsdiagramms enthält: Hier können die Elemente des Diagramms miteinander verbunden, verschoben, verkleinert oder vergrößert werden. Darüber hinaus findet sich in dem Editor eine Werkzeugleiste. In dieser Leiste, die sich

---

132 Die Abkürzung DAVE heißt „**D**ortmunder **A**utomaten**V**isualisierer und -**E**ditor".

am oberen Rand des Bildschirms befindet, kann auf diejenigen Funktionen zugegriffen werden, die für das Laden, Speichern und Drucken des Zustandsdiagramms notwendig sind. Neben dem Arbeitsbereich und der Werkzeugleiste gibt es drittens einen Navigator (Bildschirm links oben), mittels dem innerhalb des Modells navigiert werden kann. Er enthält sowohl eine baumartige Hierarchie des Modells als auch eine Übersicht des (verkleinerten) Modells. Mit dem Inspektor (Bildschirm links unten) können die Eigenschaften des aktuell ausgewählten Modellelements vorgestellt und dieses bearbeitet werden. - Ein Bereich, der auf der folgenden Grafik zu sehen ist, der jedoch zum Forschungszeitpunkt noch nicht mit Inhalten gefüllt war, ist der Hypertextbereich (Bildschirm rechts), in dem potentiell u. a. eine Online-Hilfe zur Verwendung von DAVE und Lehrstoff angezeigt werden kann.

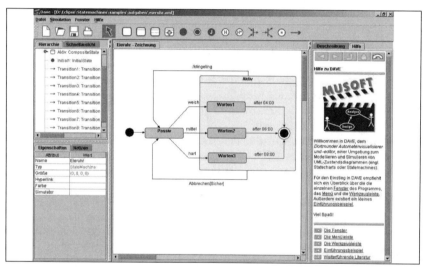

Abbildung 8: Die Benutzendenoberfläche des grafischen Editors DAVE
(Quelle: Pleumann 2004a: 58)

Um den Studierenden das Lernen und Verstehen der abstrakten Formalismen zu erleichtern, d. h. „eine Brücke zwischen Syntax und Semantik von Zustandsdiagrammen zu schlagen und den Studierenden einen besseren Einblick in deren Laufzeitverhalten zu ermöglichen" (Pleumann 2004a: 59) kann das von den Studierenden erstellte Modell mittels des Editors simuliert werden. Zur Kontrolle der Simulation erscheint ein kleines zweites Fenster, in dem Steuerungselemente enthalten sind, mit denen die Studierenden die Simulation z. B. starten und pausieren sowie die Geschwindigkeit der Simulation beeinflussen können. Dabei werden die gerade aktiven Zustände und schaltenden Transitionen während der Simulation im Zustandsdiagramm farblich hervorgehoben.

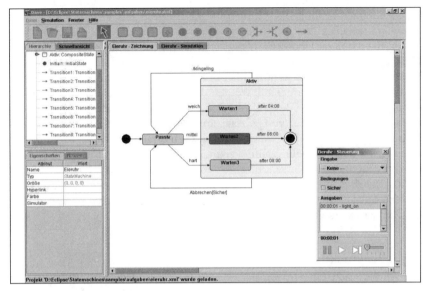

Abbildung 9: Simulieren eines Zustandsdiagramms mit dem grafischen Editor DAVE
(Quelle: Pleumann 2004a: 59)

Um das Abstraktionsniveau der Simulation zu minimieren, enthält der Editor noch eine weitere Simulationsfunktion, die den Studierenden nach Aussage des Entwicklers den Bezug der abstrakten Formalismen zu konkreten alltagsweltlichen Problemen, d. h. realen Anwendungen aufzeigen soll:

> „*Sie sollen lernen, wie man damit [dem Formalismus, A.T.] wirklich arbeitet, wie man damit konkrete Probleme löst, sollen auch erkennen (...), dass es Sinn macht, diesen Formalismus für irgendwelche Probleme zu nutzen und das der Formalismus auch irgend etwas mit Sachen aus dem täglichen Leben zu tun haben kann. Dass man solche Systeme damit beschreiben kann und dann später mal, in ihrem echten Arbeitsleben auf die Idee kommen: ‚Ach ja, ich könnte das doch so und so lösen'*" (MuSofT-Entwickler: 11).[133]

---

133 Im Folgenden sind die den ExpertInnen-Interviews oder den Gruppendiskussionen entnommenen Passagen kursiv gekennzeichnet, während Zitate aus Publikationen weiterhin nicht hervorgehoben werden.

Dementsprechend bietet DAVE die Möglichkeit, die Simulation eines Zustandsdiagramms multimedial zu untermalen. Wird diese Funktion genutzt, erscheint zur Simulationssteuerung nicht das oben erwähnte kleine Fenster, sondern eines, das digitalisierte Fotos eines realen Geräts enthält. Zum Forschungszeitpunkt konnte dabei zwischen einer Wasch- und einer Kaffeemaschine gewählt werden. Die multimedial unterstütze Simulation ist dabei derart gestaltet, dass sich die von den Studierenden erstellten Modelle auf den Zustand des Geräts auswirken, d. h., die Änderung des Zustandes führt zu einer Änderung der grafischen Darstellung. Falls ein fehlerhafter Zustand erarbeitet wurde, kann das entsprechend dargestellt werden. Bei der Waschmaschine z. B. können die Studierenden mittels ihres Zustandsdiagramms die Motorgeschwindigkeit sowie den Zu- und Ablauf von Wasser kontrollieren. Dabei soll das Zustandsdiagramm einen kompletten Waschvorgang realisieren. Die Visualisierung mittels der Bilder einer Waschmaschine zeigt, ob die Lösung der Studierenden, also das Zustandsdiagramm, korrekt oder fehlerhaft ist. Wenn das Modell richtig ist, dann wird zu Beginn schmutzige Wäsche in die Maschine gelegt, diese gewaschen und kann sauber entnommen werden. Ein Fehler dagegen könnte z. B. zu einer Überschwemmung führen.

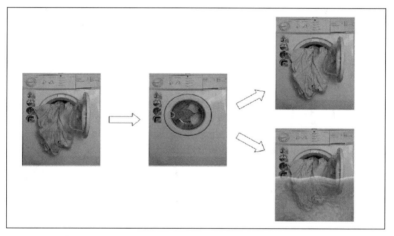

Abbildung 10: Bilder der zweiten Simulationsfunktion des grafischen Editors DAVE (Quelle: Pleumann 2004a: 61)

Nachdem der Editor beschrieben wurde, werden im Folgenden Aspekte der Entwicklung des Editors beleuchtet. In den Fokus kommen dabei der Entwicklungskontext, der Entwickler selbst sowie die Frage, ob die Entwicklung sich eher an technischen Kriterien oder an den Bedürfnissen der Nutzenden ausrichtete. Anschließend wird beleuchtet, inwiefern der Editor als geschlechtersensibel zu bezeichnen ist.

6.2 Die Entwicklung des Editors DAVE

6.2.1 Das Erhebungsdesign

Um Erkenntnisse über die Entwicklung des Editors zu gewinnen, wurden zunächst zahlreiche Projektpublikationen ausgewertet, und so wesentliche Informationen über den Entwicklungskontext, die Entwickelnden, die Entwicklungsarbeit, den Editor sowie dessen geplanten Einsatz im hochschulischen Kontext gewonnen. Auf der Grundlage dieser Informationen wurden anschließend Experten-Interviews mit dem Antragsteller des Projekts MuSofT, dem Koordinator des Projekts und dem Entwickler des Editors geführt. Die folgenden Aussagen beziehen sich auf die auf diesem Weg erhobenen Daten.

6.2.2 Das Projekt MuSofT als Entwicklungskontext

Der Editor DAVE wurde im Rahmen des Projekts MuSofT - Multimedia in der SoftwareTechnik[134] entwickelt. Dieses Verbundprojekt mit acht ProjektpartnerInnen von sieben Hochschulen und unterschiedlichen Fachbereichen wie Informatik, Energietechnik, Mathematik und Elektrotechnik wurde vom 01.03.2001 bis zum 31.12.2003 vom BMBF hinsichtlich der Entwicklung multimedialer Lehrmaterialien zu unterschiedlichen Themenbereichen der Softwaretechnik gefördert. Ziel des Projekts war, mittels dieser Lehrmaterialien die universitäre Präsenzlehre der - in den Fachbereichen Informatik sowie Ingenieurwissenschaften verorteten - Softwaretechnik zu unterstützen dadurch, dass den Studierenden durch eine „anschaulichere und themengerechtere Präsentation" (Alfert/ Doberkat/ Engels 2003) ein besseres Verständnis der Inhalte ermöglicht werden sollte.
  Die Entwicklung des Editors fand in einem Teilprojekt MuSofTs statt, das im Fachbereich Informatik der Universität Dortmund angesiedelt war. Aufgrund dieses Charakteristikums des Entwicklungskontextes - nämlich der Verortung an einem informatischen Fachbereich - ging ich von der Hypothese aus, dass die

---

134 Ausführliche Informationen zum Projekt finden Sie auf der Projekthomepage: http://www.musoft.org.

Entwicklung durch eine starke Technikorientierung gekennzeichnet sein würde und sich die an der Entwicklung beteiligten Personen dadurch auszeichnen würden, dass sie ein hohes Technikinteresse und eine hohe Technikkompetenz aufweisen (Erb 1996, 1994), jedoch kaum oder nicht über Genderkompetenz verfügen. Ich ging ebenfalls davon aus, dass die Entwicklung orientiert an technischen Kriterien erfolgen würde, während didaktische Überlegungen genauso wie die Partizipation der wie auch die Orientierung an den Nutzenden kaum eine Rolle spielen sollten. - Im Folgenden wird aufgezeigt, dass die Interviews mit den Projektmitarbeitenden und dem Entwickler diese Hypothesen bestätigten.

Bereits einige Wochen vor der Erhebung war die Leitung des Teilprojekts mit der Bitte an das GM-Medial-Projekt herangetreten, sie bei der Erarbeitung projektbezogener Kriterien der geschlechtergerechten Produktentwicklung, der computergestützten Lehre sowie der Implementation des Gender Mainstreaming-Konzepts in ihre Teilprojekte beratend zu unterstützen.[135] Sie gaben in diesem Zusammenhang an, die Förderrichtlinie des BMBF, bei der Entwicklung der Medien seien die „geschlechtsspezifischen Lerninteressen von Frauen" angemessen zu berücksichtigen, als Herausforderung zu empfinden, der sie ohne externe Hilfestellung nicht gewachsen seien. In den erhebungsimmanenten Interviews (s. o.) wurde mir, als Mitarbeiterin dieses Projekts, gegenüber die Annahme der Projektmitarbeitenden, über keine oder unzureichende Genderkompetenz zu verfügen, dementsprechend offen kommuniziert. So äußerten die Mitarbeiter sich dahingehend, dass sie das Förderkriterium zunächst als Zwang empfunden hätten: Aufgrund des Kriteriums hätte man *„das Frauenspezifische da* [in den Projektantrag, A.T.] *reinschreiben müssen"* (MuSofT-Antragsteller: 1). *„Ein bisschen Problembewusstsein, dass man etwas tun kann, das es einen gewissen Bedarf gibt"* (MuSofT-Projektkoordinator: 2) sei jedoch durchaus vorhanden gewesen, genauso wie eine grundsätzliche Aufgeschlossenheit dem Geschlechterthema gegenüber.

> *„Ich glaube es hat keiner etwas dagegen, was zu machen, wenn rational einsichtig ist, dass es sinnvoll ist und es etwas bringt. Wenn man nachweisen kann, dass es allen etwas bringt,*

---

135 Das GM-Medial-Projekt kam dieser Bitte nach, indem es eine, sich an die Methode der aktivierenden Sozialforschung anlehnende, Beratung durchführte, in deren Kontext zahlreiche Interviews mit Projektmitarbeitenden sowie Produktevaluationen durchgeführt wurden. Im Verlauf der Beratung kristallisierte sich die Zusammenarbeit der beiden Projekte als sehr fruchtbar für beide Seiten heraus, sodass das GM-Medial-Projekt um Unterstützung bei der Evaluation des Editors DAVE gebeten wurde, eine Aufgabe, die ich hauptverantwortlich übernahm. Die Ergebnisse der Beratung des GM-Medial-Projekts sind veröffentlicht in Kamphans/ Metz-Göckel/ Tigges, 2003: MuSofT Bericht No 4: Wie Geschlechteraspekte in die digitalen Medien integriert werden können - Das BMBF-Projekt MuSofT, Internes Memorandum des Lehrstuhls für Software-Technologie der Universität Dortmund.

umso besser. Wenn man nachweisen kann, dass es den Studentinnen ganz konkret was bringt, ist das auch von Vorteil" (MuSofT-Projektkoordinator: 12).

Als Problem wurde allerdings geäußert, dass es den Projektmitarbeitenden unklar sei, ob, und wenn ja welche, Rolle das Geschlecht bei der computergestützten Hochschullehre und vor allem bei der Entwicklung des Editors DAVE spielt. So war es ihnen nicht ersichtlich, wie sie den Editor geschlechtergerecht gestalten und so in der hochschulischen Lehre einsetzen könnten, dass beide Geschlechter gleichermaßen davon angesprochen wären und davon profitieren könnten: *„Was uns an der Stelle ganz konkret fehlt ist irgendeine Idee, wie man das* [Gender Mainstreaming-Konzept, A.T.] *pragmatisch vernünftig umsetzen kann, insofern weiß so recht keiner, was man damit anfangen soll"* (MuSofT-Projektkoordinator: 2).

Dass sowohl die Projektleitung, als auch die Mitarbeitenden des Projekts sich bis zum Erhebungszeitpunkt nicht mit Geschlechteraspekten der Medienentwicklung sowie der Mediendidaktik auseinandergesetzt hatten, begründete der Projektkoordinator explizit mit der Technikkultur der Informatik, die seines Ermessens allein durch eine Technikorientierung gekennzeichnet ist, während soziale (und somit auch geschlechtsbezogene) Aspekte keine Rolle spielen:

„Dieser Aspekt der Förderung der Lerninteressen von Frauen (...) wird in diesen technischen Disziplinen, wo dann sagen wir mal soziale Aspekte an sich nicht im Vordergrund stehen, weil sie einfach nicht um die Beziehung zwischen Menschen geht, sondern vielmehr darum, wie die Technik innen drin aussieht, wo Menschen in dem Sinne überhaupt nicht mehr auftauchen... Es ist unklar, wo denn da überhaupt etwas sein könnte und was man da dann tun könnte, um es klar zu sagen: „Was ist das Frauenspezifische an einer Sinuskurve?"" (MuSofT-Projektkoordinator: 9).

Diese Aussage des Koordinators gibt m. E. einen deutlichen Hinweis darauf, dass sich innerhalb des Teilprojekts nicht mit konstruktivistischen Perspektiven auf Technik (vgl. Kapitel 2.1) auseinandergesetzt worden war, sodass den Mitarbeitenden die Technik als frei von sozialen Aspekten wie auch als geschlechtsneutral erschien. Da sie sich dessen nicht bewusst waren, dass im Prozess der Technikentwicklung das Soziale in die Technik eingeht und diese aufgrund dessen vergeschlechtlicht wird (vgl. Kapitel 2.1.2.2), bedurfte es eines externen Reizes (das Förderkriterium), um die Projektleitenden wie -mitarbeitenden dazu zu veranlassen, sich über den Bezug zwischen Geschlecht und Technik Gedanken zu machen. Hierbei ist von entscheidender Bedeutung, dass sich dieses fehlende Bewusstsein der Projektarbeitenden über die soziale Konstruktion von Technik zunächst, d. h. bevor sie das GM-Medial-Projekt kontaktierten, dahingehend ausgewirkte, *„diese Geschlechterperspektive an sich irgendwie nicht zu thematisieren"* (MuSofT-Projektkoordinator: 9).

Im Folgenden wird aufgezeigt, wie sich dies in der Entwicklung des Editors DAVE ausdrückte und welche Folgen es für den Editor selbst hatte.

6.2.3 Der soziale Akteur der Entwicklung des Editors

Für die Entwicklung des Editors DAVE war primär ein Informatiker zuständig, der sich, wie sich in dem Interview, das ich mit ihm führte, herausstellte, genauso wenig wie seine oben zitierten Kollegen mit der konstruktivistischen Perspektive auf Technik auseinandergesetzt hatte. Schon in seinem Studium ging es ihm ausschließlich um die „*Programmierkiste*" (MuSofT-Entwickler: 1), Themenbereiche wie „*Informatik und Gesellschaft*" habe er dagegen bewusst nicht belegt. Bereits in der Schule habe er „*ziemlich viel programmiert*" und das Studium habe er aufgrund seines Interesses an Technik gewählt und inhaltlich explizit auf die „*sehr techniklastigen Ecken*" (ebd.) beschränkt. Es verwundert daher nicht, dass der als technikbegeistert und -orientiert zu charakterisierende Entwickler[136] sich bis zum Erhebungszeitpunkt noch nicht mit Geschlechteraspekten der Technikentwicklung auseinandergesetzt hatte und ihm diesbezüglich vor allem Geschlechterstereotype präsent waren, die er aus Alltagsbeobachtungen ableitete: „*Man sieht halt auch normalerweise - weiß ich nicht, wenn ich meine Freundin oder meine Mutter oder so am Computer sehe, dass es dann manchmal auch ein bisschen hakeliger geht mit der Maus*" (MuSofT-Entwickler: 11).

Im Folgenden wird aufgezeigt, dass sich das Nicht-Bewusstsein sozialer Aspekte der Technikentwicklung darin auswirkte, dass die Entwicklung nahezu ausschließlich an technischen Kriterien orientiert erfolgte, während soziale (z.B. geschlechterbezogene und didaktische) Komponenten keine nennenswerte Rolle spielten.

6.2.4 Der Entwicklungsprozess: Technik- vs. Nutzendenzentrierung

> „*Technik interessiert mich und wenn es darum geht, irgendein Problem zu lösen, dann neige ich dazu, zu sagen: „Ach, da können wir doch ein Werkzeug zu machen!*" (MuSofT-Entwickler: 6).

Bei der Entwicklung des Editors kam die oben geschilderte Technikorientierung und -fixierung des Entwicklers auf verschiedenen Ebenen zum Ausdruck. Dass

---

[136] In einem persönlichen Gespräch mit ihm, das etwa zwei Jahre nach dem Interview stattfand, konfrontierte ich ihn mit dieser Charakterisierung und er bestätigte sie als zutreffend.

der Fokus auf technischen Aspekten lag und didaktische bzw. auf die Nutzenden bezogene Überlegungen bei der Entwicklung so gut wie keine Rolle spielten, wird u. a. darin deutlich, dass der Entwickler als die für die Entwicklung einzig wichtigen Qualifikationen „*technische Kompetenzen, um die Sachen umzusetzen, um erst einmal die technischen Systeme zu konzipieren*" (ebd.: 1), ansieht, jedoch auch in dem Entwicklungsprozess selbst. So war dem Entwickler während des ersten dreiviertel Jahres der Entwicklung, als er sich über bereits entwickelte und erprobte Modellierungswerkzeuge informierte, um nicht „*das Rad neu erfinden zu müssen*" (ebd.: 7), sondern „*auf irgend etwas aufbauen* [zu, A.T.] *können, was schon da ist*" (ebd.), noch nicht klar, in welchem hochschulischen Kontext der Editor später eingesetzt werden würde.

> „*Ich denke, was halt klar war, ist, es soll halt dieses Werkzeug rauskommen, die Studenten sollen damit arbeiten, klar, Übungsbetrieb oder so. Aber vieles, was nachher konkretisiert wurde, stand am Anfang einfach nicht so fest. (...) Was man damit konkret - ganz konkret - machen soll, das hat sich, denke ich, auch ein bisschen entwickelt*" (MuSofT-Entwickler: 6f.).

In diesem Zeitraum testete der Entwickler verschiedene Editoren und entschied sich, da die von ihm getesteten Editoren selbst für ihn als „*Profi*" aufgrund ihrer immensen Funktionsvielfalt schwierig zu bedienen waren, letztendlich dazu, einen eigenen Editor zu entwickeln. Dabei weisen m. E. mehrere Punkte explizit darauf hin, dass er bei dessen Entwicklung nicht explizit die studentischen Nutzenden im Blick hatte, sondern seine Entwicklungsarbeit an technischen Kriterien ausrichtete: Erstens hat er sich eigenen Aussagen zufolge erst aufgrund der Pflicht, einen Zwischenbericht schreiben zu müssen, damit auseinandergesetzt, „*die Sachen ein bisschen zu konkretisieren*" und zu überlegen „*welche konkreten Anwendungsszenarien wir nachher für das System haben*" (MuSofT-Entwickler: 7). Zweitens hat er die Nutzenden während des gesamten Prozesses der Entwicklung nicht in die Entwicklung einbezogen - weder indem er sie direkt an der Programmierung beteiligt hat, noch, indem er ihre Bedürfnisse, Wünsche oder Interessen erhoben hat. Im Gegenteil fand die Entwicklung selbstbezüglich statt, wie es laut Rammert (2000) bei den meisten Technikentwicklungen der Fall ist: Er orientierte sich primär an seinen eigenen Interessen, Wünschen und Erfahrungen genauso wie er die Entwicklung des Editors dadurch legitimiert sah, dass er selbst sich oftmals ein Werkzeug zur Visualisierung abstrakter Sachverhalte gewünscht hatte. Ob sein eigener Wunsch jedoch auch der der Studierenden war, erhob er nicht, sondern tauschte sich diesbezüglich ausschließlich mit seinen ProjektkollegInnen[137] aus:

> *„Manche der Ideen kommen natürlich daher, dass man selber irgendwann mal an der Stelle war, wo man gesagt hat: „Das wäre jetzt schön, wenn du das sehen könntest, ausprobieren könntest". Ob das jetzt aber etwas Allgemeingültiges ist oder nur etwas, was an der Stelle für mich gilt, kann ich nicht unbedingt immer sagen. Das ist dann oft eher eine Vermutung. Dann kommen noch zwei andere Leute, die die gleiche Vermutung haben und dann denken wir: „Wir machen das jetzt so". Aber ob das didaktisch wirklich klug ist, weiß ich nicht"* (MuSofT-Entwickler: 14f.).

Die *„inhaltlich fundierte Kritik von Leuten aus dem gleichen technischen Umfeld"* (MuSofT-Entwickler: 14) empfand er einerseits als sehr nützlich, andererseits verweist das Zitat darauf, dass er sich - leider erst zu einem Zeitpunkt, zu dem der Editor nahezu fertig entwickelt war - dessen durchaus bewusst ist, dass sein Vorgehen aus didaktischen Gründen nicht optimal war. Im Interview wies er deutlich darauf hin, dass er insgesamt zu wenig Feedback bekommen habe und das zu einem zu späten Zeitpunkt. Er bedaure es auch sehr, dass er nicht früher einen Prototyp fertig gestellt hatte, den er durch Studierende hätte testen lassen können. Er habe zu lange theoretisch gearbeitet, bis er mit dem Implementieren begonnen habe, was er nicht noch einmal so machen würde.

> *„Ich glaube, ich würde sehen, dass ich relativ schnell einen Prototypen habe, ihn vielleicht schon mal ganz klein in einer Übung einsetzte, einfach um mal zu gucken, wie es überhaupt ankommt. Und dann auf der Basis weiterzumachen. (...) Ein früheres Feedback wäre sehr schön gewesen"* (MuSofT-Entwickler: 14).

Da er jedoch selbstbezüglich vorgegangen war und die studentischen Nutzenden weder durch Evaluationen, noch durch direkte Mitarbeit an der Entwicklung beteiligt hatte, waren seine Vorstellungen über die Nutzenden m. E. wenig fundiert. So antwortete er auf die Frage, wer denn genau zu welchem Zweck mit dem Editor arbeiten würde: *„Informatikstudierende und es sind dann auch welche, die eher in eine Softwaretechnikrichtung gehen, also Entwicklung, Planung von Entwicklung, solche Sachen. Soweit lässt sich das, glaube ich, eingrenzen. Ich denke, weiter nicht"* (MuSofT-Entwickler: 5).

In den Kapiteln 2 und 5 wurde darauf hingewiesen, dass sich der fehlende Bezug zu und die fehlende Partizipation der Nutzenden an der Technikentwick-

---

137 Auf einem der Treffen der Mitarbeitenden des Teilprojekts, auf dem der Editor vorgestellt wurde und an dem ich als Zuhörerin teilnahm, nahmen bis auf zwei Frauen ausschließlich Männer teil, sodass davon ausgegangen werden kann, dass das Feedback nahezu ausschließlich durch Männer erfolgte. Über die wissenschaftlichen Mitarbeitenden hinaus bekam der Entwickler auch Feedback durch zwei studentische Hilfskräfte, beides Informatiker, die ihm jedoch ausschließlich über Fehler des Editors informierten.

lung dahingehend auswirken kann, dass die Medien Studentinnen benachteiligen dadurch, dass sie eher den Bedürfnissen derjenigen Studierenden entsprechen sollten, die über ähnliche Kompetenzen und Begabungsüberzeugungen verfügen wie der Entwickler. Im Kapitel 5 wurde aufgezeigt, dass die befragten Studentinnen gegenüber ihren Kommilitonen durchschnittlich negativere Einstellungen gegenüber digitalen Medien hatten, über geringere Computer- und Internetressourcen verfügten und die Medien anders nutzten. Da der Entwickler jedoch keine diesbezüglichen Erhebungen durchgeführt hatte, ging er, unter der Annahme einer homogenen Gruppe von Studierenden, davon aus, dass die meisten Nutzenden *„schon einmal ein bisschen länger vorm Computer gesessen haben"* (ebd.: 11), und keine Probleme bei der Nutzung des Editors haben sollten, zumal dieser *„relativ einfach zu bedienen"* sei (ebd.: 11). Die für die Nutzung des Editors notwendigen computerbezogenen Kompetenzen wurden dementsprechend auch nicht als Lernziel akzeptiert, wie es Wiesner et al. (2003) unter dem Aspekt einer geschlechtergerechten computergestützten Lehre als dringend erforderlich aufzeigten, sondern der Umgang mit Softwaresystemen und Maus seien *„Sachen, die wir bei Informatikern als gegeben voraussetzen"* (ebd.: 11).[138] Ohne den Editor durch Studierende getestet zu haben, nahm der Entwickler an, er sei *„selbsterklärend und wunderbar zu bedienen"* (ebd.: 11), was eine Schulung der Studierenden in der Nutzung per se unnötig mache. So war es auch allein dem Wunsch des Projektleiters zuzuschreiben, dass er dennoch in einer Vorlesung den Studierenden, die später mit dem Editor arbeiten würden, die Nutzung des Editors in Kürze erläutern würde. Er selbst empfand dies als nicht notwendig: *„Ich habe den Anspruch, dass es relativ selbsterklärend ist, aber ich werde trotzdem einmal in die Vorlesung gehen und (...) einen Kurzdurchlauf geben, wie man damit arbeitet"* (ebd.: 11).

Es wurde aufgezeigt, dass die wesentlichen Aspekte des im Kapitel 5.4 vorgestellten Ansatzes der impliziten Frauenförderung im Projekt MuSofT nicht umgesetzt wurden. So wurde es den Nutzenden nicht ermöglicht, an der Entwicklung des Editors zu partizipieren und auch die Kultur, in der der Editor entwickelt wurde, ist nicht als offen und zugänglich zu bezeichnen, sodass die Nutzenden den Editor als veränderbar und gestaltbar hätten erleben können. Im Gegenteil wurde der, von Schelhowe (2005) geforderte, Brückenschlag zwischen der Entwicklung und Nutzung nicht geschlagen und die Entwicklung

---

[138] Dass diese Sichtweise im Projekt MuSofT kein Einzelfall war, stellte ich bei der Befragung der beiden Übungsgruppenleiter fest, von denen einer sagte: *„Probleme habe ich gar nicht erwartet, weil Informatiker im Hauptstudium... Wenn die ein Problem mit so einem Editor in der Anwendung haben, dann sind sie halt einfach verkehrt"* (MuSofT-Übungsgruppenleiter 1: 1) und der andere:*„Ja, wie gesagt, dann lernen sie vielleicht falsch, wenn sie damit ein Problem hätten"* (MuSofT-Übungsgruppenleiter 2: 2).

erfolgte als „closed shop" eines einzelnen Technikexperten. Dies lässt sich darauf zurückführen, dass der Entwickler sich sozialen Prozessen der Technikentwicklung nicht bewusst war, genauso wenig, wie er über Genderkompetenz verfügte.

Im Folgenden wird erläutert, ob die selbstbezügliche Entwicklung sich darin äußert, dass der Editor als wenig geschlechtersensibel zu bezeichnen ist. Um dahingehende Aussagen treffen zu können, wurde der Editor anhand der im Kapitel 5.4 dargelegten Kriterien einer geschlechtergerechten Gestaltung analysiert. Im Kapitel 6.3 wird anschließend beleuchtet, ob es sich auch in einer geschlechterdifferenten Nutzung und Bewertung des Editors durch Studierende ausdrückt.

6.2.5 Die Vergeschlechtlichung des Editors als Ergebnis der Entwicklung?

Da der Entwickler sich während der Entwicklung an seinen eigenen Interessen und Bedürfnissen orientierte und Feedback ausschließlich von Menschen mit ähnlichen Interessen und Ansichten bekam und dabei nahezu ausschließlich durch Männer, war m. E. zu erwarten, dass das von ihm entwickelte technische Artefakt, der Editor, vergeschlechtlicht ist in dem Sinne, dass es eher den Interessen der Studenten als den der Studentinnen entspricht, und somit als nicht geschlechtersensibel zu bezeichnen ist. Im Folgenden wird der Frage nachgegangen, ob dies der Fall ist.

Im Kapitel 3.3 wurde erläutert, dass sich eine geschlechtergerechte Mediengestaltung in den Kriterien Sprache, Inhalt, Interaktion/ Kommunikation/ Kooperation, Navigation und Mediendidaktik äußert. Was die Mediendidaktik angeht, so war aufgrund der technikfokussierten Entwicklung zu erwarten, dass das Modul den diesbezüglichen Kriterien einer geschlechtergerechten Konzeption nicht entspricht (vgl. zu den Kriterien auch Wiesner et al. 2004b, 2003; Jelitto 2004; Schinzel 2004). Bei der Analyse des Editors stellte sich diese Hypothese als richtig heraus: Ein didaktisches Konzept ist meiner Analyse zufolge weder erkennbar, noch wird es den Studierenden gegenüber offen gelegt. Zudem werden, wie oben bereits erwähnt, die Computer- und Internetkompetenzen als gegeben vorausgesetzt genauso wie die Systemvoraussetzungen, eine hohe Rechnerleistung, eine recht hohe Übertragungsbandbreite zum Herunterladen des Moduls sowie spezielle Software. Ebenfalls wird bis auf die Möglichkeit, den Entwickler per E-Mail zu erreichen, vollständig auf einen technischen Support verzichtet. Da das Modul so zahlreichen Kriterien einer geschlechtergerechten didaktischen Konzeption nicht entspricht, ist es, was die Mediendidaktik betrifft, nicht geschlechtergerecht gestaltet. Über eine vermeintliche geschlechtergerechte Sprache können dagegen keine Aussagen getroffen werden, denn der Editor zeichnet sich dadurch aus, dass er im Grunde keine Sprache enthält. Jedoch ist dies auch damit verbunden, dass die Studierenden nicht angesprochen oder begrüßt werden, ein Kriterium, welches laut Metz-Göckel et al. (2004) eine geschlechterbewusste Gestaltung ausmacht. Was den Inhalt angeht, so ist dieser zwar nicht interdisziplinär oder mehrperspektivisch aufgearbeitet, jedoch wurde sich mittels der Wahl der beiden Geräte (Kaffee- und Waschmaschine) um ein lebensnahes und anwendungsbezogenes Lernangebot bemüht. Ebenfalls werden die Studierenden durch die Interaktivität zum Ausprobieren angeregt. Da zudem auf jegliche Geschlechterstereotypen der Gestaltung verzichtet wurde, genügen die Inhalte m. E. den Ansprüchen einer geschlechtergerechten Gestaltung. Anders sieht es bei der Interaktion und Kommunikation aus, die durch den Editor nicht gewährleistet wird. Dies hängt jedoch auch mit dem Anwendungskontext zusammen, der es nicht notwendig macht, dass in den Editor Kommunikationstools eingebaut wurden. Was die Navigation betrifft, so ist sie übersichtlich und auf zwei unterschiedliche Weisen möglich. Den Studierenden ist jederzeit ersichtlich, wo genau sie sich in der Lernumgebung befinden und welche Funktionen sie nutzen können, sodass auch die Navigation als geschlechtergerecht bezeichnet werden kann. Auch wird eine partizipative Technikentwicklung im Ansatz ermöglicht, dadurch, dass die Studierenden die Möglichkeit haben, das Aussehen der Benutzendenoberfläche zu verändern.

Zusammenfassend ist der Editor, werden die oben genannten Kriterien einer geschlechtergerechten Gestaltung zugrunde gelegt, nicht als geschlechtergerecht gestaltet zu bezeichnen, obwohl einige Aspekte positive Ausnahmen darstellen. Darüber, ob der Editor aufgrund dessen als vergeschlechtlicht bezeichnet werden kann, kann jedoch m. E. auf Grundlage dieser Daten noch keine Aussage getroffen werden, da eine Vergeschlechtlichung sich dadurch auszeichnen würde, dass den Interessen der Nutzerinnen nicht im selben Maße entsprochen würde wie denen der Nutzer. Ob dies der Fall ist, kann jedoch erst dann geklärt werden, wenn die Nutzenden einbezogen werden. Aufgrund dessen wird im Folgenden beleuchtet, ob die fehlende Geschlechtergerechtigkeit sich dahingehend auf die studentische Nutzung des Editors auswirkt, dass die Studentinnen den Editor negativer bewerten und mehr Probleme mit ihm haben.

6.3 Die studentische Nutzung des Editors

Im Folgenden wird zunächst kurz das Erhebungsdesign skizziert, bevor die Ergebnisse der Studierendenbefragung dargelegt werden.

6.3.1 Das Erhebungsdesign

Der grafische Editor DAVE wurde im Wintersemester 2003/04 im Kontext einer Informatikvorlesung an der Universität Dortmund eingesetzt, in dem Sinne, dass die an dieser Veranstaltung teilnehmenden Studierenden Übungsgruppen besuchten, in denen der Editor als Modellierungswerkzeug verwendet wurde.

Die Befragung dieser Studierenden differenzierte sich in zwei Erhebungsschritte. Um Informationen zu gewinnen, die für die Entwicklung eines Erhebungsinstruments zur Befragung der MuSofT-Grundgesamtheit notwendig waren, wurden als erster Schritt zunächst mehrere Vorstudien durchgeführt: Als erste Vorstudie wurden einige der Studierenden (drei Studenten, zwei Studentinnen), nachdem sie in einem kurzen Fragebogen Angaben über einige personenbezogene Daten gemacht hatten, dabei begleitend beobachtet, wie sie ca. 40 Minuten lang zum ersten Mal Übungsaufgaben mit dem Editor lösten. Zusätzlich wurde es ihnen in einer ca. halbstündigen anschließenden Gruppendiskussion ermöglicht, ihre Erfahrungen mit dem Editor und ihre Anregungen zur möglichen Verbesserung des Editors zu äußern. Die zweite Vorstudie bestand in leitfadengestützten Interviews mit den beiden Leitern der Übungsgruppen, um weitere Informationen über die Arbeit der Studierenden mit dem Editor zu gewinnen. Erst danach wurde der Fragebogen entwickelt, der in einem zweiten Erhebungsschritt der Befragung der MuSofT-Grundgesamtheit diente. Zu diesem Zeitpunkt hatten die Studierenden bereits drei Wochen lang mit dem Editor Aufgaben gelöst.

Im Folgenden werden zunächst wesentliche Ergebnisse der Vorstudien dargelegt, anschließend werden die Erkenntnisse aus der Hauptstudie skizziert.

6.3.2 Ergebnisse der Vorstudien

Bei der begleitenden Beobachtung sowie der anschließenden Diskussion mit den fünf Studierenden stellte sich heraus, dass alle Studierenden zuvor bereits mehrmals mit Editoren gearbeitet hatten. Dementsprechend hatten sie auch keine technischen Probleme bei der Arbeit mit ihm, obwohl der Editor an einigen Stellen noch Mängel aufwies, die auf einen noch unzureichenden Entwicklungsstand verwiesen und dazu führten, dass die Handhabbarkeit leicht beeinträchtigt war. In diesem Kontext kritisierten die Studierenden primär, dass keine Hilfefunktion vorhanden sei. Sie bemängelten jedoch auch, dass es mit dem Editor sehr viel mehr Zeit in Anspruch nähme, Aufgaben zu lösen, als es beim Modellieren mit Stift und Papier der Fall wäre: *„Jedenfalls dauert das mit dem*

Tool sehr viel länger, als wenn man mit einem Bleistift und Papier arbeitet. Das ist echt Zeitverschwendung" (MuSofT-Studentin 1: 1). Von den drei Studierenden, die dies äußerten, wurde der Editor teilweise als Zwang empfunden, sie hätten das Arbeiten mit Papier und Stift vorgezogen. Insgesamt wurde der Editor, wie die Befragung der Übungsgruppenleiter ergab, jedoch von den Studierenden positiv angenommen:

> „*So etwas wurde dann halt geäußert, dass das an einigen Ecken noch ein bisschen holperig zu bedienen war, aber keine größeren Sachen eigentlich. (...) Die Idee, das einzusetzen, fanden sie glaube ich schon ganz gut, das war mein Eindruck von dem, was an Äußerungen gekommen ist. Es war eigentlich nichts Negatives, was da rüber gebracht wurde, auch wenn Kritik kam an den kleinen Macken. Aber nichts, was irgendwie darauf schließen ließe, dass die Studies da nicht gerne mit gearbeitet hätten*" (MuSofT-Übungsgruppenleiter 1: 2).

Was die Übungsgruppenleiter jedoch bedenklich fanden ist, dass die Simulationsfunktionen des Editors anscheinend dazu geführt haben, dass die Studierenden ihre Lösungen mittels Versuch und Irrtum erstellt hatten: „*Es gab einige, die haben den Editor, gerade wegen der Möglichkeit, dass man dann diese Ausführung dieser Diagramme simulieren kann, dazu genutzt, einfach so lange herumzuprobieren, bis sie das hatten, was sie haben wollten*" (MuSofT-Übungsgruppenleiter 2: 3).

Da meine Hypothesen lauteten, dass sich hinsichtlich der Bewertung des Editors als auch im Umgang mit ihm Geschlechterdifferenzen zeigen sollten, die Übungsgruppenleiter jedoch keinerlei diesbezügliche Angaben machten, wurde dieser Fragestellung in der Fragebogenerhebung dezidiert nachgegangen. Erfragt wurde in diesem Kontext, über welche Vorerfahrungen die Studierenden mit Editoren verfügten, mit welchen Einstellungen sie an die Arbeit herangingen, wie sie mit ihm arbeiteten und ob sie technische Probleme dabei hatten, aber auch, wie sie den Editor anschließend bewerteten. Im Folgenden werden die diesbezüglichen Ergebnisse der Fragebogenerhebung erläutert.

6.3.3 Ergebnisse der Befragung der Grundgesamtheit

6.3.3.1 Die MuSofT-Grundgesamtheit

Die MuSofT-Grundgesamtheit besteht, wie oben bereits erwähnt, aus denjenigen Studierenden, die regelmäßig eine von vier Übungsgruppen zu einer im Wintersemester 2003/04 stattfindenden Informatikvorlesung an der Universität Dortmund besuchten: 79 Studierenden, davon 11 Studentinnen und 68 Studenten.

	Gesamt	Frauen	Männer
Realzahl	79	11	68
Prozentzahl	100 %	13,9%	86,1%

Tabelle 6: Die MuSofT-Grundgesamtheit

Diese Studierenden sind zwischen 1967 und 1982 geboren worden, die meisten zwischen 1978 und 1980. Zum Erhebungszeitpunkt befanden sie sich zwischen dem 6. und dem 20. Hochschulsemester, durchschnittlich jedoch im achten (8,18 Semester w; 8,65 Semester m). Ca. 90% von ihnen studierten Informatik (allgemeine Informatik 73,5%, Ingenieurinformatik 17,7%). Die übrigen Studierenden verteilten sich auf die Studienfächer Statistik, Physik oder Mathematik.[139]

6.3.3.2 Die Vorerfahrungen mit Editoren

Was die Vorerfahrungen mit dem computergestützten Erledigen von Arbeitsaufgaben allgemein und mit Editoren im Besonderen angeht, so bestätigte sich meine aus den theoretischen Überlegungen (vgl. Kapitel 2) gewonnene Hypothese, dass die Studenten dahingehend über größere Erfahrungen verfügten als ihre Kommilitoninnen. Die Studenten hatten, bevor sie mit DAVE in Berührung kamen, nicht nur weitaus häufiger ihre Übungsaufgaben stets mit dem Computer bearbeitet (32% m; 9% w) oder dies zumindest teilweise getan (23% m; 18% w), während die Studentinnen sie häufiger ausschließlich mit Papier und Stift bearbeitet hatten (45% m; 73% w), sie verfügten auch über größere Erfahrungen mit Editoren. 82% der Studenten hatten gegenüber 60% der Studentinnen bereits mit Editoren gearbeitet, sodass immerhin 40% der Studentinnen, aber nur 18% der Studenten, als sie mit DAVE arbeiteten, noch keinerlei Erfahrungen mit Editoren hatten.

6.3.3.3 Die Einstellungen gegenüber dem Editor DAVE

Aufgrund meines Forschungsanliegens waren neben den o. g. Erfahrungen auch die Einstellungen der Studierenden dem Editor gegenüber von Interesse. Dabei ging ich von der Hypothese aus, dass die Einstellungen der Studentinnen signifikant negativer sein sollten als die der Studenten. Diese Hypothese bestätigte sich jedoch nicht in einem signifikanten Ausmaß. Mit Ausnahme des Befunds, dass sich die Studentinnen sogar tendenziell öfter auf das Arbeiten mit dem

---

139 Jeweils zwischen 1 und 2 Studierende pro genanntes Fach.

Editor gefreut hatten als ihre Kommilitonen (36% w, 34% m), war die Einstellung der Studentinnen jedoch tendenziell negativer. Dies zeigt sich darin, dass mehr Studenten als Studentinnen mit einer Arbeitserleichterung rechneten (66% m, 36% w), mehr Studentinnen jedoch mit einem größeren Arbeitsaufwand (27% w, 12% m), genauso wie mehr Studentinnen technische Probleme erwarteten (36% w; 28% m).

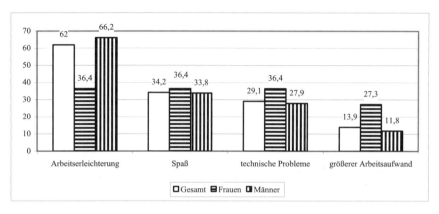

Abbildung 11: Erwartungen an den grafischen Editor DAVE, Angaben in Prozent, n = 79

Ich interpretiere die Aussagen als Ausdruck einer (m. E. erwartungskonformen) skeptischeren Haltung von Studentinnen gegenüber dem Ersatz traditioneller Medien durch digitale bzw. als Ausdruck dessen, dass Studenten aufgrund ihrer stärkeren Technikfaszination lieber Zeit am Computer verbringen und den Umgang mit diesem Medium weniger als Arbeit denn als Vergnügen definieren (Margolis/ Fisher/ Miller o.J.c). Erwartungsgerecht zeigte sich auch, dass die Studentinnen häufiger technische Probleme erwarteten. Wird das Erwartung-Wert-Modell von Dickhäuser (2001) zugrunde gelegt, sollte sich die tendenziell negativere Einstellung der Studentinnen zu dem Medium darin äußern, dass sie weniger Zeit mit der Arbeit mit ihm verbracht haben. Aufgrund dessen wird im Folgenden die Nutzung des Editors durch die Studierenden beleuchtet.

6.3.3.4 Die Nutzung des Editors

Nicht nur aufgrund o. g. Überlegungen, sondern auch aufgrund des Ergebnisses der Vorstudie, die zeigte, dass die Studierenden anscheinend sehr viel Zeit damit verbracht hatten, mittels Versuch und Irrtum Aufgaben zu lösen, einem laut

Middendorff (2002) und Margolis, Fisher und Miller (o.J.a) eher „männlichen" Umgang mit Medien, ging ich davon aus, dass die Studenten deutlich länger mit dem Editor gearbeitet hatten. Die erhobenen Daten bestätigten diese Hypothese: Während 64% der Studentinnen weniger als fünf Stunden mit ihm gearbeitet hatten, traf dies nur auf 40% der Studenten zu. Diese hatten deutlich mehr Zeit in die Arbeit investiert, so verbrachten 21% von ihnen über 11 Stunden mit dem Editor, wobei dies nur für 9% der Studentinnen gilt.

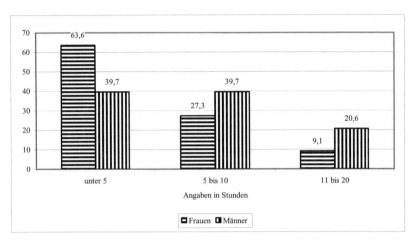

Abbildung 12: Arbeitszeit mit dem grafischen Editor DAVE, Angaben in Prozent, n = 79

Äußern sich die Unterschiede der zeitlichen Nutzung jedoch auch in der Nutzung einzelner Funktionen? - Dies ist nicht der Fall. Bei der Nutzung der Simulationsfunktionen, des Navigators, der Schnellansicht und der Notizfunktion traten keine Geschlechterdifferenzen zu Tage, genauso wenig wie sich die Studierenden qua Geschlecht unterschieden, was das Ausdrucken, das Exportieren und das Aufrufen der Hilfe angeht. Allein die Farbe der Modellelemente haben die Studentinnen häufiger geändert als die Studenten.[140]

---

140 Mit p= 0,008 ist dies ein hoch signifikantes Ergebnis.

Item	Mittelwert[141]	Signifikanz
die Simulationsfunktion genutzt	Frauen = 4,0; Männer= 3,76	nein
die Veranschaulichung der Simulation durch Geräte genutzt	Frauen = 3,36; Männer= 3,00	nein
ausgedruckt	Frauen = 3,0; Männer= 2,68	nein
exportiert	Frauen = 2,45; Männer= 2,56	nein
den Navigator genutzt	Frauen = 2,7; Männer= 2,43	nein
die Schnellansicht genutzt	Frauen = 2,18; Männer= 2,15	nein
die Notizfunktion genutzt?	Frauen = 2,0; Männer= 2,49	nein
die Hilfe aufgerufen?	Frauen = 1,64; Männer= 1,64	nein
das Look 'n' Feel verändert?	Frauen = 1,45; Männer= 1,68	nein
die Farbe der Modellelemente geändert?	Frauen = 2,55; Männer= 1,69	$(T= 2,729, df= 76, p= 0,008)$

Tabelle 7: Skala „Nutzung des grafischen Editors DAVE"

Bei der Nutzung der diversen Funktionen des Editors zeichnen sich die Geschlechter demnach primär durch Gemeinsamkeiten aus. Auf den ersten Blick erstaunlich erschien mir allerdings, dass die Studentinnen nicht häufiger als die Studenten die Hilfefunktion genutzt hatten, zudem die Daten in diesem Kontext auf einen weiteren erwartungswidrigen Befund aufmerksam machen, nämlich dass die Studentinnen nicht nur *nicht* häufiger angaben, computerbezogene Probleme beim Arbeiten mit dem Editor gehabt zu haben, sondern dass das Gegenteil der Fall ist: Mehr Studenten als Studentinnen gaben an, beim Arbeiten mit dem Editor mindestens einmal computerbezogene Probleme gehabt zu haben (60% m, 46% w).

---

141 Die Antwortkategorien waren vorgegeben mit „nie", „einmal", „mehrmals" und „bei jeder Aufgabe". Für die Auswertung wurden die Antworten kodiert mit 1 = nie, 2= einmal, 3= mehrmals, 4= bei jeder Aufgabe.

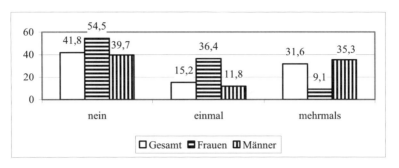

Abbildung 13: Computerbezogene Probleme beim Arbeiten mit dem grafischen Editor DAVE, Angaben in Prozent, n = 79

Die Gründe dieses unerwarteten Ergebnisses sind mit den erhobenen Daten leider nicht abschließend zu klären, jedoch könnte es m. E. darauf zurückzuführen sein, dass die Studenten mehr Zeit mit dem Editor verbrachten, also mehr Zeit hatten, Probleme festzustellen. Erstaunlich war darüber hinaus auch der Befund, dass sich die Studenten in größerem Umfang als ihre Kommilitoninnen bei der Nutzung des Editors beeinträchtigt gefühlt hatten. Während 82% der Frauen angaben, es habe keine derartigen Gründe gegeben, gaben dies nur 41% der Männer an! D. h., signifikant mehr Frauen als Männer sagten, es hätte keine Gründe gegeben, die sie bei der Nutzung des Editors beeinträchtigt hätten.[142] Auch hier können die erhobenen Daten nur ansatzweise zur Klärung beitragen. Da die Beeinträchtigung vor allem damit begründet worden war, dass der Editor noch unausgereift sei, könnte es sein, dass die Studenten aufgrund ihrer größeren Erfahrung mit Editoren höhere Ansprüche an das Medium stellten, sodass sie von den Fehlern eher enttäuscht waren. Im Folgenden wird u. a. aufgrund dieser Überlegung das Augenmerk auf die Bewertung des Editors durch die Studierenden gelegt.

6.3.3.5 Die Bewertung des Editors

Im Kontext der Bewertung des Editors durch die Studierenden wird zunächst auf diejenige der Simulationsfunktion eingegangen, da diese Funktion dem Entwickler zufolge den zentralen Mehrwert des Editors ausmacht, dadurch, dass sie den Studierenden die Alltagsnähe der abstrakten Probleme aufzeigen und

---

142 Der Chi-Quadrat-Test weist dieses Ergebnis als signifikant aus: Chi-Quadrat= 6,281, df= 1, p= 0,012.

somit das Verständnis fördern sollen. Anschließend wird die Bewertung des gesamten Editors skizziert, wobei der Vergleich mit den traditionellen Medien „Stift und Papier" gezogen wird.

Die studentische Bewertung der Simulationsfunktion des Editors wurde anhand von fünf Items erhoben. Vier von ihnen wurden zu einer Skala zusammengefasst[143], die sich mit einem Reliabilitätskoeffizienten Alpha von 0,7065 als ausreichend reliabel erwies. Die Auswertung der Skala ergab, dass der Mittelwertunterschied zwischen den Geschlechtern nicht signifikant ist[144], was bedeutet, dass Studenten und Studentinnen die Simulationsfunktion gleich bzw. ähnlich bewerteten.

Item	Mittelwert[145]	Signifikanz
A Die Möglichkeit, meine Modelle zu simulieren, hat mich beim Lösen der Aufgaben unterstützt.	Gesamt = 1,35 Frauen = 1,36 Männer = 1,35	nein
B Ich fand es gut, ein unmittelbares Feedback zu meinem Modell zu bekommen.	Gesamt = 1,25 Frauen = 1,45 Männer = 1,21	nein
C Durch die Simulation habe ich ein besseres Verständnis der Statecharts gewonnen.	Gesamt = 2,29 Frauen = 1,64 Männer = 1,82	nein
D Die Simulation verleitet dazu, die Aufgaben durch „Trial and Error" zu lösen.	Gesamt = 2,71 Frauen = 2,64 Männer = 2,72	nein
E Ich halte die Simulation für überflüssig, weil ich von meinem Übungsgruppenleiter ein Feedback bekomme.	Gesamt = 1,21 Frauen = 1,18 Männer = 1,21	nein
SKALA	Gesamt = 1,67 Frauen = 1,65 Männer = 1,67	nein

Tabelle 8: Skala „Zufriedenheit mit der Simulationsfunktion des grafischen Editors DAVE"

Insgesamt erwies sich die Zufriedenheit der Studierenden mit der Simulation als sehr groß: 91% der Studentinnen und 94% der Studenten gaben an, die Modellfunktion habe sie beim Lösen der Aufgaben unterstützt und 82% der Studentinnen und 76% der Studenten meinten, dass die Simulation ihnen ein besseres

---

143 Da das Item D („Die Simulation verleitet dazu, die Aufgaben durch Trial and Error zu lösen") die Reliabilität zu weit senkte, wurde es aus der Skala entfernt.
144 T= -0,103, df= 77, p= 0,918
145 Die Antwortvorgaben waren: „stimme voll zu", „stimme eher zu", „stimme weniger zu", „stimme gar nicht zu" und „weiß nicht". Für die Auswertung wurden a) die „weiß nicht" Antworten herausgenommen und b) die Antworten so umkodiert, dass die Aussagen in die selbe Richtung wiesen, d. h. kleine Werte bedeuteten eine positive Bewertung, große eine negative Bewertung der Simulation.

Verständnis der Zustandsdiagramme ermöglicht habe. Dass die Simulation überflüssig sei, gab dagegen keine/ keiner der Studierenden an. Wie bereits erwähnt wurde, verfügt der Editor über eine weitere Simulationsfunktion, dadurch dass die Simulation anhand der Geräte Kaffee- und Waschmaschine veranschaulicht wird. Aufgrund dessen wurde auch die Meinung der Studierenden zu dieser Veranschaulichung erhoben. Wie bei der allgemeinen Simulationsfunktion wurde auch hier eine aus vier Items bestehende Skala eingesetzt. Diese Skala, die mit einem Reliabilitätskoeffizienten von 0,7691 ausreichend reliabel ist, zeigt auf, dass auch hier der Mittelwertunterschied nicht signifikant[146] ist, d. h., dass Studentinnen und Studenten die Veranschaulichung der Simulation durch die beiden Geräte gleichermaßen bewerten.

Item	Mittelwert[147]	Signifikanz
A Ich habe mich durch die beiden Beispiele angesprochen gefühlt.	Gesamt = 1,84 Frauen = 1,27 Männer = 1,94	(T= -2,349, df= 74, p= 0,22)
B Durch die Beispiele wurden die abstrakten Probleme anschaulicher.	Gesamt = 2,09 Frauen = 1,8 Männer = 2,14	nein
C Durch die Beispiele wurde mir der praktische Nutzen des Formalismus´ deutlich.	Gesamt = 2,41 Frauen = 2,36 Männer = 2,42	nein
E Die Beispiele waren nicht hilfreich.	Gesamt = 1,52 Frauen = 1,09 Männer = 1,6	Keine Varianzhomogenität

Tabelle 9: Skala „Bewertung der Veranschaulichung der Simulation durch Geräte"

In der Tendenz bewerteten die Studentinnen die Veranschaulichung jedoch positiver als die Studenten. Dies lässt sie vor allem an zwei Aussagen festmachen: Zum einen empfanden ausschließlich Studenten die Beispiele als nicht hilfreich (16% m, 0% w), zum anderen gaben mehr Studentinnen als Studenten an, sich durch die beiden Geräte-Beispiele angesprochen gefühlt zu haben (100% w, 72% m). Diese Befunde widersprechen meiner Hypothese, dass die Bewertung der Studentinnen deutlich negativer ausfallen sollte, als die der Studenten. Ich interpretiere sie dahingehend, dass die Simulation, die aufgrund

---

146 Der Mittelwert aller Items zusammen beträgt 1,99. Der der Frauen beträgt 1,62, der der Männer 2,05. Der T-Test für unabhängige Stichproben besagt, dass der Mittelwertunterschied nicht signifikant ist (T= -1,776, df= 75, p= 0,080).
147 Die Antwortvorgaben waren: „stimme voll zu", „stimme eher zu", „stimme weniger zu", „stimme gar nicht zu" und „weiß nicht". Für die Auswertung wurden a) die „weiß nicht" Antworten herausgenommen und b) die Antworten so umkodiert, dass die Aussagen in die selbe Richtung wiesen, d. h. kleine Werte bedeuteten eine positive Bewertung, große eine negative Bewertung der Simulation.

ihrer Lernfortschrittskontrollen, ihrer Lebensnähe, des Anwendungsbezugs sowie der interaktiven Experimentieranteile als geschlechtersensibel zu bezeichnen ist (vgl. zu diesen Kriterien Jelitto 2004a, Metz-Göckel et al. 2004, Wiesner et al. 2003), anscheinend vor allem von den Studentinnen als ansprechend und hilfreich eingeschätzt wurde.[148]

Da die Bewertung der Simulation aufgrund o. g. Gründe eine Ausnahme sein könnte, wird im Folgenden die Bewertung des gesamten Editors beleuchtet. Um diese zu erheben, wurden die Studierenden zunächst darum gebeten, einzelne Items zu bewerten, die z. B. die Oberflächengestaltung des Editors betreffen. Darüber hinaus wurden sie danach befragt, welche Vor- und Nachteile der Editor ihrer Ansicht nach gegenüber dem Lösen der Aufgaben mittels Stift und Papier hat.

Die Auswertung ergab, dass die Studierenden den Editor sehr positiv bewerten und sich dabei keine signifikanten Unterschieden zwischen Studentinnen und Studenten zeigen: Knapp 90% der Studierenden bewerteten die Oberflächengestaltung des Editors als ansprechend, knapp 80% empfanden die Ausführungsgeschwindigkeit des Editors als angenehm. Drei Viertel der Studierenden würde DAVE KommilitonInnen weiterempfehlen, und knapp 90% fände ein derartiges Werkzeug auch für andere Themenbereiche der Vorlesung sinnvoll.

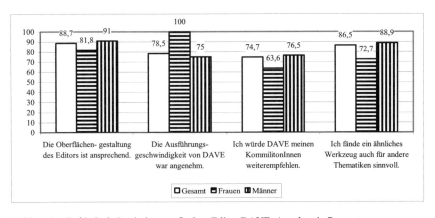

Abbildung 14: Zufriedenheit mit dem grafischen Editor DAVE, Angaben in Prozent, n = unterschiedliche je Item

---

148 Vielleicht liegt hierin auch der Grund der kritischeren Einstellung der Studenten: Eventuell ist eine Waschmaschine für sie (noch immer) weniger ein Alltagsgerät als für Studentinnen.

Auch was den Nutzen des Editors beim Lösen ihrer Arbeitsaufgaben angeht[149], zeigte sich eine deutliche und geschlechterübergreifende positive Bewertung: Die überwiegende Mehrheit der Studierenden (82% w, 74% m) schätzte den Nutzen mit „sehr gut" oder „gut" ein, wobei die Studentinnen zwar tendenziell positiver bewerten, dieser Unterschied jedoch nicht signifikant ist. Was Vor- und Nachteile des Editors gegenüber dem Arbeiten mit Stift und Papier angeht, so äußerten sich die meisten Studierenden positiv darüber, dass die Simulation Feedback gibt (93% m, 73% w) und dass der Editor eine bessere optische Gestaltung ermöglicht (66% m, 82% w). Weniger positiv fiel das Urteil über die Arbeitserleichterung aus: Nur 55% der Studierenden und dabei weniger Studentinnen als Studenten (59% m, 36% w) gaben an, dass der Editor die Arbeit erleichtert habe. Interessanterweise zeigen sich, was die Vorteile des Editors angeht, weder itemübergreifende Geschlechterdifferenzen, noch signifikante, während sich solche bei den Nachteilen deutlich zeigen. So gaben immerhin 18 Studenten (27% m) an, es gäbe *keinen* Nachteil des Editors gegenüber dem Arbeiten mit Stift und Papier, während sich keine Studentin derart äußerte. Im Gegenteil äußerten sich die Studentinnen fast bei allen Items negativer/ kritischer als ihre Kommilitonen. Mehr Studentinnen als Studenten gaben als Nachteil einen „größeren Arbeitsaufwand" an (46% w, 11% m) und mehr „technische Probleme" (55% w, 29% m). Sie beklagten sich häufiger darüber, dass das Ergebnis zusätzlich zur schriftlichen Abgabe den Übungsgruppenleitern gemailt werden musste (36% w, 9% m)[150] und darüber, dass die Arbeit am Computer die Gruppenarbeit behindere (27% vs. 6%).[151] Das einzige, was die Studenten häufiger als ihre Kommilitoninnen bemängelten, war „die Verleitung zur Ästhetisierung der Diagramme" (32% m vs. 18% w).

---

149 Als Antwortkategorien auf die Frage „Wie schätzen Sie den Nutzen von DAVE beim Lösen Ihrer Arbeitsaufgaben ein?" gab ich vor: „sehr gut", „gut", „zufrieden stellend" und „unbefriedigend". Um zu sehen, ob sich die Geschlechter im Antwortverhalten unterscheiden, wurde der Mittelwert errechnet und ein T-Test für unabhängige Stichproben durchgeführt. Der Gesamtmittelwert liegt bei 2,06, bei den Frauen bei 1,82 und bei den Männern bei 2,1. Der Unterschied ist nicht signifikant (T= -0,977, df= 77, p= 0,332).
150 Chi-Quadrat= 6,495, df= 1, p= 0,011
151 Chi-Quadrat= 5,365, df= 1, p= 0,021

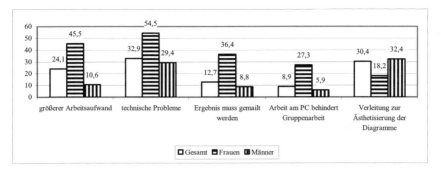

Abbildung 15: Nachteile des Editors DAVE gegenüber dem Arbeiten mit Stift und Papier, Angaben in Prozent, n = 79

Diese Ergebnisse deuten darauf hin, dass die Studentinnen diejenigen Funktionen eines digitalen Mediums, die für dessen Bedienung notwendig sind (Oberflächengestaltung u. a.), ähnlich bewerten wie ihre Kommilitonen, dass sie, was den Aspekt des computerunterstützten Lernens angeht, den Medien gegenüber jedoch deutlich kritischer eingestellt sind. So kritisieren sie deutlich stärker als ihre Kommilitonen die „Nebenwirkungen" des Editors, die in keinem direkten Zusammenhang mit dem Lernstoff stehen, wie den höheren Arbeitsaufwand, die Verunmöglichung der gewohnten Gruppenarbeit und technische Probleme. Dass die Studentinnen die technischen Probleme so deutlich in den Vordergrund ihrer Kritik stellten, während sie, wie oben beschrieben, faktisch keine größeren computerbezogenen Probleme beim Arbeiten mit dem Editor hatten als die Studenten, verweist darüber hinaus auf ihre geringen computerbezogenen Kompetenzüberzeugungen wie auch ihre hohe Misserfolgserwartung. Dass die Studenten dagegen problematisierten, dass der Editor sie verleitet habe, die Ergebnisse zu ästhetisieren, könnte auf ihren spielerischen Umgang mit Medien hinweisen, die meisten Studentinnen hatten aufgrund ihres instrumentellen Umgangs dieses Problem anscheinend nicht.

6.4 Zusammenfassung und Diskussion der Ergebnisse

Zusammenfassend ist zu den oben dargelegten Ergebnissen zunächst zu sagen, dass sie meistens erwartungskonform waren, manchmal jedoch auch nicht. Die Interviews mit den verschiedenen Projektmitarbeitenden machten zunächst deutlich, dass sich meine Hypothese bestätigte, dass in einer informatischen Fachkultur Technik oftmals als frei von allem Sozialen und damit als geschlechtsneutral angesehen wird und dass somit den Technikentwickelnden nicht bewusst ist, dass sie selbst einen Beitrag dazu leisten, das Soziale und somit auch das Geschlechterverhältnis in die Technik einzuschreiben (vgl. dazu auch Rammert 2000). Wie erwartet leitete sich aus diesem fehlenden Bewusstsein in Kombination mit der nicht vorhandenen Genderkompetenz ab, dass die Notwendigkeit in Frage gestellt wurde, das Geschlecht bei der Entwicklung und dem Hochschul-Einsatz digitaler Lehr-/Lernmedien zu berücksichtigen. Darüber hinaus führten die fehlende Auseinandersetzung mit einer sozialkonstruktivistischen Perspektive auf Technik und mit geschlechterrelevanten Fragestellungen des E-Learnings und die Fokussierung auf technische Aspekte der Medienentwicklung dazu, dass der Brückenschlag zwischen Nutzung und Entwicklung, der in dieser Arbeit als wesentliches Element einer impliziten Frauenförderung dargelegt wurde, nicht vollzogen wurde. Im Gegenteil ist dem Interview mit dem Entwickler deutlich zu entnehmen, dass er während der Entwicklung selbstbezüglich vorgegangen ist, d. h., er hatte sich während des gesamten Entwicklungsprozesses an seinen eigenen Interessen und Wünschen an ein derartiges Medium wie auch an anderen Editoren orientiert, die Nutzenden jedoch nicht in den Blick genommen. Diese Selbstbezüglichkeit führte in Kombination mit dem Technikfokus dementsprechend dazu, dass lerntheoretische, didaktische und geschlechterrelevante Überlegungen aus der Entwicklung des Editors ausgeklammert blieben. Meine Annahme, dass sich dies in einer fehlenden Geschlechtergerechtigkeit des Produkts äußern würde, bestätigte sich bei einer geschlechtersensiblen Analyse des Produkts. Auf den ersten Blick nicht bestätigte sich dagegen meine Hypothese, dass die Nutzerinnen den Editor sehr viel kritischer bewerten würden, als ihre Kommilitonen. In diesem Zusammenhang zeigte sich jedoch, dass sie die, m. E. als geschlechtersensibel zu bezeichnenden Aspekte des Editors, die Interaktivität und Alltagsnähe der Simulationsfunktion und die übersichtliche Navigation, zu schätzen wussten, und dabei sogar sehr viel stärker lobten als die Studenten. Dies deute ich als Hinweis auf die Richtigkeit der Annahme, dass es gerade für Studentinnen von großer Bedeutung ist, ein digitales Medium geschlechtersensibel zu gestalten. Dass die Studentinnen dagegen vor allem die technischen Probleme, die ihrer Meinung nach mit dem Arbeiten am Editor verbunden sind, kritisierten und sie sich dahingehend äußerten, dass der Editor als Arbeitsmedium dem Arbeiten mit Stift und Papier nicht unbedingt vorzuziehen sei, kann dahingehend interpretiert werden, dass in diesen Äußerungen die erwartete negativere Einstellung zum und Bewertung des Mediums wie auch die geringeren computerbezogenen Kompetenzüberzeugungen der Studentinnen zum Ausdruck kamen.

Die Ergebnisse deuten dementsprechend darauf hin, dass in diesem Projektkontext eine implizite Frauenförderung (vgl. Kapitel 5.4) nicht praktiziert worden ist. Weder verfügten die Projektmitarbeitenden über die dafür notwendigen Genderkompetenz, noch wurde versucht, ein Brückenschlag zwischen der Technikentwicklung und -nutzung zu schlagen, indem die Nutzenden an der Entwicklung partizipieren konnten. Dass die Studentinnen so deutliche Kritik an den „Nebenwirkungen" des Arbeitens mit dem Medium äußerten und die Studierenden so viele technischen Mängel des Editors feststellten, lässt zudem darauf schließen, dass eine Mitwirkung der Studierenden in früheren Phasen der Entwicklung auch ein Beitrag zur Steigerung der Qualität des Produkts gewesen wäre.

7 Studie 3: Entwicklung und Nutzung des Lernmoduls „Computergenerierte Farbe" des Projekts SIMBA

Äquivalent zu dem vorherigen Kapitel wird auch in diesem zunächst das evaluierte Medium beschrieben, in diesem Fall das Lernmodul „Computergenerierte Farbe". Anschließend wird auf verschiedene Aspekte der Entwicklung des Moduls eingegangen und deren Auswirkungen auf das Modul erläutert. Zuletzt werden die Ergebnisse der Studierendenbefragung, die die Einstellungen der Studierenden zum Lernmodul, dessen Nutzung und Bewertung betreffen, dargelegt.

7.1 Das Lernmodul „Computergenerierte Farbe"

Das internetbasierte Lernmodul „Computergenerierte Farbe"[152] wurde für zwei verschiedene Nutzungskontexte konzipiert: Zum einen soll es in hochschulischen Vorlesungen eingesetzt werden, zum anderen soll es den Studierenden das selbstständige Erarbeiten des Themas „computergenerierte Farbe" ermöglichen, einem Thema, das Inhalt des universitären Informatikstudiums ist. Für den Einsatz in Vorlesungen ist das Modul derart gestaltet worden, dass der gesamte Inhalt als Folien dargestellt werden kann, wobei in diesem Kontext auf den Großteil des Textes verzichtet wird, die interaktiven Elemente jedoch beibehalten werden. In diesem Folienmodus ist das Modul vergleichbar mit einer Power-Point-Präsentation, mit dem Unterschied, dass mit ihm interaktiv gearbeitet werden kann. Für das Selbststudium dient der Vollmodus des Moduls. Dieser Modus soll es den Studierenden ermöglichen, sich selbstständig in das o. g. Thema einzuarbeiten und zu lernen. So soll das Modul, so das Anliegen der Entwickelnden, u. a. zur Prüfungsvorbereitung genutzt werden können. Darüber hinaus können beide Funktionen - die Folien- und die Vollversion - auch miteinander kombiniert werden in dem Sinne, dass Dozierende den Studierenden das Thema zunächst anhand der Folien in der Vorlesung vorstellen und erläu-

---

152 Im Internet unter der URL http://wwwcs.uni-paderborn.de/cs/ag-domik/SIMBA/ (Stand: 10.08.2006). Allerdings ist dort inzwischen eine überarbeitete Version des Moduls eingestellt. Das evaluierte Modul ist leider nicht mehr einzusehen.

tern, und diese anschließend zuhause das Modul dazu nutzen, die Inhalte vertiefend zu erarbeiten.

Um ein besseres Bild des Lernmoduls zu zeichnen, wird dieses im Folgenden in seinen wesentlichen Charakteristika beschrieben, wobei zunächst auf die Inhalte eingegangen wird. Diese sind primär textbasiert aufgearbeitet, wobei zur Veranschaulichung einige Grafiken und interaktiven Elemente eingepflegt worden sind. Dabei sind die Inhalte, vergleichbar mit einem Lehrbuch, in verschiedene thematische Kapitel unterteilt worden, eine Struktur, die in der Navigation klar zum Ausdruck kommt: Die Navigation ist derart konzipiert, dass die Studierenden nicht anhand eines festen Lernpfades durch das Modul geleitet werden, sondern sie ermöglicht es den Studierenden, direkt auf die für sie relevanten Themen zuzugreifen. Für diesen Zweck wurde ein Navigationsstrang entwickelt, der sich am oberen Bereich des Bildschirms befindet und der aus sieben Links besteht. Diese Links sind vergleichbar mit Kapitelüberschriften eines Buches und enthalten jeweils eine zweite Linkleiste - die Unterkapitel -, sodass die Inhalte in zwei Ebenen differenziert sind.

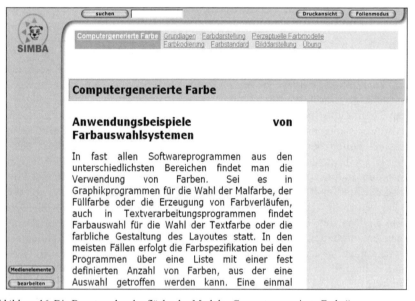

Abbildung 16: Die Benutzendenoberfläche des Moduls „Computergenerierte Farbe"

Für den Fall, dass die Studierenden eine konkrete Information benötigen, sie sich jedoch nicht alle Kapitelüberschriften anschauen wollen, um zu erforschen, welcher Abschnitt dieses Thema wohl am ehesten enthält, gibt es zusätzlich die Möglichkeit, einen Suchbegriff in ein Suchfeld, welches sich ebenfalls am oberen Rand des Bildschirms befindet, einzugeben. Sollte dieser Suchbegriff im Modul enthalten sein, gelangen die Studierenden auf diesem Weg direkt zu der Seite, die diesen Begriff enthält. - Sollten die Studierenden zwar an den gesamten Inhalten interessiert sein, jedoch nicht gewillt, diese am Bildschirm zu erarbeiten, können sie sich zudem die Inhalte ausdrucken.

Im Folgenden wird der Kontext der Modulentwicklung beleuchtet, wobei das Projekt SIMBA, wie auch die direkt an der Entwicklung beteiligten Personen in den Fokus kommen. Anschließend werden die Ergebnisse der gendersensiblen Analyse des Moduls dargelegt und die Befunde der Studierendenbefragung dargestellt.

7.2 Die Entwicklung des Lernmoduls „Computergenerierte Farbe"

7.2.1 Das Erhebungsdesign

In der ersten Erhebungsphase, die der Feldexploration diente, wertete ich zahlreiche Projektpublikationen aus, denen ich wesentliche Informationen über das Projekt und die von diesem entwickelten digitalen Lehr-/Lernmedien entnahm. Mein Interesse an dem, an der Universität Paderborn angesiedelten, Teilprojekt wurde jedoch primär durch ein Interview geweckt, welches die Projektleiterin des GM-Medial-Projekts mit der dort ansässigen Teilprojektleiterin geführt hatte. Dieses, für mein Forschungsanliegen sehr fruchtbare, Interview veranlasste mich dazu, mir die drei, im Teilprojekt entwickelten, internetbasierten Lernmodule genauer anzusehen und mit der Projektleitung Kontakt aufzunehmen. Aufgrund meiner Analyse der Module sowie auf Grundlage eines intensiven Gesprächs mit der Projektleitung entschied ich mich im Folgenden dafür, das Lernmodul „Computergenerierte Farbe" in meine Erhebung einzubeziehen. Diese Wahl hatte u. a. den Vorteil, dass das Modul mit beiden o. g. Modi in einer Informatikvorlesung an der Universität Paderborn von der Projektleiterin, einer Informatikprofessorin, eingesetzt werden würde.

Bevor ich auf die Studierenden zutrat, analysierte ich das Modul nach gendersensiblen Gesichtspunkten und führte ein leitfadengestütztes Interview mit einer Projektmitarbeiterin, die maßgeblich an der Entwicklung des Moduls beteiligt war. Im Folgenden werden, auf der Grundlage der auf diesem Weg gewonnenen Erkenntnisse, der Entwicklungskontext sowie die Entwicklung des Moduls skizziert.

7.2.2 Das Projekt SIMBA als Entwicklungskontext

Entwickelt wurde das Lernmodul „Computergenerierte Farbe" im Kontext des Projekts „SIMBA - Schlüsselkonzepte der Informatik in verteilten multimedialen Bausteinen unter besonderer Berücksichtigung spezifischer Lerninteressen von Frauen". Dieses Verbundprojekt aus sieben Teilprojekten an fünf Universitäten wurde vom BMBF vom 01.06.2001 bis zum 31.12.2003 gefördert. Sein Ziel bestand in der „Entwicklung, Akkumulation, Evaluation und Bereitstellung von multimedialen, feingranularen Bausteinen für Schlüsselkonzepte[153] der Informatik in Lehre und Ausbildung" (Schubert o.J.a), die in hybriden Lehrveranstaltungen, in der Präsenzlehre oder im Selbststudium zum Einsatz kommen sollten. Der Sinn der Multimedialität sollte dabei darin bestehen, abstrakte informatische Inhalte zu veranschaulichen, und so zu einem zielgruppengerechteren Lernen beizutragen, als es die traditionelle Lehre ermögliche (vgl. ebd.). In diesem Zusammenhang verfolgte das Projekt zudem das Ziel, „die spezifischen Lerninteressen von Frauen im Informatikstudiengang besser als bisher zu berücksichtigen und damit langfristig zur Erhöhung des Frauenanteils beizutragen" (Schubert o.J.b: 1).

Da dieses Ziel für mein Forschungsanliegen unmittelbar relevant ist, wird im Folgenden beleuchtet, wie genau das Projekt dieses Ziel umzusetzen plante. Dabei werden drei Ebenen unterschieden: die in den Projektpublikationen veröffentlichten Intentionen (Verbundprojektebene), die laut Aussage der interviewten Projektmitarbeiterin auf den Verbundprojekttreffen diskutierten Intentionen (Verbundprojektebene), den Intentionen der an der Entwicklung des Lernmoduls „Computersimulierte Farbe" Beteiligten (Teilprojektebene).

Den Projektpublikationen ist zu entnehmen, dass sich die Leitung des Projekts SIMBA intensiv mit der Frage auseinandergesetzt hatte, wie die spezifischen Lerninteressen von Frauen[154] berücksichtigt werden könnten. So wurden zahlreiche Kriterien genannt, die eine geschlechtergerechte Gestaltung digitaler Medien ausmachen sollten: Die Themen sollten motivierend sein und dabei vor allem anwendungs- und lebensnah sowie praktisch nutzbar, sollten jedoch gleichzeitig theoretisch aufgearbeitet sein. Darüber hinaus sollten sie „zweckbezogen" (Schubert o.J.a: 2) vermittelt werden und seien „nicht allein von ihrer

---

153 Als Schlüsselkonzepte gelten allgemein akzeptierte Inhalte der Informatik (angelehnt an Standardlehrbücher), die als Bestandteil einer fächerübergreifenden Informatikgrundbildung angesehen und langlebig und flexibel in informatischen und außerinformatischen Fachdisziplinen sowie in unterschiedlichen Organisationsformen wie Ausbildung, Fort- und Weiterbildung, Online-Learning genutzt werden können (vgl. Schubert o.J.a, o.J.b).

154 Es wurde bereits darauf hingewiesen, dass solche nach Ansicht der aktuellen Geschlechterforschung nicht existieren, dass diese Formulierung jedoch dennoch Bestandteil eines Förderkriteriums des BMBF war.

technischen Optimierung her aufzubereiten" (ebd.), sondern es sei von Belang „auch die Beeinflussung sozialer, ökonomischer und kultureller Bereiche aufzeigen" (ebd.), denn:

> „Die eher interdisziplinär, sozial, wirtschaftlich und sprachlich Interessierten, darunter viele Frauen, finden zu den Begriffen der Informatik keinen Zugang, wenn der Vorrang in den Themenbereichen der Technik ohne Perspektiven auf die Umwelt oder Gesellschaft zugesprochen wird" (ebd.: 2).

Zudem sollte das Thema jeweils in unterschiedlicher Breite (Horizontalkriterium) und Tiefe (Vertikalkriterium) bearbeitbar sein.

Diese, seitens der SIMBA-Leitung entwickelten, Kriterien stimmen z. T. mit denjenigen überein, die im Kapitel 3.3 als für eine geschlechtergerechte Gestaltung des E-Learnings wesentlich genannt wurden, z. B. was den Anwendungsbezug und die interdisziplinäre Aufarbeitung der Inhalte angeht. Dennoch lassen die Publikationen erkennen, dass die Projektleitenden sich nicht sicher waren, worin sich die spezifischen Lerninteressen von Frauen konkret äußern und wie diesen mittels digitaler Lehr-/Lernmedien entsprochen werden kann. Dies kommt u. a. in dem Anliegen zum Ausdruck, durch projektinterne Evaluationen und das Angebot von Schnupperunis oder Kompaktkursen für Frauen „die Lerninteressen von Frauen besser kennenzulernen" (Schubert o.J.b: 4), da es erst dadurch möglich sei, die digitalen Lehr-/Lernmedien diesen Interessen gemäß zu gestalten.

Den Publikationen zufolge ist das Projekt demnach als sehr sensibel gegenüber der Geschlechterfrage zu kennzeichnen und dementsprechend anscheinend bemüht, die Produkte geschlechtergerecht zu gestalten - ein Bild, das sich jedoch in den Gesprächen mit der Teilprojektleiterin und einer Projektmitarbeiterin so nicht zeigte. Denn während die Leiterin den MitarbeiterInnen des Gesamtprojekts bescheinigt, bezogen auf Geschlechterfragen „*recht offen*" zu sein und auch Erfahrungen auf dem Gebiet zu haben: „*Jeder (...) hat in dieser Richtung schon genug gearbeitet. Jeder hat auch seine Frauenprojekte dabei, von allen, die mitmachen.*"[155] (SIMBA-Projektleiterin: 20), sagte die Projektmitarbeiterin aus, eine teilprojektübergreifende Diskussion der Geschlechterfrage bzw. der Frage der spezifischen Lerninteressen von Frauen habe es auf den Projekttreffen nur zu Beginn des Projekts gegeben (vgl. SIMBA-Mitarbeiterin: 8). Genauso sei ihnen auch in der Entwicklung der Medien nicht zu entsprechen versucht worden. Als Beispiel nannte sie in diesem Kontext ein von einem Projektmitarbeiter gestaltetes „*Comic-Bildchen, wo das blonde Häschen am Rech-*

---

155 Im Folgenden werden die Aussagen aus den Interviews kursiv hervorgehoben, die Zitate aus den Publikationen jedoch nicht.

ner sitzt und zu dem starken Siegfried aufguckt", von dem sie sich „*schon irgendwie angegriffen"* gefühlt habe (SIMBA-Mitarbeiterin: 11).

Ob sich dieser Widerspruch so wie geschildert auf der Gesamtprojektebene zeigte, ist leider auf der Grundlage meiner erhobenen Daten nicht zu klären, wenngleich die obige Aussage einen interessanten Bruch zwischen Anspruch und Realität aufzeigt. Aufgrund dessen werde ich ihm im Folgenden exemplarisch am Beispiel des in meine Erhebung einbezogenen Teilprojekts nachgehen. D. h. es wird aufgezeigt, inwiefern die in den Projektpublikationen geäußerte Intention, die Lerninteressen der Frauen näher zu bestimmen, im Teilprojekt umgesetzt wurde und inwiefern bei der Entwicklung des Lernmoduls „Computergenerierte Farbe" die o. g. Kriterien einer - laut Projekt - geschlechtergerechten Gestaltung von Medien eine Rolle spielten. Ebenfalls wird der Frage nachgegangen, inwiefern zum Zeitpunkt der Entwicklung im unmittelbaren Entwicklungskontext des evaluierten Lernmoduls Genderkompetenz vorhanden war.

7.2.3 Die sozialen AkteurInnen der Entwicklung des Lernmoduls

Das evaluierte Modul wurde hauptverantwortlich von einem Lehramtsstudenten der Mathematik und Informatik entwickelt[156], der als studentische Hilfskraft in dem Projekt SIMBA gearbeitet und zum Erhebungszeitpunkt leider die Hochschule verlassen hatte. Dieser Student war jedoch während des gesamten Entwicklungsprozesses von der bereits zitierten Projektmitarbeiterin beratend unterstützt worden, die „*mehr oder weniger überwachende Tätigkeiten*" (SIMBA-Mitarbeiterin: 1) innehatte und das Modul mehrfach evaluierte, da sie verantwortlich dafür war, dass das Modul letztlich in einer Informatikvorlesung eingesetzt werden konnte. Darüber hinaus bekam der Entwickler auf den, im 14tägigen Abstand stattfindenden, Projekttreffen Feedback von anderen studentischen Hilfskräften[157] genauso wie von der Teilprojektleiterin.

Da ich davon ausgehe, dass die auf den Projekttreffen geführten Diskussionen, geäußerten Überlegungen und Standpunkte einen entscheidenden Einfluss auf die Modulentwicklung gehabt haben dürften, wird im Folgenden auf den Entwickler, auf die Teilprojektleiterin, die Projektmitarbeiterin sowie die studentischen Hilfskräfte eingegangen. Primär ist allerdings die Projektmitarbeite-

---

156 Es war Teil seiner Examensarbeit.
157 Zum Evaluationszeitpunkt arbeiteten in dem Teilprojekt eine wissenschaftliche Mitarbeiterin (1/2 BAT 2a) sowie zwei weibliche und zwei männliche studentische Hilfskräfte. Dabei war die Aufgabenverteilung der Hilfskräfte geschlechtersegregiert: Die beiden Studenten waren für das Programmieren zuständig, während die Studentinnen Korrektur lasen und die entwickelten Produkte auf die Funktionsfähigkeit kontrollierten.

rin von Interesse, da sie direkt mit dem Entwickler zusammengearbeitet hat und ihm die Grundgedanken von SIMBA vermittelte. Darüber hinaus gilt das Augenmerk der Teilprojektleiterin, da diese die wesentlichen Kriterien der Modulgestaltung vorgab. Im Folgenden werden die Ergebnisse der Interviews mit diesen beiden Personen dargestellt. Dabei wird zunächst auf ihre Genderkompetenz eingegangen, da diese sich gemäß der in den Kapiteln 2.1 und 5.4 angestellten theoretischen Überlegungen direkt auf das Modul auswirken sollte.

In dem Interview mit der Leiterin des Paderborner Teilprojekts stellte sich heraus, dass sich diese gegenüber Geschlechterfragen als sehr sensibel bezeichnen lässt. Dabei hat sie diese Sensibilität eigenen Aussagen zufolge während ihrer Erfahrungen als Informatikprofessorin an verschiedenen Hochschulen entwickelt. Im Laufe der Jahre sei sie zu der Ansicht gelangt, dass es dringend erforderlich sei, den Frauenanteil der Informatikstudierenden zu erhöhen, da der Frauenausschluss unter den Technikentwickelnden zu einer „Vereinseitigung" der Technik führe.

> „...nicht, weil sie unseren Quoten fehlen (lacht), sondern weil sie uns einfach in der Umsetzung von Ideen und Produkten fehlen, die dann der Informationsgesellschaft nicht zugute kommen können. Wir haben ja an technischen Produkten derzeit fast nur Dinge laufen, die eben sehr einseitig erdacht wurden" (SIMBA-Projektleiterin: 4).

Deutlich wird anhand dieser Aussage, dass ihr Theorien der sozialen Konstruktion von Technik geläufig sind und sie die Ansicht vertritt, dass Technik aufgrund der bestehenden Geschlechtersegregation im Bereich der Technikentwicklung derzeit vergeschlechtlicht wird, d. h. „einseitig von Männern erdacht", so dass ihr diversifizierte Anteile fehlen, eine Ansicht, die sich u. a. auch bei Schinzel (2005) und Winker (2002) findet (vgl. dazu auch Kapitel 2.1.2.2). Darüber hinaus äußerte sie in dem Interview einen deutlichen Wunsch daran, die Interessen und Bedürfnisse von Informatikstudentinnen in Hinsicht auf informatische Inhalte zu ermitteln. Auf Grund dieser Intention habe sie sich bereits häufig mit Informatikstudentinnen unterhalten und dadurch Informationen gewonnen, aus denen sie Kriterien für eine „frauenfreundliche" didaktische Aufbereitung der Inhalte abgeleitet habe. Dabei sei der Zugang auf die Nutzerinnen deshalb so wichtig, da sie mehrere Jahre vergeblich versucht habe, für eine gendersensible Produktgestaltung *„richtige Literatur zu finden, um mal festere Richtlinien, etwas Fassbares zu haben"* (SIMBA-Projektleiterin: 8).

Die Teilprojektleiterin ist dementsprechend als genderkompetent zu bezeichnen: Sie ist über die Einschreibung des Geschlechterverhältnisses in technische Artefakte nicht nur informiert, sondern problematisiert diese, woraus sie den Anspruch ableitet, Frauen im Bereich der Informatik seien zu fördern. Meinem Ansatz der impliziten Frauenförderung (vgl. Kapitel 5.4) entspricht, dass die sich dabei an den Nutzenden orientiert, und diese durch die Ermittlung ihrer Interessen und Bedürfnisse an der Technikentwicklung partizipieren lassen möchte. Da sie die Interessen der Studenten als ausreichend wahrgenommen ansieht, orientiert sie sich dabei jedoch ausschließlich an den Studentinnen, was m. E., wie ich bereits im Kapitel 5.4 ausführlich dargelegt habe, für ein Aufheben der Geschlechterdifferenzen nicht ausreicht, da durch den Ansatz an nur einem Geschlecht der Herstellung von Geschlechterdifferenzen in Prozessen des *doing gender* nicht entgegengewirkt werden kann. Dennoch ließen mich diese Informationen seitens der Leiterin vermuten, dass die Entwicklung des Lernmoduls „Computergestützte Farbe" geschlechtergerecht verlief. Ob dies der Fall war, wird im Folgenden anhand der Aussagen der Projektmitarbeiterin nachgezeichnet.

Wie sich in dem Interview mit der Projektmitarbeiterin herausstellte, zeichnet sich diese durch eine - im Vergleich mit ihrer Chefin - sehr viel kritischere Haltung gegenüber der Geschlechterthematik aus. So stellte sie den Anspruch des Projekts auf Frauenförderung abwertend als *„frauenspezifischen Kram oder wie man das auch immer nennen will"* (SIMBA-Mitarbeiterin: 8) dar und äußerte sich dahingehend, sie empfände es als sehr negativ, dass in ihrem Arbeitskontext das Gender Mainstreaming auf die *„Frauenschiene"* (SIMBA-Mitarbeiterin: 8) verkürzt werde. Die Zentrierung auf Frauen bzw. deren Förderung sei *„einfach nicht meine Welt"* (ebd.).

Verständlich wird diese Haltung, wird ihre Begründung beleuchtet: So ist die Interviewte erstens der Ansicht, dass eine explizite Frauenförderung unnötig sei, *„weil meine Meinung ist, dass man Frauen und Männer gleichberechtigen muss und da sollte man nicht irgendwelche Projekte oder sonstiges zu haben, das sollte einfach so funktionieren"* (ebd.) und distanziert sich zweitens von der Frauenförderung, da sie diese mit Stigmatisierungen verbindet, die sie in einem solchen Kontext bereits erlebt hat:

> *„Ehrlich gesagt habe ich bisher immer versucht, dem möglichst aus dem Weg zu gehen, weil ich wollte wirklich nicht in so eine Lila-Latzhosen-Kategorie gesteckt werden. (...) Ich bin letztes Jahr auf dieser Informatika Feminale in Bremen gewesen und wenn einen da schon im Fahrstuhl Männer von oben bis unten mustern: „Wo will die denn hin? Aha, alles klar: Lesbe!" oder so etwas, dann brauche ich das wirklich nicht. (...) Das muss ich mir nicht antun. Und da sehe ich auch nicht wirklich Sinn drin"* (SIMBA-Mitarbeiterin: 8).

Im weiteren Verlauf des Interviews wurde deutlich, dass und wie sich diese ablehnende Haltung gegenüber Geschlechterfragen auf den Entwicklungsprozess des Moduls auswirkte. So hatte sie sich aufgrund dessen, dass sie Frauenförderung als sinnlos ansieht, während der gesamten Entwicklung keine Gedanken darüber gemacht, wie das Modul geschlechtergerecht entwickelt werden könnte: *„Was will man da diskutieren? Da gibt es nichts zu diskutieren"* (SIMBA-Mitarbeiterin: 9).

Die fehlende Auseinandersetzung mit Geschlechteraspekten kam dementsprechend im Interview deutlich zum Ausdruck. So beantwortete die Interviewte Fragen wie die, ob es möglich sei, dass Frauen und Männer unterschiedlich mit dem Computer umgehen könnten, negierend mit dem pauschalen und vereinfachenden Hinweis, der Umgang der Geschlechter mit dem Computer sei nicht different, jedenfalls habe sie noch keine Pin-Up-Fotos auf den Computern ihrer Kollegen gefunden. Eventuell würden Frauen über geringere Computerkompetenzen verfügen, jedoch *„wird auch nicht drüber diskutiert. Das wird als gegeben hingenommen"* (SIMBA-Mitarbeiterin: 9). Die Nicht-Thematisierung von Geschlechteraspekten während der Entwicklungsarbeit habe dabei eine ganz pragmatische Grundlage, denn:

> *„Also dann hätte ich auch ehrlich gesagt keine Angestellten mehr, wenn ich bei jedem, was die machen, sagen würde: „Und wie sieht das vom Frauenstandpunkt aus?". Die würden mir alle schreiend weglaufen, das würde gar nichts bringen. Da würden aber auch nicht nur die Männer weglaufen, da würden auch die Frauen weglaufen"* (SIMBA-Mitarbeiterin: 10).

Zusammenfassend ist, was die Genderkompetenz der Projektmitarbeiterin angeht, festzustellen, dass sie eine solche nicht besitzt. Im Gegenteil lehnt sie jegliche inhaltliche Auseinandersetzung mit der Geschlechterthematik als sinnlos ab, wobei sie ein Engagement im Bereich der Frauenförderung auch deshalb vermeidet, da sie dieses mit potentiellen Ausgrenzungen, Stigmatisierungen und Widerständen seitens ihrer männlichen Kollegen assoziiert. Hier könnte m. E. ein Effekt bedeutsam sein, den verschiedene Geschlechterforscherinnen in Studien in männerdominierten Fachbereichen festgestellt haben, nämlich dass es den vereinzelten Frauen angezeigt scheint, sich in diesen Kontexten als „ungeschlechtlich" darzustellen, d. h. ihre eigene Geschlechtlichkeit zu neutralisieren, um keine Ausgrenzungen seitens der männlichen Kollegen zu erfahren und um keine Sonderrolle zugewiesen zu bekommen. Dass das Engagement in der Frauenförderung für ihre Chefin, die Teilprojektleiterin, kein Problem zu sein scheint, könnte hingegen auf ihren hohen Status zurückzuführen sein, der sie für derartige Dinge wenig angreifbar macht.

Hier genügt jedoch die Feststellung, dass die direkte Beraterin des Entwicklers, also die Person, die die Entwicklung des Moduls maßgeblich beeinflusst hat, der Geschlechterthematik sehr ablehnend gegenüber stand. Da darüber hinaus - mit Ausnahme der Projektleiterin - im gesamten, direkt an der Entwicklung des Moduls „Computergenerierte Farbe" beteiligten, Team ausschließlich Technikkompetenzen, nicht jedoch solche auf geschlechterbezogenen bzw.

didaktischem Gebiet, vorhanden gewesen waren, verwundert es wenig, dass in den Projektsitzungen ausschließlich folgende Frage der Modulentwicklung erörtert worden war: „*Lässt sich das technisch realisieren?*" (SIMBA-Mitarbeiterin: 3). Das heißt, die Technikentwicklung erfolgte anscheinend entgegen dem Anspruch der Projektleitung primär technikorientiert, was meine Annahme bestätigt, dass der Technikfokus einer Medienentwicklung auf die fehlende Auseinandersetzung mit sozialen (z. B. geschlechterrelevanten) Fragestellungen zurückzuführen ist.

Im Folgenden wird erläutert, wie sich diese Technikorientierung der an der Modulentwicklung direkt beteiligten Personen konkret auf den Prozess der Technikentwicklung und die Gestaltung des Produkts auswirkte. Dabei wird der Frage nachgegangen, inwiefern unter diesen Bedingungen die seitens der Leitungsebene geäußerten Kriterien einer geschlechtergerechten Gestaltung in das Modul eingeflossen sind. Meine diesbezügliche Hypothese ist die, dass sich die Orientierung an technischen Aspekten in einem fehlenden Nutzendenbezug während der Entwicklung und somit in einer nicht geschlechtergerechten Technikgestaltung ausdrücken dürfte.

7.2.4 Der Entwicklungsprozess: Technik- vs. Nutzendenzentrierung

Wie bereits angesprochen, wurde die Entwicklung des Lernmoduls primär von Überlegungen zur „*technischen Umsetzung*" (SIMBA-Mitarbeiterin: 5) geleitet. Dies wirkte sich auf die Entwicklung folgendermaßen aus: Erstens gerieten Überlegungen zur didaktischen Konzeption des Mediums zugunsten technikbezogener Überlegungen in den Hintergrund, was u. a. daran festgemacht werden kann, dass der Projektmitarbeiterin zufolge konkrete Lernziele des Moduls nicht diskutiert wurden: Die diesbezüglichen Überlegungen wurden vielmehr darauf reduziert, dass das Modul der Wissensvermittlung mit dem Ziel dienen sollte, es den Studierenden zu ermöglichen, „*die Klausur zu bestehen*" (ebd.: 6). Die fehlende Auseinandersetzung mit der mediendidaktischen Gestaltung des Moduls äußert sich jedoch darüber hinaus auch darin, dass vermeintliche Mehrwerte des Moduls gegenüber traditionellen Lehr-/Lernmethoden nicht diskutiert wurden und dementsprechend seitens der befragten Mitarbeiterin auf meine Nachfrage hin nicht benannt werden konnten:

„Da bin ich jetzt der falsche Ansprechpartner. Das könnten nur die Professoren sagen. (...) Also für mich, also auf der Ebene, wo ich arbeite, würde ich sagen, dass ist das Ziel gewesen, dass er [der studentische Entwickler, A.T.] eine gescheite Abschlussarbeit macht, dass wir das vernünftig aufarbeiten und dass man das auch nachher benutzen kann. (...) Nee, das bringt es nicht, das ist schon eine Sache von den Professoren, zu sagen, inwiefern sie

sich da irgendwie Nachhaltigkeitskonzepte oder Mehrwerte oder wie auch immer vorstellen" (SIMBA-Mitarbeiterin: 5).

Zweitens führte sie dazu, dass auch die „spezifischen Lerninteressen von Frauen" während der Entwicklung nur am Rande berücksichtigt wurden. Von der Interviewten wurde dies jedoch nicht mit der Technikorientierung begründet, sondern damit, dass *„keiner sagen kann, was jetzt unbedingt diese lernspezifischen Interessen von Frauen sind. (...) Es gibt keine Literatur zu dem Thema, es gibt keine Statistiken, es gibt gar nichts"* (SIMBA-Mitarbeiterin: 9). Auch wären die KollegInnen bei dieser Fragestellung nicht hilfreich gewesen: *„Und Leute, die man fragt, wenn man Frauen fragt, dann hat man sowieso das Problem, dass man erst mal für bescheuert gehalten wird. Dann fragt man Männer, die können sich darunter auch nicht wirklich etwas vorstellen"* (ebd.).

Die hier angesprochene Problematik, keine Informationen über die Lerninteressen von Frauen zu haben, ist aus Sicht der Geschlechterforschung verständlich (vgl. Kapitel 1) und wurde zudem auch in den SIMBA-Projektpublikationen verbalisiert mit dem Hinweis, dass sie mittels Evaluationen ergründet werden sollten (s. o.). Jedoch wurde dieser Anspruch bezogen auf das Lernmodul „Computergenerierte Farbe" m. E. allein aufgrund des Fokus´ auf technische Entwicklungsaspekte und aufgrund des fehlenden Bewusstseins hinsichtlich der Relevanz sozialer Aspekte der Technikentwicklung nicht umgesetzt: *„Wir haben nicht vorher irgendwie Frauen befragt: „Ach was könntet ihr euch denn vorstellen?"" (ebd.: 7),* was ich im Folgenden belegen möchte.

Dass sie - entgegen dem Projektanliegen - keine Studentinnen befragt hätten, begründete die Mitarbeiterin zunächst damit, dass der Frauenanteil der Informatikstudierenden so gering sei, dass sich in Folge dessen keine Frauen für eine Evaluation gefunden hätten: *„Wir hätten auch erst mal die Leute gar nicht dafür gehabt"* (ebd.). Im weiteren Gespräch vermittelte sich mir jedoch der Eindruck, dass dieses Argument nur vorgeschoben war, denn einige Aussagen deuten explizit darauf hin, dass die Mitarbeiterin eine Befragung der Studentinnen nicht für notwendig gehalten hat. Denn erstens könne ihrer Ansicht nach bei Informatikstudentinnen davon ausgegangen werden, dass sie per se mit digitalen Lehr-/Lernmedien und Computern arbeiten wollten: *„Wenn hier Frauen so etwas Technisches anfangen, die machen das nicht, weil dafür irgend jemand Werbung gemacht hat, die machen das, weil sie das machen wollten und sonst lassen sie es"* (SIMBA-Mitarbeiterin: 7). Und zweitens könnten bei ihnen auch die Hard- und Softwarevoraussetzungen wie *„Word oder Power Point oder Excel oder was auch immer (...) einfach vorausgesetzt"* (ebd.: 6) werden genauso wie die für die Nutzung des Lernmoduls notwendigen Anwendungskenntnisse: Die Nutzung von Java und Mediaplayern und Browsern sei *„eigentlich das*

173

Gängigste, das jeder vom Surfen eigentlich kennt, von daher sind es soooo gigantische Voraussetzungen eigentlich nicht" (ebd.: 6).
Diese Annahmen, in denen u. a. die fehlende Genderkompetenz der Mitarbeiterin deutlich zum Ausdruck kommt, sind der m. E. ausschlaggebende Grund, der dazu führte, dass die Studentinnen nicht nach ihren Wünschen und Bedürfnissen befragt wurden, was dem Projektanliegen entsprochen hätte. Da den Studierenden die zur Nutzung des Moduls erforderlichen Interessen, Motivationen sowie Kompetenzen unterstellt wurden, erschien die Ermittlung dieser bzw. das Angebot von Schulungen, innerhalb derer sich die Studierenden die Kenntnisse hätten aneignen können, als überflüssig.

Diese Annahmen hatten jedoch letztlich zur Folge, dass - entgegen den in den Projektpublikationen geäußerten Ansprüchen des Projekts SIMBA - die Nutzenden weder an der Entwicklung des Lernmoduls beteiligt waren, noch dass während der Entwicklung empirisch gesicherte Informationen über ihre Interessen, Bedürfnisse, Anwendungskenntnisse wie auch technische Ressourcen vorlagen.[158] Dementsprechend wurde im Kontext der Entwicklung des Lernmoduls „Computergenerierte Farbe" auch der Brückenschlag zwischen der Technikentwicklung und der Nutzung nicht vollzogen, der von mir im Kapitel 5.4 als für eine geschlechtergerechte Produktgestaltung zentral dargelegt wurde. Zu vermuten war auf der Grundlage der dargelegten Erkenntnisse über den Entwicklungsprozess dementsprechend, dass das Modul sich als nicht geschlechtergerecht gestaltet erweisen sollte.

Im Folgenden wird diese Hypothese überprüft, indem mittels einer geschlechtersensiblen Analyse des Moduls der Frage nachgegangen wird, inwiefern sich die beschriebenen Aspekte der Entwicklung in dem Modul abzeichnen.

7.2.5 Die Vergeschlechtlichung des Lernmoduls als Ergebnis der Entwicklung?

Wie bereits mehrfach erwähnt, beziehe ich in die Analyse der Geschlechtergerechtigkeit eines digitalen Lehr-/Lernmediums die Bereiche Sprache, Inhalt, Interaktion/ Kommunikation/ Kooperation, Navigation und Mediendidaktik ein (vgl. Kapitel 3.3). Im Folgenden werden die diesbezüglichen Ergebnisse der Medienanalyse dargelegt.

Was die Sprache angeht, genügt meinen Erkenntnissen zufolge das Modul den Kriterien einer geschlechterbewussten Gestaltung nicht: Die Studierenden werden weder direkt angesprochen (Das Modul startet z. B. direkt mit Inhalt, es

---

158 Erst nachdem die Entwicklung abgeschlossen war, wurde das Modul durch drei Studentinnen ausprobiert, um zu ermitteln, *„ob das verständlich ist, wie das ankommt und ob wir noch mal grundlegend etwas ändern müssten"* (SIMBA-Mitarbeiterin: 12).

gibt keine Einstiegsseite.), noch zum Nachdenken oder Arbeiten motiviert. Zudem wurde durchgehend das generische Maskulinum verwendet, sodass sich Studentinnen weniger angesprochen fühlen dürften als Studenten (Heise 2000; Stahlberg/ Sczesny 2001). Was die Inhalte angeht, so wurde auf einige Wissenschaftler Bezug genommen, jedoch auf keine Wissenschaftlerin, sodass Vorbilder für die Studentinnen fehlen (vgl. zu diesem Kriterium Jelitto 2004). Ebenfalls fehlen jegliche kommunikative Elemente, was gerade für ein Selbststudium nicht optimal ist. Ein Pluspunkt ist jedoch, dass die Inhalte z. T. lebensnah und anwendungsbezogen aufgearbeitet wurden, sodass sie dahingehend einer geschlechterbewussten Gestaltung entsprechen. Leider ist jedoch m. E. die Gestaltung nicht ansprechend, da die sehr große Schriftgröße zur Folge hat, dass beim Lesen fast durchgehend gescrollt werden muss, sodass der Lesefluss entscheidend behindert wird (vgl. Abbildung 15). Zudem sind zwar interaktive Experimentieranteile enthalten - diese werden von Metz-Göckel et al. (2004) zur Motivation der Studierenden empfohlen - jedoch enthalten die Übungen z. T. keine Feedbackfunktion. Da die Aufgaben darüber hinaus nicht online, sondern allein auf einem Ausdruck bearbeitet werden können, wobei auch hier keine Lösung oder Hilfestellung bei der Lösung angeboten ist, ist eine Lernfortschrittskontrolle nicht gegeben, welche von Schinzel (2004) als wesentliches Kriterium einer geschlechtergerechten Selbstlerneinheit genannt wurde. Schlussfolgernd kam ich zu dem Ergebnis, dass die Inhalte aus didaktischer Perspektive wenig sinnvoll eingepflegt worden sind, was ich, wie erwähnt, darauf zurückführe, dass der Fokus der Entwicklung auf der technischen Gestaltung lag. Aus diesem Grund ist m. E. auch die inhaltliche Gestaltung eines Hochschulniveaus sicherlich z. T. nicht angemessen, was ich anhand des folgenden Auszugs aus dem Modul belegen möchte:

> „Der Wahrnehmungsproreß von Farben ist komplizierter als die Wahrnehmung von Helligkeit. Wir verwenden einen komplexen, psychophysikalischen Mechanismus des Sehapparates. Farbsehen kann sehr individuell und durch biologische Defekte gehemmt sein. Farbe erleichtert die Unterscheidung eines Objektes vom Hintergrund (z. B. gelbe Tennisbälle auf rotem Tennisplatz). Um Objekte zu unterscheiden, oder um ähnliche Objekte zu gruppieren, ist Farbe auch sinnvoll anzuwenden. Es gibt keine Einheiten der Farbe, denn sonst hätten wir auch Ordnung. Wir könnten Tausende von Farben aufzählen, indem wir den Grad des Unterschiedes durch Hilfswörter (hell, mittel, etc.) festlegen und Gegenstände als Referenz hinzuziehen. Es gibt aber wesentlich weniger Standardnamen" (Modul „Computergenerierte Farbe").

Die didaktische Konzeption des Moduls genügt den Ansprüchen einer geschlechtsbewussten Gestaltung demnach nicht, was aufgrund o. g., aus dem Interview gewonnener, Erkenntnisse nicht verwundert. Verstärkt wurde dieser Eindruck noch dadurch, dass weder das mediendidaktische Konzept noch die

Lernziele offen gelegt werden, genauso wenig wie eine Übersicht über die Inhalte des Moduls gegeben oder - z. B. auf einer Startseite - erklärend auf die inhaltliche Struktur des Moduls eingegangen wird. Als problematisch erscheint mir auch, dass die Computer- und Internetkompetenzen wie auch die Hardwarevoraussetzungen vorausgesetzt und nicht genannt werden. Was die Softwarevoraussetzungen angeht, so bietet das Modul allerdings die Möglichkeit, aus der Anwendung heraus die Software „Java" herunterzuladen, was als geschlechtergerechter Aspekt der Gestaltung anzusehen ist. Als ein weiterer geschlechtergerechter Aspekt fällt zudem im Bereich der Navigation auf, dass einige Informationen zur Bedienung eingestellt wurden, sodass die Nutzenden diesbezüglich Hilfestellung erhalten:

> „Die *Navigationsleiste* für die Inhalte befindet sich oberhalb. Wenn zu einem Thema ein Unterthema vorhanden ist, klappt die Navigationsleiste automatisch weiter auf, wenn das Thema mit der Maus gewählt wird. Das aktuell angewählte Thema ist mit einer stark gesättigten Farbe markiert. Ein Thema, das mit der Maus berührt wird, erscheint mit einer mittel gesättigten Farbe und alle anderen Einträge sind überhaupt nicht markiert" (Seite „Bedienung" des Moduls „Computergenerierte Farbe").

Trotz einiger, den Kriterien der Geschlechtersensibilität entsprechenden, Aspekte (z. B. die Hinweise zur Bedienung wie die lebensnahe Gestaltung der Inhalte) ist das Modul jedoch aufgrund der o. g. diversen zu kritisierenden Anteile als nicht geschlechtergerecht zu bezeichnen. Aufgrund dessen hat sich meine Hypothese bestätigt, dass die ausschließliche Fokussierung auf technische Aspekte und das Ausklammern geschlechterrelevanter Fragestellungen während des gesamten Entwicklungsprozesses sich in dem Produkt im Sinne einer fehlenden geschlechtersensiblen Aufarbeitung spiegeln. - Im Folgenden wird der Frage nachgegangen, inwiefern sich dies darüber hinaus in der Nutzung und Bewertung des Moduls durch Studierende ausdrückt. Dabei ist in diesem Kontext zu erwarten, dass die Studentinnen das Modul weniger intensiv nutzen und es kritischer bewerten als die Studenten.

7.3 Die studentische Nutzung des Lernmoduls „Computergenerierte Farbe"

Im Folgenden wird zunächst das Erhebungsdesign der Studierendenbefragung skizziert, bevor deren Ergebnisse dargelegt werden.

7.3.1 Das Erhebungsdesign

Eingesetzt wurde das Lernmodul „Computergenerierte Farbe" im Wintersemester 2003/04 im Rahmen einer Informatikvorlesung an der Universität Paderborn. Zum Erhebungszeitpunkt war das Modul zunächst in der Folienversion in der Vorlesung eingesetzt worden, anschließend wurden die Studierenden dazu aufgefordert, innerhalb einer Woche das Modul zuhause eigenständig durchzuarbeiten, um sich die Inhalte vertiefend anzueignen. Dementsprechend hatten sie sich zum Zeitpunkt der Befragung, die direkt im Anschluss an die selbstständige Arbeitsphase stattfand, intensiv mit dem Modul auseinandergesetzt. Zu diesem Zeitpunkt stellte ich mich den Studierenden in der Vorlesung vor, wobei ich sie deshalb um ihre Mitarbeit bat, da ihre Hilfe bei der Produktevaluation als wertvoller Beitrag zur Verbesserung der computergestützten Lehre benötigt werde. Anschließend wurde der Fragebogen an alle Studierenden dieser Vorlesung ausgeteilt, sodass diese Studierende die SIMBA-Grundgesamtheit bilden. Zusätzlich dazu wurden nach dem Ausfüllen der Fragebögen einige, nach dem Zufallsprinzip ausgewählte, Studierende gefragt, ob sie bereit seien, an einer Gruppendiskussion teilzunehmen. Mit den vier Studenten und zwei Studentinnen, die sich dazu bereit erklärten, wurden eine Woche später Gruppendiskussionen geführt, die jeweils in geschlechtshomogener Zusammensetzung stattfanden.

7.3.2 Die SIMBA-Grundgesamtheit

Die SIMBA-Grundgesamtheit besteht dementsprechend aus den 84 Studierenden, die am Erhebungstag die Informatikvorlesung besuchten. Von ihnen füllten 82 Studierende (12 Frauen und 70 Männer) den Fragebogen aus, sodass sich die Ergebnisse im Folgenden auf diese Population beziehen bzw. auf die Äußerungen der vier Studenten und zwei Studentinnen in den Gruppendiskussionen.

	Gesamt	Frauen	Männer
Realzahl	82	12	70
Prozentzahl	100 %	14,6%	85,4%

Tabelle 10: Die SIMBA-Grundgesamtheit

Die Studierenden sind zwischen 1963 und 1982 geboren worden, wobei die meisten von ihnen im Jahr 1981 geboren wurden. Dabei sind die ältesten Studierenden Frauen - die beiden ältesten Studentinnen sind 1963 und 1966 geboren worden, während der älteste Student erst 1971 geboren wurde -, was darauf zurückzuführen ist, dass diese Studentinnen berufstätig waren, bevor sie mit dem Studium begannen. Wieso die Studentinnen darüber hinaus jedoch signifikant länger studierten (8,33 Semester w, 5,83 Semester m), kann mit den erhobenen Daten leider nicht geklärt werden.

Die meisten der Studierenden (86,6%) studierten Informatik, jedoch wurden auch von einigen Studierenden andere Studienfächer angegeben wie Bindestrich-Informatiken, Physik, Mathematik, Elektrotechnik und Literatur- bzw. Medienwissenschaft. Geschlechterdifferenziert betrachtet fällt dabei auf, dass sich die Geschlechter unterschiedlich auf die Studienfächer verteilen: Die befragten Studentinnen studierten seltener als die Männer reine Informatik (75% w, 89% m). Jeweils eine Frau studierte dagegen Literatur-/Medienwissenschaft, Wirtschaftsinformatik und Elektrotechnik. Von den Studenten studierten vier Ingenieurinformatik, und jeweils einer studierte Elektrotechnik, Physik und Mathematik.

Im Folgenden werden die Ergebnisse der Studierendenbefragung zu den Vorerfahrungen mit und Einstellungen zu Lernmodulen generell und zur Nutzung und Bewertung des Lernmoduls „Computergenerierte Farbe" im Besonderen dargelegt.

7.3.3 Die Vorerfahrung mit Lernmodulen

Auf der Grundlage der HISBUS-Befragung 2004, die ergeben hatte, dass nur ein Viertel der befragten Studierenden mit Selbstlerneinheiten gearbeitet hatte (Kleinmann/ Weber/ Willige 2005: 4), bin ich davon ausgegangen, dass die von mir befragten Studierenden über wenig Erfahrungen mit internetbasierten Lernmodulen verfügten. Zudem ging ich aufgrund der im Kapitel 2.2.2.2 dargelegten theoretischen Überlegungen zum geschlechterdifferenten Wahlverhalten davon aus, dass die Studentinnen diesbezüglich geringere Erfahrungen gesammelt hatten als die Studenten. Die Daten bestätigten diese Hypothesen: Die Frage, ob sie, bevor sie mit dem Modul „Computergenerierte Farbe" gearbeitet haben, bereits mit einem vergleichbaren Lernmodul konfrontiert waren, verneinten knapp 80% der Studierenden. Dabei hatten jedoch erwartungsgemäß weniger Studentinnen als Studenten derartige Erfahrungen gesammelt (8% w, 24% m).

7.3.4 Die Einstellungen gegenüber Lernmodulen

Was die Einstellungen gegenüber dem evaluierten Lernmodul vor der Nutzung angeht, so erwartete ich unter Zugrundelegung des Erwartung-Wert-Modells von Dickhäuser (2001), dass die Studentinnen dem Lernmodul deutlich negativer gegenüberstünden als ihre Kommilitonen. Diese Hypothese wurde jedoch nicht bestätigt, im Gegenteil war den Antworten zu entnehmen, dass die Studentinnen gegenüber den Studenten deutlich stärker Mehrwerte des Moduls gegenüber der traditionellen Wissensvermittlung in Vorlesungen erwarteten. Zwar erwarteten sie seltener, dass die Darbietung des Stoffes interessanter sein würde (33% w, 57% m), jedoch gingen sie öfter von einem besseren Verständnis der Inhalte (75% w, 65% m) und einer größeren Lernmotivation (42% w, 27% m) aus.

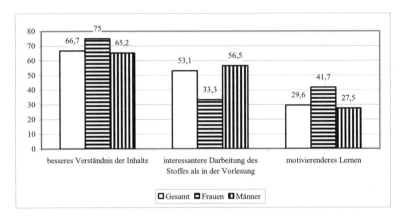

Abbildung 17: Erwartungen der Studierenden an die Arbeit mit dem Modul „Computergenerierte Farbe", Angaben in Prozent, n = 81 (12 w, 69 m)

Meiner Hypothese zuwider stellte sich auch heraus, dass sich, was die Erwartung technischer Probleme angeht, keine Geschlechterdifferenzen zeigten - diese erwarteten nur 10% der Studierenden (1 Studentin, 7 Studenten) - genauso wie sich herausstellte, dass ausschließlich Studenten (vier) einen größeren Arbeitsaufwand erwarteten. Diese Ergebnisse stehen nicht nur denjenigen der ersten Studie (vgl. Kapitel 6) diametral gegenüber, in der die Studentinnen häufiger den vermeintlich größeren Arbeitsaufwand bemängelt hatten. Sie weisen zudem entschieden darauf hin, dass die kontextübergreifende Annahme, Studentinnen stünden digitalen Lehr-/Lernmedien deutlich kritischer als Studenten gegenüber, falsch ist. Im Gegenteil zeigte sich bezogen auf diesen Erhebungskontext, dass z. T. Gegenteiliges der Fall ist. Ein solches Ergebnis hatte sich bezogen auf das Technikinteresse von Studierenden schon in der Studie von Walter (1998) gezeigt und verdeutlicht, dass ein differenzierter Blick auf Geschlechterdifferenzen notwendig ist.

7.3.5 Die Nutzung des Lernmoduls „Computergenerierte Farbe"

Im Folgenden wird beleuchtet, wie genau die Studierenden mit dem Modul gearbeitet haben. Die Hypothesen, die im Zusammenhang mit der Modulnutzung relevant sind, sind die, dass sich der spielerische Umgang der Studenten mit dem Computer sowie die geringeren technischen Ressourcen, über die die Studentinnen verfügen, sich dahingehend auswirken sollten, dass die Studenten mehr Zeit mit dem Modul verbringen und weniger zielgerichtet und nutzenorientiert durch das Modul navigieren, genauso wie sie weniger computerbezogene Probleme beim Arbeiten mit ihm haben sollten. - Diese Hypothesen wurden z. T. bestätigt, z. T. mussten sie jedoch verworfen werden. So arbeiteten die Studentinnen deutlich länger mit dem Lernmodul: 58% der Studentinnen, aber nur 18% der Studenten haben über zwei Stunden mit dem Modul gearbeitet, während immerhin ein Drittel der Studenten, jedoch keine Studentin nur bis zu einer Stunde mit dem Modul gearbeitet hatten.

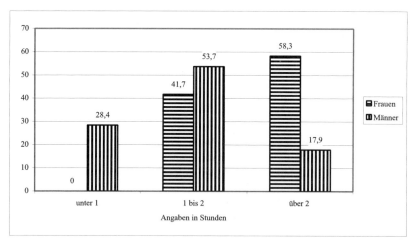

Abbildung 18: Arbeitszeit mit dem Modul „Computergenerierte Farbe", Angaben in Prozent, n = 79 (12 Frauen, 67 Männer)

Aufschluss über die Gründe dieser Geschlechterdifferenzen bieten die erhobenen Daten insofern, als erstens die tendenziellen - also nicht signifikanten - Unterschiede in der Navigation durch das Modul Rückschlüsse auf die zeitliche Intensität der Nutzung erlauben. So haben zwar die meisten Studierenden zur Navigation die Links am oberen Rand des Bildschirms genutzt und dabei nahezu genauso viele Studentinnen wie Studenten (89% w; 84% m). Jedoch haben mehr Studentinnen als Studenten sich alle Kapitel und Unterkapitel des Moduls der Reihe nach angesehen (50% w, 37% m), während mehr Studenten als Studentinnen sich nur die für sie individuell interessanten Seiten angeschaut haben (50% w, 67% m).[159] Ob dies daran gelegen haben könnte, dass die Studentinnen sich aufgrund einer evtl. größeren Ängstlichkeit verstärkt an die vorgegebene Strukturierung gehalten haben, darf auf der Datengrundlage bezweifelt werden, denn die Studentinnen haben darüber hinaus sogar öfter als die Studenten im Text enthaltende Links verfolgt: Dies taten sie häufiger mehrmals (80% w, 49% m), während immerhin ein Drittel der Studenten aber nur 10% der Studentinnen dies nicht taten. Dementsprechend ist die höhere zeitliche Intensität der Nutzung durch die Studentinnen m. E. primär als ein größeres Interesse an der Thematik zu interpretieren. Dennoch ist anzunehmen, dass auch die positivere Einstellung der Studentinnen zum Modul Einfluss auf die intensivere Nutzung hatte, sodass sich die Hypothese eines Kausalzusammenhangs zwischen der Einstellung und der Nutzungsintensität (vgl. Kapitel 2.2.2.2) bestätigte.

Ein Ergebnis, das unter Zugrundelegung des Erwartung-Wert-Modells von Dickhäuser (2001) jedoch erstaunt, zeigt sich im Bereich der Persistenz. Hier stellte sich heraus, dass die Studentinnen sehr viel häufiger als die Studenten technische Probleme beim Arbeiten mit dem Modul hatten: Etwa drei Viertel der Studentinnen, aber nur ein Drittel der Studenten gab an, einmal oder mehrmals beim Arbeiten mit dem Modul derartige Probleme gehabt zu haben.

---

159 Die übrigen Studierenden gaben an, chaotisch vorgegangen zu sein (10%) oder relativ orientierungslos gewesen zu sein (4%), wobei dies gleichermaßen für Studentinnen wie Studenten gilt.

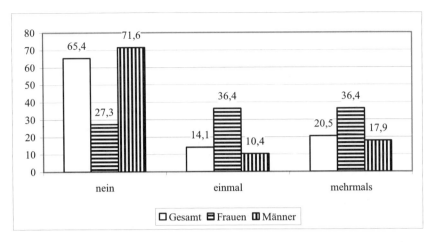

Abbildung 19: Computerbezogene Probleme beim Arbeiten mit dem Modul „Computergenerierte Farbe, Angaben in Prozent, n = 78 (11 w, 67 m)

Dabei bemängelten die Studentinnen in diesem Zusammenhang erwartungskonform signifikant häufiger als die Studenten, sie seien beim Arbeiten mit dem Modul dadurch beeinträchtigt worden, dass ihnen zuhause Hard- oder Software fehlte (42% w, 5% m) oder die Internetverbindung zu langsam gewesen sei (46% w, 17% m). Und ein Drittel der Studentinnen gegenüber von nur 5% der Studenten beklagten darüber hinaus, dass sie zuhause technische Probleme gehabt hätten. Diese Problematiken führten jedoch nicht, wie zu erwarten gewesen wäre, zum Abbruch des Arbeitens, sondern im Gegenteil dazu, dass sich immerhin die Hälfte der Studentinnen dazu entschied, zum Arbeiten an dem Modul den Computer-Pool der Universität zu nutzen, während dies nur 17% der Studenten taten.

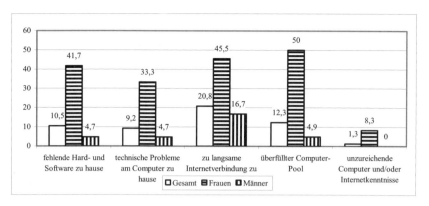

Abbildung 20: Gründe, die während der Nutzung des Moduls „Computergenerierte Farbe" zu Beeinträchtigungen führten, Angaben in Prozent, n = unterschiedlich je Item

Diese Ergebnisse verdeutlichen zweierlei: Sie bestätigen zum einen meine, im Kapitel 3.3 dargelegte, Annahme, dass Studentinnen sehr viel größere Barrieren überwinden müssen, um vom E-Learning im selben Maße wie ihre Kommilitonen zu profitieren. Die fehlenden oder unzureichenden Hard-, Software- und Internetressourcen deuten zudem darauf hin, dass diese auch in informatischen Fachbereichen nicht vorausgesetzt werden sollten, genauso wenig wie die Computer- und Internetkenntnisse, die immerhin eine der 12 befragten Studentinnen als für die Nutzung des Moduls unzureichend empfand. Dass die Studentinnen jedoch trotz der vielfachen Probleme eine hohe Persistenz erwiesen haben - sie haben deutlich länger mit dem Modul gearbeitet als die Studenten - bedeutet zweitens, dass sich die Annahme, dass die Studentinnen aufgrund ihrer negativeren Einstellung zu Computern das Arbeiten mit diesem Medium bei Problemen eher abbrechen sollten (vgl. Kapitel 2.2.2.1), nicht bestätigte. Wird jedoch o. g. Befund berücksichtigt, dass die Einstellung der Studentinnen dem konkreten Modul gegenüber tendenziell positiver war als die der Studenten, wird die dieser Arbeit zugrunde liegende Hypothese des Zusammenhangs zwischen Einstellung und Persistenz dennoch bestätigt: Denn nicht die Einstellungen dem Computer gegenüber scheinen von Bedeutung gewesen zu sein, sondern die Einstellungen gegenüber dem konkreten Lernmedium.

7.3.6 Die Bewertung des Lernmoduls

Was dagegen m. E. auf der Grundlage der Ergebnisse meiner Analyse des Moduls, bei der viele nicht geschlechtergerechte Aspekte dieser Lehr-/Lernumgebung zu Tage traten (vgl. Kapitel 7.2.5), erstaunlich ist, ist, dass die Studierenden mit dem Lernmodul im Allgemeinen sehr zufrieden gewesen sind - und zwar unabhängig vom Geschlecht. Die überwiegende Mehrheit würde es den KommilitonInnen weiterempfehlen (92% w, 96% m) und fände ein ähnliches Modul auch für andere Vorlesungen sinnvoll (83% w, 94% m). Insgesamt empfanden die Studierenden das Modul zudem als motivierend (92% w, 84% m). Diese deutlich positive Bewertung des Moduls kann sicherlich einerseits darauf zurückgeführt werden, dass neue Medien generell motivierend wirken und dies erst nachlässt, wenn dauerhaft mit ihnen gearbeitet wird. Andererseits wird sie erklärbar, werden die Items betrachtet, mittels derer die allgemeine Zufriedenheit der Studierenden mit dem Modul erhoben wurden.

Item-Nr.	Item
Item A	Ich habe mich im Modul gut zurecht gefunden.
Item B	Die Inhalte waren verständlich dargestellt.
Item C	Es gab genügend Beispiele.
Item D	Die Beispiele waren alltagsnah.
Item E	Die interaktiven Elemente waren hilfreich für mein Verständnis.
Item F	Das Modul hat mich motiviert, mich mit den Inhalten zu beschäftigen.
Item G	Mir ist klar geworden, wozu Kenntnisse in diesem Bereich nützlich sind.
Item H	Ich fand es gut, das Thema in die Breite und/ oder in die Tiefe gehend bearbeiten zu können.
Item I	Ich hätte gerne mehr Feedback bekommen.

Tabelle 11: Skala „Zufriedenheit mit dem Modul „Computergenerierte Farbe""

Bezogen auf diese Items zeigte sich, wie bereits angesprochen, nicht nur eine deutlich positive Bewertung, sondern auch, dass Studentinnen wie Studenten gleichermaßen zufrieden mit dem Modul waren.[160] Die Studentinnen scheinen aufgrund dessen ein multimedial und interaktiv aufbereitetes Lernmodul mit alltagsnahen Beispielen, in dem sie sich gut zurecht finden und welches die

---

160 Die Zufriedenheit der Studierenden mit dem Modul wurde anhand einer Skala erhoben, die aus neun Items besteht und die sich mit einem Reliabilitätskoeffizienten Alpha = 0,7486 als ausreichend reliabel erwies. Als Antwortkategorien waren vorgegeben: „stimme voll zu", „stimme eher zu", „stimme weniger zu", „stimme gar nicht zu" und „weiß nicht". Die Items wurden so kodiert, dass kleine Werte eine hohe Zustimmung bedeuteten. Der Skalenmittelwert liegt bei den Studierenden bei 1,96, bei den Frauen bei 1,84 und bei den Männern bei 1,99. Mit T= -1,040, df= 77, p= 0,302 ist der Mittelwertunterschied zwischen den Studentinnen und den Studenten nicht signifikant.

Inhalte ihren Ansprüchen genügend darstellt, nicht nur zu schätzen zu wissen, sondern werden durch diese Aufbereitung anscheinend auch über die computerbezogenen Probleme hinweggetröstet. Dennoch zeigten sich im Vergleich des Lernmoduls mit einem Lehrbuch Aussagen, die eher Geschlechtsrollenstereotypen entsprechen: So gaben signifikant mehr Studenten als Studentinnen an, die interaktiven Elemente des Moduls seien ein Vorteil (87% m, 67% w)[161] und es sei ein Vorteil, dass das Modul ein „moderneres Lernmedium" sei (63% m, 33% w)[162], während es nachteilig sei, dass das Modul zum Herumspielen verleite (50% m, 25% w). Diese Aussagen weisen auf die Richtigkeit der Thesen der stärkeren Technikfaszination sowie des spielerischen Umgangs von Studenten mit Technik hin. Die Studentinnen hingegen gaben signifikant häufiger an, „technische Probleme" seien ein deutlicher Nachteil des Moduls gegenüber Lehrbüchern (58% w, 31%m)[163], was wiederum auf ihre geringeren computerbezogenen Selbstüberzeugungen und ausgeprägten Misserfolgserwartungen verweist (vgl. Kapitel 3.1.1 und 3.1.3).

7.4 Zusammenfassung und Diskussion der Ergebnisse

Zusammenfassend ist zu den oben dargelegten Ergebnissen zunächst zu sagen, dass sich, was die Genderkompetenz der an der Entwicklung des Lernmoduls „Computergenerierte Farbe" beteiligten sozialen AkteurInnen angeht, eine deutliche Diskrepanz zwischen der Leitungsebene und den im Mittelbau sowie auf studentischer Ebene Beteiligten abzeichnet: Die Leitungsebene des Gesamtprojekts SIMBA zeichnete sich durch ein gewisses Maß an Gendersensibilität aus und durch die Ansicht, dass die gendersensible Gestaltung der digitalen Medien als dringend notwendig anzusehen ist, um den Studentinnenanteil in der Informatik zu steigern. Dies betrifft auch die in die Erhebung einbezogene Leiterin des Teilprojektes, die sich darüber hinaus offensichtlich mit Theorien der sozialen Konstruktion von Technik auseinandergesetzt hatte, d. h., über das Wissen verfügte, dass eine Technikentwicklung, die in den Händen einer homogenen Menschengruppe liegt, sich in einer fehlenden Diversität der Produkte spiegelt. Dieses Wissen sowie die Sensibilität gegenüber der Geschlechterthematik blieb in dem evaluierten Teilprojekt jedoch der Leitung vorbehalten: Weder die befragte Mitarbeiterin, noch die studentischen Hilfskräfte sind als genderkompetent zu bezeichnen. Aufgrund dessen bemühten sich die zentral an der Entwicklung des Moduls „Computergenerierte Farbe" beteiligten Personen zwar, die

---

161 Chi-Quadrat = 3,763; df= 1, p= 0,052
162 Chi-Quadrat = 3,027; df= 1, p= 0,082
163 Chi-Quadrat = 3,379; df= 1, p= 0,066

seitens der Projektleitung vorgegebenen Kriterien einer gendersensiblen Produktgestaltung umzusetzen, wie das Vertikal- und Horizontalkriterium. Jedoch blieben notwendige Anteile einer geschlechtersensiblen Produktgestaltung unverwirklicht, da es die Entwickelnden aufgrund ihrer fehlenden Aufgeschlossenheit gegenüber der Geschlechterthematik sowie durch ihren Fokus auf technische Aspekte der Modulentwicklung versäumten, die Nutzenden in die Technikentwicklung einzubeziehen. Daraus resultierend wurden z. B. technische Ressourcen und computerbezogene Anwendungskenntnisse vorausgesetzt, über die, wie sich in der Studierendenbefragung herausstellte, die Studierenden - und dabei vor allem die Studentinnen - z. T. nicht verfügten. Ein Einbezug der Nutzenden in die Entwicklung hätte dies aufdecken können und evtl. dazu geführt, dass das Modul derart hätte gestaltet werden können, dass die Studentinnen es mit denjenigen Ressourcen, die ihnen zuhause zur Verfügung standen, komfortabel hätten nutzen können.

Dass das Modul nicht hinreichend geschlechtersensibel geplant sowie didaktisch konzeptioniert wurde, zeigte sich - meine diesbezügliche Annahme bestätigend - in der geschlechtersensiblen Analyse des Mediums deutlich: Abgesehen von der lebensnahen Aufbereitung der Inhalte, einigen interaktiven Elementen sowie den Erläuterungen zur Bedienung waren die verschiedenen Kriterien einer geschlechtersensiblen Produktgestaltung nicht verwirklicht. Erstaunlich war aufgrund dessen, dass die Studierenden die m. E. relativ „lieblose" Aufbereitung der Inhalte nicht zu stören schien. Im Gegenteil zeigten sich die Studierenden sehr angetan von dem Modul und ließen sich auch von technischen Problemen nicht vom Bearbeiten der Seiten abhalten, sodass sich meine Hypothese einer geringeren Persistenz von Studentinnen nicht bestätigte. Den Annahmen zuwiderlaufend waren die Studentinnen darüber hinaus dem Modul gegenüber positiver eingestellt als ihre Kommilitonen, was sich dann auch in einer zeitintensiveren Bearbeitung ausdrückte. In diesem Kontext ist den Daten dementsprechend deutlich zu entnehmen, dass Aussagen über Geschlechterdifferenzen immer differenziert und kontextuiert erfolgen müssen, wie es Engler bereits 1995 gefordert hatte. Sie bestätigen gleichzeitig jedoch auch die These Dickhäusers (2001), dass sich eine positive Einstellung zum Medium in einer intensiveren Nutzung äußert, obwohl die Daten ein, den Geschlechterstereotypen zuwiderlaufendes, Bild zeichnen: Hier waren es die Studentinnen, die dem Medium gegenüber positiver eingestellt waren und die länger mit dem Modul arbeiteten, als die Studenten.

8 Studie 4: Entwicklung und Nutzung des Lernmoduls „Wellen" des Projekts physik multimedial

In diesem Kapitel werden die Ergebnisse der Evaluation des internetbasierten Lernmoduls „Wellen" dargelegt. Äquivalent zu den vorherigen beiden Kapiteln wird auch hier zunächst das evaluierte Medium beschrieben. Anschließend wird auf verschiedene Aspekte der Entwicklung des Moduls eingegangen und deren Auswirkungen auf das Modul werden erläutert. Zuletzt werden diejenigen Ergebnisse der Studierendenbefragung, die die Einstellungen der Studierenden zum Lernmodul, dessen Nutzung und Bewertung betreffen, dargelegt.

8.1 Das Lernmodul „Wellen"

Das in die Lernplattform des Projekts physik multimedial (Informationen zu diesem Projekt finden sich im Kapitel 8.2.2) eingebettete Lernmodul „Wellen" dient den Projektaussagen zufolge der selbstständigen Erarbeitung des Lernstoffes. Dabei wurde es entsprechend der Intention, ein Lehrbuch zu ersetzen, in der Form eines hypermedialen Lehrbuchs gestaltet[164], wobei die interaktiven und multimedialen Elemente (Animationen, Visualisierung, Ton) den Studierenden das Verständnis der Inhalte erleichtern sollten.

Was den formalen und inhaltlichen Aufbau des Moduls angeht, so enthält die Startseite des Lernmoduls grundlegende Informationen, die den Studierenden das Arbeiten mit dem Modul ermöglichen bzw. erleichtern sollen: Es werden AnsprechpartnerInnen genannt, an die sich die Studierenden bei technischen Problemen wenden können, genauso wie es den Studierenden ermöglicht wird, den eigenen Computer selbstständig darauf zu überprüfen, ob die, für die Nutzung des Moduls notwendige, Software installiert ist. Sollte Software fehlen, ist diese über diese Seite herunterladbar. Darüber hinaus werden die Studierenden darüber informiert, welche Inhalte mittels des Moduls erarbeitet werden können und welche inhaltlichen Vorkenntnisse zum Verständnis erforderlich sind.

Der Inhalt des Moduls - das physikalische Thema „Wellen" - wurde einem Lehrbuch entsprechend in mehrere Kapitel untergliedert, welche jeweils mit

---

164 Vgl. zu derart gestalteten Lerneinheiten Bett/ Wedekind 2003: 118ff..

einer Zusammenfassung eingeleitet und abgeschlossen werden. Am Ende des Moduls findet sich zudem ein Kapitel, das verschiedene interaktive Aufgaben enthält, mittels derer die Studierenden, unterstützt durch direktes Feedback, ihren Lernstand prüfen können.

Die Navigation durch das Modul ist auf unterschiedlichen Wegen möglich: So kann entweder mittels einer Blätterfunktion der lineare Weg durch das gesamte Modul gewählt werden, oder es kann mit Hilfe einer Coursemap eine bestimmte Stelle des Moduls angewählt werden, z. B. ein bestimmtes Kapitel oder Teilkapitel. Darüber hinaus sind die Inhalte nach Anforderungsniveau differenziert dargestellt, d. h. die Studierenden können sich auf jeder Seite entscheiden, ob sie nur die - gemäß der Entwicklerin - für das weitere Verständnis notwendigen Inhalte erarbeiten wollen, oder ob sie dem jeweiligen Inhalt darüber hinaus vertiefend nachzugehen wünschen. Diese Wahlmöglichkeit wird in der Oberflächengestaltung des Moduls auf zweierlei Weise deutlich: Zum einen sind alle Links in unterschiedlichen Farben gekennzeichnet, wobei die Farben anzeigen, ob es sich bei den anwählbaren Informationen um notwendig oder optional zu bearbeitende Aspekte des Themas Wellen handelt. Zum anderen ist die Benutzendenoberfläche in zwei Teile differenziert, d. h., in eine linke und eine rechte Hälfte aufgeteilt. Während die linke Seite jeweils die für das Verständnis des Themas Wellen notwendigen Inhalte enthält, enthält die rechte Seite die vertiefenden Inhalte, die zudem oftmals multimedial aufgearbeitet dargestellt werden.

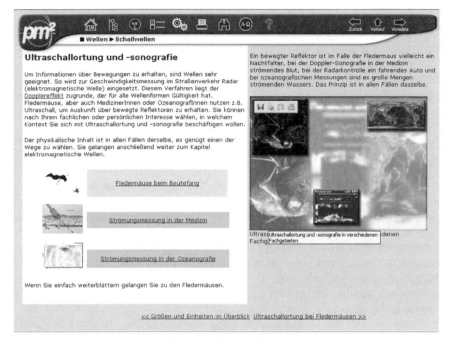

Abbildung 21: Die Benutzendenoberfläche des Moduls „Wellen"

Auf der obigen Abbildung der Benutzendenoberfläche wird darüber hinaus ein weiterer Aspekt des Moduls deutlich, der mit der studentischen Zielgruppe zusammenhängt, für die das Modul konzipiert wurde: Da das Lernmodul für Studierende unterschiedlicher Studiengänge aufbereitet wurde, die die Physik nicht als Hauptstudium gewählt haben, sich jedoch dennoch im Laufe des Studiums mit physikalischen Inhalten beschäftigen müssen (dies ist z. B. bei Biologie- und Pharmaziestudierenden der Fall), können einige inhaltliche Bereiche mittels verschiedener Hauptfachbezüge bearbeitet werden.

Im Folgenden werden unterschiedliche Aspekte der Entwicklung des Moduls erläutert, wobei zunächst das Erhebungsdesign skizziert wird.

8.2 Die Entwicklung des Lernmoduls „Wellen"

8.2.1 Das Erhebungsdesign

Äquivalent zu den bereits beschriebenen Studien wurde auch im Kontext des Moduls „Wellen" zunächst das Forschungsfeld erkundet. In dieser Phase der Feldexploration studierte ich zunächst die Internetseiten des Projekts physik multimedial (pm)[165] und die dort veröffentlichten Projektpublikationen. In einem zweiten Schritt nahm ich zu dem Projekt-Evaluator und dem für die Lernplattform zuständigen Informatiker[166] Kontakt auf, die mir projektinterne Publikationen zur Verfügung stellten und mich über die Ergebnisse der bis zu diesem Zeitpunkt durchgeführten projektinternen Evaluationen informierten, genauso wie sie mir einige, für mein Forschungsanliegen relevante, Informationen über die Lernplattform und die dort eingestellten Lernmodule gaben. Auf der Grundlage dieser Informationen entschied ich mich dazu, das Modul „Wellen" in die Erhebung einzubeziehen. Dieses Modul war für mich deshalb von Interesse, da es nicht nur gerade fertig gestellt worden war, sondern sich auch die Entwicklerin des Moduls, den beiden o. g. Personen zufolge, während der Entwicklung intensiv mit geschlechterrelevanten und didaktischen Fragestellungen auseinandergesetzt hatte.

Nachdem ich das Modul aus einer geschlechtersensiblen Perspektive analysiert hatte, führte ich Interviews mit dem für die Lernplattform zuständigen Informatiker sowie mit der Entwicklerin des Lernmoduls, da diese beiden Personen an der Entwicklung des Moduls beteiligt waren und das Modul, wie erwähnt, in die Lernplattform eingebettet ist. Im Folgenden werden die auf diesem Weg gewonnenen Erkenntnisse dargelegt.

8.2.2 Das Projekt physik multimedial als Entwicklungskontext

Entwickelt wurde die internetbasierte Selbstlerneinheit „Wellen" im Rahmen des Projekts physik multimedial, ein Verbundprojekt von fünf Universitäten, welches vom 01.04.2001 bis 31.12.2003 vom BMBF mit dem Ziel gefördert

---

165 http://www.physik-multimedial.de
166 Diesen beiden Personen gilt mein ausdrücklicher Dank: Nicht nur gewährten sie mir mehrfach wertvolle und freundliche Hilfestellung, sie ermöglichten es mir darüber hinaus auch, Einblick in projektinterne Evaluationsmethoden und -ergebnisse zu nehmen und auf die Lernplattform in der Rolle einer Lehrenden zuzugreifen, sodass mir deren gesamte Funktionsvielfalt offen gelegt wurde. Zudem halfen sie mir dabei, Kontakt zur studentischen pm-Grundgesamtheit an der Universität Düsseldorf herzustellen.

wurde, ein strukturiertes Angebot an Multimedia-Modulen zu erstellen. Diese Module sollten didaktisch und methodisch auf die Lehre und das Studium der Physik als Nebenfach abgestimmt und für die Präsenzlehre sowie für das Selbststudium geeignet sein und darüber hinaus die Qualität der Lehre steigern.

Im Folgenden wird der forschungsrelevanten Frage nachgegangen, inwiefern die Leitenden sowie Mitarbeitenden des Projekts als im Bereich von Geschlechterfragen sensibel eingestuft werden können. Dabei beziehen sich die Aussagen zunächst auf die Ebene des Gesamtprojekts, anschließend auf die unmittelbare Umgebung, in der die Entwicklung des Moduls erfolgte.

Die Projektpublikationen deuten meiner Analyse zufolge darauf hin, dass sich die Leitungsebene des Verbundprojektes durch eine hohe Sensibilität gegenüber Geschlechteraspekten der Entwicklung und Nutzung digitaler Lehr-/Lernmedien auszeichnete. So wurden die ProjektmitarbeiterInnen in diesen Schriften nicht nur dazu angehalten, einen geschlechtergerechten Sprachgebrauch zu praktizieren, sondern sie hätten auch dafür zu sorgen, dass „die Situation und die Interessen von Frauen sowohl bzgl. der Physik als auch der neuen Medien besonders berücksichtigt werden" (Petri/ Schecker 2002a: 7). Dabei wurde die Frage, wie genau dieser Anspruch praktisch umzusetzen sei, in verschiedensten Publikationen erörtert: Zum einen könne dies durch Anwendungs-, Alltags- sowie Lebensweltbezüge geschehen, auf die dem Projektleiter zufolge „besonders Frauen Wert legen" (Schecker o.J.: 1). Maßgeblich sei jedoch vor allem die Orientierung der Entwickelnden an den Nutzenden. Eine Zusammenarbeit zwischen den Nutzenden und Entwickelnden müsse dringend angestrebt werden, u. a. mit dem Ziel einer „gemeinsamen Erarbeitung der Pflichtenhefte für die Multimedia-Module durch das EntwicklerInnen-Team und die AnwenderInnen" (Schecker o.J.: 3). Insofern wurde das von mir im Kapitel 5.4 dargelegte wesentliche Kriterium einer impliziten Frauenförderung, der Brückenschlag zwischen Technik und Nutzung, den Schelhowe bereits 2005 gefordert hatte, hier nicht nur thematisiert, sondern den Entwickelnden explizit als zu praktizieren angetragen. Im weiteren Verlauf dieses Kapitels wird der Frage nachgegangen werden, ob dieser Anspruch in der Praxis der Modulentwicklung umgesetzt wurde und ob und wie es sich auf das digitale Lernmedium und auf die studentische Nutzung dessen auswirkte. Hier ist jedoch zunächst ein weiterer Aspekt relevant, den die Projektleitung als dem o. g. Anspruch angemessen erachtete und der in dem folgenden Zitat zum Ausdruck kommt:

> „Sofern Frauen ihre geringeren Nutzungsmöglichkeiten, Kompetenzen und Einschätzungen als Defizit empfinden, das sie zu verändern wünschen, kann *physik multimedial* hier auf mehreren Ebenen einen Beitrag leisten; etwa in der Gestaltung des Lernraumes und der Lernmaterialien (technische, sprachliche und inhaltliche Gestaltung) oder in Form von frauenspezifischen Workshops, die relevante, Frauen benachteiligende Strukturen und Ver-

haltensmuster bzw. fehlende frauengerechte und -fordernde Angebote und Strukturen im Bereich Multimedia bearbeiten" (Petri/ Schecker 2002a: 14).

In diesem Zitat wird deutlich, dass die Projektleitung sich intensiv mit Geschlechterfragen im Bereich des E-Learning auseinandergesetzt hatte und sich aufgrund dieser Genderkompetenz dessen bewusst war, dass Studentinnen aufgrund von diversen Sozialisationseffekten und gesellschaftsstrukturellen Gegebenheiten Studenten gegenüber benachteiligt sind, was ihre Einschätzungen eigener computerbezogener Kompetenzen, Einstellungen zu digitalen Medien sowie ihren Umgang mit Computern angeht (vgl. zu diesen Differenzen Kapitel 2 und 3). Es wird ferner deutlich, dass diesen Benachteiligungen entgegengewirkt werden sollte zum einen durch den Ansatz an den Medien selber, zum anderen jedoch auch durch den Zugang auf Studentinnen und dabei durch die Förderung von Reflexionen über gesellschaftliche Ursachen der bestehenden Geschlechterdifferenzen. Da diese Angebote sich jedoch ausschließlich an Studentinnen richten, können sie m. E. an den *doing gender*-Prozessen, die Ursache der Differenzen sind, nichts verändern, wenngleich sie zur Bewusstmachung eigener computerbezogener Kompetenzen beitragen können, was für die Studentinnen sicherlich von immenser Bedeutung ist.

Wie in dem bereits vorgestellten Projekt SIMBA war für mich auch hier von Interesse, ob die o. g. publizierten Ansprüche an die geschlechtergerechte Mediengestaltung auch in der Interaktion der Projektmitarbeitenden eine Rolle spielten, weshalb ich den Informatiker und die Entwicklerin zu ihrer Einschätzung dessen befragte. Es stellte sich heraus, dass es anscheinend auch in diesem Projekt, ähnlich wie in dem SIMBA-Projekt, zunächst *„einen Widerstand, Geschlecht überhaupt eine Rolle spielen zu lassen bei der Entwicklung von Lernmodulen oder von Lernangeboten"* (pm-Entwicklerin: 15) gab, was die Entwicklerin auf die anfänglich fehlende Genderkompetenz verschiedener Mitarbeiter zurückführte, die *„für das Thema überhaupt nicht sensibilisiert sind. Für die ist die Welt, was Geschlechter angeht, erst mal, wie sie ist und unproblematisch"* (ebd.: 16). Allerdings hätten diejenigen Mitarbeitenden, die die Geschlechterproblematik für relevant hielten - sie selber, zwei weitere Projektmitarbeiterinnen sowie der o. g. Informatiker - im Laufe mehrerer Wochen durchsetzen können, dass das Geschlecht projektintern zu einem wichtigen Thema gemacht wurde. Da sie in diesem Punk Unterstützung von der Projektleitung erfuhren, wurde das Geschlechterthema nach einiger Zeit *„mit einer Überzeugung oder mit einer Haltung, dass das eine Relevanz hat"* (pm-Entwicklerin: 11) gepflegt, sodass letztlich alle Mitarbeitenden des Projekts *„um die Problematiken, die man angehen muss, um halbwegs vernünftige, gendersensitive Inhalte zu produzieren"* (pm-Informatiker: 17) gewusst hätten.

Diese Gegebenheit deute ich zum einen als Hinweis darauf, dass das Gender Mainstreaming-Konzept nur dann in einen Projektkontext implementiert werden kann, wenn sich der Top-Down- und der Bottom-Up-Ansatz zielgerichtet mischen und wenn in Interaktionen Genderkompetenzen gefördert werden. Denn im Projekt SIMBA hatte sich, wie dargelegt, gezeigt, dass ein Top-Down-Ansatz für eine Sensibilisierung der Mitarbeitenden nicht ausreicht. Zum anderen vermutete ich auf dieser Grundlage, dass das Modul „Wellen" durch eine deutliche geschlechtergerechte Gestaltung gekennzeichnet sein würde, eine Hypothese, der im Folgenden zunächst anhand der Frage nachgegangen wird, inwiefern die Gendersensibilität der Mitarbeitenden konkret in der Entwicklung des Lernmoduls „Wellen" zum Ausdruck kam.

8.2.3 Die sozialen AkteurInnen der Entwicklung des Lernmoduls

> *„Und ich wäre der letzte, der, wenn es irgendwelche Anzeichen gäbe, wo man aus Gender-Sicht noch etwas verbessern könnte, das nicht machen würde"* (pm-Informatiker: 18).

Entwickelt wurde das Modul „Wellen" primär von einer, im Bereich der Physikdidaktik promovierten, Physikerin, die während ihrer Entwicklungsarbeit allerdings von dem o. g. Informatiker unterstützt wurde. Indirekt an der Entwicklung beteiligt waren zudem auch die in dem Projekt beschäftigten EvaluatorInnen, in dem Sinne, dass sie durch die Erhebung von studentischen Wünschen und Bedürfnissen, der Entwicklerin zufolge, zur Produktoptimierung beitrugen.

Nach Aussagen der Entwicklerin war die Zusammenarbeit mit dem Informatiker sehr konstruktiv und hilfreich: Der Informatiker sei *„sehr schnell und sehr problemorientiert zur Stelle gewesen"* und habe dadurch Hilfestellung geleistet, dass er *„ein sehr gut handhabbares Programm geschrieben hat, was nicht so aufwendig, nicht so anspruchsvoll war, vor allen Dingen nicht so anspruchsvoll bezogen auf die Ansprüche, die gar nicht unsere* [die der Entwickelnden, A.T.] *waren"* (pm-Entwicklerin: 4). Sie sei damit sehr zufrieden gewesen und hätte *„vor allen Dingen ganz viel Einfluss darauf gehabt, wie sich der Editor weiterentwickelt hat. Den hatten wir nachher sicherlich in der 25. Version mal wieder angepasst an unsere Wünsche"* (ebd.).

> *„Es ist nicht so, dass er sozusagen noch mal eine Endredaktion gemacht hat oder wir im Text und Bilder gegeben haben und er hätte das dann zusammen gefügt. Das haben wir selber gemacht. Er hat aber dann schon solche Sachen gemacht wie: Dieses Bild soll da nicht nur erscheinen, sondern, wenn ich es anklicke, dann startet ein Film. Diese Art der technischen Umsetzung hat er übernommen"* (pm-Entwicklerin: 3).

Im Folgenden wird skizziert, über welches Maß an Genderkompetenz diese beiden, direkt an der Entwicklung beteiligten, Personen verfügten. Dabei lässt sich die diesbezügliche Kompetenz beider Personen als recht umfangreich einstufen: So wurde die Entwicklerin bereits während ihres Studiums der Physik für Geschlechterfragen sensibilisiert, als sie sich aufgrund des geringen Frauenanteils mit dem Status einer Ausnahmefrau konfrontiert sah. Aufgrund dessen habe sie während des Studiums Frauentutorien angeboten, „*reichlich feministische Lektüre rezipiert*" und war "*frauenpolitisch aktiv gewesen*" (pm-Entwicklerin: 10). Während der Arbeit an dem Modul habe sie sich zudem, was die geschlechtergerechte Gestaltung digitaler Medien angeht, mit verschiedenster diesbezüglicher Literatur der scientific community auseinandergesetzt und den Gender-Leitfaden studiert, der im Rahmen des GM-Medial-Projekts erstellt worden war (vgl. Kapitel 3.3).

Auch der Informatiker wies sich als sehr interessiert an Geschlechterthematiken im Bereich digitaler Medien aus und lässt sich als genderkompetent charakterisieren. Schon während seines Informatikstudiums habe er sich mit angewandter Informatik beschäftigt und sei in diesem Kontext zu der Überzeugung gelangt, dass der Bezug zu den Nutzenden bei jeglicher Technikentwicklung von zentraler Bedeutung ist:

> „*Wenn ich jetzt als Informatiker an eine Sache herangehe, dann gibt es für mich, wenn ich ein guter Informatiker bin, halt einfach Dinge, dass ich Nutzerinnen und Nutzer natürlich berücksichtigen muss bei meinem ganzen Softwareentwurf, was schon einmal sehr wenige Informatiker überhaupt machen*" (pm-Informatiker: 22).

Inzwischen habe er sich zudem eine fundierte Genderkompetenz angeeignet, vor allem im Rahmen der von ihm besuchten Workshops des GM-Medial-Projekts, aber auch dadurch, dass er aktiv an dem Gender-Leitfaden des Projekts mitgearbeitet habe. Aufgrund dessen verfüge er nun als einziger Projektmitarbeiter über „*zertifizierte Genderkompetenzen*" (pm2-Informatiker: 17), die er aber dennoch selbstkritisch als „*sehr unzureichend*" (ebd.: 18) ansieht, da er „*sicherlich auch sehr viel aus dem Bauch heraus*" (ebd.) mache und leider „*oftmals eine sehr technische Sichtweise auf die Dinge*" (ebd.) habe. Im Ganzen hält er sich jedoch für „*sehr sensibel*" (ebd.).

Im Folgenden wird herausgearbeitet, inwiefern die Genderkompetenz der Entwicklerin wie des Informatikers sich in der Entwicklung des Moduls ausdrückte. Dabei wird vor allem ihr Bemühen beleuchtet, die Studierenden als Grundlage ihrer Arbeit zu nehmen sowie in die Entwicklung einzubeziehen, um somit das Produkt nutzendengerecht und somit geschlechtergerecht zu gestalten.

8.2.4 Der Entwicklungsprozess: Technik vs. Nutzendenzentrierung

„*Wenn man Lernmaterialien entwickelt, dann ist natürlich ein didaktischer Hintergrund auch wichtig oder zumindest eine Auseinandersetzung damit*" (pm-Entwicklerin: 2).

Sowohl die Entwicklerin als auch der Informatiker äußerten sich in den Interviews dahingehend, dass sie sich sehr bemüht hätten, das Lernmodul bzw. die Lernplattform, in die das Modul eingebettet ist, geschlechtergerecht zu gestalten. Was den Informatiker angeht, so bemühte er sich dabei z. B. um einen geschlechtergerechten Sprachgebrauch, sodass er konsequent das Binnen-I verwendet hat. Was andere Kriterien einer geschlechtergerechten Gestaltung des Mediums angeht, so äußerte er jedoch die Ansicht, dass nicht das Geschlecht für die Mediengestaltung von entscheidender Bedeutung sei, sondern dass es vielmehr primär notwendig sei, Genderkompetenz in der computergestützten Vermittlung von Lernstoff wie auch im Umgang mit und der Förderung der Studierenden zu zeigen:

> "*Sehr viel lebt ja dadurch, dass es eben von Lehrenden vermittelt wird oder wie der Umgang mit den Nutzerinnen läuft, gerade z. B. im Erwerb von Kompetenzen oder der Heranführung an so ein System. Da müssen eigentlich die Genderkompetenzen vorhanden sein*" (pm-Informatiker: 18).

Aufgrund dieser Überlegungen macht er schlussfolgernd eine geschlechtergerechte Technikgestaltung primär daran fest, dass die Nutzenden während des gesamten Entwicklungsprozesses die zentrale Rolle spielen sollten.

> „*Ich habe mich schon oft gefragt, ob es Gender-Aspekte des Bereitstellens von Materialien gibt, oder so. Ich weiß es nicht. Ich kann auch nur sagen, dass ich halt auf alle Anregungen, egal, wessen Geschlechtes, halt wirklich versuche, den Nutzerinnen dieses System so komfortabel zu machen, wie sie es gerne hätten, und so anpassbar zu machen, wie sie es gerne hätten. Und das ist zumindest meine Herangehensweise*" (pm-Informatiker: 18).

Auf die Wünsche der Nutzerinnen und Nutzer einzugehen sei deshalb das entscheidende Kriterium einer geschlechtersensiblen Medienentwicklung. Diese Annahme hätte sich dementsprechend auch direkt auf seine Arbeit an der Lernplattform ausgewirkt: „*Was die Plattform an Entwicklungen durchgemacht hat, sind eigentlich im Wesentlichen alles Anregungen von Nutzerinnen und nicht unbedingt tolle Konzepte, die ich mir jetzt ausgedacht habe*" (pm-Informatiker: 16f.). - In diesen Aussagen ist demnach klar zu erkennen, dass in der Arbeit des Informatikers die seitens der Projektleitung geforderte Umsetzung eines Brückenschlags zwischen Nutzung und Entwicklung praktiziert wurde.

Die Entwicklerin äußerte sich in dem Interview ähnlich. Auch sie halte die Orientierung an den Nutzenden als das zentrale Element einer guten didaktischen sowie geschlechtergerechten Aufbereitung digitaler Lehr-/Lernmedien, der Bezug zu den Nutzenden sei dementsprechend sehr viel wichtiger als die technische Aufbereitung der Medien: *„Ich will mich hier mit dem Lernen beschäftigen! Ich mache doch diese Einheiten nicht, weil ich Spaß am HTML-Programmieren habe"* (pm-Entwicklerin: 5). Durch die Orientierung an den Nutzenden sei es zudem möglich, Geschlechterstereotypen zu entkommen, die ggf. in die Produkte einfließen würden. Wenn Entwickelnde dagegen von der Biplorarisierung der Nutzenden in zwei Geschlechter ausgingen, so bestehe die Gefahr, die Vielfältigkeit der Nutzenden zu homogenisieren: *„Ich finde, diese Gender Mainstreaming-Geschichte auch tückisch darin... Ich glaube schon, dass sie geeignet ist, Stereotype zu reproduzieren. (...) Da kommt es dann zu neuen Pauschalisierungen: Frauen sind so, Männer sind so"* (pm-Entwicklerin: 13). - An ihren Aussagen ist dementsprechend abzulesen, dass sie sich intensiv mit Inhalten der Geschlechterforschung auseinandergesetzt hatte, was u. a. darin zum Ausdruck kommt, dass sie die Annahme bipolarer Geschlechtscharaktere wie auch Geschlechterstereotype als „geschlechsdifferente ideologische Muster" (Dorer 2000:41) enttarnt, die ggf. die Ungleichheit der Geschlechter erst erschaffen wie legitimieren (vgl. dazu auch Wetterer 2002). Dementsprechend verweist sie auf die Notwendigkeit einer differenzierungstheoretischen Perspektive auf Geschlecht, da es nur so möglich sei, die Vielfältigkeit der Nutzenden, die mit den Kategorien „männlich" und „weiblich" nicht entsprochen werden könne (vgl. dazu auch Metz-Göckel 2000), wahrzunehmen. Dies jedoch zu praktizieren, bedeutet ihr zufolge für die digitalen Lehr-/Lernmedien *„dass ein Spektrum, oder ein möglichst großes Spektrum an Hintergründen und Zielen und Sozialisationen auch sich darin wieder finden kann, in den Angeboten, die entwickelt werden"* (pm-Entwicklerin: 13). Denn nur wenn eine differenzierungstheoretische Perspektive auf Geschlecht eingenommen werde, könne die Technik derart gestaltet werden, dass sich in ihr *"eine Diversität von Hintergründen (...) widerspiegeln würde. Das würde ich wünschenswert finden, das wäre für mich eine Utopie"* (ebd.). Deutlich wird hier neben dem Rekurs auf die differenzierungstheoretische Perspektive auf Geschlecht auch, dass sich die Entwicklerin offensichtlich mit Theorien der sozialen Konstruktion und somit der Vergeschlechtlichung von Technik auseinandergesetzt hat, denn sie geht offensichtlich von der Annahme aus, dass sich eine selbstbezügliche Technikgestaltung, in der sich die Entwickelnden an ihresgleichen orientieren, dazu führt, dass sich zwar die Einstellungen, Interessen und sozialisationsbedingten Hintergründe der AkteurInnen der Technikentwicklung in der Technik spiegeln (vgl. dazu Rammert 2000 und das Kapitel 2.1), den vielfältigen Interessen der Nutzenden jedoch nicht entsprochen wird.

Es war, wie bereits erwähnt, davon auszugehen, dass sich diese Genderkompetenz, d. h. ihre Kenntnisse aktueller Theorien der Geschlechterforschung wie auch der geschlechtersensiblen Techniksoziologie, direkt auf die Entwicklung des Moduls auswirkt. Ob dies der Fall war, wird im Folgenden beleuchtet: Zunächst wird daher dargelegt, von welchen, das E-Learning betreffenden, Geschlechterdifferenzen die Entwicklerin während der Entwicklung der Selbstlerneinheit ausging. In diesem Kontext nannte sie sowohl *„einen Unterschied in der Computerausstattung"* (pm-Entwicklerin: 11), *„deutliche Geschlechterdifferenzen bezogen auf Physik"* (ebd.) als auch Unterschiede der *„Zugänge im Sinne von Ausprobieren und Vorher-Wissen-Wollen"* (ebd.), denn es sei so *„vom Trend her, dass Männer eher spielerisch an Sachen herangehen, eher rumklicken und probieren und gucken und Frauen eher mehr Informationen über das, was da erwartet, haben wollen, im Vornherein"* (ebd.). Einen Unterschied sehe sie auch im *„Selbstvertrauen, im Umgang mit den Sachen. Ich glaube, dass es am Selbstvertrauen liegt, dass Männer da fehlertoleranter sind. Also Frauen auch eher Fehler bei sich suchen als bei der Software"* (ebd.).

Demnach sieht sie deutliche Nachteile der Studentinnen, was ihre technischen Ressourcen, ihren eher pragmatischen bzw. instrumentellen Umgang mit Medien sowie ihre computerspezifischen Begabungsüberzeugungen angeht, Bereiche also, in denen, den in dieser Arbeit zusammengestellten Ergebnissen verschiedener Studien zufolge, faktisch signifikante Geschlechterdifferenzen zu verzeichnen sind. Diese Wahrnehmung von Benachteilungen in Kombination mit der Annahme, dass Technik allgemein wie digitale Lehr-/Lernmedien im Besonderen i. d. R. vergeschlechtlicht sind, d. h., dass *„die Ansprüche der Männer genug widergespiegelt sind in dem, was uns umgibt"* (pm-Entwicklerin: 12), führte nun dazu, dass sie in ihrer Entwicklungsarbeit den oben dargelegten Ansatz der Orientierung an den Nutzenden insofern abgewandelt umsetzte, als sie sich primär an den Nutzerinnen orientierte: *„Insofern auch nutzerorientiert, wenn ich irgend welche Nutzerinnen finden konnte, dann habe ich geguckt, dass ich die mitkriege, um etwas rauszufinden darüber, was die wollen und können oder brauchen"* (ebd.: 9). Dabei hat sie die Ansprüche der Studentinnen mit verschiedenen Methoden zu ermitteln versucht. Sie hat an Evaluationen der Lernmodule teilgenommen, die im Rahmen des Projekts durchgeführt wurden, *„weil ich einfach gerne auch unmittelbar mitkriegen wollte, wie denn mit den Selbstlerneinheiten gearbeitet wird"* (ebd.: 2), genauso wie sie aus diesem Grund eine Biologiestudentin als Hilfskraft einstellte, *„weil ich mir genau von der eine Einschätzung und Beratung erhofft hatte"* (ebd.: 9). Darüber hinaus führte sie mit verschiedenen Studentinnen Interviews und rezipierte die Ergebnisse der projektintern durchgeführten Studierendenbefragungen.[167] - Die so gewonnenen Erkenntnisse über die Probleme, Interessen und Bedürfnisse der Studentinnen verwendete sie anschließend als Grundlage eigens entwickelter Kriterien für die Gestaltung des Lernmoduls „Wellen". Diese bestehen in folgenden Aspekten der Technikentwicklung: Erstens müsse das Modul möglichst niedrigschwellige Zugänge ermöglichen. Das heißt, das Modul sollte zum einen per Modem nutzbar sein, zum anderen sollten, was die Arbeit am Computer angeht, nur Basiskompetenzen vorausgesetzt werden wie den Computer anzuschalten, einen Browser zu starten, sich ins Internet einzuwählen, mit einer Navigationsleiste umzugehen und eine Kenntnis darüber zu haben, was ein Link ist (vgl. ebd.: 8). Zweitens sollte die Struktur des Moduls transparent sein und drittens sollte das Modul Erläuterungen hinsichtlich der Bedienung enthalten. Ferner sollten die Kapitel Einleitungen und Zusammenfassungen enthalten genauso wie einen Bezug zum Hauptfach, um den Studierenden ein schnelles und motivierendes Arbeiten zu ermöglichen (vgl. ebd.: 11f.). Über diese Kriterien hinaus habe sie jedoch auch darauf geachtet, die Studierenden direkt anzusprechen, da sie sich auch hiervon motivationale Effekte versprach. In diesem Kontext habe sie sich für das Siezen entschieden, da sich die Studierenden dadurch ernst genommen fühlen würden. Eine geschlechterneutrale Sprache zu verwenden erübrigte sich ihrer Ansicht nach hingegen dadurch, dass in den Texten keine Personenbezeichnungen vorkommen.

Im Folgenden wird erörtert, inwiefern sich die Genderkompetenz der Entwicklerin sowie des an der Entwicklung beteiligten Informatikers und der Einbezug der Nutzerinnen in die Technikentwicklung dahingehend ausgewirkt haben, dass das Modul „Wellen" als geschlechtergerecht zu bezeichnen ist.

---

167 Im Sommersemester 2001 wurden im Rahmen des Projekts an der Universität Bremen 88 Studierende, davon ca. 50% Studentinnen, zu ihren Einstellungen und Vorkenntnissen in der Physik befragt. Eine weitere, größer angelegte Befragung fand im Wintersemester 2001/02 an sieben Projektstandorten in 14 Physiknebenfachvorlesungen statt, in der PC- und Internetkenntnisse geschlechterdifferenziert erhoben wurden. Neben diesen Befragungen wurden zudem zwei Workshops durchgeführt, die sich ausschließlich an Studentinnen richteten. Der erste, der Ende 2001 stattfand, diente der Untersuchung von Ansprüchen, die speziell von Studentinnen an neu gestaltete Lernsoftware-Programme gestellt werden. Der zweite, der Anfang 2003 stattfand, diente der Evaluation von physik multimedial-Materialien durch Studentinnen. Auf diesem Workshop wurden auch die Lernmodule getestet. Versprochen wurden sich u. a. konkrete Kritik und Verbesserungsvorschläge.

8.2.5 Die Vergeschlechtlichung des Lernmoduls als Ergebnis der Entwicklung?

Meine Hypothese, die ich anhand der Erkenntnisse aus den Interviews mit den an der Entwicklung beteiligten Personen entwickelte, war, dass sich das Modul als geschlechtergerecht erweisen sollte. - Wie bereits mehrfach erläutert, mache ich eine geschlechtergerechte Mediengestaltung an den Kriterien Sprache, Inhalt, Interaktion/ Kommunikation/ Kooperation, Navigation und Mediendidaktik fest. Aufgrund dessen werden im Folgenden diese Bereiche des Lernmoduls beleuchtet.

Was das erste Kriterium, die Sprache angeht, so ist das Modul dahingehend deutlich als geschlechtergerecht zu bezeichnen, denn diese genügt dadurch, dass die Studierenden auf der Startseite begrüßt und persönlich angesprochen werden, genauso wie sie in dem gesamten Modul mehrfach zur aktiven Mitarbeit aufgefordert werden und auf das generische Maskulinum konsequent verzichtet wurde, den von Metz-Göckel et al. (2004a, 2003) und Jelitto (2004a) erarbeiteten und meiner Analyse zugrunde gelegten Kriterien einer geschlechtergerechten Sprache. - Die weitere Analyse des Moduls verdeutlichte, dass auch die Inhalte als geschlechtergerecht aufgearbeitet bezeichnet werden können: Das Modul enthält mehrere interaktive Applets, mittels derer sich die Studierenden mit dem Lernstoff aktiv auseinander setzen können, und die einzelnen Aspekte des Themas „Wellen" wurden nicht nur aus verschiedenen Perspektiven beleuchtet, sodass dieselben Inhalte in unterschiedlichen Anwendungsszenarien angeboten werden, wie Jelitto (2004a) und Schinzel (o.J.a) es für eine geschlechtergerechte Mediengestaltung gefordert hatten. Sie sind darüber hinaus auch lebensnah und anwendungsbezogen gestaltet, indem sie z. B. Analogien aus der Tier- und Pflanzenwelt enthalten genauso wie Beispiele aus dem täglichen Leben gewählt wurden, wobei zudem darauf geachtet wurde, dass sie gleichermaßen aus dem Lebenszusammenhang von Frauen wie Männern stammen (vgl. dazu auch Wiesner et al. 2004b). Ansprechend ist in Anlehnung an Schinzel (2004) auch, dass das Modul durch die Differenzierung der Inhalte in ein Standard- und ein Vertiefungsangebot unterschiedlichen Lernbedürfnissen sowie zeitlichen Ressourcen der Studierenden entgegenkommt. Da zudem auf Geschlechterstereotype jeglicher Art verzichtet wurde, können die Inhalte m. E. eindeutig als geschlechtergerecht bezeichnet werden.

Eine weitere Bestätigung meiner Hypothese der geschlechtergerechten Gestaltung des Moduls zeigt sich im Bereich der Navigation, denn durch die verschiedene Navigationsmöglichkeiten werden verschiedene Lernwege ermöglicht (vgl. dazu Jelitto 2004a) und durch eine Coursemap mit Baumstruktur, die die inhaltliche Struktur der gesamten Lerneinheit transparent macht, ist die Navigation sehr übersichtlich, was auch für die Seitengestaltung gilt (vgl. dazu auch Kapitel 8.1).

Genauso ist die Mediendidaktik als geschlechtergerecht zu bezeichnen: Das Mediendidaktische Konzept wird den Studierenden nicht nur offen gelegt, sondern es finden sich im Modul verschiedene Informationen für die Studierenden, die z. B. die „Einstiegsvoraussetzungen für Studierende", oder das „Lernen mit Multimedia" betreffen. In diesem Zusammenhang werden u. a. die Lernziele dargelegt und auch ein Überblick darüber geboten, welche inhaltlichen und computerbezogenen Kenntnisse für die Nutzung des Moduls erforderlich sind. Genauso werden die Computer- und Internetkompetenzen nicht als gegeben vorausgesetzt, sondern es wird über die Lernplattform ein (sozio-)technischer Support geboten mit einer kontextsensitiven Hilfe sowie der Möglichkeit, sich telefonisch wie auch per E-Mail an einen Techniker zu wenden. Wie bereits erwähnt wurde, wurden zudem die Systemanforderungen nicht vorausgesetzt. Vielmehr wird den Studierenden auf der Startseite ein Überblick darüber gegeben, welche Software für die Nutzung des Moduls zwingend notwendig ist. Die Studierenden können dort auch ihre Computer danach überprüfen, ob diese Software installiert ist und diese ggf. mit Anleitung installieren. Unterschiedliche technische und inhaltliche Kenntnisstände wie Ressourcen der Studierenden werden demnach berücksichtigt, genauso wie verschiedene Lernfortschrittskontrollen gegeben sind, sodass neben den kommunikativen Elementen, die durch die Lernplattform gewährleistet sind, auch die Didaktik als geschlechtergerecht zu bezeichnen ist. - Zusammenfassend kann demnach festgestellt werden, dass meine Hypothese sich als richtig erwies: Die Genderkompetenz genauso wie die Kompetenz auf didaktischem Gebiet, über die die Entwicklerin wie auch der Informatiker verfügten, haben deutlich dazu beigetragen, dass das Lernmodul in allen o. g. Bereichen den Kriterien einer geschlechtergerechten Gestaltung genügt. Dabei scheint vor allem der Brückenschlag zwischen der Nutzung und der Entwicklung, d. h. der Einbezug der Nutzer und primär der Nutzerinnen in den Entwicklungsprozess, von entscheidender Bedeutung gewesen zu sein. Voraussetzungen dieses Brückenschlags waren jedoch die intensive Auseinandersetzung mit sozialen Aspekten der Technikentwicklung, die in dieser Arbeit unter dem Schlagwort *doing technology* dargelegt wurden, genauso wie Kenntnisse über die soziale Konstruktion von Geschlecht, das *doing gender,* und die Einnahme einer differenzierungstheoretische Perspektive auf Geschlecht.

Im Folgenden wird der Frage nachgegangen, inwiefern sich die geschlechtergerechte Gestaltung auf die studentische Nutzung des Lernmoduls auswirkte. Dabei wird zunächst das Erhebungsdesign der Studierendenbefragung skizziert, bevor deren Ergebnisse dargelegt werden.

8.3 Die studentische Nutzung des Lernmoduls „Wellen"

8.3.1 Das Erhebungsdesign

Um die studentische Nutzung des Moduls zu erheben, wendete ich mich im Wintersemester 2003/04 an Studierende der Universität Düsseldorf, wobei ich diejenigen Studierenden auswählte, die an zwei Physikvorlesungen teilnahmen, welche sich an Studierende richteten, die Physik als Nebenfach studierten. In beiden Vorlesungen wurden die Studierenden durch die Dozierenden gebeten, sich innerhalb einer Woche im Selbststudium mittels des Moduls mit dem Thema Wellen vertraut zu machen, weshalb in dieser Woche die Präsenzveranstaltung nicht stattfand.[168] Zu den beiden Erhebungszeitpunkten, die jeweils nach Beendigung dieses Selbststudiums stattfanden, stellte ich mich im Hörsaal den Studierenden vor und bat sie um ihre Mitarbeit bei der Evaluation des Lernmoduls, da es auf dem Gebiet der computerunterstützten Lehre sehr viele Wissenslücken gäbe und sie durch die Beantwortung des Fragebogens und die Teilnahme an den Gruppendiskussionen einen wertvollen Beitrag dazu leisten könnten, Lernmodule in Zukunft besser gemäß ihren Interessen gestalten zu können. So gewann ich nicht nur zwei Grundgesamtheiten - direkt im Anschluss meiner Ansprache wurden die Fragebögen verteilt -, sondern auch Studierende für die Gruppendiskussionen, die jeweils eine Woche nach der Fragebogenerhebung in geschlechtsheterogener Zusammensetzung geführt wurden.

8.3.2 Die physik multimedial-Grundgesamtheit

Die physik multimedial-Grundgesamtheit besteht aus der Zusammensetzung der beiden genannten Grundgesamtheiten, d. h. aus den Studierenden, die im Wintersemester 2003/04 an den beiden Physikvorlesungen der Universität Düsseldorf teilnahmen. Insgesamt füllten 89 Studierende den Fragebogen aus: 55 Frauen und 34 Männer. An den drei Gruppendiskussionen nahmen 26 dieser Studierenden teil: 15 Studentinnen und 11 Studenten.

	Gesamt	Frauen	Männer
Realzahl	89	55	34
Prozentzahl	100 %	61,8%	38,2%

Tabelle 12: Die physik multimedial-Grundgesamtheit

---

168 Die Inhalte wurden jedoch in der an die Erhebung anschließenden Vorlesung durch die Dozierenden vertieft.

Die meisten der in die Befragung einbezogenen Studierenden studierten zum Erhebungszeitpunkt Pharmazie (65%), ein Drittel Chemie (28%) und 7% Biologie. Dabei studierten ca. 80% der Studentinnen Pharmazie, während sich fast alle der Studenten gleichmäßig auf die Studiengänge Pharmazie und Chemie verteilten.[169] Die Studierenden sind zwischen 1969 und 1984 geboren worden, jedoch zum überwiegenden Teil (78%) nach 1981, sodass sie sich zwar insgesamt zwischen dem ersten und dem 20. Semester befanden, die meisten (66%) jedoch im ersten Semester studierten und 92% in den ersten drei Semestern.

8.3.3 Die Vorerfahrungen mit Lernmodulen

Wie aufgrund dieser kurzen Studienzeit zu erwarten war, hatten die meisten der befragten Studierenden (72%) noch keine Erfahrungen mit einem, dem Modul „Wellen" ähnlichen, Selbstlernmodul gesammelt. Jedoch stellte sich entgegen meiner Hypothese, dass die Studenten dennoch mehr Erfahrungen mit einem solchen Medium gewonnen hatten, heraus, dass mehr Studentinnen als Studenten derartige Erfahrungen gemacht hatten (31% w, 22% m). Dieses Ergebnis zeigt - auch im Vergleich mit dem entgegengesetzten Ergebnis der vorigen Studie - auf, dass die Erfahrungen mit spezifischen digitalen Medien anscheinend primär kontextuell variieren, sodass den Kontexten eine größere Bedeutung beikommt denn der Kategorie Geschlecht.

8.3.4 Die Einstellungen gegenüber dem Lernmodul „Wellen"

Über die Erfahrungen mit Lernmodulen hinaus wurden die Einstellungen der Studierenden dem Modul „Wellen" gegenüber erhoben, da ich davon ausging, dass sich diese Einstellungen gemäß dem Erwartung-Wert-Modell Dickhäusers (2001) direkt auf die Nutzung desselben auswirken würden. Der Erhebung der studentischen Einstellungen lagen dabei verschiedene Items zugrunde. Die so erhobenen Daten zeigten, entgegen meiner Hypothese, dass die Einstellungen der Studentinnen negativer sein sollten als die ihrer Kommilitonen, dass sich die Einstellungen nicht signifikant nach Geschlecht unterschieden: Bei keinem Item lag ein signifikanter Unterschied zwischen Studenten und Studentinnen vor.[170]

---

169 Leider gaben nur 88 Studierende ihren Studiengang an. Von ihnen studieren 64,8% Pharmazie (77,8% w, 44,1% m), etwa ein Drittel Chemie (28,4% g, 18,5% w, 44,1% m) und die übrigen Biologie (6,8% g, 3,7% w, 11,8% m).
170 Die Studierenden sollten sich zu den Items mittels folgenden Antwortvorgaben positionieren: stimme voll zu, stimme eher zu, stimme weniger zu, stimme nicht zu.

Jedoch waren die Erwartungen der Studenten dennoch in der Tendenz positiver als die ihrer Kommilitoninnen: Die Studentinnen freuten sich weniger darauf, mit dem Modul zu arbeiten, fanden die Idee, Inhalte mit einem Modul zu erarbeiten, seltener gut, waren weniger begeistert, mit dem Modul arbeiten zu müssen anstatt Inhalte in der Vorlesung zu hören und gaben häufiger an, zu befürchten, nicht mit dem Modul klarzukommen.

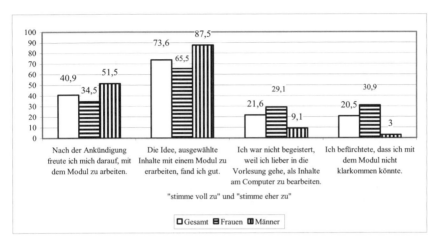

Abbildung 22: Einstellungen gegenüber dem Modul „Wellen", Angaben in Prozent, n = unterschiedlich je Item

Da sich die positivere Einstellung der Studenten itemübergreifend zeigte und der Unterschied in einigen Bereichen deutlich war, werte ich jedoch trotz der fehlenden Signifikanz meine Hypothese als bestätigt. Wie angenommen zeigte sich auch, dass die negativere Einstellung der Studentinnen gegenüber dem Lernmodul der weniger intensiven affektiven Beziehung zum Computer und den geringeren computerbezogenen Begabungsüberzeugungen bzw. ausgeprägteren Misserfolgserwartungen vieler Studentinnen zuzuschreiben ist. Dies kommt u. a. darin zum Ausdruck, dass sich die Studierenden nicht qua Geschlecht unterschieden, was die Vorteile des Moduls gegenüber traditioneller Lehre angeht (Eine „interessantere Darbietung des Stoffes als in der Vorlesung" erwarteten 58% der Studentinnen und 59% der Studenten und ein „motivierendes Lernen" 38% der Studentinnen und 38% der Studenten.), dass sich aber deutliche Geschlechterdifferenzen zeigen, was die Bewertung der mit der Arbeit einhergehenden technischen Probleme sowie den Arbeitsaufwand angeht. Signifikant mehr Studentinnen als Studenten erwarteten bei der Arbeit mit dem Modul technische Probleme (38% w, 18% m) und dass damit ein größerer Arbeitsaufwand verbunden sei (27% w, 9% m).

Im Folgenden wird die Nutzung des Moduls „Wellen" durch die Studierenden beleuchtet, wobei gemäß der negativeren Einstellungen der Studentinnen dem Modul gegenüber zu erwarten ist, dass sich diese weniger intensiv mit dem Modul auseinandergesetzt haben.

8.3.5 Die Nutzung des Lernmoduls

Diese Hypothese stellte sich als richtig heraus: Die Studentinnen haben weniger intensiv mit dem Modul gearbeitet als ihre Kommilitonen (vgl. Grafik), wenngleich sich dieser Unterschied nur tendenziell in der mit dem Modul verbrachten Zeit spiegelt (siehe Grafik).

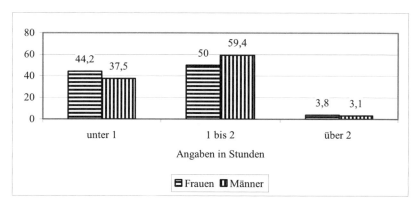

Abbildung 23: Arbeitszeit mit dem Modul „Wellen", Angaben in Prozent, n = 79 (12 w, 67 m)

Deutlicher zeichnet er sich dagegen in der konkreten Nutzung des Moduls ab: Zum einen gaben fast doppelt so viele Studenten wie Studentinnen (41% m, 22% w) an, mit dem ganzen Modul gearbeitet zu haben, während 78% der Studentinnen, aber nur 60% der Studenten nur mit einigen Kapiteln gearbeitet hatten. Und zum anderen wurde die Möglichkeit, neben den für ein Verständnis erforderlichen Inhalten auch die vertiefenden Inhalte der rechten Seite zu bearbeiten, von immerhin 84% der Studenten, jedoch nur von 58% der Studentinnen genutzt. Damit übereinstimmend wurden auch die verschiedenen Funktionen des Moduls häufiger durch die Studenten genutzt: die interaktiven Elemente (74% w, 81% m), die multimedialen Anteile (73% w, 74% m) und die im Text enthaltenden Links (90% m, 80% w). Dass bei der intensiveren Nutzung des Moduls durch Studenten zudem deren spielerischeres Vorgehen durchaus von Belang gewesen war, wird darin deutlich, dass sie häufiger das Profil und die Einstellungen geändert hatten als die Studentinnen (6% w, 22% m).

Bei der Datenanalyse fiel in diesem Kontext ein weiteres Ergebnis auf, nämlich dass die Studentinnen sehr viel häufiger als ihre Kommilitonen die Seiten ausgedruckt und die Inhalte offline bearbeitet hatten (46% w, 19% m). Meine Vermutung, dass dies ein Resultat häufigerer technischer Probleme beim Arbeiten mit dem Modul hätte sein können, bestätigte sich auf den ersten Blick nicht, denn derartige Probleme hatten Studenten wie Studentinnen im nahezu selben Maße (47% w, 45% m), wobei die Studenten sogar häufiger mehrmals Probleme hatten als die Studentinnen.

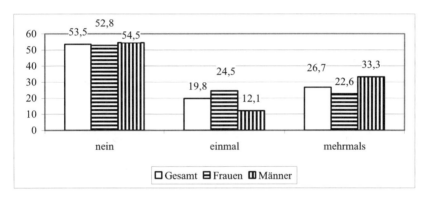

Abbildung 24: Computerbezogene Probleme beim Arbeiten mit dem Modul „Wellen", Angaben in Prozent, n = 86 (53 Frauen, 33 Männer)

Dennoch ist dieses Ergebnis mit dem Erwartung-Wert-Modell durchaus erklärbar: Aufgrund der durchschnittlich geringeren computerbezogenen Kompetenzüberzeugungen der Studentinnen - in dieser Grundgesamtheit hatten 22% der Studentinnen, jedoch nur 7% der Studenten angegeben, ihre Computer- und Internetkenntnisse seien für die Arbeit am Modul unzureichend - zeigen die Studentinnen ein weniger persistentes Verhalten als die Studenten (vgl. Dickhäuser 2001). Von daher nehme ich an, dass sich die Studentinnen von den Problemen stärker entmutigt fühlten als ihre Kommilitonen und daher das internetbasierte Arbeiten mit dem Modul eher zugunsten eines offline-Arbeitens abbrachen. Nicht unerwähnt soll jedoch auch ein weiterer Aspekt bleiben, der diesen Abbruch sicherlich begünstigte: die geringeren technischen Ressourcen der Studentinnen, durch die die Studentinnen sehr viel stärker in der Arbeit am

Modul beeinträchtigt waren als ihre Kommilitonen: Immerhin 46% der Studentinnen (gegenüber 29% der Studenten) empfanden ihre Internetverbindung als zu langsam.

Resümierend weisen die Ergebnisse deutlich darauf hin, dass die befragten Studentinnen aufgrund ihres niedrigen computerspezifischen Selbstkonzepts eigener Begabung wie auch aufgrund ihrer unzureichenden häuslichen technischen Ressourcen deutlich an der Arbeit mit dem internetbasierten Selbstlernmodul gehindert wurden. Dies wiederum deutet darauf hin, dass trotz aller Bemühungen der Entwickelnden des Moduls die Geschlechterdifferenzen durch eine geschlechtergerechte Produktgestaltung nicht ausgeglichen werden konnten. Es scheint demnach so zu sein, dass ein Ansatz an den Medien zu kurz greift und ein Ansatz an den Lern- und Geschlechterkulturen der Studierenden deutlich sinnvoller wäre, vor allem da es die Einstellungsunterschiede sind, die oftmals zu Benachteiligungen der Studentinnen führen.

Im Folgenden wird beleuchtet, ob sich die differenten Einstellungen zum und Nutzungen des Moduls auch in einer unterschiedlichen Bewertung des Moduls spiegeln.

8.3.6 Die Bewertung des Lernmoduls

Die diesbezügliche Hypothese lautet, dass sich die negativeren Einstellungen der Studentinnen zu dem Medium in einer negativeren Bewertung dessen ausdrücken sollten. Die Daten widerlegen diese Hypothese auf den ersten Blick jedoch, denn die allgemeine Zufriedenheit der Studierenden mit dem Modul differiert nicht signifikant nach Geschlecht. Im Gegenteil waren Studentinnen wie Studenten mit dem Modul gleichermaßen zufrieden. Dieses Ergebnis zeigte sich zum einen in der Auswertung der aus acht Items bestehenden Skala, die verdeutlichte, dass sich die Mittelwerte der Antworten der Studentinnen und Studenten nicht signifikant unterscheiden.[171]

---

171 Die Zufriedenheit der Studierenden mit dem Modul „Wellen" wurde anhand einer Skala erhoben, welche aus acht Items besteht und sich mit einem Realibilitätskoeffizienten Alpha = 0,8268 als ausreichend reliabel erwiesen hat. Die Auswertung ergab, dass der Mittelwertunterschied zwischen den Antworten der Studentinnen und derer der Studenten nicht signifikant ist: Während der Gesamtmittelwert 2,21 beträgt, liegt der der Studentinnen bei 2,21 und der der Studenten bei 2,20. Dieser geringe Unterschied ist mit T= 0,062, df= 80, p= 0,951 nicht signifikant.

Item-Nr.	Item	Mittelwert[172] (kleine Werte = positive Bewertung)
Item A	Ich habe mich im Modul gut zu Recht gefunden.	A= 1,77 F= 1,76 M= 1,80
Item B	Die Einführungen am Anfang jedes Kapitels und die Zusammenfassungen am Ende waren hilfreich.	A= 1,50 F= 1,39 M= 1,68
Item C	Die Fragen und Aufgaben haben mich zur Auseinandersetzung mit den Inhalten angeregt.	A= 2,47 F= 2,47 M= 2,46
Item D	Die Beispiele halfen mir beim Verständnis der Inhalte.	A= 1,66 F= 1,59 M= 1,77
Item E	Die Multimedia-Elemente waren hilfreich für mein Verständnis.	A= 1,84 F= 1,94 M= 1,68
Item F	Das Modul hat mich motiviert, mich mit physikalischen Inhalten zu beschäftigen.	A= 2,96 F= 3,02 M= 2,87
Item G	Die Inhalte hatten in ausreichender Weise einen Bezug zu meinem Hauptfach.	A= 2,97 F= 2,98 M= 2,96
Item H	Ich habe genügend Feedback bekommen.	A= 2,74 F= 2,72 M= 2,79
SKALA		A= 2,21 F= 2,21 M= 2,20

Tabelle 13: Skala „Zufriedenheit mit dem Modul „Wellen""

Zum anderen zeigte es sich bei der Auswertung der einzelnen Items. Mit Ausnahme des Items „Die Einführungen am Anfang jedes Kapitels und die Zusammenfassungen am Ende waren hilfreich.", wozu sich die Studentinnen positiver äußerten als ihre Kommilitonen[173], äußerten die Studierenden unabhängig ihres Geschlechts gleichermaßen wie die Studenten eine hohe Zufriedenheit mit dem Lernmodul. So gaben 80% der Studierenden an, sie würden das Modul ihren KommilitonInnen weiterempfehlen, drei Viertel von ihnen gaben an, ein ähnli-

---

172 Die Antwortvorgaben lauteten: „stimme voll zu", „stimme eher zu", „stimme weniger zu", „stimme gar nicht zu" und „weiß nicht". Ausgewertet wurde die Skala, indem, nachdem ich einen Reliabilitätstest durchgeführt wurde, die Werte umkodiert wurden, sodass alle Antworten in dieselbe Richtung wiesen (kleine Werte = positive Bewertung), die „weiß nicht"-Antworten eliminiert und Mittelwerte errechnet wurden. Anschließend wurde ein Signifikanztest (T-Test für unabhängige Stichproben) durchgeführt.
173 T= -2,159, df= 80, p= 0,034

ches Modul auch für andere Vorlesungen als sinnvoll zu erachten - wobei dies sogar tendenziell mehr Studentinnen als Studenten angaben - und zwei Drittel der Befragten hatte sich beim Arbeiten mit dem Modul wohlgefühlt. Dementsprechend scheinen die Studierenden mit dem Modul sehr zufrieden gewesen zu sein: Sie empfanden das Modul als Bereicherung für das Lernen und für das Verständnis der Inhalte.

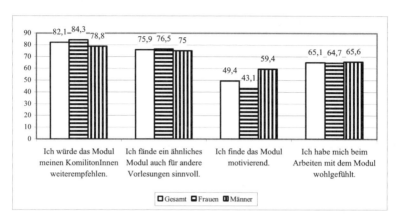

Abbildung 25: Zufriedenheit mit dem Modul „Wellen", Angaben in Prozent, n = unterschiedlich je Item

Dass die Hypothese jedoch dennoch nicht zu verwerfen ist, zeigen die deutlichen Unterschiede zwischen den Studentinnen und Studenten, was die motivationalen Aspekte des Moduls angeht. Wobei die Differenz anscheinend ursächlich damit zusammenhängt, dass es den Studenten (signifikant) mehr Spaß gemacht hatte, mit dem Modul anstelle eines Lehrbuchs zu arbeiten (53% m, 30% w) und dass die Studenten dabei vor allem die interaktiven[174] und multimedialen Elemente[175] signifikant häufiger als positiv hervorhoben.

---

174 Chi-Quadrat = 6,902; df= 1; p= 0,009
175 Chi-Quadrat = 8,390; df= 1; p= 0,004

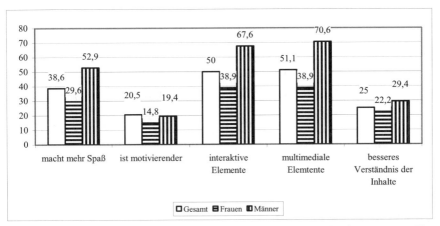

Abbildung 26: Vorteile des Moduls „Wellen" gegenüber Lehrbüchern, Angaben in Prozent, n = 79

In diesen studentischen Äußerungen zeigt sich, dass sich die Studentinnen den Vorzügen dieses digitalen Mediums gegenüber sehr viel verhaltender äußerten als ihre Kommilitonen. Dieses - mit meinen Annahmen kongruente - Ergebnis weist darauf hin, dass die befragten Studenten einen Ersatz traditioneller Medien durch neue Medien sehr viel enthusiastischer aufnehmen. Die Gründe dafür scheinen vor allem in der positiveren Bewertung der technischen Möglichkeiten wie der interaktiven und multimedialen Aufbereitung der Inhalte zu liegen, was zum einen darauf zurückzuführen sein könnte, dass die Studenten sich durchschnittlich durch ein stärkeres Ausmaß an genereller Technikbegeisterung auszeichnen (vgl. dazu Kapitel 2.2.2.2 und 3.1.2) und über eine positivere Einstellung digitalen Medien gegenüber verfügen (vgl. Kapitel 3.1). Die kritischere Haltung der Studentinnen hängt zum anderen jedoch sicherlich auch damit zusammen, dass die befragten Studentinnen aufgrund ihrer wesentlich unkomfortableren Internetzugänge nicht im selben Maß wie ihre Kommilitonen von diesen Elementen profitieren konnten. Dennoch weist einiges auf den Zusammenhang der negativeren Bewertung des Moduls mit einer negativeren Einstellung zum Medium hin, denn die Studentinnen äußerten sich zu den Vorteilen des Moduls gegenüber Lehrbüchern generell sehr verhalten, während sie die Nachteile deutlich hervorhoben: Sie gaben signifikant häufiger als ihre Kommilitonen an, das Modul sei mit einem größeren Arbeits- und Zeitaufwand verbunden[176] und es verursache höhere Kosten[177] und nahezu signifikant häufiger äußerten sie, dass das Modul mehr technische Probleme verursache[178].

---

176 Chi-Quadrat = 5,127; df= 1; p= 0,024

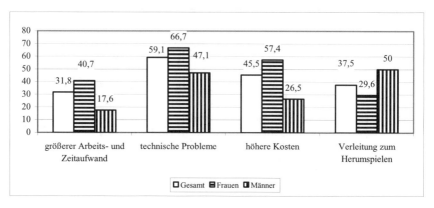

Abbildung 26: Nachteile des Moduls „Wellen" gegenüber Lehrbüchern, Angaben in Prozent, n = 79

Dass die Studentinnen, wie oben dargelegt, zwar faktisch nicht mehr technische Probleme beim Arbeiten mit dem Modul hatten als ihre Kommilitonen, sie jedoch dennoch diese Probleme sehr viel häufiger als einen deutlichen Nachteil des Moduls gegenüber traditionellen Medien nannten, steht m. E. in direktem Zusammenhang mit ihren geringeren computerspezifischen Begabungsüberzeugungen und ihren daraus resultierenden negativeren Einstellungen gegenüber digitalen Lehr-/Lernmedien. - Dass die Studenten jedoch - in Übereinstimmung mit den beiden bereits dargelegten Studien (Kapitel 7 und 8) - häufiger kritisierten, das Modul verleite sie zum Herumspielen, kann als deutlicher Hinweis auf den spielerischeren Umgang von Männern mit Technik gedeutet werden und erklärt im Zusammenhang mit ihrer positiveren Einstellung digitalen Medien gegenüber, weshalb sie deutlich mehr Zeit in die Arbeit mit dem Modul „Wellen" investiert hatten. Die auf der theoretischen Grundlage des Erwartung-Wert-Modells von Dickhäuser (2001) aufgestellte Hypothese, dass eine negative Einstellung zu einem Medium sich in einer geringen Nutzungsintensität äußert, wird hier somit bestätigt, genauso wie die Annahme, dass Studentinnen durchschnittlich negativere Einstellungen digitalen Medien gegenüber haben als ihre Kommilitonen.

---

177 Chi-Quadrat = 8,054; df= 1; p= 0,005
178 Chi-Quadrat = 3,318; df= 1; p= 0,069

8.4 Zusammenfassung und Diskussion der Ergebnisse

Zusammenfassend ist zur Entwicklung des Moduls „Wellen" zunächst festzustellen, dass sie in einer Kultur erfolgte, die durch eine große Sensibilität hinsichtlich der Geschlechterthematik gekennzeichnet war. Nicht nur die Projektleitung, sondern auch die beiden an der Entwicklung des Moduls direkt beteiligten Personen, die Entwicklerin wie der Informatiker, verfügten jeweils über eine fundierte Genderkompetenz. Dementsprechend bemühten sich beide Personen darum, das entwickelte Produkt geschlechtergerecht zu gestalten. Während dies für den Informatiker primär bedeutete, die Entwicklung an den Interessen und Wünschen der Nutzenden zu orientieren, spielten bei dem Vorgehen der Entwicklerin darüber hinaus zahlreiche theoretische Überlegungen eine große Rolle: Neben der theoretischen Perspektive, dass sich soziale Verhältnisse und somit auch das Geschlechterverhältnis in der Technik spiegeln *(dem doing gender and technology)*, nahm sie eine differenzierungstheoretischen Perspektive auf Geschlecht ein.

Aufgrund dieser Perspektive ging sie von einer Vielfältigkeit der Interessen, Vorkenntnisse und Bedürfnisse der Nutzenden aus, die mit einer Bipolarität der Geschlechter nicht gefasst werden können. Dementsprechend versuchte sie, sich in der Entwicklungsarbeit nicht an Geschlechterstereotypen zu orientieren, sondern dieser Vielfalt gerecht zu werden. Da sie jedoch die Bedürfnisse der Studentinnen in den aktuellen digitalen Medien nur bedingt verwirklicht sah - diese seien aufgrund der Orientierung auf männliche Interessen einseitig gestaltet, d. h. vergeschlechtlicht - und da sie zudem von einigen, für das E-Learning relevanten, Benachteiligungen der Studentinnen ausging, gestaltete sie das Projektanliegen, die Brücke zwischen der Entwicklung und Nutzung zu schlagen, dahingehend um, als sie sich primär an den Nutzerinnen orientierte.

Dieses Anliegen, das Modul gemäß der Ansprüche der Studentinnen zu gestalten, wurde meiner Untersuchung zufolge in dem Entwicklungsprozess praktisch umgesetzt, sodass es sich, werden die Erkenntnisse meiner geschlechtersensiblen Produktevaluation zugrunde gelegt, meine Hypothese bestätigend, in einer geschlechtergerechten Gestaltung des Lernmoduls spiegelt. Dabei zeigten sich alle Ansprüche an eine geschlechtergerechte Gestaltung, die ich im Kapitel 3.3 als zentral dargelegt hatte, erfüllt, d. h., das Modul genügt in den Bereichen Mediendidaktik, Kommunikation, Sprache, Navigation sowie Inhalte den Kriterien einer geschlechtergerechten Gestaltung.

Auf der Grundlage dieser Erkenntnisse ging ich schlussfolgernd davon aus, dass die Barrieren gegenüber den Studentinnen soweit minimiert wurden, dass sich trotz der negativeren Einstellungen der Studentinnen dem Modul gegenüber keine deutlichen Geschlechterdifferenzen im Umgang mit und in der Bewertung des Moduls zeigen sollten. Diese Annahme wurde durch die Studierendenbefragung jedoch nicht bestätigt, weshalb ich, wie bereits erwähnt, davon ausgehe, dass der Ansatz an den Lernmedien selbst nicht ausreicht, um die Hindernisse gegenüber den Studentinnen soweit abzubauen, dass ihnen eine barrierefreie Nutzung der und ein den Studenten ähnlicher Profit von digitalen Lehr-/Lernmedien ermöglicht wird. Im Gegenteil erwies sich in diesem Kontext der Brückenschlag zwischen Entwicklung und Nutzung nicht als ausreichend, denn es waren primär die negativen Einstellungen der Studentinnen, die sie von einer intensiven Nutzung des Moduls abhielten. Aufgrund dessen sehe ich die Notwendigkeit meines, im Kapitel 5.4 dargelegten, Ansatzes der impliziten Frauenförderung bestätigt, da die Einstellungsunterschiede zwischen den Geschlechtern nur mittels eines *undoing gender* behoben werden können, also dadurch, dass die derzeitige (Re-)Produktion dieser Unterschiede in Interaktionsprozessen unterbrochen wird. In diesem Zusammenhang wäre vor allem das niedrige computerspezifische Selbstkonzept der Studentinnen positiv zu beeinflussen und die diesbezügliche Selbsteinschätzung der Studenten auf ein realistisches Maß zu reduzieren.

9 Studie 5: Entwicklung der Lernumgebung und Nutzung eines hybriden Seminars des Projekts Vings

In diesem Kapitel werden die Ergebnisse der Evaluation des hybriden Seminars „Kriege, Konflikte, Sicherheit und Frieden in den internationalen Beziehungen" dargelegt, das im Rahmen des Projekts Vings stattfand (näheres zum Projekt siehe Kapitel 9.2.2). Dabei wird zunächst das Vings-Seminar skizziert, wobei das Augenmerk zum einen der Lernumgebung, zum anderen der didaktischen und inhaltlichen Konzeption des Seminars gilt. Zwischen der Lernumgebung und dem Seminar wird u. a. deshalb unterschieden, da die Entwicklung der Lernumgebung an unterschiedlichen Standorten erfolgte (primär jedoch an der Universität Bielefeld), die konkreten Seminarinhalte jedoch von den direkt am Seminar beteiligten Personen eingestellt wurden und somit an der Ruhr-Universität-Bochum. Nachdem beide Bereiche des Seminars skizziert wurden, wird auf verschiedene Aspekte der Entwicklung der Lernumgebung eingegangen und deren Auswirkungen auf den Lernraum werden erläutert. Zuletzt werden diejenigen Ergebnisse der Studierendenbefragung, die die Einstellungen der Studierenden zum Seminar bzw. zu der Lernumgebung, deren Nutzung und Bewertung betreffen, dargelegt.

9.1 Das Seminar und seine Lernumgebung

Im Folgenden werden zunächst wesentliche Charakteristika des evaluierten Seminars genannt. Danach wird die Lernumgebung, die den Arbeitsraum für die Onlinephasen des Seminars bildete, beschrieben.

9.1.1 Das hybride Seminar „Kriege, Konflikte, Sicherheit und Frieden in den internationalen Beziehungen"

Das in die Erhebung einbezogene Seminar „Kriege, Konflikte, Sicherheit und Frieden in den internationalen Beziehungen" fand im Wintersemester 2003/04 an der Ruhr-Universität-Bochum statt und richtete sich an Studierende der Ruhr-Universität und der FernUniversität Hagen, die sich im Hauptstudium befanden. Die inhaltlichen Ziele des Seminars bestanden darin, die Studierenden mit grundlegenden Begriffen und wichtigen Theorieansätzen der Friedens- und Konfliktforschung sowie mit diesbezüglichen feministischen Kritikansätzen vertraut zu machen. Dabei war das Seminar für eine Teilnahme von maximal 30 Studierenden konzipiert. Teilnehmen konnten alle Studierende, die bereit waren, wöchentlich einen vollen Arbeitstag in das Seminar zu investieren und zudem folgende Leistungen zu erbringen: Erstens sollten sich die Studierenden mindestens zwei Mal pro Woche an der Online-Debatte beteiligen, die in einem Forum geführt werden sollte, und zweitens sollten sie entweder eine Rezension eines, als Basisliteratur deklarierten, Buches schreiben und diese anschließend den Studierenden in einer Word-Datei im Forum zur Verfügung stellen, oder sie sollten zu einem der Inhaltsbereiche des Seminars eine selbsterklärende Power Point-Präsentation schreiben. Die Teilnahme bedeutete für die Studierenden dementsprechend, ein gewisses Maß an Aktivität zu beweisen, worüber sie über die Lernumgebung auch informiert wurden:

> "Die passive Teilnahme an diesem Seminar ist nicht möglich. Auch wenn Sie keinen Schein erwerben wollen, sind Sie verpflichtet, sich mit mindestens 2 Beiträgen pro Woche an der online-Diskussion zu beteiligen und eine Präsentation bzw. Rezension zu erstellen. Wer diese Leistungen nicht erbringen kann, kann leider aufgrund des großen Andrangs nicht als TeilnehmerIn akzeptiert werden" (Startseite der Lernumgebung des Seminars).

Was die Organisation des Seminars betrifft, so war es derart strukturiert, dass es zum Großteil virtuell, in Form eines computergestützten Onlineseminars, ablief. Dabei wurde das Seminar jedoch nicht nur durch eine Präsenzphase eingeleitet, sondern die Onlinephasen wurden regelmäßig durch Präsenzsitzungen unterbrochen, von denen innerhalb des Semesters insgesamt fünf stattfanden.

9.1.2 Die Lernumgebung des Seminars

Um den Studierenden die Onlinearbeit zu ermöglichen, lag dem Seminar eine Lernumgebung zugrunde, die ich im Folgenden beschreiben werde: Die Lernumgebung ist zunächst als ein passwortgeschützter Raum zu charakterisieren, der nur von den Teilnehmenden und Leitenden des Seminars einzusehen war, und zwar über die Homepage des Projekts Vings[179], in dessen Kontext das Seminar stattfand. Die Benutzungsoberfläche der Umgebung zeichnet sich zudem durch eine dreiteilige Struktur aus: Der erste Bereich, der sich auf der linken Seite des Bildschirms befindet, enthält diejenigen Materialien, die für die Orga-

---

179 http://www.vings.de

nisation des Seminars von Bedeutung sind wie den Seminarplan und den Semesterapparat. Darüber hinaus enthält er jeweils einen Bereich, in dem sich die Studierenden und die SeminarbetreuerInnen mit Foto und einigen persönlichen Informationen vorstellen konnten. - Der zweite Bereich, der sich am oberen mittleren Rand des Bildschirms befindet, dient dagegen der Information der Studierenden über aktuelle Seminaranliegen (z. B. den Termin des nächsten Präsenztreffens), über die Erwartungen der Seminarleitung, was die zu erbringenden Leistungen der Studierenden angeht (s. o.) wie auch über computerbezogene Aspekte der Seminarteilnahme. So können sich die Studierenden an diesem Ort diverse Leitfäden herunterladen, die die Beteiligung an Onlinediskussionen, die Handhabung der Software Power Point und das Schreiben von Rezensionen erläutern. - Der dritte Bereich, der auf dem Bildschirm rechts oben zu finden ist, enthält wiederum Elemente, die der Kommunikation zwischen den Studierenden sowie zwischen Studierenden und Lehrenden dienen: So gibt es neben einem Chat die Möglichkeit, nachzusehen, wer online ist und mit diesen Personen Kontakt aufzunehmen, genauso wie ein E-Mail-Kontakt zum technischen Support aufgenommen werden kann. Darüber hinaus findet sich hier das Forum.

Abbildung 27: Die Benutzendenoberfläche der Lernumgebung des Vings-Seminars, Namen unkenntlich gemacht

Dabei ist das Forum das zentrale Werkzeug des Onlineseminars, da es der studentischen Diskussion verschiedener Lehrtexte unter speziellen, durch die Seminarleitung vorgegebenen, Fragestellungen dient. Dieser, von der Seminarleitung moderierte, Interaktionsraum bietet den Teilnehmenden die Möglichkeit, Kommentare zu einem Text einzustellen oder auf einen Beitrag einer/ eines anderen Studierenden zu antworten und somit eine inhaltliche Diskussion aufzunehmen oder weiterzuführen.

Nach diesen Informationen über das Seminar und die Lernumgebung wird im Folgenden erläutert, wie die Lernumgebung entwickelt wurde und welche Rolle dabei geschlechterrelevante Aspekte spielten.

9.2 Die Entwicklung der Lernumgebung des Vings-Seminars

9.2.1 Das Erhebungsdesign

Wie bei den bereits dargelegten Erhebungen, galt es auch im Kontext der Beforschung der Entwicklung der Lernumgebung des Seminars, zunächst das Feld zu erkunden. Aus diesem Grund studierte ich die Homepage des Projekts genauso wie verschiedene Projektpublikationen. Auf der Grundlage der so gewonnenen Informationen führte ich anschließend, konkret im Juni 2003, mit verschiedenen Projektmitarbeitenden Interviews. Befragt wurde an der Universität Bielefeld zunächst die Projektkoordinatorin zu verschiedenen allgemeinen Aspekten des Vings-Projekts. Danach interviewte ich am selben Ort die Informatikerin und die Grafikerin über die Entwicklung der Lernumgebung und bat sie darum, mir ihre volle Funktionsvielfalt zu erläutern. Abschließend führte ich an der FernUni Hagen ein Interview mit denjenigen beiden Informatikern, die für den technischen Support der Vings-Seminare zuständig waren. Die folgenden Erkenntnisse beziehen sich auf die auf diesem Weg gewonnenen Informationen, wobei zunächst der Entwicklungskontext beleuchtet wird.

9.2.2 Das Projekt Vings als Entwicklungskontext

Die Lernumgebung wurde, wie bereits erwähnt, durch das Projekt „Vings - Virtual International Gender Studies" entwickelt. Dieses, den Sozialwissenschaften zugeordnete, Projekt wurde vom 01.04.2001 bis zum 31.12.2003 durch das BMBF gefördert. Es war ein Kooperationsprojekt von vier Universitäten und verfolgte das Ziel, ein interdisziplinär und international ausgerichtetes virtuelles Studienangebot im Bereich der Geschlechterforschung zu entwickeln, zu realisieren und zu etablieren (vgl. Polzin 2002). Dabei sollte dieses virtuelle Studienangebot zur Qualitätssteigerung der Lehre sowie zur „nachhaltigen Implementierung von international ausgerichteten Studienangeboten in der Geschlechterforschung in die grundständige Lehre und in Weiterbildungsangebote" beitragen (Müller et al. o.J.: 1). Das Angebot von Vings differenzierte sich dementsprechend in zwei Bereiche: erstens in ein Qualifizierungs- und Weiterbildungsprogramm - dieses soll im Folgenden jedoch nicht näher erläutert werden, da es nicht Teil der empirischen Untersuchung wurde - und zweitens in den Bereich „Studieren", der sich ab dem Sommersemester 2002 an Studierende der Sozial-, Geistes-, Erziehungs- oder Kulturwissenschaften richtete. Dieser Bereich sollte zu einem mehrsemestrigen modular konzipierten Studienprogramm, das im Umfang einem Master- oder Magisternebenfach vergleichbar ist, ausgebaut werden. In der Projektlaufzeit befand es sich jedoch noch in der Probephase, sodass es für die Studierenden nur möglich war, einzelne Vings-Kurse zu belegen und nach dem European Credit Transfer System zertifizieren zu lassen. Aufgrund dessen fungierten die Vings-Seminare im Erhebungszeitraum als Ergänzung des regulären Angebots von Seminaren mit geschlechterrelevanten Inhalten an verschiedenen Präsenzhochschulen.

Dass sich das Projekt in der Geschlechterforschung verortete, kam in den Projektpublikationen dahingehend zum Ausdruck, als das Projekt die Lernumgebung, die den Seminaren zugrunde liegen würde, aus einer geschlechtersensiblen Perspektive entwickeln wollte. Mit dieser „geschlechtssensiblen Lernumgebung" (Müller et al. o.J.: 8) verband die Projektleitung darüber hinaus geschlechterpolitische Ziele: Mit ihrer Hilfe sollte dazu beigetragen werden, das Geschlechterverhältnis zu ändern, also die „Veränderung der gesellschaftlichen Wirklichkeit und Praxis" (Kreutzner et al. 2001: 16) zu bewirken, und zwar dadurch, dass „der Unterrepräsentanz von Frauen bei der Nutzung der neuen Informations- und Kommunikationstechnologien" (Müller et al. o.J.: 6) entgegengewirkt werde.

In den Projektpublikationen finden sich verschiedene Ansätze, mittels derer die Projektbeteiligten gedachten, den o. g. Anspruch umzusetzen, d. h. die Lernumgebung geschlechtersensibel zu entwickeln. Dabei war die Basis dieser Ansätze die theoretische Annahme, dass Technik unter derzeitigen Geschlechterverhältnissen vergeschlechtlicht werde und somit den Interessen der Nutzerinnen nicht entspräche:

> „Die Dominanz von Männern in der Informationstechnologie (...) birgt die Gefahr, dass Lernbedürfnisse, Motivationsstrategien und Bedingungen der technischen Handhabung überwiegend an männlichen Nutzern orientiert werden, ohne dass geschlechtsvariante Voraussetzungen, Lernstrategien und Ziele im notwendigen Maß reflektiert und berücksichtigt werden" (ebd.: 6).

Deutlich bezieht sich das Projekt Vings demnach auf den theoretischen Ansatz der sozialen Konstruktion von Technik, der - wie bereits mehrfach erwähnt - besagt, dass sich das Geschlechterverhältnis in den technischen Artefakten spiegelt, sodass eine Technik, die hauptsächlich von Männern entwickelt wird, vergeschlechtlicht ist in dem Sinne, dass Interessen und Erfahrungen von Frauen außen vor bleiben (vgl. dazu Wächter 2000, Greif 2000, Wender 2000, Cockburn 1988). Auf dieser theoretischen Prämisse logisch aufbauend verfolgte das Projekt dementsprechend das Ziel, die Lernumgebung nicht zu vergeschlechtlichen, wobei es in diesem Kontext, über die genannte Zugrundelegung der o. g. Theorie des *doing gender* and *technology* hinaus, auch auf aktuelle Perspektiven der Geschlechterforschung auf Geschlecht rekurriert, nämlich vor allem auf diejenige Perspektive, die von einer Vielfältigkeit von Geschlecht ausgeht. Das, von Knapp (2005: 74) zur Programmatik der Intersektionalität zusammengefasste, Verständnis von Geschlecht kommt in dem folgenden Zitat zum Ausdruck:

> „Dagegen bestehen die Gender Studies auf einer Berücksichtigung der Vielfalt der von Frauen nach Klasse, Schicht, Ethnizität, Alter, sexueller Orientierung, Nation und Religion eingenommenen Positionen und der sich hieraus ergebenen markanten Unterschiede zwischen Frauen - und in logischer Konsequenz auch zwischen Männern als sozialen Subjekten" (Kreutzner et al. 2001: 5).

Diese Perspektive bedeutete für die Projektbeteiligten letztlich, dass bei der Entwicklung eines geschlechtersensiblen Lernmediums der Blick nicht Geschlechterdifferenzen zu gelten hatte, sondern versucht werden musste, das Medium der Vielfältigkeit von Individuen jenseits der Geschlechterbipolarität angemessen zu gestalten. Wie genau sollte dies jedoch in der Entwicklung der Lernumgebung umgesetzt werden?

Die Publikationen geben erschöpfende Antwort auf diese Frage: So leitete das Projekt aus dem Ansatz der Notwendigkeit einer „inklusiven und auf Vielfalt orientierten" (Kreutzner et al. 2001: 6) Mediengestaltung primär ab, dass die Lernumgebung „anwendungsfreundlich, d.h. leicht zu handhaben, übersichtlich und transparent gestaltet" (ebd.: 18) werden sollte, denn nur so sei es den Studierenden möglich, „ihre vielfältigen Verschiedenheiten zum Ausdruck zu bringen, d.h. auszuagieren und zu entfalten" (ebd.). Konkret bedeutete die Entwicklung einer solchen „anwendungsfreundlichen geschlechtersensiblen Lernumgebung" (Müller et al. o.J.: 1), „didaktische Überlegungen bei allen technisch-funktional-gestalterischen Entscheidungs- und Realisierungsprozessen an erste Stelle" (Polzin 2002: 100) zu setzen, genauso wie Geschlechteraspekte und Geschlechtsrollenzuschreibungen laufend zu reflektieren seien, um zu gewährleisten, dass die Nutzerinnen nicht „erneut festgelegt auf ein rollenspezifisches Verhalten [werden, A.T.], dem sie womöglich gar durch die Beschäftigung mit

Neuen Medien zu entkommen versuchen" (ebd.: 100). Da es zu geschlechterbezogenen Umgangsweisen und Nutzungsgewohnheiten von digitalen Medien noch keine gesicherten empirischen Befunden gäbe, sei es dabei maßgeblich, die Nutzenden in die Entwicklung einzubeziehen, um deren Erfahrungen, Interessen und Bedürfnisse zu ermitteln. Aufgrund dessen wurden Evaluationen unter „besonderer Berücksichtigung geschlechterrelevanter Aspekte" (Müller et al. o.J.: 1) für notwendig erachtet. Deren Ergebnisse sollten dabei helfen, die Erwartungen und Interessen der Nutzenden zu ermitteln, den eventuell „geschlechtsbezogenen Charakter der Nutzung neuer Medien in der Bildung" (ebd.: 3) aufzudecken und somit Hinweise für eine anwendungsfreundliche Gestaltung zu gewinnen. Darüber hinaus sollte sich die „NutzerInnenorientierung als ein zentrales mediendidaktisches Leitprinzip" (Polzin 2002: 96) jedoch auch dahingehend ausdrücken, dass „die Nutzerinnen zu (Mit-)Gestalterinnen der medialen Umgebung werden können" (Kreutzner et al. 2001: 17). Um die Studentinnen jedoch zur Mitgestaltung zu befähigen und sie an einen „kompetenten Umgang mit neuen Medien heranzuführen" (Müller et al. o.J.: 3), sollte ihre Medienkompetenz gefördert werden.

Deutlich wurde, dass sich, den Projektpublikationen zufolge, innerhalb des Projekts intensiv mit verschiedenen Theorien der Geschlechterforschung und der geschlechtersensiblen Techniksoziologie auseinandergesetzt worden war. Dabei drückte sich die Einnahme einer differenzierungstheoretischen Perspektive auf Geschlecht wie auch das Bewusstsein über Geschlechterverhältnisse im Bereich der Technikentwicklung und -nutzung darin aus, dass das Projekt das Anliegen verfolgte, die Lernumgebung geschlechtersensibel zu entwickeln. Dies wiederum würde primär bedeuten, sich bei der Entwicklung an den Nutzenden zu orientieren, genauso wie die Nutzenden in die Entwicklung der Medien einzubeziehen. Diese Ergebnisse lassen sich als Bestätigung meiner Hypothese interpretieren, dass ein Bemühen um eine geschlechtergerechte Mediengestaltung, die hier u. a. im Anliegen eines Brückenschlags zwischen Entwicklung und Nutzung zum Ausdruck kommt, kausal mit der Sensibilität im Bereich von Geschlechterthematiken und mit der Genderkompetenz der Beteiligten zusammenhängt.

Im Folgenden wird der Frage nachgegangen, inwiefern diese Ansprüche an eine geschlechtersensible Medienentwicklung bei der Entwicklung der Lernumgebung wie auch der Durchführung des Vings-Seminars „Kriege, Konflikte, Sicherheit und Frieden in den internationalen Beziehungen" umgesetzt wurden.

9.2.3 Der Entwicklungsprozess: Technik- vs. Nutzendenzentrierung

Wie aufgezeigt wurde, ist das Projektanliegen, eine geschlechtersensible Lernumgebung zu entwickeln, vor allem auf die Genderkompetenz der Projektleitung zurückzuführen. Von Interesse ist daher, inwiefern auch die direkt an der Entwicklung der Lernumgebung beteiligten Personen über eine derartige Kompetenz verfügten. Die folgenden Erkenntnisse beziehen sich daher auf die Interviews, die ich mit der Informatikerin und der Grafikerin, die die Lernumgebung gestalteten, sowie mit den beiden Informatikern, die für den technischen Support der Seminare zuständig waren, führte.

Dabei stellte sich in den Interviews zunächst heraus, dass innerhalb des Projekts, dem Anspruch des Projekts zuwiderlaufend, deutliche geschlechtsbezogene Differenzen hinsichtlich der Genderkompetenz der Mitarbeitenden bestanden: So äußerten sich die beiden Informatiker - übrigens die einzigen männlichen Mitarbeitenden des Projekts - dahingehend, dass sie über keinerlei theoretische Kenntnisse im Bereich Geschlecht oder geschlechtergerechte Technikgestaltung verfügten: „*In diesen ganzen Gender-Aspekten kenne ich mich nicht so aus*" (Vings-Informatiker 1: 8). Dementsprechend könnten sie die geschlechterrelevanten Vings-Ziele auch nicht mitverfolgen (vgl. ebd.: 8f.), was für sie jedoch nicht problematisch sei. Im Gegenteil weisen sie darauf hin, dass sie es nicht als notwendig empfänden, über eine Genderkompetenz zu verfügen: „*Also wir sind in dieser Ebene Untergrund. Wir brauchen diese Ahnung auch nicht haben. Die Ebene drüber, die muss die Ahnung haben. Und ich glaube, die Kompetenzen sind da*" (Vings-Informatiker 2: 15f.). In diesem Zusammenhang wird m. E. deutlich, dass sich diese Informatiker dessen nicht bewusst waren, dass sie als Techniker mit einem ständigen interaktiven Bezug zu den Nutzenden der Vings-Seminare unbewusst dazu beitragen könnten, in Prozessen des *doing gender* Geschlechterverhältnisse zu (re-)stabilisieren. Aufgrund ihrer Fokussierung auf technische Aspekte des E-Learnings sowie ihrer fehlenden Genderkompetenz sahen sie, wie im Interview an mehreren Stellen deutlich wurde, die Arbeit dagegen als geschlechtsneutral an und dementsprechend auch nicht die Notwendigkeit gegeben, sich im Umgang mit den Nutzenden genderkompetent zu verhalten. - In diesem Zusammenhang wurde demnach das Projektanliegen nicht verwirklicht.

Bei den befragten weiblichen Beschäftigten, der Informatikerin wie der Grafikerin, zeigte sich in den Interviews jedoch ein anderes Bild: So äußerte sich die Informatikerin als an geschlechterrelevanten Themen „*persönlich interessiert*" (Vings-Informatikerin: 7), und die Grafikerin des Projekts hatte bereits mehrmals in Projekten, die die Thematik „Frau und Technik" betrafen, sowie bei einer universitären Frauenbeauftragten gearbeitet. Dementsprechend war zu erwarten, dass sie aufgrund ihrer Aufgeschlossenheit gegenüber der Geschlechterthematik die Lernumgebung geschlechtergerecht gestalteten. Ob dies so war, wird im Folgenden beleuchtet.

In den Interviews wurde deutlich, dass sich sowohl die Grafikerin als auch die Informatikerin während der Arbeit an der Lernumgebung sehr darum bemühten, diese, gemäß der Ansprüche des Projekts, geschlechtersensibel zu gestalten. Dabei orientierten sie sich in diesem Kontext offensichtlich an dem Weg, den die Projektleitung vorgegeben hatte, indem sie sich an den Nutzenden orientierten. In diesem Zusammenhang waren zum einen die projektintern durchgeführten Erhebungen[180] für sie von entscheidender Bedeutung. Diese hatten ergeben, dass sich die meisten Nutzenden durch, für die Nutzung der Vings-Seminare ausreichende, Computererfahrungen sowie Internet- und Computerkompetenzen auszeichneten, genauso wie sie i. d. R. über einen eigenen häuslichen PC verfügten, ein Ergebnis, das für die Entwickelnden bedeutete, einen gewissen Spielraum bei der Technikgestaltung zu haben. Um einen möglichst barrierefreien Zugang zu garantieren, einigten sich die Entwicklerin und Gestalterin jedoch dennoch darauf, bei der Entwicklung der Lernumgebung den Standard der, für die Nutzung der Umgebung notwendigen, technischen Ressourcen wie Computerkompetenzen auf ein sehr geringes Niveau festzulegen.

Darüber hinaus versuchten sie, das Medium auch dadurch anwendungsfreundlich und geschlechtersensibel zu kreieren, dass sie während der Entwicklung - ihrer Aussage zufolge - „ständig" die Perspektive von potentiellen Nutzenden einnahmen. Diese Perspektive einzunehmen bedeutete für sie, bei der Entwicklung jeweils eine konkrete fingierte Person vor Augen zu haben, deren Bedürfnissen entsprechend sie die Entwicklungsarbeit gestalten:

> *„Wir versuchen so zu schreiben, als würde ich für eine einzelne Person schreiben. Also ich stelle mir eine einzelne Person vor, die irgendwie in BSCW rein muss und so schreibe ich für die. Das hilft mir, die dann mehr an die Hand zu nehmen oder mich da mehr hineinzuversetzen, als wenn ich denke, ich schreibe für eine anonyme Menge"* (Vings-Informatikerin: 6).

Dabei war das Geschlecht dieser Nutzenden für die Befragten irrelevant. Ihnen war zwar bewusst, dass es sich um Männer und Frauen handelte, gemäß dem Anspruch des Projekts, die Lernumgebung unter einer differenzierungstheoreti-

---

[180] Um an Informationen über die Nutzenden zu gelangen, wurden projektintern schon frühzeitig, d. h. bevor die ersten Vings-Kurse angeboten wurden, Studierendenbefragungen durchgeführt, in denen Studierende von vier Hochschulen zu ihren Computer- und Internetkompetenzen, ihren technischen Zugangsmöglichkeiten, ihren Motivationen im Bereich des E-Learnings sowie ihren Erfahrungen mit computergestütztem Lehren und Lernen befragt wurden. Darüber hinaus wurden auch der Bildungsstand sowie berufliche Belastungen erhoben (vgl. Polzin 2002: 96).

schen Perspektive auf Geschlecht zu entwickeln, wollten sie sich jedoch nicht auf Geschlechterstereotype beziehen, um nicht „*Vorurteile erst mal wieder festzuzurren*" (Vings-Informatikerin: 10). Ihrem Ziel gerecht werdend, „*das möglichst menschenfreundlich zu machen*" (ebd.), stellten sie sich daher potentielle Nutzende nicht in ihrer Geschlechtszugehörigkeit vor, sondern als Angehörige diverser „Randgruppen". So entwarfen sie letztendlich diverse „*worst case-Szenarien*" (Vings-Grafikerin: 7) mit z. B. blinden oder tauben Studierenden, um eine möglichst hohe Anwendungsfreundlichkeit der Lernumgebung herzustellen. Darüber hinaus versuchten sie jedoch auch, insofern das Geschlecht zu berücksichtigen, als sie bei der grafischen Gestaltung darauf achteten, dass die Bilder keine Geschlechterstereotype oder Geschlechterhierarchie reproduzieren.

Die Projektansprüche an eine geschlechtersensible Produktgestaltung sind demnach als in der Entwicklung umgesetzt zu bezeichnen, zudem die Informatikerin sich darüber hinaus darum bemühte, den Nutzenden die Partizipation an der Technikgestaltung zu ermöglichen. Als Nutzende kamen hier jedoch nicht die Studierenden, sondern die Lehrenden in den Fokus, denn diese würden die Seminarinhalte in die Lernumgebung einstellen. Um deren Mitarbeit an der Gestaltung der Lernumgebung zu ermöglichen, war zum einen eine solche Lernplattform ausgewählt worden, die es ermöglichte, dass „*auch Technikfremde Inhalte so bearbeiten können, wie sie es wollen*" (Vings-Informatikerin: 13), d. h., die es den Lehrenden ermöglichte, eigenständig Inhalte in die Lernumgebung einzustellen. Um den Lehrenden diese Aufgabe jedoch zu erleichtern, wurden sie seitens der Informatikerin zusätzlich geschult, d. h. ihnen wurde in speziellen Kursen die dafür notwendige Technikkompetenz vermittelt. Auf diesem Weg wurden sie zu einer kompetenten Mitarbeit an technischen Fragestellungen befähigt, sodass das diesbezügliche Anliegen der Projektleitung als praktisch umgesetzt bezeichnet werden kann.

> *„Und sie haben nicht mehr das Problem, dass ihnen irgendwann alles aus der Hand genommen wird und die Technik da irgend etwas mit macht. In der Hinsicht, und das ist ja häufig so: In der Technik sitzen die Männer, die machen irgendetwas und sie selber haben nur noch wenig Zugriff drauf. Das haben wir eigentlich durchbrochen*" (Vings-Informatikerin: 13f.).

Diese Förderung der Partizipation der Nutzenden an der Technikentwicklung seitens der Informatikerin bezieht sich allerdings, wie dargelegt, nur auf die Lehrenden. Was das in die Erhebung einbezogene Seminar angeht, so waren für die Förderung der Medienkompetenz der Studierenden die Seminarleitenden verantwortlich, weshalb neben der Dozentin eine für die Technik zuständige Mitarbeiterin wie auch ein Tutor an dem Seminar beteiligt waren. Durch diese

Personen wurde die Medienkompetenz der Studierenden mit dem Ziel gefördert, ihnen die aktive Teilnahme an dem hybriden Seminar zu ermöglichen. Dies bedeutete konkret, dass die ersten beiden Präsenztreffen dazu dienten, die Studierenden gemäß dem Anspruch des Seminars „Die zur Teilnahme an einem Online-Kurs notwendigen Internet-Kenntnisse werden im Rahmen des Seminars vermittelt" (Lernumgebung des Seminars), in die Lernumgebung einzuführen, genauso, wie ihnen Internet- und Computerkompetenzen zu vermitteln. Bei diesen Treffen wurden darüber hinaus auch Anwendungskenntnisse in derjenigen Software vermittelt, die für das Erstellen eigener Seminarinhalte vorausgesetzt war, der Software Power Point. Um diese Maßnahmen sinnvoll zu ergänzen, wurde den Studierenden zudem eine Service-CD zur Verfügung gestellt, die „den technischen Einstieg ins Seminar erleichtern" (Service-CD) sollte. Diese enthielt u. a. eine Auswahl kostenloser Software-Programme (Browser, Mediaplayer, Anti-Virenprogramme, Packprogramme....), eine Erläuterung, für welche Zwecke diese Programme dienen, sowie mehrere kurze Einführungstexte zu den Themen Präsentieren, Internet und Internetrecherche.

Zusammenfassend können - abgesehen von dem Arbeitskontext der beiden für den Support zuständigen Informatiker - die Projektanliegen hinsichtlich der geschlechtersensiblen Gestaltung der Lernumgebung wie auch der ebensolchen Aufbereitung des Seminars als umgesetzt bezeichnet werden: Dabei wurde die geschlechtersensible Gestaltung vor allem durch die Orientierung an den Nutzenden umzusetzen versucht, genauso wie diese für eine Teilhabe an der Technikgestaltung wie für die kompetente Nutzung der Lernumgebung fortgebildet wurden. Als notwendige Voraussetzung für diese Umsetzung des geschlechterbezogenen Projektanliegens hatte sich dabei, wie von mir erwartet, vor allem die Genderkompetenz der Mitarbeiterinnen erwiesen. Aufgrund dieser Genderkompetenz war zudem anzunehmen, dass sich sowohl das Seminar, als auch die Lernumgebung als geschlechtergerecht erweisen sollte, eine Hypothese, der im Folgenden nachgegangen wird.

9.2.4 Die Vergeschlechtlichung des Seminars als Ergebnis der Entwicklung?

Wie bereits mehrfach erläutert, mache ich eine geschlechtergerechte Mediengestaltung an den Kriterien Sprache, Inhalt, Interaktion/ Kommunikation/ Kooperation, Navigation und Mediendidaktik fest, weshalb ich im Folgenden beleuchte, ob das evaluierte Vings-Seminar in diesen Bereichen den Ansprüchen einer geschlechtergerechten Gestaltung entspricht.

Was die Sprache angeht, so ist diese meiner Analyse zufolge als geschlechtergerecht zu bezeichnen. Dies mache ich daran fest, dass die Studierenden in der Lernumgebung direkt angesprochen werden, genauso wie auf das generische Maskulinum zugunsten einer geschlechtsneutralen Sprache verzichtet wurde (vgl. zu diesen Kriterien Metz-Göckel et al. 2004, Wiesner et al. 2004a). Auch die Inhalte entsprechen dadurch, dass sich die Studierenden mit Erkenntnissen der Geschlechterforschung auseinandersetzen und dadurch, dass sie zudem durch die Erfordernis, regelmäßig an der Online-Debatte teilzunehmen und einmal eine Rezension zu schreiben, zur Aktivität aufgefordert werden, den Ansprüchen an eine geschlechtergerechte Gestaltung. Dies gilt ebenfalls für die kommunikativen Elemente des Seminars. Die Lernumgebung beinhaltet nicht nur unterschiedliche Kommunikationsmöglichkeiten, sodass die Studierenden E-Learning-Tools wie einen Chat, Diskussions-Foren und eine kooperative Dokumentenverwaltung (BSCW) kennen lernen. Die Kommunikation und Kooperation der Studierenden wird darüber hinaus auch explizit gefördert, wie es Schinzel und Ruiz Ben (2002) als für ein geschlechtergerechtes hybrides Seminar maßgeblich bezeichneten. Darüber hinaus wird es den Studierenden ermöglicht, informell miteinander zu interagieren (vgl. dazu Wiesner et al. 2004b, 2004a), genauso wie Informationen über die Kursbetreuenden und die KommilitonInnen bereit gestellt (vgl. dazu Metz-Göckel et al. 2004) und in den Präsenzanteilen persönliche Beziehungen etabliert werden. Da darüber hinaus die Online-Diskussionen seitens der Seminarleitung moderiert werden, sodass eine lebendige Diskussion und Interaktion zwischen Lehrenden und Studierenden sowie der Studierenden untereinander über die Seminarinhalte stattfinden kann (vgl. dazu Schinzel 2004), ist die kommunikationsbezogene Gestaltung des Seminars als geschlechtergerecht zu bezeichnen. Das gleiche gilt für die Navigation, da diese durch die übersichtliche Benutzungsoberfläche wie die ebensolchen Navigationsmöglichkeiten intuitiv verständlich ist.

Auch der Bereich der Mediendidaktik erfüllt, meiner Analyse zufolge, die Anforderungen an eine geschlechtergerechte Gestaltung: So wird den Studierenden auf der Startseite das mediendidaktische Konzept erläutert, wie es Metz-Göckel et al. 2004 forderten, wobei u. a. leicht verständliche Informationen über den Seminarablauf sowie über die, für die Teilnahme an dem Seminar zu erfüllenden, Anforderungen eingestellt wurden. Darüber hinaus werden die Computer- und Internetkompetenzen, wie bereits oben erwähnt, nicht als gegeben angesehen, sondern explizit als Lernziel definiert (vgl. dazu Wiesner et al. 2004b), sodass es den Studierenden im Rahmen des Seminars nicht nur ermöglicht wird, sich technische Kompetenzen schrittweise anzueignen, sondern auch ein umfangreicher (sozio-)technischer Support angeboten wird (z. B. die bereits erwähnte CD oder der E-Mail-Support).

Somit entspricht das hybride Seminar in allen, der Analyse zugrunde gelegten, Kriterien den Ansprüchen an eine geschlechtergerechte Gestaltung, sodass sich meine diesbezügliche Hypothese bestätigte. Dies sollte sich m. E. zudem dahingehend auswirken, dass sich keine immensen Geschlechterunterschiede in der Nutzung des Seminars zeigen dürften, da wesentliche Barrieren, die ansonsten für Studentinnen bestünden, abgebaut worden sind. Dieser Hypothese wird im Folgenden nachgegangen, indem die studentische Nutzung der Lernumgebung beleuchtet wird.

9.3 Die studentische Nutzung des Vings-Seminars

9.3.1 Das Erhebungsdesign

Um die Nutzung des hybriden Seminars zu erheben, war es erforderlich, einen Zeitpunkt zu wählen, an dem die Studierenden schon einige Erfahrung mit der Seminararbeit gewonnen und sowohl Präsenz- als auch Onlinephasen kennen gelernt hatten. Aus diesem Grund entschied ich mich dazu, die Befragung im Dezember 2003 durchzuführen. Bis zu diesem Zeitpunkt hatten die Studierenden zum einen an einigen Präsenzterminen teilgenommen: In der ersten Seminarwoche hatten zwei Präsenztermine stattgefunden, die der Einführung in die Vings-Lernumgebung, in das Internet, den Computer und in die Software Power Point galten und ich der zweiten Woche waren die Inhalte des Seminars erörtert worden. Zum anderen hatten sie bis dahin bereits zwei Wochen lang online gearbeitet, d. h., in dem Forum unterschiedliche Inhalte miteinander diskutiert und z. T. schon Rezensionen geschrieben. An dem Erhebungstag fand dementsprechend das erste Präsenztreffen statt, das der inhaltlichen Diskussion diente. Da ich mich und mein Projektanliegen den Studierenden bereits auf der zweiten Präsenzsitzung vorgestellt hatte, und ich mich den Studierenden zusätzlich mittels einer E-Mail und eines, in die Lernumgebung eingestellten, Steckbriefs mit Foto bekannt gemacht hatte, wurde auf dieser Sitzung ausschließlich der Fragebogen verteilt (und durch die Studierenden ausgefüllt). Anschließend wurde darüber hinaus eine Gruppendiskussion mit zwei Studenten und einer Studentin geführt.

9.3.2 Die Vings-Grundgesamtheit

Die Vings-Grundgesamtheit besteht aufgrund dessen aus denjenigen 19 Studierenden (12 Studentinnen, 7 Studenten), die im Wintersemester 2003/04 an der

Ruhr-Universität Bochum an dem hybriden Seminar „Kriege, Konflikte, Sicherheit und Frieden in den internationalen Beziehungen" teilnahmen.[181]

	Gesamt	Frauen	Männer
Realzahl	19	12	7
Prozentzahl	100 %	63,2%	36,8%

Tabelle 14: Die Vings-Grundgesamtheit

Die Studierenden waren zwischen 1957 und 1982 geboren worden, wobei sie sich bis auf eine Studentin, die 1957 geboren wurde, gleichmäßig auf die Spanne zwischen 1973 und 1982 verteilten. Sie studierten unterschiedliche Studienfächer wie Pädagogik, Film & Fernsehwissenschaften, Politik, Soziologie, Geschichte, Germanistik, Psychologie und Jura und befanden sich zum Evaluationszeitpunkt durchschnittlich im neunten Semester, wobei die Spannweite zwischen dem 3. und dem 17. Semester liegt.

9.3.3 Die Vorerfahrungen mit hybriden Seminaren

Äquivalent zu den drei bisher dargelegten Evaluationsstudien interessierten mich auch bei dieser Grundgesamtheit zunächst die Erfahrungen, die die Studierenden, bevor sie sich für das Vings-Seminar entschieden hatten, bereits mit hybriden Seminaren gesammelt hatten. Dabei ging ich davon aus, dass die Erfahrungen insgesamt sehr gering sein sollten, genauso wie diejenige der Studentinnen geringer sein sollte als die der Studenten. Wie zu erwarten war, bestätigte sich die Hypothese der geringen Erfahrung, denn der überwiegende Teil der Studierenden (72%) hatte noch keine derartigen Seminare besucht. Jedoch stellte sich die zweite Hypothese als falsch heraus, da die Erfahrungen mit hybriden Seminaren nicht nach Geschlecht variierten: Drei Studentinnen und zwei Studenten hatten im Vorfeld der Befragung ein derartiges Seminar besucht. - Aufgrund der geringen Fallzahlen ist dieses Ergebnis jedoch sicherlich nicht verallgemeinerbar. Im Folgenden wird deshalb, um weitere Informationen zu gewinnen, der Frage nachgegangen, weshalb sich die Studierenden für das hybride Seminar entschieden hatten, waren es doch ausnahmslos Studierende einer Präsenzuniversität, für die ein solches Seminar m. E. nicht ebenso viel Sinn macht wie für Studierende einer Fernuniversität.

---

181 An dem Seminar nahmen ursprünglich 33 Studierende teil, zum Zeitpunkt der Evaluation hatte sich die Teilnehmendenzahl jedoch auf 25 regelmäßige Teilnehmende reduziert. Von ihnen füllten 19 den Fragebogen aus.

9.3.4 Die Einstellungen gegenüber dem Vings-Seminar

Bezüglich der Frage nach den Gründen, die zur Entscheidung für das Vings-Seminar geführt hatten, ging ich davon aus, dass die Studentinnen bei der Entscheidung aufgrund des Onlineanteils des Seminars deutlich mehr gezögert hatten als die Studenten, wobei diese Hypothese auf der Annahme beruhte, dass die Studentinnen eine sehr viel negativere Einstellung gegenüber der computergestützten Lehre haben sollten als die Studenten (vgl. Kapitel 3). Es zeigte sich auf der Datenlage jedoch ein gegenteiliger Befund: Für die Studentinnen hatte die Computerunterstützung bei der Entscheidung entweder keine Rolle (55%) oder sogar eine positive (45%) gespielt, während die Studenten der Computerunterstützung im geringeren Maß als ihre Kommilitoninnen neutral oder positiv gegenüberstanden (jeweils 29%) und drei Studenten sogar aufgrund dessen gezögert hatten, das Seminar zu besuchen.

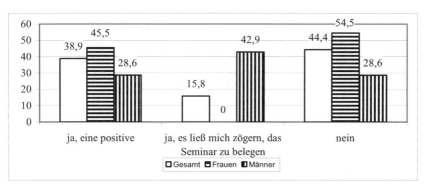

Abbildung 28: Item „Hat es bei der Entscheidung für das Seminar eine Rolle gespielt, dass das Seminar computergestützt ist?, Angabe in Prozent, n = 18, 11 w, 7 m

Diese Studenten hatten die große Rolle des Computers, die dieser im Seminar einnehmen sollte, als abschreckend empfunden, was in den Gruppendiskussionen deutlich zum Vorschein kam: *„Aber so von den sonstigen Problemen, die ich auch schon vorher am Computer hatte, hat mich das eher abgeschreckt und ich habe eher gedacht: „Hm, das ist ein Thema, das mich sehr interessiert, deshalb habe ich trotzdem..."* (Vings-Student 1: 1). Dieser Student gab an, das Seminar zwar gewählt zu haben, dies aber *trotz* des Online-Anteils allein aufgrund dessen, dass er die Inhalte interessant fand.

Dass die Studenten der Computerunterstützung deutlich negativer gegenüberstanden als ihre Kommilitoninnen, erstaunt auf den ersten Blick, denn es war, wie dargelegt, von einem gegenteiligen Geschlechterverhältnis auszugehen. Die weitere Datenanalyse machte allerdings darauf aufmerksam, dass sich zwar die Annahme einer Kausalbeziehung zwischen Einstellungen und Wahlverhalten als richtig erwies, die der o. g. Hypothese zugrunde lag und auf der Grundlage des Erwartung-Wert-Modells im Kapitel 2.2.2.2 dargelegt worden war. Jedoch verwiesen die Daten auch darauf, dass ich von einer falschen Annahme ausgegangen war, als ich den Studentinnen die negativeren Einstellungen unterstellte. Denn in diesem Kontext zeigten die Studenten die deutlich negativeren Einstellungen gegenüber dem Seminar als die Studentinnen: Sie erwarteten sowohl häufiger technische Probleme (57% m, 17% w), als auch Probleme wegen zu geringer Computer- bzw. Internetkenntnisse (57% m, 17% w) und versprachen sich darüber hinaus auch in geringerem Ausmaß positive Effekte des Seminars wie ein motivierenderes Lernen (14% m, 58% w) und die gegenüber Präsenzseminaren größere Möglichkeiten, sich aktiv in das Seminar einzubringen (39% m, 46% w).

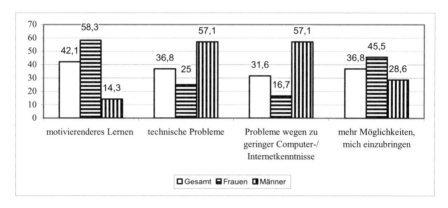

Abbildung 29: Erwartungen an das Vings-Seminar, Angaben in Prozent, n = 19

Deutlich wird dementsprechend anhand dieser Ergebnisse der Studierendenbefragung, dass sich die Hypothese der negativeren Einstellungen von Studentinnen gegenüber digitalen Lehr-/Lernmedien nicht in jeglichen Kontexten als richtig erweist, und dass in einigen offensichtlich von gegenteiligen Gegebenheiten ausgegangen werden muss. Dass sich die Studenten in dieser Befragung deutlich geringere Computer- und Internetkompetenzen zuschrieben als die

Studentinnen[182] und dem hybriden Seminar gegenüber deutlich negativer eingestellt waren, könnte jedoch auch damit zusammenhängen, dass die Studierenden sich freiwillig für die Teilnahme an dem Seminar entschieden hatten - im Gegensatz zu den Studierenden der anderen drei dargelegten Studien, die seitens der Seminarleitung zur Nutzung des Mediums aufgefordert worden waren. Denn werden die Aussagen von Dickhäuser (2001) zum Wahlverhalten zugrunde gelegt, könnten die Daten dahingehend interpretiert werden, dass sich nur diejenigen Studentinnen für das Seminar entschieden hatten, die eine positive Einstellung gegenüber digitalen Lehr-/Lernmedien aufweisen und sich ausreichende computerspezifische Kompetenzen zuschreiben, während die anderen von der Wahl des Seminars absahen. Dementsprechend wären die Befunde diesem spezifischen Erhebungskontext zuzuschreiben und nicht auf Kontexte übertragbar, in denen die Studierenden verpflichtend mit digitalen Medien arbeiten. Dennoch erstaunt die negative Einschätzung der Computerkenntnisse der drei Studenten, da verschiedene Studien gezeigt haben, dass sich Studenten oftmals durch eine Überschätzung ihrer diesbezüglichen Kompetenz auszeichnen (vgl. z. B. Middendorff 2002). Der Befund verweist dementsprechend, über die Kontextabhängigkeit von Geschlechterdifferenzen hinaus, auf die These der Geschlechterforschung von der Vielfältigkeit bzw. Intersektionalität von Geschlecht (vgl. Knapp 2005), denn unter den Studenten zeigten sich hinsichtlich ihrer Kompetenzüberzeugungen deutliche Unterschiede.

9.3.5 Die Nutzung des Seminars

Da die Studenten deutlich negativere Einstellungen dem Seminar gegenüber geäußert hatten als die Studentinnen, war, wieder unter Zugrundelegung des Erwartung-Wert-Modells (vgl. Kapitel 2.2.2.2) anzunehmen, dass sich dies in einer geringeren Intensität der Nutzung der Seminarumgebung durch die Studenten spiegeln würde. Diese Hypothese lässt sich als zutreffend bezeichnen, denn es zeigte sich, dass die Studenten weniger Zeit mit der Arbeit an dem Se-

---

182 Auch nachdem sie Erfahrungen mit dem Seminar gesammelt hatten, gaben immerhin zwei der sieben Studenten an, ihre Computer- und Internetkenntnisse seien unzureichend für die Arbeit in den Onlinephasen. Dementsprechend schätzten sie auch die Maßnahmen der Seminarleitung als unzureichend ein, die diese ergriffen hatte, um den Studierenden im Rahmen des Seminars Computer- und Internetkompetenzen zu vermitteln (s. o.). Hier zeigt sich deutlich, dass eine generelle Zuschreibung von Computerkompetenz an Männer der Realität nicht entspricht, sondern eine ideologische Verkürzung darstellt (Knapp 1989, Metz-Göckel 1990), genauso wie das Ergebnis dahingehend zu interpretieren ist, dass die Vermittlung von Internet- und Computerkompetenzen für beide Geschlechter von Bedeutung ist und der Ansatz an einem Geschlecht (z. B. in Computerkursen für Frauen) zu kurz greift.

minar verbracht hatten als die Studentinnen: Während 86% der Studenten unter fünf Stunden pro Woche für das Seminar gearbeitet hatten, traf dies nur auf die Hälfte der Frauen zu. Dagegen hatten nur 14% der Studenten, aber 50% der Studentinnen zwischen fünf und zehn Stunden pro Woche für das Seminar gearbeitet.

Dabei lässt sich die geringere Zeitinvestition der Studenten primär auf ihre negativeren Einstellungen gegenüber der Computerunterstützung sowie auf ihre geringeren Kompetenzüberzeugungen zurückführen (29% der Studenten aber keine Studentin hatte angegeben, dass ihre Computer- und Internetkenntnisse für die Onlinephasen zu gering gewesen seien). Nicht zurückgeführt werden können sie dagegen darauf, dass Studenten im Rahmen der Arbeit an Seminarinhalten häufiger computerbezogene Probleme hatten als ihre Kommilitoninnen, denn diesbezügliche Probleme hatten die Studierenden unabhängig vom Geschlecht im nahezu selben Umfang (einmal: 17% w, 14% m; mehrmals: 58% w, 57% m). So beklagten gleichermaßen viele Studenten wie Studentinnen, hauptsächlich hätten sie Probleme des Vings-Servers sowie andere technische Probleme beim Arbeiten an dem Seminar gehindert.[183] Und die Studenten gaben zwar häufiger an, dass ihnen Hard- und Software für das Arbeiten gefehlt hätte (29% m, 10% w), jedoch sahen sich die Studentinnen öfter als ihre Kommilitonen durch eine zu langsame Datenübertragung eingeschränkt (30% w, 15% m).

---

[183] Immerhin über 80% der Studierenden kritisierten, dass sie Probleme des Vings-Servers am Arbeiten gehindert hätten. Diese Problematik wird im folgenden Zitat exemplarisch deutlich: *„Technische Probleme. Wenn am Wochenende der Server runter ist, wo man sich gerade mal Zeit genommen hat. Das ging mir öfter so. Ich bin eine Zeit lang nicht nachgekommen, weil ich viele Sachen zu tun hatte, habe mir dann das Wochenende extra genommen, um mir noch mal alles durchzulesen und zu schreiben und so und das ging dann nicht. So was ist total ärgerlich"* (Vings-Studentin: 10).

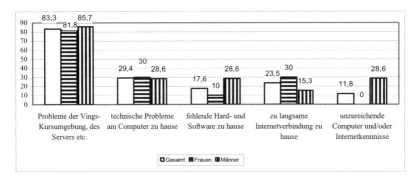

Abbildung 30: Gründe, die während der Nutzung der Vings-Lernumgebung zu Beeinträchtigungen führten, Angaben in Prozent, n = 18 (11 Frauen, 7 Männer)

Aufgrund dessen kann die o. g. Geschlechterdifferenz auch nicht durch unterschiedliche Ressourcen erklärt werden. Es ist deshalb, wie erwähnt, davon auszugehen, dass primär die negativeren Einstellungen der Studenten die Ursache für die geringere Zeitintensität der Beschäftigung mit dem Computer waren. Im Folgenden wird den Gründen der weniger intensiven Nutzung der Lernumgebung durch Studenten vertiefend nachgegangen, indem beleuchtet wird, ob und inwiefern die Studenten das Seminar negativer bewerteten als ihre Kommilitoninnen. Dabei lautet die diesbezügliche Hypothese, dass dies der Fall sein sollte.

9.3.6 Die Bewertung des Seminars

Äquivalent zu den in den Kapiteln 6-8 dargelegten Studien zeigte sich, was die Seminarbewertung angeht, auch hier zunächst, dass die Studierenden das Seminar durchschnittlich als gut bewerteten, was auf eine große Zufriedenheit mit dem Seminar hinweist. Eine tiefer gehende Datenanalyse machte jedoch deutlich, dass die obige Hypothese als richtig angenommen werden kann: Die Studentinnen zeigten sich deutlich zufriedener mit dem Seminar als ihre Kommilitonen.[184] So würden 92% der Studentinnen das Seminar KommilitonInnen weiterempfehlen, aber nur 71% der Studenten, und ebenfalls 92% der Studentinnen empfanden das Seminar als motivierend gegenüber von nur 57% der Studenten. Dennoch gaben immerhin 85% der Studenten (und 92% der Studentinnen) an,

---

184 Aufgrund der geringen Fallzahl war eine statistische Auswertung durch Mittelwertvergleiche nicht möglich, sodass es im Folgenden bei der deskriptiven Analyse der Daten bleibt.

ein ähnliches Seminar für andere Themen sinnvoll zu finden, auch wenn sich selbst bei diesem Item geringfügige Geschlechterdifferenzen zeigten.

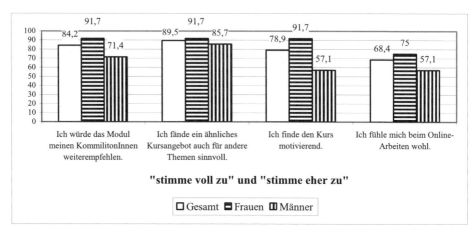

Abbildung 31: Zufriedenheit mit dem Vings-Seminar, Angaben in Prozent, n = 19

Zusammenfassend zeigten sich demnach die Studentinnen aufgrund ihrer positiveren Einstellungen dem Seminar gegenüber, und dabei vor allem auf der Grundlage ihrer höheren computerspezifischen Begabungsüberzeugungen, als deutlich stärker angetan von dem Seminar als ihre Kommilitonen. Dieser Zusammenhang zwischen Einstellung und Bewertung wird darüber hinaus auch im Bereich der Bewertung der kommunikativen Aspekte der Onlinephasen deutlich, denn auch beim Arbeiten in den Onlinephasen hatten sich die Studentinnen deutlich wohler gefühlt als die Studenten (57% m, 75% w). Erklärbar wird dieses Ergebnis jedoch auch, werden die Ergebnisse anderer Studien dazugezogen, auf die Wiesner (2004b) hingewiesen hat und die ergeben hatten, dass Studentinnen in der Regel häufiger als Studenten Onlineseminare abbrechen aufgrund dessen, dass ihnen die technische Hilfestellung nicht ausreicht und die Kommunikation mit den Studierenden und Lehrenden zu gering ist. Diese Erkenntnisse erklären die hier festgestellte Diskrepanz zwischen den Studentinnen und Studenten hinsichtlich des Wohlfühlens insofern, als es hier die Studenten waren, die sich häufiger unzureichende Computer- und Internetkenntnisse zuschrieben und die diesbezügliche Förderung seitens der Seminarleitung als unzureichend erachteten. Zudem bemängelten die Studenten auch häufiger als ihre Kommilitoninnen, dass in den Online-Phasen die Kommunikation mit den KommilitonInnen zu gering sei (71% m, 46% w) genauso wie die Kommunikation mit den Seminarleitenden (43% m, 33% w). Dass die Studentinnen mit der Online-Kommunikation zufriedener waren als ihre Kommilitonen und darüber hinaus die Präsenzsitzungen als weniger wichtig erachteten - 71% der Studenten gegenüber von 5% der Studentinnen empfanden die Präsenzsitzungen als „sehr wichtig" - ist ein sicherlich zunächst erstaunliches Ergebnis dieser Befragung. Eine genauere Datenanalyse erklärte jedoch auch hier die überraschende Geschlechterdifferenz: Es zeigte sich, dass die Studentinnen häufiger als die Studenten (jeweils 42% w, 29% m) angaben, die Online-Kommunikation böte ihnen im Gegensatz zu der Kommunikation in Präsenzseminaren sowohl was das Lernen angeht, als auch was emotionale Aspekte des Lernens betrifft, deutliche Vorteile. So ermögliche sie es ihnen, sich stärker einzubringen u. a. deshalb, da ihnen durch diese Kommunikationsform die Hemmungen genommen würden, sich zu äußern. M. E. sind diese Aussagen, davon abgesehen, dass sie den oben dargestellten Sachverhalt erklären, ein deutlicher Hinweis darauf, dass in dem evaluierten Seminar geschlechtsdifferenzierte Kommunikationsmuster durchbrochen wurden. Diese bestehen, wie Geschlechterforscherinnen und Soziolinguistinnen belegten, i. d. R. unter anderem darin, dass Männer im Durchschnitt eine andere Kommunikationsstrategie verfolgen als Frauen: Sie dominieren in Gesprächen, nehmen mehr Raum und Zeit ein (vgl. Klann 1980, zit. nach Günther/ Kotthoff 1992: 6) und agieren weniger kooperativ (Schmidt 1992). Diese Strategien scheinen in der Online-Kommunikation, d. h. in den moderierten Foren, so nicht mehr möglich gewesen zu sein, was die Studentinnen sichtlich positiv bewerteten, bei den Studenten jedoch Verunsicherungen bzw. Widerstände wachgerufen zu haben scheint. Dass sich die Studenten in den Onlinephasen deutlich unwohler gefühlt hatten als ihre Kommilitoninnen, könnte darüber hinaus ein weiterer Grund für ihre weniger intensive Nutzung der Lernumgebung sein.

9.4 Zusammenfassung und Diskussion der Ergebnisse

Zusammenfassend kann zu der Entwicklung der Lernumgebung und zur didaktischen Konzeption des hybriden Seminars zunächst angemerkt werden, dass sie in einer Kultur erfolgten, die sich durch ein hohes Maß an Sensibilität gegenüber der Geschlechterthematik auszeichnete. Nicht nur die Projektleitung, sondern auch die an der Entwicklung beteiligte Informatikerin und Grafikerin zeigten sich im Interview als an Geschlechteraspekten des E-Learnings sehr interessiert und lassen sich als genderkompetent bezeichnen. Diese Genderkompetenz äußert sich dabei nicht nur in den Projektpublikationen und Interviews, sondern auch in der Entwicklung der Lernumgebung, denn in diesem Kontext war nicht nur das Ziel verfolgt worden, die Lernumgebung geschlechtersensibel zu entwickeln, sondern es waren auch zahlreiche Kriterien entwickelt und praktisch umgesetzt worden, mittels derer dieses Ziel zu verwirklichen versucht wurde.

Dem Projektziel der geschlechtersensiblen Produktgestaltung und der Entwicklung diesbezüglicher Kriterien lagen verschiedene theoretische Konzepte zugrunde wie die des *doing gender* and *technology* und eine differenzierungstheoretische Perspektive auf Geschlecht, die im Projekt in einem deutlichen Zusammenhang mit der Programmatik der Intersektionalität (Knapp 2005) gesehen wird.

Wie aufgezeigt, kamen diese theoretischen Annahmen dann auch in den Kriterien der geschlechtersensiblen Produktgestaltung zum Ausdruck: So sollte sich eine derartige Gestaltung der Lernumgebung dadurch auszeichnen, dass sich die Entwicklung nicht an Studentinnen - und dabei an Geschlechterstereotypen - orientiert, sondern dass die Vielfältigkeit der Nutzenden berücksichtigt wird. Dementsprechend gelte es, während des gesamten Entwicklungsprozesses nicht nur die didaktischen Aspekte der Medienentwicklung in den Vordergrund zu stellen, sondern vor allem die Nutzenden als diejenigen anzusehen, an denen sich die gesamte Entwicklung zu orientieren habe.

Diese Ansprüche, die sich sowohl in den Äußerungen der Projektleitung, als auch in denen der befragten Informatikerin wie Grafikerin fanden, wurden in der Entwicklung der Lernumgebung zum einen dahingehend umgesetzt, als Informationen über die Nutzenden erhoben wurden, die anschließend der Entwicklung zugrunde lagen. Zum anderen erfanden die Entwickelnden diverse Nutzungsszenarien, deren gedankliches Durchspielen ihnen Informationen darüber gaben, ob die Lernumgebung bestimmten Nutzendengruppen gegenüber Barrieren enthielt, wobei sie hierbei bewusst nicht das Geschlecht der Nutzenden als Nutzungskriterium einbezogen, um zu verhindern, dass Geschlechterstereotype in die Überlegungen einflossen.

Gemäß meiner Hypothese, dass sich die Genderkompetenz der Projektmitarbeitenden in dem Produkt spiegeln sollte, stellte sich bei einer geschlechtssensiblen Analyse heraus, dass sich sowohl die Lernumgebung, als auch das hybride Seminar als geschlechtergerecht bezeichnen lassen. Aus dieser Erkenntnis wurde wiederum die Hypothese abgeleitet, dass sich nur geringe Geschlechterdifferenzen in der Einstellung zu und der Nutzung und Bewertung des Mediums wie Seminars zeigen sollten, da den wesentlichen Barrieren der Studentinnen entgegengewirkt worden war. Die Datenanalyse zeigte jedoch, dass sich diese Hypothese nicht bewahrheitete, da sich ein, den Erwartungen entgegengesetzter, Befund erkennen ließ: In diesem Nutzungskontext waren es nicht die Studentinnen, sondern die Studenten, die dem Seminar negativer gegenüberstanden, es weniger intensiv nutzten und es negativer bewerteten. Dieses Ergebnis wurde dahingehend interpretiert, dass es einerseits darauf verweist, dass der, dieser Arbeit zugrunde liegende, Ansatz Dickhäusers (2001), die Intensität der Nutzung hänge kausal mit der Einstellung gegenüber dem Medium ab, auch bezogen auf diese Grundgesamtheit Gültigkeit beweist. Jedoch deutet er auch darauf hin, dass nicht die Einstellungen zum Computer allgemein das Verhalten gegenüber einem digitalen Lehr- und Lernmedium bestimmen, sondern die Einstellungen, die das konkrete Medium betreffen. Diese Erkenntnis ist m. E. insofern von immenser Bedeutung, als daraus schlussgefolgert werden kann, dass nicht die Einstellungen zur Technologie oder zu Computern positiv beeinflusst werden müssen, wenn zu einer Veränderung des Geschlechterverhältnisse im Bereich des E-Learning beigetragen werden soll, sondern dass dabei vielmehr die spezifischen Nutzungskontexte zu beachten sind, vor allem die jeweiligen Medien und die didaktische Konzeption des Lernumfelds. Dennoch zeigte sich auch in dieser Studie, dass negative Einstellungen - und somit auch die Intensität der Mediennutzung - deutlich mit geringen computerspezifischen Begabungsüberzeugungen zusammenhängen, sodass sich meine, im Kapitel 5.4 als Konzept der impliziten Frauenförderung dargelegte, Annahme bestätigte, für eine Förderung einer gleichberechtigten Nutzung des E-Learnings von Studentinnen und Studenten sei der Ansatz an den computerspezifischen Selbstkonzepten eigener Begabungen zentral. Über diesen Aspekt hinaus verweisen die Befunde jedoch auch deutlich auf die Notwendigkeit der Kontextuierung jeglicher Aussagen über Geschlechterdifferenzen, genauso wie sie dahingehend zu interpretieren sind, dass sich die Perspektive der Vielfalt von Geschlecht der Geschlechterforschung bestätigte.

Das zentrale Ergebnis der Studierendenbefragung, dass sich in diesem Erhebungskontext zwar Geschlechterdifferenzen zeigten, jedoch solche, die den in dieser Arbeit getätigten Aussagen zum Geschlechterverhältnis im Bereich des E-Learnings zentral gegenüberstehen, deutet zudem darauf hin, dass - kongruent zu dem Projekt physik multimedial - auch hier die geschlechtergerechte Produktgestaltung zu kurz gegriffen hat, da sie die einstellungsbedingten Barrieren einiger Studierenden nicht ausreichend abbauen konnte. Dementsprechend ist auch dieses Ergebnis dahingehend zu interpretieren, dass ein Ansatz an den Einstellungen zu Medien und dabei vor allem an den diesbezüglichen Kompetenzüberzeugungen, dringend notwendig ist, wenn allen Individuen mit geringen computerspezifischen Selbstkonzepten eigener Begabung ein Profit von dem hochschulischen Einsatz dieser Medien ermöglicht werden soll. Dabei ist der Ansatz an beiden Geschlechtern entscheidend, nicht nur, um Prozesse des *undoing gen*der zu ermöglichen, sondern auch, da, wie dargelegt, nicht nur Frauen über geringe computerbezogene Kompetenzüberzeugungen verfügen.

10 Zusammenfassung und Diskussion der Ergebnisse

Den im Rahmen dieser Arbeit durchgeführten Studien (siehe Kapitel 5 - 9) liegt die erkenntnisleitende Frage zugrunde, inwiefern der Einsatz digitaler Lehr- und Lernmedien an Hochschulen dazu beiträgt, Geschlechterunterschiede zu produzieren, zu verstärken oder aufzulösen. Dieses Erkenntnisinteresse resultierte, wie in der Einleitung dargelegt, aus dem, mit dem Förderprogramm des BMBF „Neue Medien in der Bildung - Förderbereich Hochschule" verbundenen, Förderkriterium des Ministeriums, bei der Entwicklung der Medien seien „die spezifischen Interessen von Frauen angemessen zu berücksichtigen" (BMBF 2000b: 3). Denn diesem Kriterium war die Annahme immanent, dass das hochschulische E-Learning und E-Teaching zu geschlechterbezogenen Effekten führen könnte. Verstärkt wurde mein Interesse durch die breite Ratlosigkeit der Leitungen sowie Mitarbeitenden der im Rahmen dieses Programms geförderten Hochschulprojekte hinsichtlich der Frage, wie das Förderkriterium konkret in der Praxis umgesetzt werden könne. Diese Ratlosigkeit resultierte, wie auch in meinen Studien deutlich zum Ausdruck kam, daraus, dass zu diesem Zeitpunkt nur sehr wenige empirische Studien vorlagen, die sich mit der Frage auseinandersetzten, welche Rolle das Geschlecht bei der Entwicklung von Medien innehat, wie Medien geschlechtergerecht gestaltet werden können und ob es Geschlechterdifferenzen bei der studentischen Nutzung digitaler Lehr-/Lernmedien gibt, d. h., ob der Einsatz der Medien in der Hochschullehre einen negativen Einfluss auf das Geschlechterverhältnis unter den Studierenden im Sinne einer Verstärkung der Geschlechterungleichheit haben könnte.[185]

---

185 Die meisten Publikationen von Personen, die sich mit didaktischen Aspekten des E-Learnings auseinandersetzen, wie die von Reinmann-Rothmeier und Mandl (2001), Tulodzieki (2001), Kerres (2002a, 2002b, 2000, 1999), Schulmeister (2005, 2003) und Baumgartner (1999a, 1999b) thematisieren Geschlecht nicht einmal ansatzweise. Und auch in einer aktuellen Publikation von Schulmeister (2005) wird unter der Fragestellung, über welche Qualifikationen Lehrende im Bereich des E-Learnings verfügen müssen, nicht auf Genderkompetenz eingegangen. Meines Ermessens kann aufgrund dessen in diesem Kontext von einer Rezeptionssperre gegenüber den zum Forschungszeitpunkt durchaus vorhandenen Erkenntnissen der Geschlechterforschung im Bereich des E-Learnings ausgegangen werden. So blieben u. a. die Arbeiten der Informatikprofessorinnen Schelhowe und Schinzel, die sich schon damals seit mehreren Jahren mit der geschlechtersensiblen Didaktik des E-Learning beschäftigt hatten und wesentliche Aspekte einer das Geschlecht berücksichtigenden Didaktik herausarbeiteten, in den Arbeiten unerwähnt.

Das Ziel dieser Arbeit besteht dementsprechend darin, mittels verschiedener eigener empirischer Studien einen Beitrag zur Schließung dieser Forschungslücke zu leisten. Um in den Untersuchungen der o. g. Frage nachgehen zu können, war es zunächst entscheidend, als theoretische Basis der Studien eine konstruktivistische Perspektive auf Geschlecht als auch auf Technik zu wählen. Denn dadurch, dass Geschlecht und Technik als soziale Prozesse begriffen werden (*doing gender* and *technology*), die im wechselseitigen Verhältnis zueinander stehen, wurde es in den Untersuchungen möglich, den Blick zum einen darauf zu richten, inwiefern digitale Lehr-/Lernmedien durch Gesellschafts- und Geschlechterverhältnisse geprägt sind. Zum anderen war es unter der Prämisse, dass Technik und digitale Medien eine wesentliche Rolle bei der Konstruktion von Geschlecht und somit bei der Herstellung von Geschlechterungleichheit spielen können, möglich, die Rolle von digitalen Lehr-/Lernmedien bei der (Re-)Stabilisierung der Geschlechterverhältnisse zu beleuchten.

Auf der Grundlage dieser theoretischen Überlegungen legte ich meinen empirischen Studien folgende Annahmen zugrunde: Was die Entwicklung der digitalen Lehr-/Lernmedien angeht, so war zu vermuten, dass sich die Ansichten der Entwickelnden über die Relevanz der Kategorie Geschlecht im Bereich der Medienentwicklung und -nutzung und das Ausmaß ihrer Technikorientierung in den Produkten spiegeln sollten: Wenn die Entwickelnden während des Entwicklungsprozesses weder die soziale Dimension der Medienentwicklung berücksichtigen würden, noch über eine Genderkompetenz verfügten, war anzunehmen, dass die Produkte sich als nicht geschlechtergerecht gestaltet erweisen würden. Ebenfalls wurde - auf der Grundlage des motivationspsychologischen Erwartung-Wert-Modells von Dickhäuser (2001) - angenommen, dass der Einsatz digitaler Lehr-/Lernmedien in der Hochschullehre dazu beitragen könnte, bestehende Geschlechterdifferenzen unter den Studierenden zu (re-)produzieren bzw. zu verstärken. Bei dieser Überlegung ging ich von signifikanten Unterschieden der Geschlechter hinsichtlich ihrer Einstellungen gegenüber und Nutzung von Computern und digitalen Lehr-/Lernmedien aus, die in verschiedenen, z. T. repräsentativen Studien belegt worden waren (vgl. Kapitel 3): Es war zu erwarten, dass die Studentinnen dem Computer wie auch digitalen Lehr-/Lernmedien gegenüber deutlich negativer eingestellt sein würden als ihre Kommilitonen, was sich an ihren geringeren computerspezifischen Begabungsüberzeugungen, ihren geringeren Wertzuschreibungen an die Medien sowie ihrer geringeren Erfolgserwartung beim Arbeiten mit diesen Medien festmachen sollte. Die negativeren Einstellungen sollten sich dann letztlich auf die Mediennutzung auswirken, in dem Sinne, dass die Studentinnen die Lernmedien weniger intensiv nutzen und weniger Bereitschaft zeigen sollten, diese Medien traditionellen Medien vorzuziehen, genauso wie sie bei Problemen beim Arbeiten mit ihnen häufiger die Nutzung abbrechen sollten. Wenn sich diese Überlegungen, denen wie erwähnt sowohl theoretische Annahmen (vgl. Kapitel 2) als auch der aktuelle Forschungsstand (vgl. Kapitel 3) zugrunde lag, als richtig erweisen sollten, so mein Gedankengang, würde der Einsatz digitaler Lehr-/Lernmedien an Hochschulen bedeuten, dass die Studentinnen nicht im selben Maße wie ihre Kommilitonen vom E-Learning profitieren würden und sich somit die für die aktive Teilnahme an der Wissensgesellschaft, die gleichberechtigte Teilhabe am Arbeitsmarkt und das lebenslange Lernen fundamental bedeutsamen Medienkompetenzen weniger aneignen könnten. Dementsprechend würde das E-Learning und E-Teaching letztlich dazu führen, dass das Geschlechterverhältnis als hierarchisches Verhältnis zwischen Ungleichen (vgl. Kapitel 2.1.2.1) reproduziert würde, u. a. indem die unterschiedlichen Medienkompetenzen sich in einer Fortschreibung der Geschlechtersegregation des Arbeitsmarktes ausdrücken sollten.

Für meine eigenen empirischen Untersuchungen waren diese Überlegungen von entscheidender Bedeutung und machten es notwendig, erstens die Entwicklung von digitalen Lehr-/Lernmedien, zweitens die Medien selber und drittens die Einstellungen der Studierenden zu Computern allgemein und zu E-Learning-Angeboten im Besonderen genauso wie ihre Nutzung der Medien aus einem geschlechtersensiblen Blickwinkel zu beleuchten. Dabei bedeutete ein solcher Blickwinkel, eine differenzierungstheoretische Perspektive auf Geschlecht einzunehmen, um die Komplexität und Vielfalt von Geschlecht aufzeigen zu können und es zu ermöglichen, sowohl Differenzen als auch Gemeinsamkeiten der Geschlechter zu beleuchten und Möglichkeiten zu reflektieren, diese Differenzen abzubauen.

Diese Perspektive auf Geschlecht wie auch die theoretische Basis der Studien, d. h., die ausgewählten Konzepte der Geschlechterforschung, der Psychologie und der (Technik-)Soziologie, stellten sich, wie im Folgenden aufgezeigt wird, im Forschungs- und Auswertungsprozess als der Forschungsfrage angemessen heraus. Denn sie ermöglichten es, wesentliche Erkenntnisse über die Bedeutung der Kategorie Geschlecht in der Entwicklung und Nutzung digitaler Lehr-/Lernmedien zu gewinnen. Die Erkenntnisse aus den fünf Studien werden im Folgenden zusammenfassend dargelegt, wobei aus ihnen Überlegungen abgeleitet werden, die für die Diskussion der *scientific community* über ein geschlechtersensibles E-Learning an Hochschulen relevant sind und den diesbezüglichen Forschungsstand ergänzen. Ebenso wird dargelegt, welche weiteren Forschungsfragen und -perspektiven aus den Ergebnissen resultieren.

Was die Entwicklung der digitalen Lehr-/Lernmedien im Rahmen des Förderprogramms „Neue Medien in der Bildung" angeht, so hatte eine Evaluation, in die alle hundert geförderten Verbundprojekte einbezogen wurden, gezeigt, dass es bei vielen Projekten an der didaktischen Konzeption der digitalen Lehr-/ Lernmedien mangelte und das Gender Mainstreaming-Konzept unzureichend in die Projekte implementiert worden war (vgl. Kerres/ Stratmann 2005: 38). Vielmehr scheint die Entwicklung der Lehr-/Lernmaterialien oftmals durch einen technokratischen Fokus (vgl. zum Begriff Technokratie Rammert 2000: 53) gekennzeichnet gewesen zu sein, da während der Entwicklung die Frage, inwiefern „mit dem Einsatz und der Gestaltung von Medien das Lehren und Lernen in verschiedenen Bildungssituationen (...) verbessert" (Reinmann-Rothmeier 2002: 3) werden könne, keine Priorität besaß. Stattdessen hatte es offensichtlich in diversen Projekten gegolten, für Probleme des hochschulischen Lehrens und Lernens einfache technische Lösungen zu finden. Dass während der Entwicklung der Lernmedien technischen Überlegungen eine sehr viel größere Bedeutung als pädagogischen beigemessen wurde, führte verschiedenen AutorInnen zufolge letztlich dazu, dass viele der im Rahmen des Förderprogramms entwickelten digitalen Lehr- und Lernmedien durch eine fehlende oder unzureichende didaktische, pädagogische und lernpsychologische Konzeption gekennzeichnet seien. Sie könnten dementsprechend als „entdidaktisiert" (Rinn/ Bett 2002: 4) bezeichnet werden und seien „aus didaktischer Sicht und gemessen an der Qualität der Präsenzlehre ein historischer Rückschritt" (Schulmeister 2003: 151).

Die Befunde meiner eigenen Studien zeichnen - bezogen auf diese Problematik - jedoch ein sehr viel differenzierteres Bild: Im Vergleich von vier verschiedenen Entwicklungsprozessen konnte herausgearbeitet werden, dass die o. g. Entdidaktisierung der digitalen Lehr-/Lernmedien nur in bestimmten Kontexten zu verzeichnen ist. So zeigte sich, dass die fehlende Auseinandersetzung mit sozialen Aspekten der Technikentwicklung in Kombination mit einer nicht vorhandenen Genderkompetenz offensichtlich dazu führt, dass Technik von Entwickelnden als nicht-sozial und somit u. a. als geschlechtsneutral angesehen wird, sodass es ihnen nicht als notwendig erscheint, sich mit Prozessen des *doing technology* wie auch mit der Rolle der Technik im *doing gender* zu beschäftigen. Dementsprechend sind in den Medienentwicklungen primär bzw. ausschließlich technische Kriterien von Belang, während Überlegungen zu den Nutzenden (didaktische Überlegungen wie auch geschlechterbezogene) ausgeklammert werden. Dies wiederum spiegelt sich in den Medien, in dem Sinne, dass die Medien hinsichtlich ihrer didaktischen Konzeption verbesserungswürdig erscheinen, genauso wie sie sich als nicht geschlechtergerecht gestaltet erweisen. Die Befunde der Studien lassen dabei die Gründe dieser Gegebenheiten deutlich erkennen: Sie liegen nicht nur an der fehlenden Genderkompetenz und dem fehlenden Bewusstsein über Aspekte des *doing technology*, sondern auch an der Technikkultur, innerhalb derer die digitalen Lehr-/Lernmedien entwickelt werden. Eine für die Entdidaktisierung der Medien förderliche Kultur ist, werden die Studien 2 und 3 zugrunde gelegt, dadurch gekennzeichnet, dass die direkt an der Entwicklung beteiligten Personen als technikorientierte und -fixierte Individuen charakterisiert werden können. Diese orientieren sich infolge dessen während des Entwicklungsprozesses nicht nur allein an technischen Kriterien, sondern gehen auch selbstbezüglich vor, mit der Konsequenz, dass sie ihre Technikbegeisterung und ihre diesbezüglichen Kompetenzen auch den Studierenden zuschreiben. Indem sie von einer Ähnlichkeit der Nutzenden zu sich selber ausgehen - diese seien per se motiviert, E-Learning-Angebote zu nutzen und würden über eine ausreichende technische Infrastruktur und über die notwendigen Computer- wie Internetkompetenzen verfügen - wird der Einbezug der Nutzenden in den Entwicklungsprozess als nicht notwendig empfunden.

Die Studien 4 und 5 ergaben, dass diesen, aus didaktischer wie geschlechtersensibler Perspektive zu kritisierenden, Entwicklungszusammenhängen jedoch solche gegenüber stehen, in denen die sozialen AkteurInnen der Medienentwicklung sowohl über Kenntnisse im Bereich des *doing technology* wie auch über Genderkompetenz verfügen: In dieser, durch die Sensibilität gegenüber sozialen wie geschlechterrelevanten Aspekten der Medienentwicklung gekennzeichneten, Kultur ist es anscheinend für alle an der Medienentwicklung Beteiligten selbstverständlich, die Entwicklung nicht an technischen Kriterien festzumachen, sondern die Nutzenden in den Fokus der Entwicklung zu stellen. Da durch die Orientierung an den Nutzenden und die Einbeziehung der Nutzenden in die Entwicklung die Selbstbezüglichkeit der Entwickelnden stark reduziert wird und didaktische Überlegungen in den Vordergrund rücken, zeichnen sich die Produkte dementsprechend durch eine hohe Nutzungsfreundlichkeit und durch eine geschlechtergerechte Gestaltung aus.

Die Entdidaktisierung vieler E-Learning-Angebote ist dementsprechend genauso einer bestimmten Technikkultur zuzuschreiben wie fehlenden Kenntnissen der Entwickelnden über Geschlechter- und soziale Aspekte des E-Learnings. Aus diesem Ergebnis meiner Studien kann abgeleitet werden, dass, damit zukünftig gewährleistet werden kann, das alle digitalen Lehr-/Lernmedien nutzendengerecht wie geschlechtersensibel entwickelt werden, Einfluss auf die Technikkultur zu nehmen ist und die soziale wie die Genderkompetenz der Leitungsebene wie auch der Mitarbeitenden von E-Learning-Projekten zu schulen sind. Allein an der Projektleitung anzusetzen ist dabei, wie sich in der Studie 3 herausstellte, nicht ausreichend, um in ein Projekt Gender- wie soziale Kompetenz zu implementieren. Vielmehr scheint den diesbezüglichen Äußerungen der befragten Mitarbeitenden der Projekte physik multimedial und Vings zufolge ein Zusammenspiel des Top-Down- und Bottom-Up-Ansatzes von entscheidender Bedeutung zu sein, und dabei insbesondere die interaktive und stetige Förderung von Genderkompetenz in Projektsitzungen und in Fortbildungen. In der Studie 4 hat sich darüber hinaus die interdisziplinäre Zusammenarbeit zwischen InformatikerInnen, DidaktikerInnen und EvaluatorInnen als besonders fruchtbar hinsichtlich einer nutzendenfreundlichen Entwicklungskultur herausgestellt (vgl. zu den Vorzügen einer interdisziplinären Zusammenarbeit auch Wiesner et al. 2003). Das Geschlecht der Entwickelnden stellte sich dagegen als in diesem Kontext bedeutungslos heraus.

Als für die weiterführende Diskussion der *scientific community* über die Bedeutung des Geschlechts im E-Learning bedeutsam stellten sich jedoch nicht nur diejenigen Ergebnisse meiner Studien heraus, die die Medienentwicklung tangieren, sondern auch diejenigen, die die Einstellung der Studierenden den digitalen Lehr-/Lernmedien gegenüber sowie deren Nutzung betreffen.

In der ersten Studie, die der Erhebung der studentischen Einstellungen zu und Nutzung von Computern allgemein und digitalen Lehr-/Lernmedien im Besonderen galt, zeigte sich, dass sich in diesen Bereichen, in Übereinstimmung mit meinen diesbezüglichen Hypothesen, deutliche Geschlechterdifferenzen zeigen. Die Studentinnen verfügen im Vergleich mit ihren Kommilitonen *durchschnittlich* über negativere Einstellungen zum Computer als auch zum computerunterstützten hochschulischen Lehren und Lernen: Sie halten ihre computerspezifischen Kompetenzen und Anwendungskenntnisse für weniger ausgeprägt, schreiben sowohl dem Computer als auch E-Learning-Angeboten einen geringeren Wert zu und sind weniger zuversichtlich, beim Arbeiten mit diesen Medien erfolgreich zu sein.

Ebenfalls bestätigte sich meine, auf dem Erwartung-Wert-Modell von Dickhäuser (2001) beruhende, Annahme, dass sich diese Einstellungsunterschiede in einer unterschiedlichen Nutzung der Medien ausdrücken: Die befragten Studentinnen nutzen ihren Aussagen zufolge den Computer wie auch E-Learning-Angebote im Durchschnitt weniger intensiv und sind an der computergestützten Lehre weniger interessiert als die befragten Studenten, da sie diese Art des hochschulischen Lehrens und Lernens kritischer betrachten als ihre Kommilitonen. Dies lässt sich u. a. daran ablesen, dass 20 Prozent weniger Studentinnen als Studenten angaben, einen Ausbau des Angebots an computergestützter Lehre in ihrem Fachgebiet zu befürworten. Ebenso schrieben sie dem E-Learning im deutlich geringeren Umfang Mehrwerte zu: So sehen sie sich seltener stärker durch digitale Lehr- und Lernmedien motiviert als durch traditionelle Medien, ziehen es stärker in Zweifel, dass sie auf diesem Weg die Inhalte besser verstehen könnten, und sehen auch die multimedial und interaktiv aufbereiteten Anteile der neuen Medien nicht im selben Maß als Vorteil wie ihre Kommilitonen. Im Gegenteil verbinden sie mit der computer- und internetgestützten Lehre aufgrund ihrer geringeren computerspezifischen Begabungsüberzeugungen und höheren Misserfolgserwartungen deutlich mehr technische Probleme als Studenten und gehen häufiger von einem deutlich gesteigerten Arbeitsaufwand aus. Diese Ergebnisse deuten m. E. darauf hin, dass es wahrscheinlich ist, dass bei freier Wahlmöglichkeit *durchschnittlich* mehr Studentinnen als Studenten das Arbeiten mit traditionellen Medien - z. B. einem Lehrbuch - dem E-Learning vorziehen würden. Sicherlich liegen die Gründe dafür jedoch nicht nur in den differenten Einstellungen gegenüber dem E-Learning. Denn auch die technischen Ressourcen der Studentinnen, konkret die schlechtere Hardwareausstattung ihrer PCs und die geringen Übertragungsbandbreiten ihrer Internetanschlüsse, ermöglichen ihnen oftmals eine motivierende und komfortable Nutzung internetgestützter Lehrangebote nicht oder nur eingeschränkt.

Zusammenfassend bedeuten diese Befunde der Studierendenbefragung, dass die befragten Studentinnen ihren Kommilitonen gegenüber durchschnittlich durch ihre negativeren Einstellungen zum Computer wie zum E-Learning genauso wie durch ihre schlechteren technischen Ressourcen deutlich benachteiligt sind, was die Nutzung computergestützter Lehrangebote an Hochschulen betrifft. Diese Erkenntnis muss m. E. jedoch insofern relativiert werden, als sich die signifikanten Geschlechterdifferenzen nur im Mittelwertvergleich zeigten, sodass davon auszugehen ist, dass es eine breite Übereinstimmung zwischen Studentinnen und Studenten gibt und dass es in beiden Genusgruppen Individuen gibt, die sich in Bezug auf ihre Einstellung zu und Nutzung von Computern und E-Learning-Angeboten deutlich von ihren GeschlechtsgenossInnen unterscheiden. Diese Annahme der Vielfältigkeit von Geschlecht und der Heterogenität der studentischen Lernenden jenseits der Geschlechterdualität wurde durch die erhobenen Daten bestätigt, indem sich verschiedene Gemeinsamkeiten der Geschlechter zeigten, wie auch einige Ergebnisse geschlechterstereotypen Annahmen zentral gegenüberstehen. Eine Gemeinsamkeit der Geschlechter, die für die weitere Diskussion von Geschlechteraspekten des E-Learnings von fundamentaler Bedeutung sein sollte, zeigte sich im Bereich der Computerkompetenzen: Trotz der differenten Begabungsüberzeugungen verfügen Studentinnen wie Studenten meinen Studien zufolge über dieselben, für die Nutzung digitaler Lehr-/Lernmedien bedeutsamen, Computer- und Internetkompetenzen. Dies zeigte sich darin, dass sie gleichermaßen kompetent mit den evaluierten Lehr-/Lernmedien umgingen.

Diese Übereinstimmung der Kompetenzen sehe ich als Bestätigung der Latenz-Hypothese von Metz-Göckel (1990) an, die von denselben Fähigkeitspotentialen beider Geschlechter ausgeht und dieser Arbeit zugrunde liegt (vgl. Kapitel 2.2.2.2). Nicht bestätigt wurden jedoch meine Annahmen über den Zusammenhang der negativeren Einstellungen der Studentinnen gegenüber dem E-Learning mit den Einstellungen zu und der Nutzung von konkreten digitalen

Lehr- und Lernmedien. Zwar bestätigte sich in diesem Kontext die, aus dem Erwartung-Wert-Modell von Dickhäuser (2001) resultierende, Hypothese, dass die Bereitschaft, sich (intensiv) mit digitalen Lehr-/Lernmedien auseinanderzusetzen, kausal mit dem computerspezifischen Selbstkonzept eigener Begabung, mit den Erfolgserwartungen beim Arbeiten mit den Medien und den Wertzuschreibungen an diese Medien zusammenhängt. Die Annahme aber, dass es lernkontextübergreifend Studentinnen sind, die gegenüber ihren Kommilitonen die geringeren computerspezifischen Begabungsüberzeugungen haben und infolgedessen einem digitalen Lehr-/Lernmedium gegenüber negativer eingestellt sind und es weniger intensiv nutzen, stellte sich als falsch heraus. Unter anderem die Studie 5, d. h., die Evaluation des hybriden Vings-Seminars, zeigte im Gegenteil, dass sich in manchen hochschulischen Lernkontexten offensichtlich einzelne Studenten finden, die über ein sehr viel niedrigeres computerspezifisches Selbstkonzept eigener Begabung und über eine geringere Erfolgserwartung verfügen als die meisten Studentinnen und deshalb das jeweilige E-Learning-Angebot negativer bewerten und es weniger intensiv nutzen als ihre Kommilitoninnen. Dementsprechend stellte sich in meinen Studien das Geschlecht als nicht in allen Lernkontexten bedeutsame Kategorie hinsichtlich der Nutzung konkreter digitaler Lehr-/Lernmedien heraus. - In diesem Zusammenhang würde ich es für ein vielversprechendes Forschungsanliegen halten, die Ursachen dieser niedrigen computerspezifischen Selbstkonzepte eigener Begabung einiger Studenten zu ermitteln, genauso wie danach zu fragen wäre, ob sich diese ausschließlich oder primär in geistes- und gesellschaftswissenschaftlichen Fachbereichen finden. Die Frage nach den Ursachen ist m. E. deshalb von Interesse für die Geschlechterforschung, da - wie im Kapitel 2.2 aufgezeigt wurde - die durchschnittlich geringeren computerspezifischen Begabungsüberzeugungen der Studentinnen vor allem den, in interaktiven Prozessen des *doing gender* Relevanz besitzenden, Geschlechterstereotypen zuzuschreiben sind. Zu klären ist m. E. deshalb, welchen Sozialisationsbedingungen es zuzuschreiben ist, wenn Jungen und Männer über ein sehr niedriges computerspezifisches Selbstkonzept eigener Begabung verfügen.

Zusammenfassend soll an dieser Stelle zu den Ergebnissen der Studierendenbefragung festgehalten werden, dass dadurch, dass eine differenzierungstheoretische Perspektive auf Geschlecht eingenommen wurde, herausgearbeitet werden konnte, dass sich die Genus-Gruppen zwar durchschnittlich durch Unterschiede, jedoch auch durch zahlreiche Gemeinsamkeiten auszeichnen und es sowohl unter den Studenten als auch unter den Studentinnen Individuen gibt, die, was ihre Einstellungen zum und ihren Umgang mit dem Computer und digitalen Lehr-/Lernmedien angeht, den Geschlechterstereotypen deutlich widersprechen. Vor allem in den Gruppendiskussionen zeigten sich Beispiele, die

die These der Geschlechterforschung von einer Vielfältigkeit von Geschlecht belegen (vgl. zu dieser These Metz-Göckel 2000) und zudem darauf schließen lassen, dass die hochschulischen Fach- und Lernkulturen einen erheblichen Einfluss darauf haben, ob und inwiefern sich Geschlechterdifferenzen zeigen. Darüber hinaus wiesen die o. g. Ergebnisse darauf hin, dass nicht die Einstellungen zum Computer allgemein das Verhalten gegenüber einem digitalen Lehr- und Lernmedium bestimmen, sondern diejenigen Einstellungen, die das konkrete Medium betreffen. Diese Erkenntnis ist m. E. insofern von immenser Bedeutung, als daraus schlussgefolgert werden kann, dass nicht die Einstellungen zur Technologie oder zu Computern positiv beeinflusst werden müssen, wenn *alle* Individuen von E-Learning-Angeboten profitieren sollen, sondern dass dabei vielmehr die spezifischen Nutzungskontexte zu beachten sind, und dabei primär das konkrete Lernumfeld und -medium. Darüber hinaus weisen die Befunde deutlich darauf hin, dass, bezogen auf das o. g. Anliegen eines gleichen Profits aller Lernenden von E-Learning-Angeboten, vor allem Einfluss auf die computerbezogenen Begabungsüberzeugungen der Studierenden genommen werden muss. Denn die Nutzung konkreter digitaler Lehr-/Lernmedien, d. h. die Bereitschaft, diese als Lernmedien zu wählen und intensiv zu nutzen, hängt, wie meine Daten in Übereinstimmung mit dem Erwartung-Wert-Modell von Dickhäuser (2001) belegen, primär von diesen Begabungsüberzeugungen ab. Dass der Ansatz an den computerspezifischen Selbstkonzepten eigener Begabung von entscheidender Bedeutung ist, habe ich bereits im Rahmen der ersten Studie (im Kapitel 5.4) im Zusammenhang mit meinem Konzept einer impliziten Frauenförderung dargelegt. Die Notwendigkeit dieses Ansatzes wurde jedoch durch die weiteren Studien noch untermauert. Denn die geschlechtergerechte Gestaltung digitaler Lehr- und Lernmedien hat sich zwar als generell sinnvolle, da nutzendengerechte und aus didaktischer Perspektive wertvolle, Aufbereitung der Medien erwiesen, nicht jedoch als ausreichend dafür, die negativen Einstellungen gegenüber dem konkreten Medium, die aus den geringen computerspezifischen Begabungsüberzeugungen resultieren, zu neutralisieren. Die Differenzen zwischen den Studierenden, die auf die unterschiedlichen Begabungsüberzeugungen zurückzuführen sind, können demnach nicht durch eine geschlechtergerechte Mediengestaltung ausgeglichen werden, sodass der Ansatz an den Medien, d. h., der Ansatz der Orientierung an den Nutzenden während des gesamten Entwicklungsprozesses des Mediums, als zu kurz greifend zu charakterisieren sind.

Um jedoch die computerspezifischen Begabungsüberzeugungen positiv zu beeinflussen, d. h., den vielen Studentinnen und einigen Studenten mit geringen diesbezüglichen Überzeugungen eine - gegenüber anderen Studierenden - gleichberechtigte Nutzung digitaler Lehr-/Lernmedien und insofern den Erwerb von Medienkompetenz und die dadurch mögliche aktive Teilhabe an der Wissensgesellschaft zu ermöglichen, halte ich den Ansatz an den schulischen wie studentischen Lern- und Geschlechterkulturen für notwendig. Die Schule spielt hier insofern eine entscheidende Rolle, als anzunehmen ist, dass sich die computerspezifischen Begabungsüberzeugungen im Laufe der schulischen Sozialisation verfestigen, sodass es schwer - wenn auch nicht unmöglich - sein wird, sie im hochschulischen Kontext u. a. durch Prozesse des *undoing gender* zu verändern. Ich halte es aufgrund dieser Überlegungen für notwendig, in das Vorhaben einer Veränderung von Begabungsüberzeugungen sowohl die Institutionen Schule und Hochschule einzubeziehen und hier nicht nur SchülerInnen und Studierende, sondern auch die Lehrenden, da diese einen wesentlichen Einfluss auf die Ausbildungen von Begabungsüberzeugungen haben, wie die im Kapitel 2.2.2.2 dargelegten Erkenntnisse zur Herstellung von Geschlechterungleichheit im *doing gender* belegen. Es ist von daher entscheidend, dass Lehrende und Lernende gemeinsam auf eine Lernkultur hinarbeiten, die es Mädchen und Jungen, Frauen und Männern unabhängig vom Geschlecht und sonstigen sozialen Kategorien gleichermaßen ermöglicht, positive computer- und E-Learning-bezogene Begabungsüberzeugungen zu entwickeln und beizubehalten. Dabei ist der Einbezug beider Geschlechter nicht nur deshalb entscheidend, da sich in meinen Studien herausgestellt hat, dass auch Studenten durch ihre negativen Begabungsüberzeugungen von einer lernförderlichen Nutzung diverser E-Learning-Angebote abgehalten werden. Er ist auch deshalb unabdinglich, da, wie die Gruppendiskussionen aufzeigten, auch heute noch beide Geschlechter daran beteiligt sind, Unterschiede zwischen den Geschlechtern (z. B. im Bereich der Begabungsüberzeugungen) in interaktiven Prozessen des *doing gender* auf der Grundlage internalisierter Geschlechterstereotype herzustellen, zu bestätigen und zu naturalisieren. Da beide Geschlechter an Prozessen des *doing* und *undoing gender* beteiligt sind, müssen dementsprechend alle Individuen unabhängig ihrer Geschlechtszugehörigkeit die für ein *undoing gender* notwendige Genderkompetenz erwerben, um nicht (weiterhin) einen Beitrag zur (Re-)Produktion von geringen Begabungsüberzeugungen bei Schülerinnen und Studentinnen zu leisten.[186]

Um die Begabungsüberzeugungen *aller* SchülerInnen und Studierenden auf ein realistisches Maß zu bringen, wird es in den - unter den o. g. Bedingungen der Genderkompetenz aller Beteiligten als durch eine Gendersensibilität zu charakterisierenden - Lernkontexten an Schulen wie Hochschulen von entscheidender Bedeutung sein, SchülerInnen wie Studierenden positive Erfahrungen

---

186 Auch in diesem Kontext erscheint es mir wichtig, die Gründe dafür herauszufinden, dass einige Schüler und Studenten ein geringes computerspezifisches Selbstkonzept eigener Begabung entwickeln. Anscheinend ist dafür nicht das *doing gender* relevant, sondern sind andere soziale Kategorien von Bedeutung.

mit digitalen Lehr-/Lernmedien zu ermöglichen genauso wie es ihnen unabhängig ihrer Geschlechtszugehörigkeit ermöglicht werden sollte, Interesse an diesen Medien zu entwickeln und auch zu zeigen (vgl. zu der Beziehung zwischen Interesse und Kompetenzüberzeugung Wender 2005). Voraussetzung dafür ist jedoch der Ansatz an den Lehr- und Lernkontexten genauso wie an der schulischen wie hochschulischen Technik- und Computerkultur und andererseits der Ansatz direkt an den Personen: den Entwickelnden der Medien, den Lehrenden sowie den Studierenden. Dabei ist der Ansatz an den Entwickelnden deshalb von Bedeutung, als sie es den Nutzenden möglich machen sollten, an der Technikentwicklung zu partizipieren, und die Technikkultur als offen und zugänglich zu erleben, um so das Interesse der SchülerInnen und Studierenden an Medien zu erhöhen (vgl. z. B. Schulz-Zander 1990; Schinzel 2005; Schelhowe 2005). Dementsprechend ist auch die Genderkompetenz der Entwickelnden zu fördern, damit es diesen möglich wird, in der Interaktion mit den Nutzenden ein *undoing gender* zu praktizieren und somit den Fixierungen von Geschlechterrollen kulturell entgegenzusteuern und beiden Geschlechtern eine größere Handlungsoption zu bieten. Genauso wird es, wie aufgezeigt, nur dadurch möglich, die Produkte geschlechtergerecht zu gestalten. - Denn auch der Ansatz an den Lernkulturen wie Personen macht m. E. eine geschlechtergerechte Gestaltung digitaler Lehr- und Lernmedien nicht überflüssig. Im Gegenteil kann diese vor allem durch die, dieser Gestaltungsart immanenten, Orientierung an den Nutzenden einen positiven Beitrag dazu leisten, dass die Barrieren vieler Studentinnen und einiger Studenten gegenüber einer komfortablen Nutzung dieser Medien reduziert werden.

Ob der dargelegte Ansatz der Förderung der computerspezifischen Begabungsüberzeugungen durch die Einflussnahme auf die Computer- wie Lern- und Geschlechterkulturen in den Institutionen Schule wie Hochschule und die Förderung von Gender- und sozialer Kompetenz der Entwickelnden, Lehrenden und Lernenden die von mir erwarteten Effekte hätte, nämlich letztendlich dazu beizutragen, dass *alle* Lernenden im selben Maß von E-Learning-Angeboten profitieren und auf diesem Weg einige, für die aktive Teilnahme an der Wissensgesellschaft notwendige, Schlüsselkompetenzen wie Kulturtechniken (vgl. zur Kulturtechnik des kompetenten Umgang mit digitalen Medien Senkbeil/ Drechsel 2004: 177) erwerben, kann in der vorliegenden Arbeit nicht beantwortet werden. Zu begrüßen wäre es daher, wenn dieser Fragestellung in einer größer angelegten Studie nachgegangen würde.

Tabellenverzeichnis

Tabelle 1: Die Meta-Grundgesamtheit 102
Tabelle 2: Skala „Computerspezifisches Selbstkonzept eigener
Begabung" 106
Tabelle 3: Skala „Studierendenperzeption des Computerwerts" 112
Tabelle 4: Skala „Einstellung zum E-Learning" 117
Tabelle 5: Skala „Computerspezifische Erfolgserwartung" 120
Tabelle 6: Die MuSofT-Grundgesamtheit 150
Tabelle 7: Skala „Nutzung des grafischen Editors DAVE" 153
Tabelle 8: Skala „Zufriedenheit mit der Simulationsfunktion des
grafischen Editors DAVE" 155
Tabelle 9: Skala „Bewertung der Veranschaulichung der Simulation
durch Geräte" 156
Tabelle 10: Die SIMBA-Grundgesamtheit 177
Tabelle 11: Skala „Zufriedenheit mit dem Modul „Computergenerierte Farbe""" ... 184
Tabelle 12: Die physik multimedial-Grundgesamtheit 201
Tabelle 13: Skala „Zufriedenheit mit dem Modul „Wellen""" 207
Tabelle 14: Die Vings-Grundgesamtheit 226

Abbildungsverzeichnis

Abbildung 1:	Das Erwartung-Wert-Modell	47
Abbildung 2:	Verteilung der Studierenden der Meta-Grundgesamtheit auf Studiengänge/Fachrichtungen	103
Abbildung 3:	Anlass, sich zum ersten Mal mit dem Computer zu beschäftigen	110
Abbildung 4:	Perzeption des Computerwertes	113
Abbildung 5:	Einstellungen zum E-Learning	118
Abbildung 6:	Häuslicher Internetzugang	122
Abbildung 7:	Durchschnittlich pro Woche am PC verbrachte Zeit	124
Abbildung 8:	Die Benutzendenoberfläche des grafischen Editors DAVE	136
Abbildung 9:	Simulieren eines Zustandsdiagramms mit dem grafischen Editor DAVE	137
Abbildung 10:	Bilder der zweiten Simulationsfunktion des grafischen Editors DAVE	138
Abbildung 11:	Erwartungen an den grafischen Editor DAVE	151
Abbildung 12:	Arbeitszeit mit dem grafischen Editor DAVE	152
Abbildung 13:	Computerbezogene Probleme beim Arbeiten mit dem grafischen Editor DAVE	154
Abbildung 14:	Zufriedenheit mit dem grafischen Editor DAVE	157
Abbildung 15:	Nachteile des Editors DAVE gegenüber dem Arbeiten mit Stift und Papier	159
Abbildung 16:	Die Benutzendenoberfläche des Moduls „Computergenerierte Farbe"	164
Abbildung 17:	Erwartungen der Studierenden an die Arbeit mit dem Modul „Computergenerierte Farbe"	179
Abbildung 18:	Arbeitszeit mit dem Modul „Computergenerierte Farbe"	180
Abbildung 19:	Computerbezogene Probleme beim Arbeiten mit dem Modul „Computergenerierte Farbe"	182
Abbildung 20:	Gründe, die während der Nutzung des Moduls „Computergenerierte Farbe" zu Beeinträchtigungen führten	183
Abbildung 21:	Die Benutzendenoberfläche des Moduls „Wellen"	189
Abbildung 22:	Einstellungen gegenüber dem Modul „Wellen"	203
Abbildung 23:	Arbeitszeit mit dem Modul „Wellen"	204
Abbildung 24:	Computerbezogene Probleme beim Arbeiten mit dem Modul „Wellen"	205
Abbildung 25:	Zufriedenheit mit dem Modul „Wellen"	208
Abbildung 26:	Nachteile des Moduls „Wellen" gegenüber Lehrbüchern	210
Abbildung 27:	Die Benutzendenoberfläche der Lernumgebung des Vings-Seminars	215
Abbildung 28:	Item „Hat es bei der Entscheidung für das Seminar eine Rolle gespielt, dass das Seminar computergestützt ist?"	227
Abbildung 29:	Erwartungen an das Vings-Seminar	228
Abbildung 30:	Gründe, die während der Nutzung der Vings-Lernumgebung zu Beeinträchtigungen führten	231
Abbildung 31:	Zufriedenheit mit dem Vings-Seminar	232

Literatur

Im Folgenden wird die in dieser Arbeit verwendete Literatur differenziert nach Projektpublikationen und allgemeiner themenrelevanter Literatur aufgeführt

1. Projektpublikationen

MuSofT

Alfert, Klaus/ Doberkat, Ernst-Erich/ Engels, Gregor, 2003: MuSofT Bericht Nr. 2. Ergebnisbericht des Jahres 2002 des Projekts „MuSofT - Multimedia in der SoftwareTechnik". März 2003. Internes Memorandum des Lehrstuhls für Software-Technologie der Universität Dortmund
Alfert, Klaus/ Doberkat, Ernst-Erich/ Engels, Gregor, 2003: MuSofT: Multimedia in der Software-Technik. In: http://musoft.cs.uni-dortmund.de:8080/musoft/veroeffentlichungen.html (03.04.2004)
Alfert, Klaus/ Pleumann, Jörg/ Schröder, Jens, 2004: Software Engineering Education Needs Adequate Modeling Tools. In: http://musoft.cs.uni-dortmund.de:8080/musoft/veroeffentlichungen.html (03.04.2004)
Doberkat, Ernst-Erich/ Engels, Gregor (Hg), 2002: MuSofT Bericht Nr. 1. Ergebnisbericht des Jahres 2001 des Projekts „MuSofT - Multimedia in der SoftwareTechnik". Februar 2002. Internes Memorandum des Lehrstuhls für Software-Technologie der Universität Dortmund
Kamphans, Marion/ Metz-Göckel, Sigrid/ Tigges, Anja, 2003: MuSofT Bericht Nr. 4. Wie Geschlechteraspekte in die digitalen Medien integriert werden können - das BMBF-Projekt „MuSofT". September 2003. Internes Memorandum des Lehrstuhls für Software-Technologie der Universität Dortmund
Pleumann, Jörg, 2004a: Erfahrungen mit dem multimedialen, didaktischen Modellierungswerkzeug DAVE. In: Engels, Gregor/ Seehusen, Silke (Hg.): DeLFI 2004: Die 2. e-Learning Fachtagung Informatik, Lecture Notes in Informatics, Band P-52, S. 55-66
Pleumann, Jörg, 2004b: Teilprojekt 2.1 - Software-Architektur. In: Doberkat, Ernst-Erich/ Engels, Gregor/ Kopka, Corina (Hg.), 2004: MuSofT Bericht Nr. 5. Abschlussbericht des Projekts „MuSofT - Multimedia in der SoftwareTechnik". April 2004. Internes Memorandum des Lehrstuhls für Software-Technologie der Universität Dortmund, S. 68-95

SIMBA

Schubert, Sigrid (Hg.), o.J.a: Projektskizze. SIMBA. Schlüsselkonzepte der Informatik in verteilten multimedialen Bausteinen unter besonderer Berücksichtigung spezifischer Lerninteressen von Frauen. Dortmund
Schubert, Sigrid (Hg.), o.J.b: Ergänzungen zur Projektskizze. SIMBA. Schlüsselkonzepte der Informatik in verteilten multimedialen Bausteinen unter besonderer Berücksichtigung spezifischer Lerninteressen von Frauen. Dortmund

Schubert, Sigrid (Hg.), o.J.c: Verwertungskonzept. SIMBA. Schlüsselkonzepte der Informatik in verteilten multimedialen Bausteinen unter besonderer Berücksichtigung spezifischer Lerninteressen von Frauen. Dortmund
Schubert, Sigrid (Hg.), o.J.d: Ergänzungen zum Projektantrag. SIMBA. Schlüsselkonzepte der Informatik in verteilten multimedialen Bausteinen unter besonderer Berücksichtigung spezifischer Lerninteressen von Frauen. Dortmund

physik multimedial

Brudler, Evelyn, 2003: Abschlussbericht zum 2. Studentinnen-Workshop des Projekts Physik Multimedial an der Universität Oldenburg am 17./18. Januar 2003: „Physik multimedial - Studentinnen der Naturwissenschaften evaluieren Lehr- und Lernkonzepte des Verbundprojekts". In: http://www.physik-multimedial.de/workshops03/einladung.html (30.04.2003)
Brudler, Evelyn, 2002a: Abschlussbericht des Workshops „Biologiestudentinnen und Lernangebote für Physik im Internet" am 23./24.11.2001 an der Universität Oldenburg. In: http://www.physik-multimedial.de/workshops.html (16.05.2003)
Brudler, Evelyn, 2002b: Biologie-Studentinnen und Lernangebote für Physik im Internet. Ein Workshop für Studentinnen der Biologie am 23./24.11.2001 an der Universität Oldenburg. Vortragsfolien zum Gender Mainstreaming-Workshop, Dortmund, 21./22.10.2002
Knopf, Helga/ Pinol, Lazaro/ Riedel, Hans Erich, o.J.: physik multimedial - Lernmodule für das Studium der Physik als Nebenfach: Erhebungen zu den Rahmenbedingungen bei Studierenden. In: http://www.physik-multimedial.de/papiere/publik1_did_hro.pdf (14.05.2003)
Murmann, Lydia et al.: physik multimedial - multimediale Selbstlerneinheit „Schwingungen und Wellen". In: http://www.physik-multimedial.de/papiere/dpg_SLE.pdf (14.05.2003)
Petri, Jürgen, 2002: physik multimedial. Erprobung der SLE „Schwingungen", Düsseldorf, WiSe 02/03. Vortragsunterlagen. unveröffentlichtes, mir zur Verfügung gestelltes Manuskript
Petri, Jürgen/ Schecker, Horst, 2002a: physik multimedial - Lehr- und Lernmodule für das Studium der Physik als Nebenfach: Erhebungen zu den Rahmenbedingungen bei Studierenden und Dozenten. In: http://www.physik-multimedial.de/papiere/DPG_2002_JPetri.pdf (14.05.2003)
Petri, Jürgen/ Schecker, Horst, 2002b: physik multimedial. Konzeption und Evaluation. Vortragsfolien vom Workshop Didaktik und Evaluation von eLearning, Erlangen, Mai 2002. In: http://physik-multimedial.de/publikationen.html (14.05.2003)
Petri, Jürgen, 2001a: Lernen in Multimedia-Umgebungen: pädagogisch-psychologische Grundlagen, aktuelle Konzeptionen, empirische Ergebnisse. In: http://www.physik-multimedial.de/publikationen.html (30.04.2003)
Petri, Jürgen, 2001b: Aspekte der Auswertung zur Befragung von Studierenden der Physik im Nebenfach. In: http://physik-multimedial.de/papiere/Auswertung_Befragung07_01.pdf (14. 05. 2003)
Schecker, Horst (Hg.), o.J.: Physik Multimedial. Lehr- und Lern-Module für das Studium der Physik als Nebenfach. Gemeinsamer Antrag des Verbunds Norddeutscher Universitäten. Bremen
Schecker, Horst, 2002: Physikstudium multimedial. Neue Trends in der Hochschullehre aus fachdidaktischer Sicht. In: http://www.physik-multimedial.de/ papiere/DPG-Schecker.pdf
Schecker, Horst, 2001: Szenarien der Modul-Benutzung. Internes Arbeitspapier. In: http://www.physik-multimedial.de/papiere/Szenario1.pdf (14.05.2003)
Schottmüller, Helmut, 2002: Gestaltung von Lernplattformen unter besonderer Berücksichtigung von Gender Mainstreaming. Vortragsfolien zum Gender Mainstreaming-Workshop, Dortmund, 21./22.10.2002, Bremen

VINGS

Fakultät für Soziologie der Universität Bielefeld (Hg.), o.J.: VINGS. In: http://www.unibielefeld.de/soz/we/frauenforschung/fo/vings.htm (29.04.2003).

Müller, Ursula et al., o.J.: Antrag an das BMBF-Förderprogramm „Neue Medien in der Bildung" (NMB) auf Förderung des Projekts VINGS-Virtual International Gender Studies/ Geschlechterforschung via Internet. Bielefeld

Müller, Ursula et al., o.J.: Ergänzungen zum Antrag an das BMBF-Förderprogramm „Neue Medien in der Bildung" (NMB). Bielefeld

Kreutzner, Gabriele/ Polzin, Silja/ Rautenstrauch, Christina, 2001: VINGS - Das mediendidaktische Basiskonzept. Bielefeld

Polzin, Silja, 2003: Internationale und interdisziplinäre Lehrkooperationen erhöhen Attraktivität des Online-Studiums „VINGS". In: IFF Info, Zeitschrift des Interdisziplinären Frauenforschungs-Zentrum, Jg. 20, Nr. 25, S. 79-84

Polzin, Silja, 2002: Virtual International Gender Studies: Erfolgreicher Start des Studienprogramms. In: IFF Info, Zeitschrift des Interdisziplinären Frauenforschungs-Zentrum, Jg. 19, Nr. 24, S. 95-103

Polzin, Silja, 2001: Online-Studienangebot der Geschlechterforschung. Virtual International Gender Studies. In: IFF Info Nr. 23/ WS 2001/2002, S. 32-36

Projektträger Neue Medien in der Bildung + Fachinformation (Hg), 2002: Projektsteckbrief. In: http://www.medien-bildung.net/projekte/118.php (29.04.2003)

Prümmer von, Christine, 2003: Evaluation in der virtuellen Universität. Power-Point-Datei zum Vortrag am 9.05.2003 in der FernUniverstität Hagen

2. Allgemeine Literatur

Ahuja, Manju K., 2002: Women in the information technology profession: a literature review, synthesis and research agenda. In: European Journal of Information Systems, vol. 11, no.1, March 2002, p. 20-34

ARD-ZDF-Arbeitsgruppe Multimedia (Hg.), 1999: Internet - (k)eine Männerdomäne. Geschlechtsspezifische Unterschiede bei der Onlinenutzung und -bewertung. In: Media Perspektiven, Nr. 8, S. 423-429

Angerer, Marie-Luise, 1995: The body of gender. Körper. Geschlechter. Identitäten. In: Angerer, Marie-Luise (Hg.): The body of gender. Körper/ Geschlechter/ Identitäten. Wien, S. 17-34

Aulenbacher, Brigitte, 1993: Technologieentwicklung und Geschlechterverhältnis. In: Aulenbacher, Brigitte/ Goldmann, Monika (Hg.): Transformationen im Geschlechterverhältnis. Frankfurt a.M./New York, S. 17-46

Bannart, Maria/ Arbinger, Roland, 1994: Geschlechtstypische Zugangsweisen zum Computer. Berichte Nr. 1) Landau: Universität Koblenz-Landau, Zentrum für empirische pädagogische Forschung

Bath, Corinna, 2000: „The virus might infect you...". Geraten Grenzen im Geschlechter-Technik-Verständnis ins Fließen? In: Kirschstein, Karin (Hg.): Fließende Grenzen. 26. Kongreß von Frauen in Naturwissenschaft und Technik. 1. bis 4. Juni 2000 in Hamburg. Darmstadt, S. 169-183

Baumert, Jürgen/ Bos, Wilfried/ Lehmann, Rainer, 1997: TIMMS. Mathematisch-naturwissenschaftlicher Unterricht im internationalen Vergleich. Opladen

Baumgartner, Peter, 1999a: 10 Todsünden der Medienevaluation. In: http://iol1.uibk.ac.at/php/documents/pdf/todsuenden_der_evaluation.pdf (06.03.2003)

Baumgartner, Peter, 1999b: Evaluation mediengestützten Lernens. Theorie - Logik - Modelle. In: http://iol1.uibk.ac.at/php/documents/pdf/eval_medien_lernens.pdf (06.03.2003)

Baumgartner, Peter, 1997: Didaktische Anforderungen an (multimediale) Lernsoftware. In: http://iol1.uibk.ac.at/php/documents/pdf/did_anforderungen.pdf (06.03.2003)
Baumgartner, Peter/ Häfele, Kornelia/ Häfele, Hartmut, 2002: E-Learning: Didaktische und technische Grundlagen. In: http://iol3.uibk.ac.at:8080/filer/peterManilaWebsite/peter/material/elearning_sonderheft.pdf (02.04.2003)
Beck, Ulrich, 1986: Risikogesellschaft. Auf dem Weg in eine andere Moderne. Frankfurt a.M.
Beck, Ulrich/ Beck-Gernsheim, Elisabeth, 1990: Das ganz normale Chaos der Liebe. Frankfurt a.M.
Beck-Gernsheim, Elisabeth/ Ostner, Ilona, 1978: Frauen verändern - Berufe nicht? Ein theoretischer Ansatz zu Problematik von ‚Frau und Beruf'. In: Soziale Welt, 29, S. 257-287
Becker, Barbara/ Funken, Christiane, 1999: Inszenierung von Geschlecht in virtuellen Räumen. In: Drossou, Olga et al. (Hg.): Machtfragen der Informationsgesellschaft. Marburg, S. 667-672
Becker, Ruth/ Kortendiek, Beate (Hg.), 2004: Handbuch Geschlechterforschung. Theorie, Methoden, Empirie. Wiesbaden
Becker-Schmidt, Regina, 2003: Frauenforschung, Geschlechterforschung, Geschlechterverhältnisforschung. In: Becker-Schmidt, Regina/ Knapp, Gudrun-Axeli (Hg.): Feministische Theorien zur Einführung. 3. Auflage September 2003. Hamburg, S. 14-62
Becker-Schmidt, Regina, 1995: Von Jungen, die keine Mädchen und von Mädchen, die gerne Jungen sein wollten. In: Becker-Schmidt, Regina/ Knapp, Gudrun-Axeli (Hg.): Das Geschlechterverhältnis als Gegenstand der Sozialwissenschaften. Frankfurt/ New York, S. 220-246
Becker-Schmidt, Regina, 1989: Technik und Sozialisation. Sozialpsychologische und kulturanthropologische Notizen zur Technikentwicklung. In: Becker, Dietmar et al.: Zeitbilder der Technik. Essays zur Geschichte von Arbeit und Technologie. Bonn, S. 17-74
Becker-Schmidt, Regina/ Knapp, Gudrun-Axeli (Hg.), 2003: Feministische Theorien zur Einführung. 3. Auflage September 2003. Hamburg
Beer, Ursula, 2004: Sekundärpatriarchalismus: Patriarchat in Industriegesellschaften. In: Becker, Ruth/ Kortendiek, Beate (Hg.): Handbuch Geschlechterforschung. Theorie, Methoden, Empirie. Wiesbaden, S. 56-61
Beer, Ursula, 1984: Theorien geschlechtlicher Arbeitsteilung. Frankfurt a.M./ New York
Bett, Katja/ Wedekind, Joachim (Hg.), 2003: Lernplattformen in der Praxis. Münster u. a.
Bilden, Helga, 1991: Geschlechtsspezifische Sozialisation. In: Hurrelmann, Klaus/ Ulrich, Dieter (Hg.): Neues Handbuch der Sozialisationsforschung. Weinheim/ Basel, S. 281-303
Bockermann, Iris/ Masanneck, Carmen/ Wiesner, Heike, o.J.: Virtuelles Lernen: „Expect The Best - Prepare The Worst". Virtuelle Lernumgebungen im Kontext von gender und cultural studies. In: http://www.querelles-net.de/forum/virtuelles-lernen.doc (07.08.2002)
Böhnisch, Lothar, 2003: Die Entgrenzung der Männlichkeit. Verstörungen und Formierungen des Mannseins im gesellschaftlichen Übergang. Opladen
Böhnisch, Lothar/ Winter, Reinhard, 1997: Männliche Sozialisation: Bewältigungsprobleme männlicher Geschlechtsidentität im Lebenslauf. 3. Auflage, Weinheim/ München
Böttger, Barbara, 1985: Wir haben nur dann eine Zukunft, wenn wir sie heute schon leben. In: Huber, Michaela/ Bussfeld, Barbara (Hg.): Blick nach vorn in Zorn. Die Zukunft der Frauenarbeit. Weinheim/ Basel, S. 230-263
Bogner, Alexander/ Menz, Wolfgang, 2002: Das theoriegenerierende Experteninterview. Erkenntnisinteresse, Wissensformen, Interaktion. In: Bogner, Alexander/ Littig, Beate/ Menz, Wolfgang (Hg.): Das Experteninterview. Theorie, Methode, Anwendung. Opladen, S. 33-70
Bohnsack, Ralf, 2003: Gruppendiskussion. In: Flick, Uwe/ Kardoff, Ernst von/ Steinke, Ines (Hg.): Qualitative Forschung. Ein Handbuch. Hamburg, S. 369-384
Bohnsack, Ralf/ Przyborski, Aglaja, 2006: Diskursorganisation, Gesprächsanalyse und die Methode der Gruppendiskussion. In: Bohnsack, Ralf/ Przyborski, Aglaja/ Schäffer, Burkhard (Hg.): Das Gruppendiskussionsverfahren in der Forschungspraxis. Opladen, S. 233-248

Bührmann, Andrea D., 2005: Rezension zu: Jochen Gläser & Grit Laudel, 2004. Experteninterviews und qualitative Inhaltsanalyse. In: Forum Qualitative Sozialforschung. Verfügbar unter: http://www.qualitative-research.net/fqs-texte/2-05/05-2-21-d.htm (01.02.2006)
Bührmann, Andrea D., 2004: Rezension zu: Alexander Bogner, Beate Littig & Wolfgang Menz (Hg.), 2002. Das Experteninterview. Theorie, Methode, Anwendung. In: Forum Qualitative Sozialforschung. Verfügbar unter: http://www.qualitative-research.net/fqs-texte/3-04/04-3-1-d.htm (01.02.2006)
Bundesministerium für Bildung und Forschung (Hg.), 2001: Frauen in Bildung und Forschung. Gender Mainstreaming. In: www.bmbf.de/pub/frauen_in_bildung_und_forschung.pdf (27.05.2002)
Bundesministerium für Bildung und Forschung (Hg.), 2000a: Förderprogramm Neue Medien in der Bildung. Lehr- und Lernsoftware. Bonn
Bundesministerium für Bildung und Forschung (Hg.), 2000b: Bekanntmachungen von Richtlinien über die Förderung von Vorhaben zur Förderung des Einsatzes Neuer Medien in der Hochschullehre im Förderprogramm „Neue Medien in der Bildung". In: http://www.gmd.de/NMB/Bereich%20Hochschulen/ Hochschulen.html (14.05.2003)
Bundesministerium für Bildung und Forschung (Hg.), 1997: Innovationen für die Wissensgesellschaft. Förderprogramm Innovationstechnik. Bonn
Bundesministerium für Bildung und Forschung (Hg.), o.J.: Aktionsprogramm der Bundesregierung „Innovation und Arbeitsplätze in der Informationsgesellschaft des 21. Jahrhunderts" besonders für Frauen relevante Passagen. In: http://www.bmbf.de/249_1420.html (15.05.2003)
Bund-Länder-Kommission für Bildungsplanung und Forschungsförderung, 2002: Heft 100. Frauen in den ingenieur- und naturwissenschaftlichen Studiengängen. Bericht der BLK vom 2. Mai 2002, Bonn
Bund-Länder-Kommission für Bildungsplanung und Forschungsförderung, 2000: Heft 85. Multimedia in der Hochschule - Bericht der BLK-Staatssekretärs-Arbeitsgruppe, Bonn. In: http://www.blk-bonn.de/papers/heft85.pdf (02.06.2002)
Bund-Länder-Kommission für Bildungsplanung und Forschungsförderung, 1999: Heft 76. Multimedia im Hochschulbereich - Zweiter Bericht der BLK-Staatssekretärs-Arbeitsgruppe, Bonn. In: http://www.blk-bonn.de/papers/heft76.pdf (02.06.2002)
Burkart, Günter, 1997: Lebensphasen - Liebesphasen. Vom Paar zur Ehe, zum Single und zurück? Opladen
Butler, Judith, 1991: Das Unbehagen der Geschlechter, Frankfurt a.M.
Campbell, N.J., 1990: High school students´ computer attitudes and attributions: gender and ethic group differences. In: Journal of Adolescent Research, 5, S. 485-499
Chodorow, Nancy, 1994: Das Erbe der Mütter. München
Claessens, Dieter, 1993: Macht und Herrschaft. In: Korte, H./ Schäfers, B. (Hg.): Einführung in die Hauptbegriffe der Soziologie, 2. Aufl., Opladen, S. 111-125
Cockburn, Cynthia, 1988: Die Herrschaftsmaschine. Geschlechterverhältnisse und technisches Know-how. Berlin/ Hamburg
Cockburn, Cynthia/ Ormrod, Susan, 1997: Wie Geschlecht und Technologie in der sozialen Praxis >>gemacht<< werden. In: Dölling, Irene/ Krais, Beate (Hg.): Ein alltägliches Spiel. Geschlechterkonstruktion in der sozialen Praxis. Frankfurt a.M., S. 17-47
Collmer, Sabine, 1999: Genderisierte Technik: Entwicklungslinien der Theoriebildung und empirische Befunde. In: Collmer, Sabine/ Döge, Peter/ Fenner, Brigitte (Hg.): Technik - Politik - Geschlecht: Zum Verhältnis von Politik und Geschlecht in der politischen Techniksteuerung. Bielefeld, S. 55-75
Collmer, Sabine, 1997: Frauen und Männer am Computer. Aspekte geschlechtsspezifischer Technikaneignung. Wiesbaden
Collmer, Sabine/ Döge, Peter/ Fenner, Brigitte (Hg.), 1999: Technik - Politik - Geschlecht: Zum Verhältnis von Politik und Geschlecht in der politischen Techniksteuerung. Bielefeld

Connell, Robert W., 1999: Der gemachte Mann. Konstruktion und Krise von Männlichkeiten. Opladen

Culley, Lorraine, 1988: Girls, boys and computers. In: Educational studies, 14, S. 3-8

Crutzen, Cecile K. M., 2001: Dekonstruktion, Konstruktion und Inspiration. In: FIFF-Kommunikation, 3/2001, S. 47-52

D´Amico, Miranda/ Baron, Lois J./ Sissons, Mary Elizabeth, 1995: Gender differences in attractions about microcomputing learning in elementary school. In: Sex Roles, 33, S. 353-385

Deutsches PISA-Konsortium (Hg.), 2001: PISA 2000. Basiskompetenzen von Schülerinnen und Schülern im internationalen Vergleich. Opladen

Dhanarajan, Gajaraj, 2002: Learning, Technology and Gender: Need, opportunity and obligation. In: http://www.col.org/speeches/FAO_Asia_02.htm (21.07.2004)

Dichanz, Horst/ Ernst, Annette, 2001: E-Learning. Begriffliche, psychologische und didaktische Überlegungen zum <<elektronic learning>>. In: www.medienpaed.com/00-2/dichanz_ernst1.pdf (05.05.2003)

Dickhäuser, Oliver, 2001: Computernutzung und Geschlecht. Ein Erwartungs-Wert-Modell. Reihe Pädagogische Psychologie und Entwicklungspsychologie, Band 26, Münster u. a.

Dickhäuser, Oliver/ Stiensmeier-Pelster, Joachim, 2002: Erlernte Hilflosigkeit am Computer. Geschlechtsunterschiede in computerspezifischen Attributionen. In: Psychologie in Erziehung und Unterricht: Zeitschrift für Forschung und Praxis, Jg. 49, H. 1, S. 44-55

Dittler, Ullrich, 1995: Frauen und Computerspiele (Teil 1). Geschlechtsspezifische Unterschiede im Umgang mit Video- und Computerspielen. Jugend-Medien-Schutz-Report 3/95

Doberkat, Ernst-Erich et al., 2002: Anforderungen an eine eLearning Plattform - Innovation und Integration. Internes Memorandum des Lehrstuhls für Software-Technologie der Universität Dortmund. In: ftp://ls10-www.cs.uni-dortmund.de/pub/Technische-Berichte/Doberkat_SWT-Memo-122.pdf (20.05.2003)

Dorer, Johanna, 2001: Internet und Geschlechterordnung: Expertinnen im Gespräch. In: Medien und Kommunikationswissenschaft, Jg. 49, Nr. 1(2001), S. 44-61

Dorer, Johanna, 2000: Geschlechterkonstruktionen in der Aneignung und Anwendung des Internet. In: Medien und Zeit, Jg. 15, Nr. 2(2000), S. 40-51

Ebach, Judith, 1994: Der Rückgang des Frauenanteils in der Informatik - Überlegungen zu möglichen Ursachen aus psychologischer Sicht. In: Zeitschrift für Frauenforschung, Jg. 12, H. 3/94, S. 16 – 27

Eccles, Jacqueline/ Adler, T./ Meece, J.L., 1984: Sex differences in achievement: a test of alternate theories. In: Journal of Personality and Social Psychology, 46, S. 26-43

Eckes, Thomas, 2004: Geschlechterstereotype: Von Rollen, Identitäten und Vorurteilen. In: Becker, Ruth/ Kortendiek, Beate (Hg.): Handbuch Geschlechterforschung. Theorie, Methoden, Empirie. Wiesbaden, S. 165-176

Ebach, Judith, 1994: Der Rückgang des Frauenanteils in der Informatik - Überlegungen zu möglichen Ursachen aus psychologischer Sicht. In: Zeitschrift für Frauenforschung, 12 (3), S. 16 - 27

Ebeling, Helga, 2000: Von der Frauenförderung zum Gender Mainstreaming. In: Weserly, Sabine (Hg.): Gender Studies in den Sozial- und Kulturwissenschaften, Bielefeld, S. 1-17

Eimeren, Birgit, van/ Gerhard, Heinz/ Frees, Beate, 2004: Internetverbreitung in Deutschland: Potential vorerst ausgeschöpft? ARD/ZDF-Online-Studie 2004. In: Media Perspektiven, H. 8/2004, S. 350-370

Engels, Henny, 1996: Offene und latente Formen von Gewalt zwischen den Geschlechtern. In: Hilpert, Konrad (Hg.): Die ganz alltägliche Gewalt. Eine interdisziplinäre Annäherung, Opladen, S. 71-82

Engler, Steffani, 1997: Zur Kombination von qualitativen und quantitativen Methoden. In: Friebertshäuser, Barbara/ Prengel, Annedore: Handbuch Qualitative Forschungsmethoden in der Erziehungswissenschaft. Weinheim/ München, S. 118-130

Engler, Steffani, 1995: Ent-Dramatisierung der Differenzen. Studentinnen und Studenten in den Technikwissenschaften. Bielefeld

Engler, Steffani/ Krais, Beate (Hg.), 2004: Das kulturelle Kapital und die Macht der Klassenstrukturen. Sozialstrukturelle Verschiebungen und Wandlungsprozesse im Habitus. Weinheim/ München

Erb, Ulrike, 1996: Frauenperspektiven auf die Informatik. Informatikerinnen zwischen Distanz und Nähe zur Informatik. Münster

Erb, Ulrike, 1994: Technikmythos als Zugangsbarriere für Frauen zur Informatik? In: Zeitschrift für Frauenforschung, Jg. 12, H. 3/94, S. 28 – 40

Famulla, Gerd-E. et al., 1992: Persönlichkeit und Computer. Opladen

Faulstich-Wieland, Hannelore, 2000: Sozialisation von Mädchen und Jungen - Zum Stand der Theorie. In: Diskurs 2/2000, S. 8-14

Faulstich-Wieland, Hannelore/ Dick, Anneliese, 1989: Mädchenbildung und Neue Technologien - Abschlußbericht der wissenschaftlichen Begleitung zum hessischen Vorhaben. HIBS, Sonderreihe Heft 29, Wiesbaden

Fauser, Richard/ Schreiber, Norbert, 1989: Jugendliche, Computer und Bildung. Studien zu Bildung und Wissenschaft. Nr. 77, Bad Honeff

Feierabend, Sabine/ Klingler, Walter, 2000: Jugend, Information, (Multi-)Media 2000. In: Media-Perspektiven, Nr. 11, S. 517-527

Fenstermaker, Sarah/ West, Candance, 2001: ‚Doing Difference' Revisted. Probleme, Aussichten und der Dialog in der Geschlechterordnung. In: Heintz, Bettina (Hg.): Geschlechtersoziologie. Sonderheft 41/2001 der Kölner Zeitschrift für Soziologie und Sozialpsychologie, S. 236-249

Fischer, Frank/ Waibel, Mira Christiane, 2002: Wenn virtuelle Lerngruppen nicht so funktionieren wie sie eigentlich sollen. In: Rinn, Ulrike/ Wedekind, Joachim (Hg.): Referenzmodelle netzbasierten Lehrens und Lernens. Virtuelle Komponenten der Präsenzlehre. Münster u. a., S. 35-50

Fisher, Allan/ Margolis, Jane/ Miller, Faye, o.J.: Undergraduate Women in Computer Science: Experience, Motivation and Culture. In: http://www-2.cs.cmu.edu/~gendergap/papers/sigcse97.html (10.06.2002)

Flick, Uwe, 1995: Qualitative Forschung, Reinbeck bei Hamburg, S. 152-166

Flick, Uwe/ Kardoff, Ernst von/ Steinke, Ines (Hg.), 2003: Qualitative Forschung. Ein Handbuch. 2. Auflage Januar 2003. Reinbeck bei Hamburg

Frank, Christine, 2003: Geschlechtsspezifische Unterschiede im Lernen. In: http://vorms.uni-paderborn.de/projekt/docs/gender/talkback/1052328834 (19.09.2003)

Frauen geben Technik neue Impulse e.V. (Hg.)/ TNS EMNID Hamburg, 2002: (N)onliner Atlas 2002. Gender-Mainstreaming-Sonderauswertung. Internetnutzung von Frauen und Männern in Deutschland. Summary. In: http://www.kompetenzz.de/download/12_9nonliner genderauswertung_summary.pdf (08.10.02)

Frey, Regina/ Dingler, Johannes, 2002: Wie Theorien Geschlechter konstruieren. Ein Debattenüberblick. In: Heinrich-Böll-Stiftung (Hg.): Alles Gender? Oder was? Theoretische Ansätze zur Konstruktion von Geschlecht(ern) und ihre Relevanz für die Praxis in Bildung, Beratung und Politik. Berlin, 2. Auflage März 2002, S. 7-25

Friebertshäuser, Barbara/ Prengel, Annedore (Hg.), 1997: Handbuch Qualitative Forschungsmethoden in der Erziehungswissenschaft, Weinheim/ München

Friedrich, Helmut Felix/ Hron, Aemilian, 2002: Gestaltung und Evaluation virtueller Seminare. In: Rinn, Ulrike/ Wedekind, Joachim (Hg.): Referenzmodelle netzbasierten Lehrens und Lernens. Virtuelle Komponenten der Präsenzlehre. Münster/ New York/ München/ Berlin, S. 11-34

Funder, Maria/ Dörhofer, Steffen/ Rauch, Christian (Hg.), 2005: Jenseits der Geschlechterdifferenz? Geschlechterverhältnisse in der Informations- und Wissensgesellschaft. München/ Mering

Fußangel, Kathrin/ Schulz-Zander, Renate/ Kemna, Pierre, 2006: „workshop zukunft" - Ergebnisse der projektspezifischen Evaluation. Ergebnisse der Begleitforschung zu berufsvorbereitenden Maßnahmen mit digitalen Medien. In: Böttcher, Wolfgang/ Holtappels, Heinz Günter/ Brohm, Michaela (Hg.): Evaluation im Bildungswesen. Eine Einführung in Grundlagen und Praxisbeispiele. Weinheim/ München, S. 213-228

Galtung, John, 1975: Strukturelle Gewalt. Reinbek

Garfinkel, Harold, 1967: Studies in Ethnomethodology. Cambridge

Geser, Guntram, 1998: „Weil Burschen es so und so können". Geschlechter-Unterschiede bei der Computernutzung von SchülerInnen. In: SWS-Rundschau, Jg. 38, H. 4, S. 411-428

Gildemeister, Regine, 2005: Geschlechtliche Kategorisierung und Gleichstellungsnorm: Tücken der Gleichzeitigkeit. In: Funder, Maria/ Dörhofer, Steffen/ Rauch, Christian (Hg.): Jenseits der Geschlechterdifferenz? Geschlechterverhältnisse in der Informations- und Wissensgesellschaft. München/ Mering, S. 59-76

Gildemeister, Regine, 2004: Doing Gender: Soziale Praktiken der Geschlechterunterscheidung. In: Becker, Ruth/ Kortendiek, Beate (Hg.): Handbuch Geschlechterforschung. Theorie, Methoden, Empirie. Wiesbaden, S. 132-140

Gildemeister, Regine, 2001: Soziale Konstruktion von Geschlecht: Fallen, Missverständnisse und Erträge einer Debatte. In: Redemacher, Claudia/ Wiechens, Peter (Hg.): Geschlecht - Ethnizität - Klasse. Zur sozialen Konstruktion von Hierarchie und Differenz. Opladen, S. 65-87

Gildemeister, Regine, 1992: Die soziale Konstruktion von Geschlechtlichkeit. In: Ostner, Ilona/ Lichtblau, Klaus (Hg.): Feministische Vernunftkritik. Ansätze und Traditionen. Frankfurt/ New York, S. 220-239

Gildemeister, Regine/ Wetterer, Angelika, 1992: Wie Geschlechter gemacht werden. Die soziale Konstruktion der Zweigeschlechtlichkeit und ihre Reifizierung in der Frauenforschung. In: Knapp, Gudrun-Axeli/ Wetterer, Angelika (Hg.): TraditionenBrüche. Entwicklungen feministischer Theorie. Freiburg, S. 201-254

Gilligan, Carol, 1984: Die andere Stimme. Lebenskonflikte und Moral der Frau. München/ Zürich

Gläser, Jochen/ Laudel, Grit, 2004: Experteninterviews und qualitative Inhaltsanalyse. Wiesbaden

Goffman, Erving, 1994: Interaktion und Geschlecht. Frankfurt a.M./ New York

Gottschall, Karin, 2000: Soziale Ungleichheit und Geschlecht. Kontinuitäten und Brüche, Sackgassen und Erkenntnispotentiale im deutschen soziologischen Diskurs. Opladen

Gottschall, Karin, 1998: Doing Gender While Doing Work? Erkenntnispotentiale konstruktivistischer Perspektiven für eine Analyse des Zusammenhangs von Arbeitsmarkt, Beruf und Geschlecht. In: Geissler, Birgit/ Maier, Friederike/ Pfau-Effinger, Birgit (Hg.): FrauenArbeitsMarkt. Der Beitrag zur Frauenforschung zur sozio-ökonomischen Theorieentwicklung. Berlin, S. 63-94

Greif, Moniko, 2001: Männliche Monokultur in der Technik - neue Impulse zur Reform der Ingenieurwissenschaften. In: Batisweiler, Claudia/ Lembeck, Elisabeth/ Jansen, Mechthild (Hg.), 2001: Geschlechterpolitik an Hochschulen: Perspektivenwechsel zwischen Frauenförderung und Gender Mainstreaming. Opladen, S. 121-130

Greif, Moniko, 2000: Ansätze feministischer Technikkritik - die männliche Monokultur in der Technik ist nicht nur ein Frauenproblem. In: Wächter, Christine (Hg.): Frauen in der Technologischen Zivilisation. München/ Wien, S. 29-47

Gruber, Hans/ Hawelka, Birgit, 2001: Lerntheoretische Ansätze und ihre Bedeutung für die neuen Medien. In: Hessische Blätter für Volksbildung. Zeitzeuge der Erwachsenenbildung. 4/2001. Hessischer Volkshochschulverband. Frankfurt a.M., S. 293-301

Grundy, Frances, 2002: Computer software - A clue to de-gendering technology? In: Pasero, Ursula/ Gottburgsen, Anja (Hg.): Wie natürlich ist Geschlecht? Gender und die Konstruktion von Natur und Technik. Wiesbaden, S. 228-239

Günther, Susanne/ Kotthoff, Helga, 1992: Einleitung. In: Günther, Susanne/ Kotthoff, Helga: Die Geschlechter im Gespräch. Kommunikation in Institutionen. Stuttgart, S. 1-21

Gunn, Cathy et al., Sheila, 2003: Dominant or different? Gender issues in computer supported learning. In: http://www.aln.org/publikations/jaln/v7n1/pdf/v7n1_gunn.pdf (21.07.2004)

Gurtner, Jean-Luc/ Rueger, Danièle/ Monbaron, Jacqueline & Zahnd, Jean, 2002: Strukturelle und kommunikative Elemente neuer Lernplattformen. In: GdWZ 1(2002), S. 31-34

Hagemann-White, Carol, 1995: Die Konstrukteure des Geschlechts auf frischer Tat ertappen? Methodische Konsequenzen einer theoretischen Einsicht? In: Pasero, Ursula/ Braun, Friederike (Hg.): Konstruktion von Geschlecht. Pfaffenweiler, S. 182-198

Hagemann-White, Carol, 1984: Sozialisation: Weiblich-männlich? Opladen

Hanappi-Egger, Edeltraud, 2000: Soziale Aspekte neuer Medien am Beispiel der Geschlechterdimension im Internet. In: Das Argument. Zeitschrift für Philosophie und Sozialwissenschaften, Nr. 5/6, Jg. 42, S. 807-811

Hannover, Bettina, 1992: Spontanes Selbstkonzept und Pubertät. Zur Interessenentwicklung von Mädchen koedukativer und geschlechtshomogener Schulklassen. In: Bildung und Erziehung, Jg. 45, H. 1, S. 31-46

Hannover, Bettina/ Bettge, Susanne, 1993: Mädchen und Technik. Göttingen

Håpnes, Tove/ Rasmussen, Bente, 1991: The Production of Male Power in Computer Science. In: Eriksson, Inger V/ Kitchenham, Barbara A./ Tijdens, Kea G (Hg.): Understanding and Overcoming Bias in Work and Education. Proceedings of the IFIP-Conference of Women, Work and Computerization 1991 in Helsinki, Finnland. North-Holland, S. 395-406

Harding, Sandra, 2004: Wissenschafts- und Technikforschung: Multikulturelle und postkoloniale Geschlechteraspekte. In: Becker, Ruth/ Kortendiek, Beate (Hg): Handbuch Geschlechterforschung. Theorie, Methoden, Empirie. Wiesbaden, S. 267-276

Haug, Frigga, 2000: Zukunft für Frauen? Einige Überlegungen zu Diskursen um Geschlechterverhältnisse im Internet. In: Das Argument: Zeitschrift für Philosophie und Sozialwissenschaften, Jg. 42, Nr. 5/6, S. 765-776

Hausen, Karin, 2000: Arbeit und Geschlecht. In: Kocka, Jürgen/ Offe, Claus (Hg.): Geschichte und Zukunft der Arbeit. Frankfurt am Main, S. 343-361

Hausen, Karin, 1980: Die Polarisierung der >>Geschlechtscharaktere<<. In: Rosenbaum, Heidi (Hg.): Seminar: Familie und Gesellschaftsstruktur. Materialien zu den sozioökonomischen Bedingungen von Familienformen. Frankfurt, S. 161-191

Heckhausen, Heinz, 1989: Motivation und Handeln. Heidelberg

Heidenreich, Martin, 2002: Merkmale der Wissensgesellschaft. In: Bund-Länder-Kommission für Bildungsplanung und Forschungsförderung et al. (Hg.): Lernen in der Wissensgesellschaft. Innsbruck, S. 334-363

Heintz, Bettina (Hg.), 2001: Geschlechtersoziologie. Sonderheft 41/2001 der Kölner Zeitschrift für Soziologie und Sozialpsychologie

Heintz, Bettina, 2001a: Geschlecht als (Un-)Ordnungsprinzip. Entwicklungen und Perspektiven der Geschlechtersoziologie. In: Heintz, Bettina (Hg.): Geschlechtersoziologie. Sonderheft 41/2001 der Kölner Zeitschrift für Soziologie und Sozialpsychologie, S. 9-29

Heintz, Bettina/ Nadai, Eva, 1998: Geschlecht und Kontext. De-Institutionalisierungsprozesse und geschlechtliche Differenzierung. In: Zeitschrift für Soziologie, Jg. 27, H. 2, S. 75-93

Heintz, Bettina et al., 1997: Ungleich unter Gleichen. Studien zur geschlechtsspezifischen Segregation des Arbeitsmarktes. Frankfurt/ New York

Heise, Elke, 2000: Sind Frauen mitgemeint? Eine empirische Untersuchung zum Verständnis des generischen Maskulinums und seiner Alternativen. In: Zeitschrift für Sprache und Kognition, Jg. 19, H.1/2, S. 3-13

Helmke, Andreas, 1992: Selbstvertrauen und schulische Leistung. Göttingen

Henninger, Michael, 2001: Aufgaben und Fragestellungen von Multimedia-Evaluationen. In: Hessische Blätter für Volksbildung. Zeitzeuge der Erwachsenenbildung. 4/2001. Hessischer Volkshochschulverband. Frankfurt a.M., S. 313-321

Hesse, Friedrich W./ Giovis, Christos, 1997: Struktur und Verlauf aktiver und passiver Partizipation beim netzbasierten Lernen in virtuellen Seminaren. In: Unterrichtswissenschaft: Zeitschrift für Lernforschung, Jahresregister 1997, 1/34, S. 34-55

Heppner, Gisela/ Osterhoff, Julia/ Schiersmann, Christiane/ Schmidt, Christiane, 1990: Computer? „Interessieren tät´s mich schon, aber...". Bielefeld

Hirschauer, Stefan, 2001: Das Vergessen des Geschlechts. Zur Praxeologie einer Kategorie sozialer Ordnung. In: Heintz, Bettina (Hg.): Geschlechtersoziologie. Sonderheft 41/2001 der Kölner Zeitschrift für Soziologie und Sozialpsychologie, S. 208-235

Hirschauer, Stefan, 1996: Wie sind Frauen? Wie sind Männer? In: Eifert, Christiane et al. (Hg.): Was sind Frauen? Was sind Männer? Geschlechterkonstruktionen im historischen Wandel. Frankfurt a.M., S. 240-256

Hirschauer, Stefan, 1994: Die soziale Fortpflanzung der Zweigeschlechtlichkeit. In: Kölner Zeitschrift für Soziologie und Sozialpsychologie, Jg. 46, H. 4, S. 668-692

Hirschauer, Stefan, 1989: Die interaktive Konstruktion von Geschlechtszugehörigkeit. In: Zeitschrift für Soziologie. Jg. 12/ H. 2, S. 100-118

Hochschild, Arlie Russel, 1990: Das gekaufte Herz. Zur Kommerzialisierung der Gefühle. Frankfurt a.M./ New York

Holtgrewe, Ursula, 1998: Technik und Geschlechterverhältnis: Eine strukturationstheoretische Perspektive. In: Heinz, Marion/ Kuster, Friederike (Hg.). 1998: Geschlechtertheorie - Geschlechterforschung: ein interdisziplinäres Kolloquium. Bielefeld, S. 257-270

Horstkemper, Marianne/ Zimmermann, Peter, 1998: Zwischen Dramatisierung und Individualisierung. Geschlechtstypische Sozialisation im Kindesalter. Opladen

Horz, Holger/ Wessels, Anja/ Fries, Stefan, 2002: Gestaltung und zyklische Nutzung virtualisierter Präsenzlehre. In: Rinn, Ulrike/ Wedekind, Joachim (Hg.): Referenzmodelle netzbasierten Lehrens und Lernens. Virtuelle Komponenten der Präsenzlehre. Münster u. a., S. 71-99

Hurrelmann, Klaus 1993: Einführung in die Sozialisationstheorie. Über den Zusammenhang von Sozialstruktur und Persönlichkeit. Weinheim/ Basel

Isserstedt, Wolfgang et al., 2004: Die wirtschaftliche und soziale Lage der Studierenden in der Bundesrepublik Deutschland 2003. 17. Sozialerhebung des Deutschen Studentenwerks, durchgeführt durch HIS Hochschul-Informations-System. Bonn/ Berlin

Jelitto, Marc, 2004a: Digitale Medien in der Hochschullehre: Gender Mainstreaming und Evaluation. 2. ergänzte und überarbeitete Auflage. In: http://www.fernunihagen.de/etit/fachbereich/forschung/ forschungsbericht1_ 2003.pdf (01.01.2006)

Jelitto, Marc, 2004b: Gender Mainstreaming beim E-Learning. In: http://www.evaluieren.de/jelitto/tagungen/dram2004/volltext.pdf (04.05.2004)

Jeß-Desaever, Ute, 1999: Die digitale Zukunft der Geschlechter. Konstruktionen von Geschlecht in den virtuellen Öffentlichkeiten der Neuen Medien. Bibliotheks- und Informationssystem der Universität Oldenburg

Jornitz, Kristiane/ Walther, Kathrin, 2002: Nutzungsverhalten im World Wide Web - Eine Frage des Geschlechts? In: http://armor.rz.hu-berlin.de/ ~h04440jh/index.html (23.05.2002)

Kahlert, Heike, 2000: Konstruktion und Dekonstruktion von Geschlecht. In: Lemmermöhle, Doris et al. (Hg.): Lesarten des Geschlechts. Zur De-Konstruktionsdebatte in der erziehungswissenschaftlichen Geschlechterforschung. Opladen, S. 20-44

Kamphans, Marion/ Tigges, Anja/ Drag, Anna, 2002: Kategorisierung der 100 BMBF-Projekte. In: Broschüre zum zweiten Arbeitskreistreffen am 12. Juni 2002 an der Universität Dortmund, erstellt von dem BMBF-Projekt „Gender Mainstreaming in den Neuen Medien in der Bildung - Förderbereich Hochschule". Dortmund

Kerres, Michael, 2002a: Bunter, besser, billiger? Zum Mehrwert digitaler Medien in der Bildung. In: it + ti - Informationstechnik und Technische Informatik, Jg. 44 (2002), H. 4, S. 187-192

Kerres, Michael, 2002b: Online- und Präsenzelemente in hybriden Lernarrangements kombinieren. In: http://www.edumedia.uni-duisburg.de/publications/ kombi-hybridenLA.pdf (06.03.2003)

Kerres, Michael, 2000: Entwicklungslinien und Perspektiven mediendidaktischer Forschung. Zu Information und Kommunikation beim mediengestützten Lernen. In: http://www.kerres.de/articles/Mediendidaktik-endf1.pdf (06.03.2003)

Kerres, Michael, 1999: Didaktische Konzeption multimedialer und telemedialer Lernumgebungen. In: http://ddi.cs.uni-potsdam.de/HyFISCH/Multimedia/Learning/DidaktischeKonzeption Kerres.pdf (06.03.2003)

Kerres, Michael/ de Witt, Claudia, 2002: Quo vadis Mediendidaktik? Zur theoretischen Fundierung von Mediendidaktik. In: www.medienpaed.com/02-2/kerres_dewitt.pdf (06.03.2003)

Kerres, Michael/ de Witt, Claudia/ Stratmann, Jörg, 2002: E-Learning. Didaktische Konzepte für erfolgreiches Lernen. In: http://www.edumedia.uni-duisburg.de/publications/jahrb-pe-wb-b.pdf (06.03.2003)

Kerres, Michael/ Jechle, Thomas, 2001: Didaktische Konzeption des Tele-Lernens. In: http://www.edumedia.uni-duisburg.de/ publications/kerres +jechle4issing.pdf (06.03.2003)

Kerres, Michael/ Stratmann, Jörg, 2005: Bildungstechnologische Wellen und nachhaltige Innovation: Zur Entwicklung von E-Learning an Hochschulen in Deutschland. In: Kerres, Michael/ Keil-Slawik, Reinhard (Hg.): Hochschulen im digitalen Zeitalter: Innovationspotentiale und Strukturwandel. Münster u. a., S. 29-47

Kessels, Ursula, 2002: Undoing Gender in der Schule. Eine empirische Studie über Koedukation und Geschlechtsidentität im Physikunterricht. Weinheim/ München

Kessler, Suzanne J./ McKenna, Wendy, 1978: Gender. An Ethnomethological Approach. New York

Kienle, Andrea, 2003: Integration von Wissensmanagement und kollaborativem Lernen durch technisch unterstützte Kommunikationsprozesse. Lohmar/ Köln

Klann, Gisela, 1980: Weibliche Sprache - Identität, Sprache und Kommunikation von Frauen. Obst, S. 9-62

Klatt, Rüdiger et al., 2001: Nutzung elektronischer wissenschaftlicher Information in der Hochschulausbildung. Barrieren und Potentiale der innovativen Mediennutzung im Lernalltag der Hochschulen. Kurzfassung. Dortmund. In: http://www.stefi.de/downloads/kurzfas.pdf (05.05.2003)

Kleif, Tine/ Faulkner, Wendy, 2002: Boys and their toys: Men´s pleasures in technology. In: Pasero, Ursula/ Gottburgsen, Anja (Hg.): Wie natürlich ist Geschlecht? Gender und die Konstruktion von Natur und Technik. Wiesbaden, S. 240-255

Kleimann, Bernd/ Weber, Steffen/ Willige, Janka, 2005: Kurzbericht Nr. 10. E-Learning aus Sicht der Studierenden. Hannover (Herausgegeben von HIS Hochschul-Informations-System)

Klein, Benedikt/ Weber, Gerhard, 2002: Die Realisierung von Adaptivität mit dem Internet-Autorensystem NetCoach. In: Rinn, Ulrike/ Wedekind, Joachim (Hg.): Referenzmodelle netzbasierten Lehrens und Lernens. Virtuelle Komponenten der Präsenzlehre. Münster u. a., S. 101-118

Kleinn, Karin/ Schinzel, Britta, 2001: Wie Softwareentwicklerinnen und -entwickler ihre Arbeit beschreiben. In: FIFF-Kommunikation, 3/2001, S. 19-23

Klika, Dorle, 2000: Zur Einführung: Konturen divergenter Diskurse über die Kategorie Geschlecht. In: Lemmermöhle, Doris et al. (Hg.): Lesarten des Geschlechts. Zur De-Konstruktionsdebatte in der erziehungswissenschaftlichen Geschlechterforschung. Opladen, S. 8-19

Knapp, Gudrun-Axeli, 2005: >>Intersectionality<< - ein neues Paradigma feministischer Theorie? Zur transatlantischen Reise von >>Race, Class, Gender<<. In: Feministische Studien, Jg. 23, H. 1, S. 68-78

Knapp, Gudrun-Axeli, 2001: Grundlagenkritik und Stille Post. Zur Debatte um einen Bedeutungsverlust der Kategorie „Geschlecht". In: Heintz, Bettina (Hg.): Geschlechtersoziologie. Sonderheft 41/2001 der Kölner Zeitschrift für Soziologie und Sozialpsychologie, S. 53-74

Knapp, Gudrun-Axeli, 1989: Männliche Technik - weibliche Frau? Zur Analyse einer problematischen Beziehung. In: Becker, Dietmar et al.: Zeitbilder der Technik. Essays zur Geschichte von Arbeit und Technologie. Bonn, S. 193-253

Knorr-Cetina, Karin, 1989: Spielarten des Konstruktivismus. In: Soziale Welt. Zeitschrift für Sozialwissenschaft, Forschung und Praxis, Jg. 40, Nr. 1/2, S. 86-96

Koch, Gertraut/ Winker, Gabriele, 2003: Genderforschung im geschlechterdifferenten Feld der Technik. - Perspektiven für die Gewinnung von Gestaltungskompetenz. In: Stuttgarter Beiträge zur Medienwirtschaft Nr. 8, April 2003, S.31-40

Kogoj, Traude, 1998: Von der Hausfrau zur High-Tech-Nomadin. Was Frauen davon abhält, ins Netz zu gehen. In: SWS-Rundschau, Jg. 38, H.4, S. 381-398

Kollmann, Karl, 2000: Veränderungen in der elektronischen Kommunikation: Was die quantitativen Nutzungszahlen bei den Neuen Kommunikationstechnologien nicht verraten... In: Forum Qualitative Sozialforschung, Online-Journal, Volume1, No. 1, Verfügbar über: http://qualitative-research.net/fqs (20.06.2002)

Koring, Bernhard, 1997: Lernen und Wissenschaft im Internet. Anleitungen und Reflexionen zu neuen Lern-, Forschungs- und Beratungsstrukturen, Bad Heilbrunn

Krais, Beate (Hg.), 2000a: Wissenschaftskultur und Geschlechterordnung. Über die verborgenen Mechanismen männlicher Dominanz in der akademischer Welt. Frankfurt a.M.

Krais, Beate, 2000b: Das soziale Feld Wissenschaft und die Geschlechterverhältnisse. Theoretische Sondierungen. In: Krais, Beate (Hg.), 2000: Wissenschaftskultur und Geschlechterordnung. Über die verborgenen Mechanismen männlicher Dominanz in der akademischer Welt. Frankfurt a.M., S. 31-54

Krell, Gertraude/ Mückenberger, Ulrich/ Tondorf, Karin, 2001: Gender Mainstreaming. Informationen und Impulse. 2. Auflage, Februar 2001. In: www.niedersachsen.de/MS1.htm (01.06.2002)

Kunert-Zier, Margitta, 2005: Erziehung der Geschlechter. Entwicklungen, Konzepte und Genderkompetenz in sozialpädagogischen Feldern. Wiesbaden

Lamnek, Siegfried, 1993: Qualitative Sozialforschung. Band 2 Methoden und Techniken. 2., überarb. Aufl., Weinheim

Lander, Bettina, 1995: Computerinteresse und Geschlecht. Fördert eine techniknahe Sozialisation das Interesse an Computern? In: Zeitschrift für Frauenforschung, Jg. 13, H. 4, S. 40-50

Landesinstitut für Erziehung und Unterricht Stuttgart (Hg.), 2002: Mädchen, Jungen und Computer, Stuttgart

Landschulze, Maren, o.J.: Gender, Social Setting and Cultural Background in Computer-Mediated Distant Education. In: http://www.uni-kiel.de/zif/cmde/ (27.06.2002)

Legewie, Heiner, 1991: Feldforschung und teilnehmende Beobachtung. In: Flick, Uwe et al. (Hg.): Handbuch qualitative Sozialforschung, München, S. 189-193

Lemmermöhle, Doris et al. (Hg.), 2000: Lesarten des Geschlechts. Zur De-Konstruktionsdebatte in der erziehungswissenschaftlichen Geschlechterforschung. Opladen

Lewin, Karl, 1998: Fertigkeiten im Umgang mit elektronischen Medien bei Studienbeginn. In: HIS-Kurzinformationen A2/98: Berufliche Orientierung, Zurechtfinden im Studium und Computerkenntnisse von Studienanfängern, http://www.his.de/doku/publi/kia/kiapdf/kia199802.pdf (14.06.2002)

Lienert, Gustav A./ Raatz, Ulrich, 1994: Testkonstruktion und Testanalyse. Weinheim

Löchel, Elfriede, 1997: Die Angst, etwas kaputtzumachen. Ein Beitrag zur Psychodynamik geschlechtsspezifischer Umgangsweisen mit dem Computer. In: Zeitschrift für Frauenforschung, Jg. 12, H. 3, S. 49-62

Loos, Peter/ Schäffer, Burkhard, 2001: Das Gruppendiskussionsverfahren. Theoretische Grundlagen und empirische Anwendung. Opladen

Lorber, Judith, 1999: Gender-Paradoxien. Opladen

MacKenzie, Donald/ Wajcman, Judy (Hg.), 1985: The Social Shaping of Technology. Milton Keynes

Maindock, Herlinde, 1996: Professionelle Interviewführung in der Sozialforschung. Pfaffenweiler

Mandl, Heinz/ Winkler, Karin, 2002: Neue Medien als Chance für problemorientiertes Lernen an der Hochschule. In: Issing, Ludwig J./ Stärk, Gerhard (Hg.): Studieren mit Multimedia und Internet. Münster, S. 31-47

Margolis, Jane/ Fisher, Allan, 2003: Unlocking the Clubhouse. Women in Computing. Cambridge/ London

Margolis, Jane/ Fisher, Allan, o.J.: Geek Mythology and attracting undergraduate Women in Computer Science. In: http://www-2.cs.cmu.edu/~gendergap/ papers/wepan97.html (10.06.2002)

Margolis, Jane/ Fisher, Allan & Miller, Faye, o.J.a.: Computing for a Purpose: Gender and Attachment to Computer Science. In: http://www-2.cs.cmu.edu/ ~gendergap/purpose.html (10.06.2002)

Margolis, Jane/ Fisher, Allan & Miller, Faye, o.J.b: Caring About Connections: Gender and Computing. In: http://www-2.cs.cmu.edu/~gendergap/ papers/IEEE99.pdf (10.06.2002)

Margolis, Jane/ Fisher, Allan & Miller, Faye, o.J.c: The Anatomy of Interest: Women in Undergraduate Computer Science. In: http://www-2.cs.cmu.edu/ ~gendergap/papers/anatomyWSQ99.pdf (10.06.2002)

Mauch, Martina/ Thußbas, Claudia, 2000: Geschlechtsrollenschema und Computereinstellung. Ist das feminine Geschlechtsrollenschema Ursache der Computerdistanz von Frauen? In: Zeitschrift für Frauenforschung und Geschlechterstudien, H. 3, Jg. 18, S. 122-137

Mayring, Philipp, 2003: Qualitative Inhaltsanalyse. Grundlagen und Techniken, 8. Aufl., Weinheim/ Basel

Mayring, Philipp, 2002: Einführung in die qualitative Sozialforschung. 5., überarb. und neu ausgestattete Auflage, Weinheim/ Basel

Mayring, Philipp, 2001, Februar: Kombination und Integration qualitativer und quantitativer Analyse. In: Forum Qualitative Sozialforschung, Online-Journal, Volume 1, No. 2, Verfügbar über: http://qualitative-research.net/fqs/fqs-d/2-00inhalt-d.htm (20.10.2002)

Mayring, Philipp, 2000, Juni: Qualitative Inhaltsanalyse. In: Forum Qualitative Sozialforschung, Online-Journal, Volume 1, No. 1, Verfügbar über: http:// qualitative-research.net/fqs (28.05.2002)

McSporran, Mae/ Young, Stuart, o.J.: Does Gender matter in Online Learning? In: http://hyperdisc.unitec.ac.nz/research/ALTpaper_9.pdf (21.07.2004)

Meder, Norbert, 2003: Anforderungen an Lernplattformen vor dem Hintergrund des L³-Projektes. In: Bett, Katja/ Wedekind, Joachim (Hg.): Lernplattformen in der Praxis. Münster u. a., S. 157-172

Meece, Judith L. et al., 1982: Sex differences in math achievement: toward a model of academic choice. In: Psychological Bulletin, 91, S. 324-348

Mpfs: Medienpädagogischer Forschungsverbund Südwest (Hg.), 2006: KIM-Studie 2005. Kinder und Medien, Computer und Internet. Basisuntersuchung zum Medienumgang 6- 13-jähriger. Stuttgart

Metz-Göckel, Sigrid, 2004: Institutionalisierung der Frauen-/Geschlechterforschung: Geschichte und Formen. In: Becker, Ruth/ Kortendiek, Beate (Hg.) Handbuch Geschlechterforschung. Theorie, Methoden, Empirie. Wiesbaden, S. 597-609

Metz-Göckel, Sigrid, 2000: Sozialisation der Geschlechter: Von der Geschlechterdifferenz zur Dekonstruktion der Geschlechterdualität. In: Bührmann, Andrea/ Diezinger, Angelika/ Metz-Göckel, Sigrid: Arbeit, Sozialisation, Sexualität. Zentrale Felder der Geschlechterforschung. Opladen, S. 103-192

Metz-Göckel, Sigrid, 1999: Von den Geschlechterrollen zu Geschlechterkulturen. Zur schulischen Neuformierung von Geschlechtergrenzen. In: Rösner, Ernst (Hg.): Schulentwicklung und Schulqualität. Dortmund

Metz-Göckel, 1990: Von der Technikdistanz zur Technikkompetenz. In: Metz-Göckel, Sigrid/ Nyssen, Elke: Frauen leben Widersprüche. Zwischenbilanz der Frauenforschung. Weinheim/ Basel, S. 139-152

Metz-Göckel, Sigrid/ Roloff, Christine, 2002: Genderkompetenz als Schlüsselqualifikation. In: Broschüre zum ersten Arbeitskreistreffen am 2. April 2002 an der Universität Dortmund, erstellt von dem BMBF-Projekt „Gender Mainstreaming in den Neuen Medien in der Bildung - Förderbereich Hochschule", Dortmund

Metz-Göckel, Sigrid/ Kamphans, Marion, 2002a: Infopapier No 1. Zum Gender Mainstreaming. In: Broschüre zum ersten Arbeitskreistreffen am 02. April 2002 an der Universität Dortmund, erstellt von dem BMBF-Projekt „Gender Mainstreaming in den Neuen Medien in der Bildung - Förderbereich Hochschule", Dortmund

Metz-Göckel, Sigrid/ Kamphans, Marion, 2002b: Infopapier No 2 zu Geschlechterdifferenzen im IT-Bereich. In: Broschüre zum zweiten Arbeitskreistreffen am 12. Juni 2002 an der Universität Dortmund, erstellt von dem BMBF-Projekt „Gender Mainstreaming in den Neuen Medien in der Bildung - Förderbereich Hochschule", Dortmund

Metz-Göckel, Sigrid/ Kamphans, Marion, 2002c: Infopapier No 3. Zum geschlechterbewussten Sprachgebrauch. In: Broschüre zum Gender Mainstreaming-Workshop am 21./22. Oktober 2002 an der Universität Dortmund, erstellt von dem BMBF-Projekt „Gender Mainstreaming in den Neuen Medien in der Bildung - Förderbereich Hochschule", Dortmund

Metz-Göckel, Sigrid/ Kamphans, Marion/ Tigges, Anja, 2004: Genderaspekte der Medienkompetenz und die Bilder im Kopf von Lehrenden und Studierenden. In: Bett, Katja/ Wedekind, Joachim/ Zentel, Peter (Hg.): Medienkompetenz für die Hochschullehre. Münster, S. 33-54

Metz-Göckel, Sigrid/ Kauermann-Walter, Jacqueline, 1992: Geschlechterordnung und Computerbildung. Forschungsergebnisse zur Koedukation und unterschiedlichen Umgangsformen am Computer. In: Kreienbaum, Maria Anna/ Metz-Göckel, Sigrid (Hg.): Koedukation und Technikkompetenz von Mädchen. Der heimliche Lehrplan der Geschlechtererziehung und wie man ihn ändert. Weinheim/ München, S. 71-92

Metz-Göckel, Sigrid et al., 2004: Abschlussbericht des Begleitprojekts „Gender Mainstreaming (GM)" im BMBF-Programm „Neue Medien in der Bildung - Förderbereich Hochschule". Bremen/ Dortmund

Metz-Göckel, Sigrid et al., 2002a: Zwischenbericht des Begleitprojektes: „Gender Mainstreaming (GM)" im Rahmen des BMBF-Programms „Neue Medien in der Bildung - Förderbereich Hochschule". Dortmund/ Bremen

Metz-Göckel, Sigrid et al., 2002b: Auf die Probe gestellt: Gender Mainstreaming bei der Einführung digitaler Medien in die Hochschullehre. In: Zeitschrift für Frauenforschung und Geschlechterstudien, Jg. 20, H. 4, S. 28-40

Metz-Göckel, Sigrid et al., 1991: Mädchen, Jungen und Computer. Geschlechtsspezifisches Sozial- und Lernverhalten beim Umgang mit Computern. Opladen

Meuser, Michael/ Nagel, Ulrike, 2004: ExpertInneninterview: Zur Rekonstruktion spezialisierten Sonderwissens. In: Becker, Ruth/ Kortendiek, Beate (Hg.): Handbuch Geschlechterforschung. Theorie, Methoden, Empirie. Wiesbaden, S. 326-329

Meuser, Michael/ Nagel, Ulrike, 1997: Das ExpertInneninterview - Wissenssoziologische Voraussetzungen und methodische Durchführung. In: Friebertshäuser, Barbara/ Prengel, Annedore (Hg.): Handbuch Qualitative Forschungsmethoden in der Erziehungswissenschaft. Weinheim/ München, S. 481-491

Middendorff, Elke, 2002: Computernutzung und Neue Medien im Studium. Ergebnisse der 16. Sozialerhebung des Deutschen Studentenwerkes (DSW) durchgeführt von HIS-Hochschul-Informations-System. Bonn

Mies, Maria, 1995: Neue Technologien - Wozu brauchen wir das? Aufforderung zur Verweigerung. In: Huber, Michael/ Bussfeld, Barbara (Hg.): Blick nach vorn im Zorn. Die Zukunft der Frauenarbeit. Weinheim/ Basel, S. 211-229

Möller, Kurt (Hg.), 1997: Nur Macher und Macho? Weinheim/ München

Moog, Horst, 2005: Informatik an Universitäten und Fachhochschulen. Organisations- und Ressourcenplanung. Hannover

Mruck, Katja/ Mey, Günter, 2000, Januar: Qualitative Sozialforschung in Deutschland. In: Forum Qualitative Sozialforschung, Online-Journal, Volume 1, No. 1, Verfügbar über: http://qualitative-research.net/fqs (28.05.2002)

Mückenberger, Ulrich/ Tondorf, Karin, 2001: Das Konzept des Gender Mainstreaming. Definition, Ziele, Inhalte. In: Krell, Gertraude/ Mückenberger, Ulrich/ Tondorf, Karin (Hg.): Gender Mainstreaming. Informationen und Impulse. Hannover (herausgegeben von dem Niedersächsischem Ministerium für Frauen, Arbeit und Soziales)

Mühlen-Achs, Gitta/ Schorb, Bernd (Hg.), 1995: Geschlecht und Medien, München

Müller, Ursula, 1997: Von der Gegen- zur Interventionskultur: „Frauenforschung" als institutionalisierte Sozialwissenschaft. In: Metz-Göckel, Sigrid/ Steck, Felicitas (Hg.): Frauenuniversitäten. Initiativen und Reformprojekte im internationalen Vergleich. Opladen, S. 157-177

Naumann, Johannes/ Richter, Tobias, 2001: Diagnose von Computer Literacy: Computerwissen, Computereinstellungen und Selbsteinschätzungen im multivariaten Kontext. In: http://www.uni-koeln.de/phil-fak/psych/allgemeine/ downloads/Naumann_Richter_in_Druck. pdf (02.06.2002)

Neckel, Sighard, 1991: Status und Scham. Zur symbolischen Reproduktion sozialer Ungleichheit. Frankfurt/ New York

Nestvogel, Renate, 2004: Sozialisationstheorien: Traditionslinien, Debatten und Perspektiven. In: Becker, Ruth/ Kortendiek, Beate (Hg.): Handbuch Geschlechterforschung. Theorie, Methoden, Empirie. Wiesbaden, S. 153-164

Neusel, Ayla, 2005: Technik und Gender. Ingenieurwissenschaften als Studium und Wissenschaft von Frauen. In: Spellerberg, Annette (Hg.): Die Hälfte des Hörsaals. Frauen in der Hochschule, Wissenschaft und Technik. Berlin, S. 75-95

Neverla, Irene, 1998: Geschlechterordnung in der virtuellen Realität. Über Herrschaft, Identität und Körper im Netz. In: Neverla, Irene (Hg.): Das Netz-Medium: kommunikationswissenschaftliche Aspekte eines Mediums in Entwicklung. Opladen, S. 137-151

Noller, Peter/ Paul, Gerd/ Ritter, Martina, 1988: Die Computerisierung des Männlichen. Zur Bedeutung des Kulturobjekts Computer für die Ausbildung der geschlechtsspezifischen Identität. In: Mitteilungen des Verbundes sozialwissenschaftlicher Technikforschung, 4, S. 91-120

OECD, 2006: Haben Schüler das Rüstzeug für eine technologieintensive Welt? Erkenntnisse aus den PISA-Studien. OECD-Publishing

OECD, 2001: Lernen für das Leben. Erste Ergebnisse der internationalen Schulleistungsstudie PISA 2000. o.O.

OECD o.J.: Haben Schüler das Rüstzeug für eine technologieintensive Welt? Briefing Notes für Deutschland. In: http://www.pisa.oecd.org/searchResult/ 0,2665,en_32252351_32235731_1_1_1_1_1,00.html (27.03.2006)

Palm, Kerstin, 2005: Natur-Labor-Gesellschaft. In: Spellerberg, Annette (Hg.): Die Hälfte des Hörsaals. Frauen in der Hochschule, Wissenschaft und Technik. Berlin, S. 129-146

Pasero, Ursula, 1995: Dethematisierung von Geschlecht. In: Pasero, Ursula/ Braun, Friederike (Hg.): Konstruktion von Geschlecht. Pfaffenweiler, S. 50-66

Pasero, Ursula/ Braun, Friederike (Hg.), 1995: Konstruktion von Geschlecht. Pfaffenweiler

Pasero, Ursula/ Gottburgsen, Anja (Hg.), 2002: Wie natürlich ist Geschlecht? Gender und die Konstruktion von Natur und Technik. Wiesbaden

Petzold, Matthias, 2000: Medienkompetenz von LehramtsstudentInnen. Forschungsbericht. In: http://home.t-online.de/home/Matthias.Petzold/pub/kirpp-ph.htm (07.03.2003)

Petzold, Matthias/ Romahn, Manuela/ Schikorra, Sabine, 1996: Persönlichkeitseinstellungen und Computernutzung bei Studentinnen und Studenten. Forschungsbericht. In: http://www.phil-fak.uni-duesseldorf.de/epsycho/perscomp.htm (07.03.2003)

Piendl, Thomas/ Brugger, Rolf, o.J.: Zur Auswahl einer Web-basierten Lernplattform: Eine kleine Warenkunde. In: http://www-iiuf.unifr.ch/~brugger/papers/00_handbuch/plattformauswahl. pdf (06.03.2003)

Pinch, Trevor J./ Bijker, Wiebe E., 1984: The social construction of facts and artefacts: Or how the sociology of technology might benefit each other. In: Social Studies of Science, Jg. 14, H. 3, S. 399-441

PISA-Konsortium Deutschland (Hg.), 2004: PISA 2003. Der Bildungsstand der Jugendlichen in Deutschland - Ergebnisse des zweiten internationalen Vergleichs. Münster

Poppke, Birgit, 2001: Orange, hellgruen oder rosarot? Über Webseitengestaltung für Frauen. In: http://www.internet-experte.de/artikel7.html (01.06.2002)

Projektträger Neue Medien in der Bildung + Fachinformation (Hg.), 2002: Aktuelle Fördervorhaben zum Einsatz Neuer Medien in der Hochschullehre. In: http://www.gmd.de/PT-NMB/Projektdokus/Hochschul_Vorhaben.pdf (14.05.2003)

Rammert, Werner, 2000: Technik aus soziologischer Perspektive 2. Wiesbaden

Rammert, Werner, 1993: Technik aus soziologischer Perspektive. Opladen

Rammert, Werner et al., 1991: Vom Umgang mit Computern im Alltag. Fallstudien und Kultivierung einer neuen Technik. Opladen

Rat der Europäischen Union, 1998: Gender Mainstreaming. Konzeptueller Rahmen, Methodologie und Beschreibung bewährter Praktiken. Schlußbericht über die Tätigkeit der Group of Specialists on Mainstreaming (EG-S-MS), GR-EG(98)1, o.O.

Reinhold, Gerd, 2000: Soziologie-Lexikon. München/ Wien

Reinmann-Rothmeier, Gabi, 2002: Mediendidaktik und Wissensmanagement. In: www.medienpaed.com/02-2/reinmann1.pdf (06.03.2003)

Reinmann-Rothmeier, Gabi/ Mandl, Heinz, 1996: Lernen auf der Basis des Konstruktivismus. Wie Lernen aktiver und anwendungsorientierter wird. In: http://www.lili.uni-bielefeld.de/~lili_lab/virtseminare/umt/biblio/texte/mandl/ txt.htm (27.05.2003)

Reinmann-Rothmeier, Gabi/ Mandl, Heinz, 2001: Virtuelle Seminare in Hochschule und Weiterbildung. Drei Beispiele aus der Praxis. Bern u. a.

Rendtorff, Barbara, 2000: Geschlecht und Subjekt. In: Lemmermöhle, Doris et al. (Hg.): Lesarten des Geschlechts. Zur De-Konstruktionsdebatte in der erziehungswissenschaftlichen Geschlechterforschung. Opladen, S. 45-60

Ridgeway, Cecilia L., 2001: Interaktion und Hartnäckigkeit der Geschlechter-Ungleichheit in der Arbeitswelt. In: Heintz, Bettina (Hg.): Geschlechtersoziologie. Sonderheft 41/2001 der Kölner Zeitschrift für Soziologie und Sozialpsychologie, S. 250-275

Riegraf, Birgit/ Zimmermann, Karin, 2005: Der Wandel von Wissensordnungen in der Wissensgesellschaft und die Kategorie Geschlecht. In: Funder, Maria/ Dörhofer, Steffen/ Rauch, Christian (Hg.): Jenseits der Geschlechterdifferenz? Geschlechterverhältnisse in der Informations- und Wissensgesellschaft. München/ Mering, S. 21-37

Rinn, Ulrike/ Bett, Katja, 2002: Lernplattformen zwischen Technik und Didaktik. In: http://www.iwm-kmcr.de/kevih/workshops/plattformat/bettrinn.pdf (06.03.2003)

Rinn, Ulrike/ Meister, Dorothee M. (Hg.), 2004: Didaktik und Neue Medien. Konzepte und Anwendungen in der Hochschule. Münster u. a.

Rinn, Ulrike/ Wedekind, Joachim (Hg.), 2002: Referenzmodelle netzbasierten Lehrens und Lernens. Virtuelle Komponenten der Präsenzlehre. Münster u. a.

Roloff, Christine, 1993: Weiblichkeit und Männlichkeit im Feld der Technik. Zum Erwerb technischer Kompetenz. In: Aulenbacher, Brigitte/ Goldmann, Monika (Hg.): Transformationen im Geschlechterverhältnis. Frankfurt a.M./ New York, S. 47-70

Rubin, Gayle, 1975: The Traffic in Women: Notes on the ‚Political Economy' of Sex. In: Reiter, Rayna (Hg.): Towards an Anthropology of Women. New York/ London, S. 157-210

Ruiz Ben, Esther, 2002: Attitudes towards computing among secondary students in Spain: Gender based differences. In: Pasero, Ursula/ Gottburgsen, Anja (Hg.): Wie natürlich ist Geschlecht? Gender und die Konstruktion von Natur und Technik. Wiesbaden, S. 256-269

Rudolph, Hedwig, 1997: Just in time - Zur Thematisierung der Frauenfrage an der TU Berlin. In: Hartmann, Corinna/ Sanner, Ute (Hg.): Ingenieurinnen: Ein unverzichtbares Potential für die Gesellschaft. Kirchlinteln, S. 11-21

Salomon, Gavriel, 2002: Hochschulbildung und die Herausforderungen des Informationszeitalters. In: Issing, Ludwig J./ Stärk, Gerhard (Hg.): Studieren mit Multimedia und Internet. Münster, S. 19-30

Schaumburg, Heike/ Issing, Ludwig J., 2002: Lernen mit Laptops. Ergebnisse einer Evaluationsstudie. Gütersloh: Bertelsmann

Scheich, Elvira, 1989: Frauen-Sicht. Zur politischen Theorie der Technik. In: Beer, Ursula (Hg.): Klasse Geschlecht. Feministische Gesellschaftsanalyse und Wissenschaftskritik. Bielefeld, 2. durchgesehene Auflage, S. 132-161

Schelhowe, Heidi, 2006: Technologieentwicklung im kulturell-sozialen Kontext. In: Computer und Unterricht, Jg. 16, H. 61, S. 12-13

Schelhowe, Heidi, 2005: Digitale Medien in der Bildung. In: Spellerberg, Annette (Hg.): Die Hälfte des Hörsaals. Frauen in der Hochschule, Wissenschaft und Technik. Berlin, S. 147-160

Schelhowe, Heidi, 2003: Digitale Medien in der Schule - Doing Gender. Beitrag für die Fachtagung „Schwimmen lernen im Netz", Hamburg, April 2003. In: http://dimeb.informatik.uni-bremen. de/documents/artikel.2003.Schelhowe.schwimmen.pdf (08.08.2006)

Schelhowe, Heidi, 2001: Offene Technologie - offene Kulturen. Zur Genderfrage im Projekt Virtuelle Internationale Frauenuniversität (vifu). In: FifF Ko 3/2001, S. 14ff.

Schelhowe, Heidi, 2000: Computer in der Informationsgesellschaft: Technologie mit neuem Gesicht - und altem Geschlecht? In: Wächter, Christiane (Hg.): Frauen in der Technologischen Zivilisation. München/ Wien, S. 89-105

Schelhowe, Heidi, 1999: Technologie mit neuem Gesicht - und altem Geschlecht? In: Drossou, Olga et al. (Hg.): Machtfragen der Informationsgesellschaft, Marburg, S. 673-678

Schelhowe, Heidi, 1998 Anwenden - Verstehen - Gestalten. Informatische Bildung in der Informationsgesellschaft. In: http://waste.informatik.hu-berlin.de/Schelhowe/Inform.Bildung.html (Mai 2002)

Schelhowe, Heidi, 1997a: Auf dem Weg zur Theorie der Interaktion? Eine Entgegnung zu Peter Rechenbergs „Quo vadis Informatik?" In: http://waste.informatik.hu-berlin. de/Schelhowe/ LogInAug.97.html (Mai 2002)

Schelhowe, Heidi, 1997b: Die Krise für Veränderungen nutzen! Technologie und Geschlechterverhältnis in der Informationsgesellschaft. In: http://waste.informatik.hu-berlin.de/Schelhowe/ Infoges.-Geschlecht1997.html (Mai 2002)

Schelhowe, Heidi, 1997c: Hat der Computer ein Geschlecht? Frauenforschung in der Informatik. In: http://waste.informatik.hu-berlin.de/Schelhowe/Frauenforschung97.html (Mai 2002)

Schelhowe, Heidi, 1997d: Informatik - innovative Forschung und Lehre für Frauen. In: Metz-Göckel, Sigrid/ Steck, Felicitas (Hg.): Frauen - Universitäten. Initiativen und Reformprojekte im internationalen Vergleich. Opladen, S. 137-155

Schelhowe, Heidi/ Wiesner, Heike, 2002: Gender Mainstreaming in der Hochschullehre: Zur Dekonstruktion von Geschlecht bei der Gestaltung Digitaler Medien. In: Broschüre zum Gender Mainstreaming-Workshop am 21./22. Oktober 2002 an der Universität Dortmund, erstellt von dem BMBF-Projekt „Gender Mainstreaming in den Neuen Medien in der Bildung - Förderbereich Hochschule", Dortmund

Schinzel, Britta, 2005: Das unsichtbare Geschlecht der Neuen Medien. In: Warnke, Martin/ Coy, Wolfgang/ Tholen, Georg Christoph (Hg.): HyperKult II. Zur Ortsbestimmung analoger und digitaler Medien. Bielefeld, S. 343-369

Schinzel, Britta, 2004: Empfehlungen zum Gender Mainstreaming in Projekten zu Neuen Medien in der Bildung. In: Schinzel, Britta et al. (Hg.): E-Learning im Hochschulverbund. Grundlagen und Strategien hypermedialer Kooperation in der Lehre. Wiesbaden, S. 179-209

Schinzel, Britta, 2001: e-learning für alle: Gendersensitive Mediendidaktik. In: http://fem.uibk.ac.at/nmtagung/a_aufsatz_schinzel.htm (05.03.2002)

Schinzel, Britta, 2000a: Geschlechterforschung in der Informatik. In: http://mod.iig.uni-freiburg.de/publikationen/online-vortraege/karlsruhe3.pdf (20.06.2002)

Schinzel, Britta, 2000b: Frauen und Internet. Ringvorlesung Prof. Dr. Günter Müller „Standort Internet". In: http://mod.iig.uni-freiburg.de/publikationen/online-vortraege/ringvorlesung.pdf (20.06.2002)

Schinzel, Britta, 1994: Frauenforschung in Naturwissenschaft und Technik - beispielhafte Ergebnisse aus der Informatik. In: http://mod.iig.uni-freiburg.de/users/schinzel/publikationen/ Frauen+Info/PS/Frauenforum.pdf (07.06.2002)

Schinzel, Britta, 1993: Zur Gleichstellung von Frauen und Männern in der Informatik. In: http://mod.iig.uni-freiburg.de/users/schinzel/publikationen/Frauen+Info/PS/curriculum.pdf (13.06.2002)

Schinzel, Britta, o.J.: Geschlechterforschung Informatik. Unveröffentlichtes Manuskript. In: http://mod.iig.uni-freiburg.de/publikationen/online-publikationen/frainf.pdf (20.06.2002)

Schinzel, Britta, o.J.a: Gendersensitive Ansätze für Lehre und Lernen mit Neuen Medien. In: http://mod.iig.uni-freiburg.de/publikationen/grliste5.pdf (04.05.2004)

Schinzel, Britta et al. (Hg.), 2004: E-Learning im Hochschulverbund. Grundlagen und Strategien hypermedialer Kooperation in der Lehre. Wiesbaden

Schinzel, Britta/ Ruiz Ben, Esther, 2002: Gendersensitive Gestaltung von Lernmedien und Mediendidaktik: von den Ursachen für ihre Notwendigkeit zu konkreten Checklisten. In: http://mod.iig.uni-freiburg.de/ users/schinzel/ publikationen/Info+Gesell/PS/ BMBFGenderNM.pdf (19.04.2003)

Schmidt, Claudia, 1992: >>Dieser Emil ist immer destruktiv<<. Eine Untersuchung über weibliches und männliches Kommunikationsverhalten in studentischen Kleingruppen. In: Günther, Susanne/ Kotthoff, Helga: Die Geschlechter im Gespräch. Kommunikation in Institutionen. Stuttgart, S. 73-90

Schmidt, Dorothea, 1999: Konzeptionalisierungen von Technik und Geschlecht. In: Collmer, Sabine/ Döge, Peter/ Fenner, Brigitte (Hg.): Technik-Politik-Geschlecht: Zum Verhältnis von Politik und Geschlecht in der politischen Techniksteuerung. Bielefeld, S. 13-31

Schmidt, Verena, 2001: Gender Mainstreaming als Leitbild für Geschlechtergerechtigkeit in Organisationsstrukturen. In: Zeitschrift für Frauenforschung und Geschlechterforschung, Jg. 19, H. 1/2, S. 45-62

Schönberger, Klaus, 1999: Internet zwischen Spielwiese und Familienpost. Doing Gender in der Netznutzung. In: Hebecker, Eike et al. (Hg.): Neue Medienumwelten: zwischen Regulierungsprozessen und alltäglicher Aneignung, Frankfurt a.M./ New York, S. 259-281

Schründer-Lenzen, Agi, 2004: Gender und Medienpädagogik. In: Glaser, Edith/ Klika, Dorle/ Prengel, Annedore (Hg.): Handbuch Gender und Erziehungswissenschaften. Bad Heilbrunn, S. 557-574

Schründer-Lenzen, Agi, 1995: Weibliches Selbstkonzept und Computerkultur. Weinheim

Schulmeister, Rolf, 2005: Welche Qualifikationen brauchen Lehrende für die „Neue Lehre"? Versuch einer Eingrenzung von E-Competence und Lehrqualifikation. In: Kerres, Michael/ Keil-Slawik, Reinhard (Hg.): Hochschulen im digitalen Zeitalter: Innovationspotentiale und Strukturwandel. Münster u. a., S. 215-234

Schulmeister, Rolf, 2004: Diversität von Studierenden und die Konsequenzen für eLearning. In: Carstensen, Doris/ Barrios, Beate (Hg.): Campus 2004. Kommen die digitalen Medien in die Jahre? Münster/ New York, S. 133-144

Schulmeister, Rolf, 2003: Lernplattformen für das virtuelle Lernen: Evaluation und Didaktik. München/ Wien/ Oldenbourg

Schulmeister, Rolf, 2002: Virtuelle Universitäten und die Virtualisierung der Hochschulausbildung - Argumente und Konsequenzen. In: http://www.izhd.uni-hamburg.de/pdfs/Darmstadt.pdf (12.12.2002)
Schulmeister, Rolf, o.J.: Virtuelles Lernen aus didaktischer Sicht. In: http://www.izhd.uni-hamburg.de/pdfs/VirtLearn.pdf (05.05.2003)
Schulz-Zander, Renate, 2002a: Module zum Themenbereich Medien und Informationstechnologien in Erziehung, Unterricht und Bildung im erziehungswissenschaftlichen Studium. In: Rinn, Ulrike/ Wedekind, Joachim (Hg.): Referenzmodelle netzbasierten Lehrens und Lernens. Virtuelle Komponenten der Präsenzlehre. Münster u. a., S. 53-70
Schulz-Zander, Renate, 2002b: Geschlecht und neue Medien im Bildungsbereich Schule - Empirische Befunde zur Computernutzung, zu Interessen, Selbstkonzept, Interaktionen und Fördermaßnahmen. In: Kampshoff, Marita/ Lumer Beatrix (Hg.): Chancengleichheit im Bildungswesen. Opladen, S. 251-271
Schulz-Zander, Renate, 1990: Gleichberechtigung von Mädchen und jungen Frauen in der informationstechnologischen Bildung. In: Enders-Dragässer, Uta/ Fuchs, Caudia (Hg.): Frauensache Schule. Frankfurt a.M., S. 139-169
Schulz-Zander, Renate/ Riegas-Staackmann, Antje, 2004: Neue Medien im Unterricht. In: Holtappels, Heinz Günter et al. (Hg.): Jahrbuch der Schulentwicklung. Band 13. Weinheim/ München, S.291-330
Senkbeil, Martin/ Drechsel, Barbara, 2004: Vertrautheit mit dem Computer. In: PISA-Konsortium Deutschland (Hg.), 2004: PISA 2003. Der Bildungsstand der Jugendlichen in Deutschland - Ergebnisse des zweiten internationalen Vergleichs. Münster, S. 177-190
Shashaani, Lily, 1997: Gender differences in computer attitudes and use among college students. In: Journal of Educational Computer Research, 16, S. 37-51
Shashaani, Lily, 1994: Gender differences in computer experience and its influence on computer attitudes. In: Journal of Educational Computing Research, 11, S. 347-367
Shashaani, Lily, 1993: Gender-based differences in attitudes towards computers. In: Computers & Education, 20, S. 169-181
Singer, Mona, 2004: Feministische Wissenschaftskritik und Epistemologie: Voraussetzungen, Positionen, Perspektiven. In: Becker, Ruth/ Kortendiek, Beate (Hg.): Handbuch Geschlechterforschung. Theorie, Methoden, Empirie. Wiesbaden, S. 257-266
Sklorz-Weiner, Monika, 1994: Technik, Identität und Geschlecht. In: Zeitschrift für Frauenforschung, Jg. 12, H. 3, S. 7-15
Sklorz-Weiner, Monika, 1989: Jungen und Mädchen am Computer: Verhalten und Einstellungen zu neuen Technologien. In: Zeitschrift für Pädagogische Psychologie, 3, S. 129-137
Spellerberg, Annette (Hg.), 2005: Die Hälfte des Hörsaals. Frauen in der Hochschule, Wissenschaft und Technik. Berlin
Stahlberg, Dagmar/ Sczesny, Sabine, 2001: Effekte des generischen Maskulinums und alternativer Sprachformen auf den gedanklichen Einbezug von Frauen. In: Psychologische Rundschau, Jg. 52, H. 3, S. 131-140
Stepanek, Brigitte/ Krull, Petra, 2001: Ein Handbuch. Gleichstellung und Gender Mainstreaming, 2., geringfügig veränderte Auflage, Schwerin
Stevens, Ils/ Lamoen, Ilse Van, 2001: Manual on Gender Mainstreaming at Universities. ′Equal Opportunities at Universities. Towards a Gender Mainstreaming Approach`, Leuven-Apeldoorn
Stiegler, Barbara, 2000: Wie Gender in den Mainstream kommt: Konzepte, Argumente und Praxisbeispiele zur EU-Strategie des Gender Mainstreaming, Bonn. In: http://www.fes.de/fulltext/asfo/00802toc.htm (29.05.2002)
Stiegler, Barbara, 1998: Frauen im Mainstreaming: politische Strategien und Theorien zur Geschlechterfrage, Bonn. In: http://www.fes.de/fulltext/asfo/00653toc.htm (29.05.2002)

Teubner, Ulrike, 2004: Beruf: Vom Frauenberuf zur Geschlechterkonstruktion im Berufssystem. In: Becker, Ruth/ Kortendiek, Beate (Hg.): Handbuch Geschlechterforschung. Theorie, Methoden, Empirie. Wiesbaden, S. 429-436

Tigges, Anja/ Metz-Göckel, Sigrid/ Kamphans, Marion, 2002: Info-Papier No 4. Kenntnis und Nutzung digitaler Medien bei Studierenden: Die 16. Sozialerhebung des Deutschen Studentenwerkes (2002). In: Broschüre zum vierten Arbeitskreistreffen am 25. November 2002 an der Universität Bremen, erstellt von dem BMBF-Projekt „Gender Mainstreaming in den Neuen Medien in der Bildung - Förderbereich Hochschule", Dortmund

Tillmann, Klaus-Jürgen, 1992: Jugend weiblich - Jugend männlich: Sozialisation, Geschlecht, Identität. Opladen

Trahasch/ Wiedenbruch/ Wöhrle, 2003: CampusOnline - E-Learning an der Universität Freiburg. In: Bett, Katja/ Wedekind, Joachim (Hg.): Lernplattformen in der Praxis. Münster u. a., S. 15-32

Treibel, Annette, 2005: Internet und Gendernet - zum Wandel der Geschlechterverhältnisse in der Informationsgesellschaft. In: Funder, Maria/ Dörhofer, Steffen/ Rauch, Christian (Hg.): Jenseits der Geschlechterdifferenz? Geschlechterverhältnisse in der Informations- und Wissensgesellschaft. München/ Mering, S. 179-198

Tulodziecki, Gerhard, 2001: Medienauswahl und Medienverwendung aus didaktischer Sicht. In: Hessische Blätter für Volksbildung. Zeitzeuge der Erwachsenenbildung. 4/2001. Hessischer Volkshochschulverband. Frankfurt a.M., S. 303-312

Turkle, Sherry, 1984: Die Wunschmaschine. Vom Entstehen der Computerkultur. Reinbek

Vifu-Team (Hg.), 2001: Wege zu einer virtuellen Universität. Abschlussbericht des Projektes Virtuelle Internationale Frauenuniversität (vifu). In: http://www.vifu.de/new/ (20.01.2003)

Villa, Paula-Irene, 2004: (De)Konstruktion und Diskurs-Genealogie: Zur Position und Rezeption von Judith Butler. In: Becker, Ruth/ Kortendiek, Beate (Hg.), 2004: Handbuch Geschlechterforschung. Theorie, Methoden, Empirie. Wiesbaden, S. 141-152

Vornmoor, 2000: Einführung in die politische Strategie des „Gender Mainstreaming" der Europäischen Kommission, internes Arbeitspapier AK WHSFS

Wächter, Christine, 2003: Technik-Bildung und Geschlecht. München/ Wien

Wächter, Christine, 2000a (Hg.): Frauen in der Technologischen Zivilisation. München

Wächter, Christine, 2000b: Auf den Spuren der Frauen in der Technologischen Zivilisation. In: Wächter, Christine, 2000: Frauen in der Technologischen Zivilisation. München, S. 11-27

Wajcman, Judy, 2004: Technofeminism. Cambridge

Wajcman, Judy, 2002: Gender in der Technologieforschung. In: Pasero, Ursula/ Gottburgsen, Anja (Hg.): Wie natürlich ist Geschlecht? Gender und die Konstruktion von Natur und Technik. Wiesbaden, S. 270-289

Wajcman, Judy, 1994: Technik und Geschlecht. Die feministische Technikdebatte. Frankfurt a.M./ New York

Walter, Christel, 1998: Technik, Studium und Geschlecht. Was verändert sich im Technik- und Selbstkonzept der Geschlechter? Opladen

Weber, Max, 1972: Wirtschaft und Gesellschaft, Grundriss der verstehenden Soziologie, Studienausgabe, 5. Aufl., Tübingen

Wender, Ingeborg, 2005: Selbstkonzeptbildung, Interessenentwicklung, Technikbezug und Geschlecht. In: Steinbrenner, Diana/ Kajatin, Claudia/ Mertens, Eva-Maria (Hg.): Naturwissenschaft und Technik - (k)eine Männersache. Rostock, S. 39-53

Wender, Ingeborg, 2000: Technikgestaltung und Geschlecht. Analyse aufgrund psychologischer Geschlechterdifferenzen. In: Wächter, Christine (Hg.): Frauen in der Technologischen Zivilisation. München, S. 49-74

Wender, Ingeborg/ Wolffram, Andrea, 2002: Konzepte zur Förderung von Mädchen und Frauen im Bereich Technik. In: Pasero, Ursula/ Gottburgsen, Anja (Hg.): Wie natürlich ist Geschlecht? Gender und die Konstruktion von Natur und Technik. Wiesbaden, S. 186-198

West, Candance/ Zimmerman, Don H., 1991: Doing Gender. In: Lorber, Judith/ Farell, Susan A. (Hg.): The Social Construction of Gender. Newsbury Park/ CA, S. 13-37

Wetterer, Angelika, 2004: Konstruktion von Geschlecht: Reproduktionsweisen von Zweigeschlechtlichkeit. In: Becker, Ruth/ Kortendiek, Beate (Hg.), 2004: Handbuch Geschlechterforschung. Theorie, Methoden, Empirie. Wiesbaden, S. 122-131

Wetterer, Angelika, 2003: Rhetorische Modernisierung: Das Verschwinden der Ungleichheit aus dem zeitgenössischen Differenzwissen. In: Knapp, Gudrun-Axeli/ Wetterer, Angelika (Hg.): Achsen der Differenz. Gesellschaftstheorie und feministische Kritik II. Münster, S. 286-319

Wetterer, Angelika, 2002: Arbeitsteilung und Geschlechterkonstruktion. >>Gender at Work<< in theoretischer und historischer Perspektive. Konstanz

Wetterer, Angelika, 2000: Noch einmal: Rhetorische Präsenz - faktische Marginalität. Die kontrafaktischen Wirkungen der bisherigen Frauenförderung im Hochschulbereich. In: Krais, Beate (Hg.): Wissenschaftskultur und Geschlechterordnung. Über die verborgenen Mechanismen männlicher Dominanz in der akademischen Welt. Frankfurt a.M., S. 195-221

Wetterer, Angelika, 1996: Die Frauenuniversität als paradoxe Intervention. Theoretische Überlegungen zur Problematik und zu den Chancen der Geschlechter-Seperation. In: Metz-Göckel, Sigrid/ Wetterer, Angelika (Hg.): Vorausdenken - Querdenken - Nachdenken. Texte für Aylâ Neusel. Frankfurt a.M./ New York, S. 263-278

Whitley, Bernard E., 1997: Gender differences in computer-related attitudes and behaviour: a meta-analysis. In: Computer in Human Behaviour, Jg. 13, H. 1, S. 1-22

Whitley, Bernard E., 1996: Gender differences in computer-related attitudes: it depends on what you ask. In: Computers in Human Behaviour, Jg. 12, H. 2, S. 275-289

Wiesner, Heike, o.J.: Virtuelles Lernen: Das Geschlecht läuft immer mit. In: http://fem.uibk.ac.at/nmtagung/a_aufsatz_wiesner.htm (07.08.2002)

Wiesner, Heike et al., 2004a: Leitfaden zur Umsetzung des Gender Mainstreaming in den „Neue Medien in der Bildung - Förderbereich Hochschule. In: http://medien-bildung.net/ (04.05.2004)

Wiesner, Heike et al., 2004b: Zehn Regeln für die genderbewusste Gestaltung digitaler Lernmodule. Einsichten in ein (konstruiertes) Good-Practice-Beispiel. In: Abschlussbericht des Begleitprojekts „Gender Mainstreaming Medial im BMBF-Programm „Neue Medien in der Bildung - Förderbereich Hochschule". Bremen/ Dortmund Oktober 2004, S. 54-81

Wiesner, Heike et al., 2003: „GM-Guideline": Gender Mainstreaming im Kontext Neuer Medien. In: http://www.physik-multimedial.de/papiere/GMGuideline 23Januar03.pdf. (27.03.2003)

Wiesner, Heike et al., 2002: Gender Mainstreaming im Kontext Neuer Medien. In: Broschüre zum dritten Arbeitskreistreffen am 19. Juli 2002 an der Universität Bremen, erstellt von dem BMBF-Projekt „Gender Mainstreaming in den Neuen Medien in der Bildung – Förderbereich Hochschule", Bremen

Winker, Gabriele, 2005: Ko-Materialisierung von vergeschlechtlichten Körpern und technisierten Artefakten: Der Fall Internet. In: Funder, Maria/ Dörhofer, Steffen/ Rauch, Christian (Hg.): Jenseits der Geschlechterdifferenz? Geschlechterverhältnisse in der Informations- und Wissensgesellschaft. München/ Mering, S. 157-178

Winker, Gabriele, 2002: Informationstechnik und Geschlechterhierarchie - eine bewegende Beziehung. In: Theorie und Praxis, Jg. 11, H. 2, S. 70-78

Winker, Gabriele, 2000: Ausgrenzung durch Ignoranz. Zur mangelnden Präsenz von Frauen in vernetzten Systemen. In: http://www.fh-furtwangen.de/~winkerg/marburg.pdf (26.03.2002)

Winker, Gabriele, 1999: Geschlechterverhältnis und vernetzte Systeme. In: http://www.fh-furtwangen.de/~winkerg/netz.pdf (26.03.2002)

Winker, Gabriele/ Wolffram, Andrea, 2005: Technikhaltungen von Studentinnen und Studenten in Zukunftstechnologien. In: Steinbrenner, Diana/ Kajatin, Claudia/ Mertens, Eva-Maria (Hg.): Naturwissenschaft und Technik - (k)eine Männersache. Rostock, S. 161-174

Winkler, Katrin/ Mandl, Heinz, 2002: Neue Medien als Chance für problemorientiertes Lernen an der Hochschule. In: Issing, Ludwig J./ Stäck, Gerhard (Hg.): Studieren mit Multimedia und Internet. Münster, S. 31-47

Wissenschaftsrat (Hg.), 1998: Empfehlungen zur Hochschulentwicklung durch Multimedia in Studium und Lehre. In: http://www.wissenschaftsrat.de/drucksachen/drs3536-98/drs3536-98.htm (17.06.2002)

Witt, Harald, 2001, Februar: Forschungsstrategien bei quantitativer und qualitativer Sozialforschung. In: Forum Qualitative Sozialforschung, Online-Journal, Volume 2, No. 1, Verfügbar über: http:// qualitative-research.net/fqs/fqs.htm (28.05.2002)

Wobbe, Theresa, 2005: Stabilität und Dynamik des Geschlechts in der modernen Gesellschaft: Die soziologische Perspektive. In: Bußmann, Hadumod/ Hof, Renate (Hg.): Genus. Gender Studies in den Kultur- und Sozialwissenschaften. Ein Handbuch. Stuttgart, S. 444-481

Wolffram, Andrea/ Winker, Gabriele, 2005: Technikhaltungen von Studienanfängerinnen und -anfängern in technischen Studiengängen. Auswertungsbericht der Erstsemesterbefragung an der TUHH im WS 03/04. Hamburg

Young, Stuart/ McSporran, Mae, o.J.: Confident Men - Successful Women: Gender differences in Online Learning. In: http://hyperdisc.unitec.ac.nz/research/edmedia2001_gender.pdf (21.07.2004)

Zachman, Karin, 2002: Engendering engineering and engineering gender: German engineers and their professional identities from the 1860 to the 1960s. In: Pasero, Ursula/ Gottburgsen, Anja (Hg.): Wie natürlich ist Geschlecht? Gender und die Konstruktion von Natur und Technik. Wiesbaden, S. 199-212

Zentel, Peter et al., 2002: Trends und Perspektiven der virtuellen Hochschule in Deutschland. In: it + ti – Informationstechnik und Technische Information, Jg. 44, H. 4, S. 223–229

Ziegler, Karin/ Hofmann, Franz/ Astleitner, Hermann, 2003: Selbstreguliertes Lernen und Internet. Theoretische und empirische Grundlagen von Qualitätssicherungsmaßnahmen beim E-Learning. Frankfurt a.M.

Zimmermann, Peter, 1998: Junge, Junge! Theorien zur geschlechtstypischen Sozialisation und Ergebnisse einer Jungenbefragung. Dortmund

Theorie

Dirk Baecker (Hrsg.)
**Schlüsselwerke
der Systemtheorie**
2005. 352 S. Geb. EUR 24,90
ISBN 978-3-531-14084-1

Ralf Dahrendorf
Homo Sociologicus
Ein Versuch zur Geschichte,
Bedeutung und Kritik der Kategorie
der sozialen Rolle
16. Aufl. 2006. 126 S. Br. EUR 14,90
ISBN 978-3-531-31122-7

Shmuel N. Eisenstadt
**Die großen Revolutionen und
die Kulturen der Moderne**
2006. 250 S. Br. EUR 34,90
ISBN 978-3-531-14993-6

Shmuel N. Eisenstadt
Theorie und Moderne
Soziologische Essays
2006. 607 S. Geb. EUR 49,90
ISBN 978-3-531-14565-5

Rainer Greshoff / Uwe Schimank (Hrsg.)
**Integrative Sozialtheorie?
Esser – Luhmann – Weber**
2006. 582 S. Geb. EUR 39,90
ISBN 978-3-531-14354-5

Axel Honneth /
Institut für Sozialforschung (Hrsg.)
**Schlüsseltexte der
Kritischen Theorie**
2006. 414 S. Geb. EUR 29,90
ISBN 978-3-531-14108-4

Niklas Luhmann
Beobachtungen der Moderne
2. Aufl. 2006. 220 S. Br. EUR 24,90
ISBN 978-3-531-32263-6

Uwe Schimank
**Differenzierung und Integration
der modernen Gesellschaft**
Beiträge zur akteurzentrierten
Differenzierungstheorie 1
2005. 297 S. Br. EUR 27,90
ISBN 978-3-531-14683-6

Uwe Schimank
**Teilsystemische Autonomie
und politische Gesellschafts-
steuerung**
Beiträge zur akteurzentrierten
Differenzierungstheorie 2
2006. 307 S. Br. EUR 29,90
ISBN 978-3-531-14684-3

Erhältlich im Buchhandel oder beim Verlag.
Änderungen vorbehalten. Stand: Juli 2007.

www.vs-verlag.de

VS VERLAG FÜR SOZIALWISSENSCHAFTEN

Abraham-Lincoln-Straße 46
65189 Wiesbaden
Tel. 0611.7878-722
Fax 0611.7878-400

Lehrbücher

Stefan Hradil
Die Sozialstruktur Deutschlands im internationalen Vergleich
2. Aufl. 2006. 304 S. Br. EUR 24,90
ISBN 978-3-531-14939-4

Stefan Hradil
Soziale Ungleichheit in Deutschland
8. Aufl. 2001. 545 S. Br. EUR 14,90
ISBN 978-3-8100-3000-9

Holger Lengfeld
Organisierte Ungleichheit
Wie Organisationen Lebenschancen beeinflussen
2007. 345 S. (Hagener Studientexte zur Soziologie) Br. EUR 26,90
ISBN 978-3-531-15232-5

Bernhard Miebach
Organisationstheorie
Problemstellung – Modelle – Entwicklung
2007. 222 S. (Soziologische Theorie)
Br. EUR 14,90
ISBN 978-3-531-14986-8

Bernhard Miebach
Soziologische Handlungstheorie
Eine Einführung
2., grundl. überarb. und akt. Aufl. 2006.
475 S. Br. EUR 27,90
ISBN 978-3-531-32142-4

Peter Preisendörfer
Organisationssoziologie
Grundlagen, Theorien und Problemstellungen
2005. 196 S. Br. EUR 16,90
ISBN 978-3-531-14149-7

Bernhard Schäfers / Albert Scherr
Jugendsoziologie
Einführung in Grundlagen und Theorien
8., umfassend akt. und überarb. Aufl.
2005. 204 S. Br. EUR 12,90
ISBN 978-3-531-14685-0

Reinhold Sackmann
Lebenslaufanalyse und Biografieforschung
Eine Einführung
2007. 230 S. (Studienskripten zur Soziologie) Br. EUR 19,90
ISBN 978-3-531-14805-2

Albert Scherr (Hrsg.)
Soziologische Basics
Eine Einführung für Pädagogen und Pädagoginnen
2006. 203 S. Br. EUR 14,90
ISBN 978-3-531-14621-8

Annette Treibel
Einführung in soziologische Theorien der Gegenwart
7., akt. Aufl. 2006. 315 S. Br. EUR 17,90
ISBN 978-3-531-15177-9

Erhältlich im Buchhandel oder beim Verlag.
Änderungen vorbehalten. Stand: Juli 2007.

www.vs-verlag.de

VS VERLAG FÜR SOZIALWISSENSCHAFTEN

Abraham-Lincoln-Straße 46
65189 Wiesbaden
Tel. 0611.7878-722
Fax 0611.7878-400